Selbstständig lernen

Mir auf der Spur

Aufstehen statt abtauchen!

INHALTSVERZEICHNIS

Verantwortung für die Zukunft

Start in die Arbeitswelt

Medien – kritisch betrachtet

MAGAZIN: Der Sprung in die Moderne

WERKSTATT GEDICHTE

INHALTSVERZEICHNIS

WERKSTATT Geschichten

WERKSTATT THEATER

WERKSTATT Schreiben

WERKSTATT Rechtschreiben

WERKSTATT Sprache

METHODEN LERNEN: Schritt für Schritt zum Referat

Wenn ihr schon mit „wortstark" gearbeitet habt, wisst ihr, dass es aus verschiedenen Teilen besteht:

- Auf der nächsten Seite beginnt das Kapitel **Selbstständig lernen**. Es gibt euch viele Tipps und Anregungen für das freie Lesen von Büchern und zur Verbesserung der Lesefähigkeit.

- Dann folgen fünf Kapitel, in denen es um interessante **Themen** geht: Selbstbewusstsein, Zivilcourage, Zukunftsperspektiven, Start in die Arbeitswelt, Medien. Hier findet ihr viele Texte, Bilder und Arbeitsvorschläge zum Lesen, Sprechen und Schreiben, Nachdenken und Darstellen.
  Manchmal arbeitet ihr in den Werkstatt-Kapiteln weiter, wenn ihr etwas genauer erarbeiten wollt.

- Das **Magazin** zeigt euch dieses Mal, wie eine junge Generation zu Beginn des 20. Jahrhunderts in Literatur und Kunst den „Sprung in die Moderne" gewagt hat.

- In den **Werkstätten** wird euch sprachliches und literarisches Handwerkszeug, Wissen und Können vermittelt, das ihr immer wieder und in ganz unterschiedlichen Situationen gebrauchen könnt. Es geht z. B. darum, wie man
  - Gedichte interpretiert **(Werkstatt Gedichte),**
  - erzählende Texte erschließt **(Werkstatt Geschichten),**
  - Theaterszenen auf die Bühne bringt **(Werkstatt Theater),**
  - strittige Themen erörtert **(Werkstatt Schreiben),**
  - mit Rechtschreibregeln umgeht **(Werkstatt Rechtschreiben),**
  - Texte sprachlich verbessert **(Werkstatt Sprache)** und
  - Referate erarbeitet und vorträgt **(Methoden lernen).**

- Die Themen-, Magazin- und Werkstattangebote laden euch ein, sie innerhalb eines **Unterrichtsvorhabens** zu bearbeiten. Dazu könnt ihr zu einem Thema, das ihr zusammen mit eurer Lehrerin oder eurem Lehrer auswählt, gezielt Arbeitsschwerpunkte aus dem Themen- und Werkstattteil zusammenstellen, die ihr dann möglichst selbstständig allein, zu zweit oder in kleinen Gruppen bearbeitet. Zum Schluss präsentiert ihr anderen die Ergebnisse eurer Arbeit.

- Im **Anhang** könnt ihr nachschlagen:
  - Alle schwierigen Wörter mit Sternchen (*), die im Buch verteilt vorkommen (**Worterklärungen,** S. 275),
  - Fachwörter wie „Metapher", „Passiv" und „Attribut" (**Fachbegriffe zum Nachschlagen,** S. 276),
  - Gedichte, Erzähl- oder Sachtexte, die überall im Buch verstreut sind (**Textsortenverzeichnis,** S. 283).

Selbstständig lernen

Lesen ist das Glück meines Lebens. Beim Lesen ist Ruhe. Da werde ich ganz still. Und tauche in eine Geschichte ein, die mich fesselt und ablenkt und unterhält.

Elke Heidenreich

Natürlich gibt es noch immer diesen uralten Wunschtraum, er ist sozusagen Bestandteil unseres humanen Weltbildes, dass Bücher die Welt verändern, wir meinen: verbessern können.

Hans-Joachim Gelberg

Alle Bücher, die auf dieser Seite abgebildet sind, sind lesenswert und kommen in „wortstark" vor – als Leseempfehlung, Textauszug oder Leseprobe. Vielleicht findet ihr sie in eurer Schul- oder Stadtbücherei oder ihr kauft eins davon in einer Buchhandlung.

In diesem Kapitel werden euch vier Bücher ausführlich vorgestellt. Unser Vorschlag: Ihr wählt ein Buch aus und lest es, jeder für sich oder in kleinen Gruppen, in der Schule und zu Hause. Für die Auseinandersetzung mit dem Buch gibt es Anregungen und Aufgaben, mit denen ihr einen Leseplan erstellen könnt. Nach dem Lesen stellt ihr den anderen euer Buch vor.

Doris Meißner-Johannknecht: Engel von Berlin

Teresa und Matti kommen aus total verschiedenen Welten: Teresa, Arzttochter aus Berlin, hat gerade die Schule geschmissen und will Schauspielerin werden, anstatt nach dem Wunsch ihrer Mutter das Abitur zu machen; Matti, genannt Ratte, ohne Schulabschluss und arbeitslos, lebt in einem von Sozialarbeitern betreuten Heim, schlittert von einem krummen Ding zum nächsten und ist immer unterwegs mit seiner zahmen Ratte Ikarus und seinem Traum vom Fliegen.
Ohne dass sie sich gesucht hätten, finden sich die beiden. Später wird Teresa sagen, in einem einzigen Moment habe sich ihr Leben geändert – als sie auf einer Wiese vor der Schule saß, in die sie nicht gehen wollte, und ein paar Worte mit einem ziemlich schrägen Typen gewechselt hat, der zufällig vorbeikam …

Lois Lowry: Hüter der Erinnerung

Jonas lebt in einer Welt der Zukunft, im Land der „Gleichheit“. Alles ist organisiert, alles vorbestimmt und überwacht: Geburt, Ausbildung, Beruf, Ehepartner, Lebensende. Vor allem aber: Es ist eine „Welt ohne Gefühle“. Mit Medikamenten und durch eine spezielle Gesprächsausbildung soll verhindert werden, dass jemand Gefühle hervorbringt. Der einzige Mensch, der weiß, was Gefühle sind, ist der Hüter der Erinnerung, der wichtigste Älteste der „Gemeinschaft“. Er überträgt Jonas als seinem Nachfolger nach und nach alle angenehmen und schrecklichen Erinnerungen. Je reicher Jonas nun an Erinnerungen wird, desto klarer wird ihm, was es heißt, ohne Gefühle leben zu müssen. Als er sich weigert, dieses Wissen für sich zu behalten, begibt er sich in Lebensgefahr. Ihm bleibt nur noch die Flucht, zusammen mit seinem kleinen Bruder Gabriel – ein gefährliches Unternehmen …

Thomas Brussig: Am kürzeren Ende der Sonnenallee

Die Sonnenallee in Berlin hat 411 Hausnummern. Als die Mauer noch stand, befanden sich davon ganze 32 im Osten. Einer von denen, die am kürzeren Ende wohnten, gleich neben der Mauer, ist Micha Kuppisch. Wenn er aus der Haustür tritt, hört er die Rufe westlicher Schulklassen vom Aussichtspodest: „Guckt mal, ein echter Zoni!“ Doch Micha macht sich nichts draus, er hat eine andere Sorge: Miriam. Sie ist das schönste Mädchen weit und breit, doch leider schon vergeben.
Micha, Miriam und die anderen aus der Sonnenallee lieben und lachen, tricksen und träumen und schmieden Pläne, z.B. wie man der Musterung entgeht oder wie man einen Liebesbrief hervorangelt, den der Wind in den Todesstreifen geweht hat. … Hinterher sind sich alle einig: „Mein Gott, waren wir komisch – und wir haben es nicht mal gemerkt.“

Alfred Andersch: Sansibar oder der letzte Grund

Im Herbst 1937 treffen in dem Ostseehafen Rerik mehrere Menschen zusammen, die aus politischen oder privaten Gründen aus Deutschland fliehen wollen: der Kommunist Gregor, der Fischer Knudsen, die Jüdin Judith, der evangelische Pfarrer Helander und ein „Junge". Gregor, der seiner Partei skeptisch gegenübersteht, soll die Parteiarbeit in Rerik neu organisieren. Das letzte Mitglied der Partei, der Fischer Knudsen, hat aber mit der Partei bereits gebrochen, weil sie seiner Meinung nach bei der Machtergreifung der Nationalsozialisten versagt hat. Sein Schiffsjunge will unbedingt weg aus Rerik und träumt von Freiheit und Abenteuer in Übersee. Das jüdische Mädchen Judith sucht eine Fluchtmöglichkeit über die Ostsee nach Schweden, um dem Konzentrationslager zu entgehen. Pfarrer Helander will eine Holzplastik des Künstlers Ernst Barlach, den „Lesenden Klosterschüler", vor der Vernichtung als „entartete Kunst" retten. Was wird aus all diesen Plänen?

Ein Leseplan – was ist das?

Zum Lesen des Buches, das ihr ausgewählt habt, und zur Auseinandersetzung mit dem Inhalt und den Buchfiguren könnt ihr euch einen Plan machen, in dem ihr festlegt, **was** ihr **in welcher Zeit** und **mit welchen Fragen und Aufgaben** lesen wollt. Eine gute Möglichkeit ist, sich jeweils für eine Woche eine bestimmte Anzahl von Seiten oder Kapiteln zum Lesen vorzunehmen und sich dazu entsprechende Fragen und Aufgaben zu überlegen und zu bearbeiten. Diese Methode heißt „Leseplan" oder „Wochenplan". Wenn ihr gemeinsam ein Buch lest, könnt ihr euch dabei auf Pflichtaufgaben für alle verständigen und dazu noch Wahlaufgaben festlegen, die man zusätzlich bearbeiten kann. Außerdem könnt ihr überlegen, ob für die einzelnen Aufgaben eher die Einzelarbeit oder die Partner- bzw. Gruppenarbeit angemessen ist. Es ist sinnvoll, für die Leseplanarbeit eine besondere Mappe anzulegen und zu gestalten.

Fragen, auf die ihr eine Antwort finden müsst:

- Wie viel Zeit will ich mir für das Lesen des Buches nehmen?
- Wie verteile ich die Seiten des Buches auf die verfügbare Zeit?
- Was will ich in der Schule und was zu Hause lesen?
- Wie komme ich zu Fragen und Aufgaben, die mir helfen, mich mit dem Buch erfolgreich auseinanderzusetzen?
- Wie will ich meinen Leseprozess und die Ergebnisse meiner Auseinandersetzung protokollieren bzw. festhalten?
- Was möchte ich mit meinen Mitschülerinnen und Mitschülern besprechen bzw. ihnen präsentieren?
- Welche Auszüge aus dem Buch könnte ich zum Vortragen vorbereiten, weil ich sie besonders wichtig, spannend oder lustig finde?

Auf den nächsten Seiten findet ihr eine Sammlung von möglichen Fragen und Aufgaben, die zu vielen Büchern passen bzw. für ein bestimmtes Buch konkretisiert werden können.

Mach dir mit Hilfe der folgenden Anregungen einen Plan für das Lesen des gewählten Buches. Wähle Aufgaben aus, die du bearbeiten möchtest und die zu deinem Buch passen.
Du musst nicht *vor dem Lesen* bereits alles festlegen. Manche Aufgaben erweisen sich erst *während des Lesens* als sinnvoll.

Vor dem Lesen

- Notiere Titel, Autor/Autorin und Verlag.
- Betrachte das **Buchcover** und lies den **Klappentext.**
- Schreibe den Buchtitel in die Mitte eines Blattes und notiere darum herum deine ersten Eindrücke von dem Buch, deine **Erwartungen** in Bezug auf den Inhalt und Fragen, die du an das Buch hast.
- Versuche dir ein Bild von der **Hauptperson** zu machen und schreibe auf bzw. zeichne, wie du sie dir vorstellst.
- Wenn es in dem Buch um ein bestimmtes **Problem** geht, dann notiere, was du darüber weißt bzw. ob du bereits eigene Erfahrungen damit gemacht hast.
- Informiere dich über den **Autor** bzw. die Autorin des Buches und sein bzw. ihr Leben und Werk.

Während des Lesens

- Wenn du ein Kapitel gelesen hast, dann gib den **Handlungsverlauf** stichwortartig wieder.
- Schreibe deine Gedanken und Fragen auf, die dir beim Lesen durch den Kopf gegangen sind.
- Schreibe (z. B. tabellarisch) auf, was du in den gelesenen Seiten oder Kapiteln über die im Buch vorkommenden **Personen** erfahren hast.
- Wie stehen die Figuren zueinander? Stelle die **Figurenkonstellation** in einer Skizze dar.
- Wähle eine Person aus, versuche sie zu charakterisieren, beschreibe ihre Lebenssituation und bewerte ihr Verhalten.
- Bist du schon einmal in einer vergleichbaren Situation oder Stimmung gewesen wie die Hauptperson? Schreibe einen kurzen Text darüber und beschreibe vor allem deine Gedanken und Gefühle.
- Notiere die **Schauplätze der Handlung** und kommentiere sie mit eigenen Worten oder mit Zitaten aus dem Buch.
- Wenn ein bestimmter Ort eine Rolle spielt, dann suche im Atlas heraus, wo dieser Ort liegt, und fertige eine Karte an.
- Wenn ein Ort besondere Merkmale, Plätze oder Gebäude hat, dann versuche ihn in einer farbigen Zeichnung darzustellen.
- Notiere, in welcher **Zeit** die Geschichte spielt und was sich darüber sagen lässt.
- Wähle einen **Abschnitt zum Vorlesen** aus, den du deinen Mitschülern vortragen kannst, um ihnen zu verdeutlichen, was oder wer dich besonders beeindruckt hat. Bereite den Abschnitt zum Vorlesen vor (siehe S. 17).
- Diskutiere mit deinen Mitschülern über Fragen und Aspekte, die dir wichtig sind, und über deine Leseerfahrungen.

- Informiere dich mit Hilfe von Sachbüchern und des Internets genauer über die im Buch angesprochenen Problemfelder.
- Beschreibe die **Situation**, die Gedanken und die Ängste bzw. Hoffnungen der Buchfiguren in der fortschreitenden Handlung.
- Stell dir vor, dass das Buch verfilmt werden soll, und entwirf zu einer ausgewählten Buchszene ein **Drehbuch**.
- Wenn du zeichnerisch begabt bist, kannst du eine ausgewählte Textstelle zu einer **Bildergeschichte** oder einem Comic umarbeiten.
- Versetze dich in die Lage einer der Buchfiguren und schreibe eine **Tagebuchnotiz** aus ihrer Sicht, in der ihre Gefühle und Gedanken zum Ausdruck kommen.
- Beschreibe, wie sich die Ereignisse der Handlung auf das Denken und Handeln der Personen auswirken.
- Nimm Kontakt zu einer Buchfigur auf, z.B. in einem Brief oder einem fiktiven **Telefongespräch** oder **Interview.**
- Schreibe auf, was du an Stelle der Buchfiguren denken, fühlen, sagen oder tun würdest.
- Notiere, wie die Geschichte für die einzelnen Personen und in Bezug auf das angesprochene Problemfeld endet, und führe aus, was du dazu meinst.

Nach dem Lesen

- Schreibe auf, was oder wer dich an dem Buch am meisten beeindruckt hat (mit Begründung).
- Schreibe eine **Stellungnahme** zu dem Buch und zum Verhalten der einzelnen Personen und begründe deine Meinung.
- Fasse deine Meinung zu dem Buch in einer **Buchkritik** zusammen.
- Bist du einverstanden mit dem Schluss des Buches? Wenn nicht, dann schreibe einen neuen Schluss.
- Schreibe einen **Brief an den Autor bzw. die Autorin.**

Denke über dein Lesen, deinen Leseplan und die Bearbeitung der Aufgaben nach:

- Wie beurteilst du dein Lesen und deine Auseinandersetzung mit dem Buch?
- Was hat dir Freude gemacht, wo gab es Probleme?
- Was ist dir gut gelungen, was möchtest du verbessern?
- Welches Buch möchtest du als nächstes lesen?

Schülerinnen und Schüler einer 10. Klasse haben das Buch „Sansibar oder der letzte Grund" von Alfred Andersch gelesen. Ihr Lehrer hatte mit ihnen dafür einen Zeitraum von vier Wochen vereinbart und zur Auseinandersetzung mit dem Buch vier Wochenpläne erstellt. Der Plan für die erste Woche ist als Anregung hier abgebildet. Anschließend findet ihr einige Beispiele von Schülerarbeiten zu verschiedenen Aufgaben des Plans.

Sansibar oder der letzte Grund – Leseplan für die 1. Woche (S. 7–44)

Aufgaben	**Material**	**Empfohlene Arbeitsform**	**Aufgabe bearbeitet**
1. Lies die Seiten 7-44 des Buches (Kapitel 1-16) im Zusammenhang durch und schreibe deine Gedanken und Fragen auf, die dir beim Lesen durch den Kopf gegangen sind.	Buch: S. 7-44 (Kapitel 1-16)	Einzelarbeit	✓
2. Schreibe tabellarisch auf, was du in den Kapiteln 1-16 über die im Buch vorkommenden Personen erfährst: Gregor, Helander, Knudsen und Judith. Wähle eine der Personen aus und versuche ihre Situation und Gefühlslage zu schildern oder zeichnerisch darzustellen. Begründe deine Darstellung.	Buch: S. 7-44 (Kapitel 1-16)	Einzel- oder Partnerarbeit	✓
3. Beschreibe die Lebenssituation des „Jungen". Achte dabei auf die Beziehung zu seinem Vater und seiner Mutter und nenne auch die Gründe, warum er aus Rerik weg möchte.	Buch: S. 7, 9, 12, 17, 21, 25, 33, 38	Einzel-, Partner- oder Gruppenarbeit	
4. Bist du auch schon einmal in der Stimmung gewesen, einfach weg zu wollen? Schreibe einen kurzen Text über den Grund und über deine Gefühle.		Einzelarbeit	
5. Der Junge sagt: „Man muss weg sein, aber man muss auch irgendwohin kommen." Erläutere, was dies bedeuten könnte.	Buch: S. 7, Z. 21	Einzel- oder Partnerarbeit	
6. Lies noch einmal aufmerksam die Beschreibung des „Lesenden Klosterschülers" auf S. 42. Versuche nach der Beschreibung ein Bild zu zeichnen oder zu malen.	Buch: S. 42	Einzelarbeit	
7. Suche im Atlas heraus, wo Rerik liegt. Zeichne eine Karte.	Atlas	Einzel- oder Partnerarbeit	
8. Stelle in einer farbigen Zeichnung die roten Türme von Rerik und den goldenen Schild von Tarasovka gegenüber, und zwar so, dass ihre unterschiedliche Bedeutung für Gregor deutlich wird.	Buch: S. 21, Z. 34–36; S. 22, Z. 1–3; S. 23, Z. 12–16 u. 23–35	Einzelarbeit	
9. Informiere dich über den Autor des Buches und sein Leben. Notiere, ob es Parallelen zur Buchfigur „Gregor" gibt.	Internet, Lexikon	Einzel-, Partner- oder Gruppenarbeit	

Mein erster Eindruck von dem Buch war, dass es sehr schwer zu lesen ist. Man kann es nicht wie ein normales Buch lesen, sondern man hat das Gefühl, dass man sechs verschiedene Bücher liest. Die Personen werden nacheinander vorgestellt, es gibt wenig Handlung und kaum Rede. Aber langsam hat man sich in die Geschichte eingelebt und erkennt, wie alles zusammenhängt. Dann wurde es sogar spannend und es machte Spaß zu lesen.

Christian

Meine Fragen:
Schaffen es die Personen, aus Rerik zu fliehen?
Wie war das zur Nazi-Zeit mit der Verfolgung der Juden?
Warum heißt das Buch „Sansibar oder der letzte Grund"?
Kann der Junge seinen Freiheitstraum verwirklichen?
Wird Knudsen dem Pfarrer Helander helfen?
Wieso ist die Holzfigur des „Lesenden Klosterschülers" so wertvoll?
Was würde ich in der Situation von Judith tun?
Wäre ich mutig genug?

Matthias

Ich fange mal mit dem „Jungen" an. Er ist 15 Jahre alt, lebt bei seiner Mutter, von der er sich nicht verstanden fühlt, und arbeitet als Schiffsjunge beim Fischer Knudsen. Er tut mit leid, weil er ohne Vater aufgewachsen ist. Es nervt ihn alles in dem kleinen Ort Rerik, wo nichts los ist und wo die Leute schlecht über seinen Vater reden. Deshalb will er weg, bloß weg. Irgendwie kann ich ihn verstehen. Aber ich stelle mir gerade die Frage, ob das Weglaufen wirklich Sinn macht.

Elina

Es gab schon öfter eine Situation, wo ich einfach nur weg wollte. Wenn ich Stress mit meinen Eltern oder Freunden hatte. Als ich mich einmal mit einer sehr guten Freundin gestritten hatte, habe ich gedacht, ich muss weg, auch wenn es nur für ein paar Tage wäre. Ich wollte einfach nur Abstand gewinnen. Ich habe einige Sachen zusammengepackt und bin in die Stadt gefahren, ziellos durch die Fußgängerzone marschiert, bin dann schließlich in mein Stammcafé gegangen. Dort habe ich in Ruhe nachgedacht und bin zu dem Entschluss gekommen, dass Weglaufen nicht die Lösung ist. Stattdessen habe ich meine Freundin angerufen, um die Sache mit ihr zu klären.

Julia

Judith ist ein jüdisches Mädchen. Nach dem Selbstmord ihrer Mutter kommt sie nach Rerik. Keiner darf merken, dass sie eine Jüdin ist und über die Ostsee nach Schweden fliehen will. Damals war es eine schwere Zeit für alle, die von den Nazis verfolgt wurden, besonders für die Juden. Judith muss sehr darunter gelitten haben, eine hübsche junge Frau allein in der fremden Stadt im Hotel mit diesem ekelhaften Wirt. Ich wünsche ihr echt viel Glück für ihre Flucht. Schön wäre es, wenn es zu einer Beziehung zwischen ihr und dem netten Gregor kommen würde.

Jassin

Liebes Tagebuch! Ich sitze hier in Rerik ganz allein in meinem Hotelzimmer. Irgendwie wirkt die Stadt bedrohlich auf mich. Der Wirt will meinen Pass haben, aber dann merkt er, dass ich Jüdin bin. Er spürt wohl, dass ich Angst habe, und hat mich schon so komisch angeguckt. Ach Mutter, du hast mir zu dieser Reise geraten, damit ich aus Deutschland nach Schweden fliehen kann. Werde ich das schaffen? Wird alles gutgehen? Oder werden sie mich töten?

Judith

Mein Bild soll Judiths Situation anschaulich machen. Sie mischt sich unter die dunklen Gestalten am Hafen. Alles ist grau und verschwommen; sie hat Angst, erkannt zu werden. Das rettende Schiff erscheint ihr strahlend hell auf dem blauen Meer.

Elina

Eine gute Möglichkeit, Dinge, die einem beim Lesen aufgefallen sind oder von denen man anderen berichten möchte, zu veröffentlichen, ist die Lesepinnwand in der Klasse, in der Schulbücherei oder in der Pausenhalle. Hier könnt ihr alles anheften, was euch zum Thema „Lesen" wichtig ist.

10 Rechte für Leser:

1. Das Recht, nicht zu lesen.
2. Das Recht, Seiten zu überspringen.
3. Das Recht, ein Buch nicht zu Ende zu lesen.
4. Das Recht, noch einmal zu lesen.
5. Das Recht, irgendwas zu lesen.
6. Das Recht, den Roman als Leben zu sehen.
7. Das Recht, überall zu lesen.
8. Das Recht, herumzuschmökern.
9. Das Recht, laut zu lesen.
10. Das Recht, zu schweigen.

Daniel Pennac

Suche Leute, die Lust haben, zu dem Buch „Sansibar oder der letzte Grund" von Alfred Andersch aus einer Szene ein Drehbuch zu machen. Videoaufnahme möglich.

Fabian

Hat jemand noch Bücher zum Thema „Holocaust und Nationalsozialismus"?

Ayse

In der Schülerbücherei gibt es jetzt alle Bücher, die in „wortstark" empfohlen werden. Sie können ab sofort ausgeliehen werden.

Suche spannende Krimis. Tipps an Nina!

Habe die Videos zum Buch „Sansibar oder der letzte Grund" (ein Film von Bernhard Wicki) und zur „Sonnenallee" (ein Film von Leander Haußmann)! Wer sie sich ausleihen will, kann sich bei mir melden.

Fabian

Ich lese gerade das Buch „Küss mich jetzt" von Christian Bieniek. Axel, genannt Deo, hat „Herzprobleme" ohne Ende. Superpeinliche Geschichte – absolut interessant.
Prädikat: empfehlenswert.

Tim

Montagmorgen, 1. Stunde: Buchvorstellung!
→ Leseprobe
(2–3 Seiten, die sich zum Vorlesen eignen; gut üben!)
→ kurze Inhaltswiedergabe
→ eigene Meinung zum Buch

Wenn du dich mit einer bestimmten Stelle in einem literarischen Text besonders intensiv beschäftigen möchtest, tust du gut daran, sie dir selbst oder einem anderen vorzulesen. Beim langsamen und den Sinn gliedernden Vorlesen kannst du dir diese Stelle besonders gut verständlich machen.

1 Lies die folgende Stelle aus Alfred Anderschs Roman „Sansibar oder der letzte Grund" erst einmal leise durch.

Der Lesende

Alfred Andersch

Ernst Barlach (1870–1938): Lesender Klosterschüler (1930)

Die Figur | saß klein | auf einem niedrigen Sockel aus Metall, | zu Füßen des Pfeilers | schräg gegenüber. || Sie war aus Holz geschnitzt, | das nicht hell | und nicht dunkel war, | sondern einfach braun. || Gregor näherte sich ihr. || Die Figur | stellte einen jungen Mann dar, | der in einem Buch las, | das auf seinen Knien lag. || Der junge Mann | trug ein langes Gewand, | ein Mönchsgewand, | nein, | ein Gewand, | das noch einfacher war | als das eines Mönchs: | einen langen Kittel. || Unter dem Kittel | kamen seine nackten Füße hervor. || Seine beiden Arme | hingen herab. || Auch seine Haare hingen herab, | glatt, | zu beiden Seiten der Stirn, | die Ohren und die Schläfen verdeckend. || Seine Augenbrauen | mündeten | wie Blätter in den Stamm der geraden Nase, | die einen tiefen Schatten auf seine rechte Gesichtshälfte warf. || Sein Mund | war nicht zu klein | und nicht zu groß; | er war genau richtig, | und ohne Anstrengung geschlossen. || Auch die Augen | schienen auf den ersten Blick geschlossen, | aber sie waren es nicht, | der junge Mann schlief nicht, | er hatte nur die Angewohnheit, | die Augendeckel fast zu schließen, | während er las. || Die Spalten, die seine sehr großen Augendeckel gerade noch frei ließen, waren geschwungen, zwei großzügige und ernste Kurven, in den Augenwinkeln so unmerklich gekrümmt, dass auch Witz in ihnen nistete. Sein Gesicht war ein fast reines Oval, in ein Kinn ausmündend, das fein, aber nicht schwach, sondern gelassen den Mund trug. Sein Körper unter dem Kittel musste mager sein, mager und zart; er durfte offenbar den jungen Mann beim Lesen nicht stören.

2 Lies dir den ersten Teil des Textes langsam vor. Betone dabei die unterstrichenen Wörter und mache kurze oder längere Pausen bei den eingezeichneten Pausenzeichen.

3 Im zweiten Teil des Textes sind noch keine Zeichen für das Vorlesen eingetragen. Trage sie (auf Folie oder einer Kopie) ein, indem du den Text vor dich hin liest. Damit du später auch langsam und eindringlich vorlesen kannst, mache möglichst viele Sprechpausen.

4 Lies dann den ganzen Text einem anderen deutlich vor. Deine Zuhörer sollten dabei nicht mit den Augen mitlesen, sondern dir nur zuhören!

Die Entwicklung der Menschheit *Erich Kästner*

Einst haben die Kerls auf den Bäumen gehockt, |

behaart | und mit böser Visage. |

laut erzählend, mit einer Hand auf vorgestellte Bäume weisend

Dann | hat man sie aus dem Urwald gelockt |

und die Welt asphaltiert | und aufgestockt, ↗

mit der Hand hinunter wie auf eine Straße zeigend

bis zur dreißigsten Etage. ||

Da saßen sie nun, | den Flöhen entflohn, ↗
in zentralgeheizten Räumen. |
Da sitzen sie nun am Telefon. |
Und es herrscht noch genau derselbe Ton ↗
wie seinerzeit | auf den Bäumen. ||

Sie hören weit. Sie sehen fern.
Sie sind mit dem Weltall in Fühlung.
Sie putzen die Zähne. Sie atmen modern.
Die Erde ist ein gebildeter Stern
mit sehr viel Wasserspülung.

Sie schießen die Briefschaften durch ein Rohr*.
Sie jagen und züchten Mikroben.
Sie versehn die Natur mit allem Komfort.
Sie fliegen steil in den Himmel empor
und bleiben zwei Wochen oben.

Was ihre Verdauung übrig lässt,
das verarbeiten sie zu Watte.
Sie spalten Atome. Sie heilen Inzest*.
Und sie stellen durch Stiluntersuchungen* fest,
dass Cäsar Plattfüße hatte.

So haben sie mit dem Kopf und dem Mund
den Fortschritt der Menschheit geschaffen.
Doch davon mal abgesehen und
bei Lichte betrachtet sind sie im Grund
noch immer die alten Affen.

1 Wie Kästner hier die „Entwicklung der Menschheit" beschreibt, das ist zwar humorvoll ausgedrückt, aber stimmt es denn? Seid ihr auch dieser Meinung?

2 Dieses Gedicht muss man vorlesen! Wer das aber möchte, muss es üben wie ein Schauspieler. Hier bekommt ihr einige Tipps dazu. Lest sie euch durch:

Tipp 1

Eine Kopie von dem Gedicht herstellen, denn ihr müsst es mit Notizen und Zeichen versehen. Was noch besser wäre: den Text auf dem PC abschreiben, denn beim Abschreiben liest man genauer!

Tipp 2

Das Gedicht zwei-, dreimal halblaut vor sich hin lesen.

Tipp 3

In den Text Vortragszeichen einfügen:

- für kleine Pausen (|) und größere Pausen (||); lieber mehr als zu wenig, denn Pausen bringen Ruhe in den Vortrag und erzeugen Spannung!
- Wörter oder Silben, die ihr betonen wollt, unterstreichen;
- einen Pfeil setzen (↗), wo man am Ende einer Zeile die Stimme nicht absinken lassen darf.

Tipp 4

Das Lesen mit den Betonungen und Pausen gegenseitig überprüfen.
Hier ein Beispiel: Lest euch die beiden Fassungen gegenseitig vor: mit deutlichen Pausen und etwas übertriebener Betonung – und entscheidet, welche euch überzeugender erscheint.

So haben sie mit dem Kopf und dem Mund ↗
den Fortschritt der Menschheit geschaffen. ||
Doch davon mal abgesehen | und
bei Lichte betrachtet ↗ sind sie im Grund
noch immer die alten Affen. ||

So haben sie | mit dem Kopf und dem Mund ↗
den Fortschritt der Menschheit geschaffen. ||
Doch davon mal abgesehen | und ↗
bei Lichte betrachtet | sind sie im Grund ↗
noch immer | die alten Affen. ||

Tipp 5

Den Gedichttext mit Hinweisen zu Gebärden und Sprechweise versehen, denn wer zu dem Text auch mit den Händen andeutet, wie etwas gemeint ist, der unterstützt die Wirkung.

Tipp 6

Den Text immer wieder laut lesen, bis ihr ihn so gut beherrscht, dass ihr nicht ständig auf das Blatt schauen müsst, denn wer zwischendurch immer wieder einmal die Zuhörer anschaut, kommt besser an!

3 Bereitet dieses oder ein anderes Gedicht zum Vortragen vor und stellt eure Vortragsfassungen euren Mitschülern vor.
Sprecht anschließend darüber, welcher Vortrag besonders gelungen war und welche Tipps sich als hilfreich oder weniger nützlich erwiesen haben.

Stand-by

Ist es richtig, dass ein großer Teil unseres Haushaltsstroms auf das Stand-by von Geräten geht?

Wie könnte man diesen enormen Stromverbrauch mindern? Wir wollen doch alle Energie sparen und nicht sinnlos verschwenden!

Wenn man früher den Fernseher vor dem Zubettgehen ausschaltete, dann ging man zu der Flimmerkiste hin wie zu einem guten Freund, verabschiedete sich ordentlich, indem man auf einen Knopf drückte, der unten am Gerät angebracht war, und sagte: „Schlaf gut, mein Freund!“ Wer heutzutage abends den Fernseher, den Rekorder oder den CD-Player ausschaltet, muss nicht einmal mehr aufstehen, sondern drückt lieblos auf den Knopf der Fernbedienung und verdrückt sich. Und das Ding sagt nichts mehr. Einfach und praktisch! Aber überall sieht man weiterhin die gelben, roten oder grünen Lämpchen glimmen, die man „Leuchtdioden“ nennt. Dann weiß man, die elektrischen Geräte sind zwar auch zur Ruhe gekommen, doch eingeschlafen sind sie noch längst nicht. Ständig sind sie halbwach und allzeit bereit, auf einen elektrischen Impuls hin wieder zu vollem Leben zu erwachen.

Das Problem dabei ist: Das kostet Strom. Nun kann zwar keiner an der Stromuhr ablesen, wie viel das ist. Doch man könnte, wenn alle Lichter im Haus gelöscht sind und sogar der Kühlschrank kurz ausgeschaltet ist, ja einmal mit der Taschenlampe in den Zähler hineinleuchten und sehen, was sich da noch bewegt. Da kann man dann feststellen, dass die elektrische Stromuhr noch ganz schön auf Trab ist, obwohl doch alles im Dunkeln liegt. Der Anrufbeantworter ist noch hellwach, was ja zu seiner Aufgabe gehört; das Faxgerät auch; und eine Menge anderer Geräte im Haushalt liegen, wie gesagt, ständig in Lauerstellung, was auf Neudeutsch „Stand-by“ heißt. Von den ca. 135 Milliarden Kilowattstunden, die die Haushalte jährlich verbrauchen, gehen rund 20 Milliarden Kilowattstunden allein auf das Stand-by, und die kosten 3,5 Milliarden Euro. Nun gut, ein durchschnittlicher Haushalt verbraucht nur rund 3500 Kilowattstunden im Jahr, aber man kann sich leicht ausrechnen, wie viel davon auf den künstlichen Halbwachzustand unserer Geräte geht – und was das kostet. Das ist gar nicht so wenig – insgesamt so viel, wie die Städte Hamburg, München, Köln und Leipzig im Jahr an Strom verbrauchen! Ein Kernkraftwerk müsste 48 Stunden am Tag Strom erzeugen – für nichts und wieder nichts. Da aber der Tag nur 24 Stunden hat … Na, auch das kann man sich leicht ausrechnen.

Natürlich könnte man alle Stecker aus den Steckdosen von Geräten mit Stand-by ziehen, doch realistischer wäre es, den Stromverbrauch von Stand-by-Geräten zu senken. Da geschieht bereits einiges. Aber weil sich die Menschen immer mehr Geräte ohne Ausknopf anschaffen, werden die Leerlaufverluste trotzdem eher steigen als zurückgehen.

1 Beantworte die Eingangsfragen, die in den Sprechblasen stehen.

2 Beantworte auch folgende Fragen:
- Wie viel Prozent beträgt der Stromverbrauch durch Stand-by?
- Wie viele Kernkraftwerke müssen nur für den Stand-by-Strom arbeiten?
- Unter welchen Voraussetzungen würde dieser Verbrauch zurückgehen?

Streit ums Wetter

Herr Jahn: Das war vielleicht ein Sommer in diesem Jahr! Katastrophe!
Frau John: Na, Herr Jahn, Sie übertreiben mal wieder! Er war doch ganz schön.
Herr Jahn: Schön? Am 18. Juli wären wir fast weggeschwommen.
Frau John: Nein, das war am 16., einen Tag nach meinem Geburtstag.
Herr Jahn: Meinetwegen. Jedenfalls hat es gegossen wie aus Kübeln.
Frau John: Gut, an einigen Tagen. Aber doch nicht ständig.
Herr Jahn: Man mochte keinen Hund vor die Tür jagen!
Frau John: Aber es gab doch auch schöne Tage mit viel Sonne.
Herr Jahn: Sonne? Wann hat die sich denn mal blicken lassen?
Frau John: Meinen Geburtstag konnten wir immerhin im Garten feiern.
Herr Jahn: Wenn das mal nicht voriges Jahr war! Ich hatte jedenfalls den Eindruck, dass sich die Sonne im Juli kaum blicken ließ.
Frau John: Das können Sie aber nicht sagen! Gut, es gab ein paar Gewitter. Aber dann kam doch wieder auch die Sonne durch.
Herr Jahn: Grau in Grau! Schiete, dieser Sommer.
Frau John: So schlimm fand ich's nicht.
Herr Jahn: Aber Frau John, das können Sie doch nachlesen: Zu viel Regen und zu wenig Sonne im Durchschnitt.
Frau John: Durchschnitt oder nicht! Sie sind eben ein Schwarzmaler.

1 Was glaubst du: Hat eher Herr Jahn oder Frau John recht?

2 Die Meteorologen haben die durchschnittlichen Wetterverhältnisse über Jahre hin aufgezeichnet. Vergleiche die Aussagen von Frau John und Herrn Jahn mit dem folgenden Diagramm:

a In einer Hinsicht haben sich Frau John und Herr Jahn beide geirrt.

b Gab es in jenem Jahr tatsächlich zu viel Regen? Vergleiche es mit dem „langjährigen Monatsmittel von Niederschlag". Dazu brauchst du einen Taschenrechner.

c Und gab es wirklich zu wenige Sonnenstunden im Durchschnitt? Auch das kannst du ausrechnen.

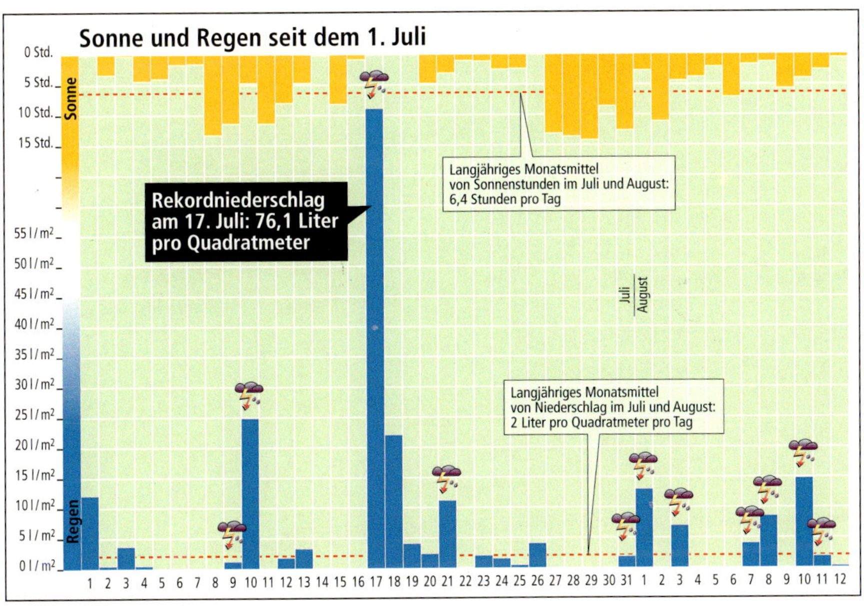

Aus der Straßenverkehrsordnung

§ 8 Vorfahrt

(1) An Kreuzungen und Einmündungen hat die Vorfahrt, wer von rechts kommt. Das gilt nicht,

1. wenn die Vorfahrt durch Verkehrszeichen besonders geregelt ist (Zeichen 205, 206, 301, 306)
   oder
2. für Fahrzeuge, die aus einem Feld- oder Waldweg auf eine andere Straße kommen.

(2) Wer die Vorfahrt zu beachten hat, muss rechtzeitig durch sein Fahrverhalten, insbesondere durch mäßige Geschwindigkeit, erkennen lassen, dass er warten wird. Er darf nur weiterfahren, wenn er übersehen kann, dass er den, der die Vorfahrt hat, weder gefährdet noch wesentlich behindert. Kann er das nicht übersehen, weil die Straßenstelle unübersichtlich ist, so darf er sich vorsichtig in die Kreuzung oder Einmündung hineintasten, bis er die Übersicht hat. Auch wenn der, der die Vorfahrt hat, in die andere Straße abbiegt, darf ihn der Wartepflichtige nicht wesentlich behindern.

(3) Diese Vorschriften gelten für Fahrzeuge aller Art. Fußgänger, die Fahrzeuge mitführen, müssen stets warten.

§ 9 Abbiegen, Wenden und Rückwärtsfahren

(1) Wer abbiegen will, muss dies rechtzeitig und deutlich ankündigen; dabei sind die Fahrtrichtungsanzeiger zu benutzen. Wer nach rechts abbiegen will, hat sein Fahrzeug möglichst weit rechts, wer nach links abbiegen will, bis zur Mitte, auf Fahrbahnen für eine Richtung möglichst weit links einzuordnen, und zwar rechtzeitig. Wer nach links abbiegen will, darf sich auf längs verlegten Schienen nur einordnen, wenn er kein Schienenfahrzeug behindert. Vor dem Einordnen und nochmals vor dem Abbiegen ist auf den nachfolgenden Verkehr zu achten; vor dem Abbiegen ist es dann nicht nötig, wenn eine Gefährdung nachfolgenden Verkehrs ausgeschlossen ist.

(2) Radfahrer, die abbiegen wollen, müssen an der rechten Seite der in gleicher Richtung abbiegenden Kraftfahrzeuge bleiben.

(3) Wer abbiegen will, muss entgegenkommende Fahrzeuge durchfahren lassen, Schienenfahrzeuge und Radfahrer auch dann, wenn sie neben der Fahrbahn in der gleichen Richtung fahren. Auf Fußgänger muss er besondere Rücksicht nehmen; wenn nötig, muss er warten.

(4) Wer nach links abbiegen will, muss entgegenkommende Fahrzeuge, die ihrerseits nach rechts abbiegen wollen, durchfahren lassen.

(5) Beim Abbiegen in ein Grundstück, beim Wenden und beim Rückwärtsfahren muss sich der Fahrzeugführer darüber hinaus so verhalten, dass eine Gefährdung anderer Verkehrsteilnehmer ausgeschlossen ist; erforderlichenfalls hat er sich einweisen zu lassen.

1 Beantworte die Fragen, indem du die Paragraphen und Absätze der Straßenverkehrsordnung dazu angibst.
Dazu ein Tipp: Zeichne kleine Skizzen zu den einzelnen Situationen.

a Jonas radelte mit seinem Rad aus dem Feldweg auf die Straße zu. Er wollte nach rechts abbiegen und weiterfahren. Mit unverminderter Geschwindigkeit fuhr er, da ihm kein Schild die Vorfahrt verwehrte, auf die Hauptstraße drauf. Da hörte er, wie ein Auto kreischend abbremste. Es drehte sich um die eigene Achse. Der Fahrer stieg aus und schrie: „Dich zeige ich an!" Jonas antwortete: „Rechts hat Vorfahrt!" – Wer hat recht?

b Jessika fuhr aus der Hauseinfahrt langsam an die Hauptstraße heran. Da ihr durch eine Hecke die Sicht versperrt war, schob sie ihr Rad vorsichtig auf die Straße. Plötzlich kam von links ein Auto an. Es machte einen Schlenker auf die andere Straßenseite hinüber, da Jessikas Vorderrad schon auf der Straße stand. Und beinahe hätte es dadurch einen Unfall gegeben, da auch der Gegenverkehr stoppen musste. Der Fahrer rief aus dem Auto: „Bist du wahnsinnig!" Jessika antwortete mit Unschuldsmiene: „Ich habe doch gewartet!" – Wer hat sich falsch verhalten?

c Elias fuhr auf dem Radweg neben der Straße. An der Kreuzung wollte er geradeaus weiterfahren. Da bog plötzlich ein Auto neben ihm nach rechts ab und hätte ihn beinahe erwischt. Elias schrie den Fahrer an: „Können Sie nicht aufpassen!" Der Fahrer rief zurück: „Pass selber besser auf!" – Wer hatte sich falsch verhalten?

d Mary fuhr, da die Straße keinen Radweg hatte, auf der rechten Seite, wie es sich gehört. An der Kreuzung wollte sie links abbiegen. Sie streckte den Arm zum Zeichen heraus. Entgegen kam ihr niemand. Aber Mary streifte das Auto, das knapp neben ihr nach rechts abbiegen wollte, sodass sie umkippte. Passiert war ihr zum Glück nichts. Der Fahrer stieg erschrocken aus und sagte: „Wenn man nach links abbiegt, macht man das anders!" Mary sagte: „Und wenn man rechts abbiegt, dann auch!" – Wer hat recht?

2 Zu welchem Paragraphen der Straßenverkehrsordnung gehört die folgende Illustration?

Dagegen klagen wir!

Laura und Boris hatten sich für ihre Ferien ein Domizil in einem Reiseprospekt ausgesucht. Alles, was sie dort lasen, hörte sich eigentlich gut an: „Traumurlaub" direkt am Meer, Naturstrand, Disko, Zimmer mit Meeresblick usw. Dann aber war ihre Enttäuschung groß: Der „Direktflug", den sie gebucht hatten, dauerte fünf Stunden, weil die Maschine zwischenlandete. Das Hotel lag direkt in der Einflugschneise des Flughafens. Dusche und WC gab es nur auf der Etage am Ende des Gangs. Vom Balkon aus konnte man gerade einmal einen kleinen Streifen vom Meer erkennen. Der Strand war eine Katastrophe: Überall Müll und Hundedreck. Die Disko war nicht schlecht, aber die Musik dröhnte bis nachts um zwei Uhr in ihr Zimmer hinein. „Wir verklagen den Veranstalter!", sagte Laura. „Wir wollen einen Teil unseres Geldes zurück" sagte Boris.

1 Welche Klagepunkte haben wohl Aussicht auf Erfolg? Vergleicht die Mängel mit den folgenden Gerichtsurteilen:

„Zimmer mit Dusche und WC":
Die prospektmäßige Buchung eines „Zimmer mit Dusche und WC" bedeutet, dass Dusche und WC auch tatsächlich im Zimmer integriert sind; eine außerhalb des Zimmers auf dem Gang befindliche Dusche mit WC erfüllt diese Voraussetzungen nicht.

„Meerblick":
Der Begriff „Meerblick" bedeutet nicht, dass das Meer direkt aus dem Hotelzimmer zu sehen ist. Auch der irgendwie mögliche seitliche Meerblick von einem vorgebauten Balkon erfüllt diese Voraussetzung.

„Direktflug":
Die Buchung eines „Direktfluges" rechtfertigt auch eine oder mehrere Zwischenlandungen; der Begriff besagt lediglich, dass das Flugzeug nicht gewechselt werden muss. Lediglich ein „Non-Stop-Flug" bringt den Reisenden unmittelbar ohne Zwischenlandung zum Zielflughafen. Bei prospektmäßiger Angabe einer kurzen „Transferzeit" vom/zum Flughafen muss der Reisende mit Lärmbelästigung durch den nahe gelegenen Flughafen rechnen, allerdings nicht, dass sich das Hotel unmittelbar in der Anflugschneise befindet.

„Tanzabende" und „Diskomusik":
Weist der Reiseveranstalter in seinem Prospekt bei einer Hotelanlage in Mallorca auf „Tanzabende" und „Diskomusik" hin, so ist wegen der Ortsüblichkeit abendlicher Unterhaltung auch mit Diskomusik bis 3 Uhr morgens bei gleichzeitiger Unmöglichkeit des Schlafens zu rechnen.

„Naturstrand":
Die Begriffe „Naturstrand" oder „naturbelassener Strand" lassen darauf schließen, dass dort keine Infrastruktur (Toiletten, Umkleidekabinen, Duschen etc.) vorhanden ist, dass der Strand durch Zigarettenkippen, Flaschen, Dosen, Hundekot und Abfälle etc. verschmutzt sein kann und dass auch der angeschwemmte Unrat nicht oder nur unregelmäßig beseitigt wird.

„Traumurlaub":
Keine Leistungsbeschreibung stellen bloße reklamehafte Anpreisungen, wie z. B. „Traumurlaub" oder „Genussferien" etc. dar, die als inhaltleere Floskeln keinen sachlichen Kern besitzen.

Auf dieser Seite erhältst du einige Tipps, die für das Lesen und Verstehen informativer Texte sehr hilfreich sind. Sie gelten immer dann, wenn du einen Text wirklich lesen willst (oder sollst) und wenn du die Informationen, die in ihm stecken, ermitteln möchtest.
Ob du diese Tipps alle nutzen willst, ist natürlich von dir selbst abhängig; doch eine Hilfe stellen sie auf jeden Fall dar.

Tipp 1: Überschrift lesen, Bild anschauen
In der Regel lässt du dich, bevor du einen Text liest, von Überschrift und Bildern leiten. – Lies also zuerst die Überschrift (und eventuell Unter- und Zwischen-Überschriften) zu einem Text. Schau dir auch die Bilder an, wenn sie vorhanden sind.

Tipp 2: Erwartungen festhalten
Überschrift und Bilder erzeugen Erwartung, Neugier oder Interesse. Wenn Überschrift und Bilder keinerlei Erwartung erzeugen, dann wirst du den Text wahrscheinlich gar nicht lesen. – Notiere auf einem Zettel, was du von dem Text erwartest.

Tipp 3: Überblick verschaffen
In der Regel überfliegst du einen Text kurz mit den Augen, um möglichst rasch zu erfahren, ob etwas darinsteht, das dein Interesse befriedigt. – Überfliege den Text mit den Augen, verschaffe dir einen Überblick. Dabei erfährst du, ob der Text etwas mit deinen Erwartungen zu tun hat, ob er sie vielleicht erfüllt oder erweitert – oder ob er mit ihnen wenig zu tun hat.

Tipp 4: Genau lesen
Wenn du erfahren hast, dass dir der Text etwas Neues sagt, dann wirst du ihn in der Regel näher kennen lernen wollen. – Lies Absatz für Absatz genau. Dabei ist von Anfang an das „Lesen mit dem Stift" hilfreich. Unterschlängele Stellen, die dir unklar sind, und Wörter, die du nicht verstehst. Unterstreiche oder markiere Stellen, die du dir merken möchtest.

Tipp 5: Unverstandenes klären
Viele Texte enthalten Wörter oder Stellen, die du nicht sofort verstehst. – Kläre die unverstandenen Wörter oder Textstellen: aus dem Textzusammenhang, durch Nachschlagen oder indem du jemanden fragst.

Tipp 6: Text gliedern
Wenn du sicher sein möchtest, dass du einen Text verstanden hast, musst du dir über den Inhalt der einzelnen Abschnitte zusammenfassend Auskunft geben. – Gliedere den Text in Sinnabschnitte. Dazu ist die Formulierung von Zwischenüberschriften besonders geeignet.

Tipp 7: Informationen festhalten
Wirklich verstanden hat man nur, was man mit eigenen Worten wiedergeben kann. Deswegen ist es hilfreich, sich zu den einzelnen Zwischenüberschriften kurz etwas zu notieren. Das können auch Kurzzitate sein. – Mache dir Stichwörter zu den einzelnen Abschnitten.

Tipp 8: Offene Fragen notieren
Hast du in dem Text das erfahren, was du am Anfang von ihm erwartet hattest? – Notiere Fragen, die offengeblieben sind, oder Dinge, die du noch nicht verstanden hast.

Tipp 9: Zusatzinformationen beschaffen
Manchmal ist ein Text so interessant, dass man noch mehr über das Thema wissen möchte. Dann ist es hilfreich, wenn man sich zumindest notiert, welche Zusatzinformationen man sich wo beschaffen möchte: in Fachbüchern, im Internet …

1 Der folgende Text stand tatsächlich in einer Zeitung und berichtete über eine wirkliche Begebenheit. Bearbeite den Text einmal mit Hilfe der Tipps von Seite 25. Unterstreichen darfst du in diesem Buch allerdings nicht, aber mit Hilfe einer Folie kannst du alle Anregungen verwirklichen.

Das Monster von Loch Dornach

Das Ende einer Geierschildkröte

Vor zehn Tagen hat ein Angler im Dornacher Angelteich eine ungewöhnlich große Schildkröte entdeckt und fotografiert. Fachleute identifizierten das Reptil als Geierschildkröte, eine Verwandte der bekannteren Schnappschildkröte, die eigentlich im warmen Südosten der USA beheimatet ist.

Um den Leumund des bis zu 1,40 Meter langen und bis zu 100 Kilogramm schweren Reptils mit den mächtigen Kiefern ist es schlecht bestellt. Bereits Brehms Tierleben von 1892 warnt vor der Schnappschildkröte, „die nach allem beißt, was ihr in den Weg kommt“, und mit deren „Wut sich entschiedene Bosheit paart“, weswegen „sie einem Menschen, der sich in das von ihr bewohnte Wasser begibt, unter Umständen grimmig zu Leibe geht“.

In Deutschland machten die Schnappschildkröten schlecht von sich reden, weil sie, was nach Expertenmeinung unverantwortlich ist, bis vor einigen Jahren im Zoohandel frei erhältlich waren und häufig von ihren völlig überforderten Besitzern wieder ausgesetzt wurden, was wohl auch das Schicksal der Dornacher Geierschildkröte war.

In der Gegend um den Dornacher Teich fing man plötzlich an, sich Sorgen zu machen. Zwar schienen einige schon länger von der Schildkröte zu wissen – ein Angler wollte das Tier bereits vor Jahren gefangen und dann in den ohnehin mit Badeverbot belegten See zurückgeworfen haben –, doch Gefährlichkeit und Größe des Reptils waren völlig neu für den Gemeinderat. So berichteten Zeugen der Presse auf einmal, sie hätten gesehen, wie die Geierschildkröte oberarmdicke Äste zermalmte, als wären es Streichhölzer.

Bis gestern suchte ein „Krisenstab" aus Tauchern, Anglern, Freiwilliger Feuerwehr und Polizei vergeblich in dem bis 16 Meter tiefen und nur 200 Meter breiten Baggersee nach dem – so eine Boulevardzeitung – „Monster von Loch Dornach“.

Am gestrigen Mittwoch hat nun der Angler Thomas G. mit bloßen Händen das Ungeheuer aus dem Weiher gezogen. Er packte einfach zu, als er die Schildkröte am Mittag unter einem Weidenbusch am Ufer entdeckte. Genau so, wie Fachleute des Zoologischen Instituts der Universität München geraten hatten: erst hinten und dann beidseitig des mächtigen Panzers. Blitzschnell sollte es gehen, damit das 75 Zentimeter lange Vieh nicht zubeißt. Angst habe er nicht dabei gehabt, erklärte der Mann. Doch „ganz wohl“ war ihm bei dem Gedanken nicht, dass das Untier am Ende noch am Ufer spielende Kinder hätte in den Teich ziehen können.

Die Geierschildkröte befindet sich jetzt im Zoologischen Institut, bis eine geeignete Heimat für sie gefunden wird.

Stark bemoost war das „Monster“ nach den Jahren im Kiesweiher.

2 Sprecht gemeinsam über diese Art, in einem Text Informationen zu ermitteln: Waren die neun Tipps eine Hilfe für euch? Welche Tipps helfen euch, wenn ihr einen Text wirklich intensiv erarbeiten wollt? Welche würdet ihr auch im Alltag beim Lesen verwenden?

Mir auf der Spur

ter Hell: Ich bin's (1980)

Ich bin – aber ich habe mich noch nicht.

Ernst Bloch

Sich selbst „auf der Spur sein" ist für jeden Menschen wichtig. Wer bin ich? Wie möchte ich sein? Was sind meine Stärken und Schwächen? Was sind meine Ziele? Wie begegne ich anderen Menschen?
Zu diesen und anderen „Lebensfragen" könnt ihr mit Hilfe der Texte, Bilder, Gedankenanstöße und Schreibanlässe in diesem Kapitel auf „Spurensuche" gehen, um euch selbst und eure Beziehung zu anderen Menschen besser kennen zu lernen.

- Du wirst gefragt, was du alles bist. Was gibst du zur Antwort?
  - Schreibe mindestens zehn Stichwörter auf, z. B.: *Junge, Schüler, Skater, Träumer …* Bringe die Stichwörter in eine Reihenfolge: das Wichtigste zuerst.
  - Schreibe einen Text über dich, in dem du die Stichwörter verwendest, oder schreibe aus der Sicht desjenigen, der dich gefragt hat.

Was ich alles bin *Franz Hohler*

Nichtraucher
Rechtshänder
Steuerpflichtiger
Dienstuntauglicher
Zuzüger
Einwohner
Bürger
Wochenaufenthalter
Aufenthaltsberechtigter
Meldepflichtiger
Ersatzpflichtiger
Zivilschutzpflichtiger
Teilnehmer
Halter
Benützer
Adressat
Absender
Bezüger
Empfänger
Käufer
Besteller
Selbstabholer
Anwohner
Zubringer
Fußgänger
Autofahrer
Linksabbieger
Fahrzeughalter
Passagier
Fahrgast
Reisender in Richtung
Leser
Hörer
Abonnent
Zuschauer
Bazillenträger
Kassenpatient
Vollversicherter
Geschädigter
Gesuchsteller
Zeuge des Vorfalls
Schwimmer
Einzelwanderer
Pflanzenfreund
rasch entschlossener Selbstkäufer
frischgebackener Ehemann
modebewusster Kunde
selbständig Erwerbender
Mieter
Schuldner
Begünstigter
Eigentümer
Inhaber
Besitzer
Nachkomme
Vorfahre
Mitspieler
Gewinner
Verlierer

manche finden mich auch als Mensch
sehr nett

Was ich alles war
Was ich später mal sein werde
Was mir wichtig ist
Was ich an mir mag/ nicht mag
Was ich kann/nicht kann

- Versuche zu erklären, was der letzte Satz des Textes bedeuten könnte.
- Schreibe einen neuen Text zu Themen von dem blauen Zettel.

Ich bin's.
Ich …
…
…
Ich bin, aber ich habe mich noch nicht.

- Dieser Schreibvorschlag greift die beiden Sätze von der Titelseite auf und verbindet sie miteinander. Fülle die Lücken dazwischen mit mehreren eigenen Sätzen, sodass ein Ich-Text entsteht, der etwas über dich aussagt.

Selbsterfahrung

Ulla Fietz

Mein Kreis
hat viele
Ecken
wund
stoß ich mich
bei meinen Runden
entlang den Wänden
meines Ichs

- In dem Text von Ulla Fietz steckt ein merkwürdiger Widerspruch. Versuche ihn zu erklären.
- Die Verfasserin spricht von Ecken, an denen sie sich wundstößt. Was für Ecken könnten das sein?
- Schreibe einen Paralleltext:
  Mein Leben hat …
  Mein Tag hat …
  Meine Schulzeit hat …

Mein Schatten und ich

Katrin Demme

An der geglätteten Hauswand läuft mein Schatten neben mir her. Er schleppt eine Gitarre auf dem Rücken, hebt sein Bein, um meinen Tritt abzuwehren. „Du ärgerst mich!“, schreie ich ihn an. Die Frau vor mir schaut sich um.

Ich fange an, eine Colabüchse vor mir herzukicken, höre nach einigen Metern auf – es scheint dem Schatten Spaß zu machen.

Verdammt heiß heute, die Haare kleben mir an der Stirn. Hätte mir vorhin vielleicht doch ein Eis kaufen sollen. Ich renne über den Rathausplatz und stelle mir vor, wie der Schatten über das Pflaster geschleift wird. Weiterrennen, gleich kipp' ich um, weiter, weiter, ich stolpere und fliege hin. Hab' mir das Knie aufgeschlagen. Der Schatten humpelt. Zufrieden gehe ich weiter, das Knie tut ziemlich weh.

Vor dem Schaufenster gesellt sich mein Spiegelbild für kurze Zeit zu uns; wir sehen weg. Wer will es wagen, unsere Feindschaft anzutasten!

- Eigentlich setzt sich der Ich-Erzähler nicht mit seinem Schatten, sondern mit sich selbst auseinander. Versuche dich in seine Situation hineinzudenken und zu beschreiben, wie er sich fühlt, was er erlebt haben könnte und was am Ende mit „Feindschaft“ gemeint sein könnte.
- Schreibe eine eigene Schattengeschichte:
  An einer geglätteten Hauswand läuft mein Schatten neben mir her. Er …

Solange die Zikaden schlafen

Jutta Treiber

Scherben. Immer wieder Scherben. Splitter. Brüche. Bruchstellen. Bruchlinien nach dem Zusammenwachsen. Manchmal denke ich, dass Millionen von Bruchlinien mein Ich durchziehen.

Was ich immer schmerzlicher spüre, was mir, während es geschah, gar nicht so bewusst wurde, ist der Verlust der Normalität. Es ist nicht die Norm, dass die Mutter an Krebs stirbt und die Kinder sind vierzehn und siebzehn. Es ist doch eher die Norm, dass Mütter alt und Großmütter werden. Es ist nicht die Norm, dass so kurz nach dem Tod der Mutter eine junge Frau ins Haus zieht, die einem das Zimmer der Mutter mitsamt den Erinnerungen raubt. Es ist nicht die Norm, dass man in einer so abgrundtiefen Einsamkeit zurückgelassen wird. Dass einem Sachen wie Mode, Schmuck, die neuesten Hits und der ganze Kram völlig gleichgültig sind. „Anna kauft ihre schicken Sachen bei der Rumänienhilfe“, hatte jemand in meiner Klasse einmal gesagt. Ich hätte es nicht hören sollen.

Ich sah mich an. Seit Mutzis Tod hatte ich fast nur schwarze Sachen angezogen. Aber nicht, weil ich an das Trauerritual glaubte oder an irgendwelchen kirchlichen Klimbim oder so, nein. Ich hatte einfach keine anderen Sachen anziehen können. Schwarz, Schwarz, Dunkelgrau, manchmal – das war schon das höchste der Gefühle – Hellgrau. Auch wenn ich mir neue Sachen kaufte, auch wenn ich mir fest vornahm, etwas in einer anderen Farbe zu kaufen, letzten Endes verließ ich das Geschäft mit zwei schwarzen und zwei dunkelgrauen Pullovern. Und manchmal glaubte ich, in meinem ganzen Leben nie mehr etwas anderes als Schwarz tragen zu können.

Der Verlust der Normalität. Er wurde immer schmerzlicher spürbar. Die Hit-Mode-Boyfriend-Ausgeh-Sorgen meiner Klassengirls waren mir scheißegal.

Bis jetzt hatte ich gar nicht gemerkt, wie sehr ich schon zur Außenseiterin geworden war. Es lag nicht an den anderen. Sie hatten immer wieder versucht, mich zu integrieren. Aber nachdem ich fast immer ablehnte, gaben sie es schließlich auf. Es war für sie nicht lustig, jemanden um sich zu haben, dessen Bemerkungen ebenso schwarz waren wie die Pullover, die sie trug.

Der Verlust der Normalität. Der bedauernswerte Verlust der Normalität, unter dem ich immer mehr leide, je mehr er mir bewusst wird. Aber was ist schon normal? Dass Eltern sich scheiden lassen? Dass sie im dauernden Clinch leben? Die heile Welt der teekesselsingenden Familie gibt es wahrscheinlich nur im Werbefernsehen. Bin ich werbefernsehgeschädigt?

Egal. Was soll's? Wozu diese sinnlosen Fragen? Wozu den Verlust der Normalität bedauern, wenn er doch nicht zu ändern ist? Wenn nicht einmal zu definieren ist, was Normalität bedeutet.

Wozu das alles? Warum kann ich nicht einfach in den Tag hineinleben, ohne mir ständig irgendwelche Warum-weshalb-wozu-Fragen zu stellen?

Die Antwort ist leicht. Weil ich es nicht kann. Weil sich die Fragen aufdrängen. Fast zwanghaft. Weil sie mir keine Ruhe lassen. Weil ich nicht die Kraft habe, sie ständig zu unterdrücken. Sie tauchen auf wie Ungeheuer aus einem tiefen Wasser. Ungeheuer mit großen schillernden Augen. Und die einzige Möglichkeit, sie zu bannen, ist, ihnen ins Auge zu blicken.

Also keine Frage mehr nach dem Warum des Warum. Kein Unterdrücken mehr. Die Ungeheuer tauchen aus dem Wasser. Die Wrackteile des geborstenen Schiffes werden an Land geschwemmt. Ich blicke den Ungeheuern ins Auge. Ich sammle die Wrackteile auf. [...]

Ich träumte, ich war in einer fremden Stadt. Spazierte auf einer großen Wiese. Eine Wiese voller Ringelspiele. Ich probierte mehrere aus. Ich drehte mich im Kreis und kam nicht von der Stelle. Und auf einmal war ich ein Schaukelpferd auf dem Ringelspiel, ich musste andere Leute tragen und grinste und zeigte die Zähne.

Dann kam eine Frau auf mich zu, umarmte mich – ich war immer noch ein hölzernes grinsendes Pferd – und sagte zu mir: „Sei nicht traurig. Der Schmerz dauert nur, solange die Zikaden schlafen."

Und da wachte ich auf. Ich versuchte, mich zu erinnern. An den Satz. An den Moment, wo ich ihn zum ersten Mal gehört hatte.

Solange die Zikaden schlafen.

Er tauchte auf. Er war lange verborgen gewesen. Er tauchte auf, aber er war kein Ungeheuer mit schillernden Augen. Er war ein Freund.

1 Das Mädchen, von dem der Text handelt, heißt Anna.
Ihr großes Problem ist der „Verlust der Normalität". Schreibt Textstellen heraus, an denen deutlich wird, was damit gemeint ist.
Schreibt weitere Beispiele aus eurer eigenen Erfahrung dazu.

2 Anna stellt sich viele Fragen. Schreibt einige von ihnen aus dem Text heraus und versucht, sie zu beantworten.

3 Die Scherben, Splitter und Brüche in Annas Leben lassen sich gut in einer Collage darstellen. Achtet dabei auf die Farbgebung und verwendet auch die Textstellen und Fragen, die ihr notiert habt.

4 „Der Schmerz dauert nur, solange die Zikaden schlafen." Erläutert, was dieser wichtige Satz, der auch im Buchtitel vorkommt, für Anna bedeutet. Erklärt auch, warum dieser Satz für sie ein Freund ist.

5 Schreibt einen Brief an Anna: entweder aus der Sicht von Annas Schwester Flo, die in eine andere Stadt gezogen ist, oder aus der Sicht einer Mitschülerin, die sich Sorgen um Anna macht.

Zikaden sind kleine, grillenähnliche Insekten, die vor allem in südeuropäischen Ländern vorkommen. Die Männchen sind fast immer damit beschäftigt, schrille, zirpende Dauertöne hervorzubringen. Nur eine ganz kurze Zeit – meist während der Nacht – geben sie Ruhe und „schlafen".

Tuchfühlung *Doris Meißner-Johannknecht*

„Mein Vater hat Probleme mit mir. Weil ich so bin, wie ich bin. Ein Versager eben. Nichts von dem, was ihm wichtig ist, habe ich geschafft." Zeno Zimmermann ist einer, der – wie Siegfried in der Nibelungensage – in Drachenblut badet, damit niemand ihn verletzen kann. Aber eine verwundbare Stelle bleibt. Zeno weiß, dass er anders ist.

Da seh ich sie! Zwischen Koffern und Kisten, ausrangierten Fahrrädern und Schlittschuhen liegt die alte Schaufensterpuppe. Keine Ahnung, warum ich plötzlich unruhig werde. Ich weiß nur, dass ich mir jetzt diese fleischfarbenen Einzelteile unter den Arm klemmen muss. Ich schleppe sie in mein Zimmer und baue sie zusammen. Dann steht sie vor mir. Nackt, schlank, ungefähr so groß wie ich. Ich durchwühle Lauras Kleiderschrank und verfluche ihren Geschmack. Laura besitzt kein einziges Kleid. Nur diesen einsamen schwarzen Rock. Dazu ein enges, schwarzes T-Shirt. Ärmellos. Ketten um den Hals. Rote Farbe für die Lippen aus Lauras Schminkkasten.

Jetzt spür ich ihn wieder. Diesen Wunsch, der zum Zwang wird. Wie damals.

Nein, Zeno! Nicht jedes Mal gelingt es mir, die Bilder wegzuschicken, die ich nicht sehen will. Das Matrosenkleid klebt an meiner Pupille und bewegt sich nicht fort. Ich reiße mir Jeans und T-Shirt vom Leib. Mein Herz klopft, meine Hände zittern, als ich den schwarzen Rock anziehe, das enge T-Shirt, die Ketten um den Hals lege, das Haarband öffne und den Lippenstift aufdrehe.

„Unsere Schöne!"

Nein! Ich will nicht! Ich will das nicht!

Ich will mir die Arme tätowieren lassen. In schwarze Motorradhosen steigen, schmuddelige T-Shirts tragen.

Ich will sein wie sie!

Ich will nicht sein, wie ich bin!

Ich will nicht!

Und doch bin ich nicht wie sie. Ich bin anders. Ich bin Zeno.

Und deshalb ist es richtig so …

Ich kann nicht sein wie sie.

Ich will nicht sein wie sie!

[…]

Kann ein Mensch überhaupt jemals glücklich werden, wenn er im Monat des Regens, der Herbststürme, des feuchten Nebels geboren ist?

Seit ich denken kann, weckt mich an meinem Geburtstag ein grauer Himmel. Jedes Jahr am 1. November.

Das ist heute nicht anders. Eher noch schlimmer als sonst.

Schwere, schwarze Wolken begleiten mich auf dem Weg zur U-Bahn.

Nicht mehr lange und es wird wieder zu schütten anfangen.

Den Regen fürchte ich heute nicht, obwohl ich ihn hasse, weil er an meiner Stimmung zerrt. Heute bin ich geschützt. Eingehüllt in schwarzes Leder.

Die tausend Mark haben gereicht. Für die Hose, die Jacke. Sogar für hohe, schwarze Lederstiefel.

Aber ich habe mich nicht getraut, in den Spiegel zu schauen. Ich fühle mich fremd in dieser Lederhaut.

So fremd, dass es wehtut.

Mein Vater ist heute sogar vor mir aufgestanden. Er hat mir ein Geburtstagsfrühstück gemacht, mit Ei und Orangensaft. Und stolz gelächelt.

„So gefällst du mir Zeno! Hat das Geld gereicht?"

Zum Glück verlangt er keine Abrechnung. Die Lederklamotten waren günstig. Alles Sonderpreise. Den Rest hab ich in meine Träume investiert. Schwarzer Samt. Fünf Meter! Ich hab ihn gut versteckt.

Siebzehn Jahre! Ein Jahr noch. Dann kann ich tun, was ich will. Wie wird dieses Jahr werden? Gut oder schlecht? Schlecht zu sagen. Es wird viel passieren. Das weiß ich schon. Aber

ich weiß nicht, was. Gleich zum Beispiel. Wenn ich mit meinem neuen Outfit die Klasse betrete. Ich hab keine Ahnung, was dann passiert. Immerhin: der Tag beginnt verheißungsvoll. Noch hab ich Glück. Wenn das so weitergeht, dieses Jahr …

Eine Vier in Englisch, eine Vier in Mathe. Und die echte Bewunderung der Killer und Tätowierten.

„Saustark, Zeno!"

„Passt zu dir!"

„Jetzt noch Krafttraining! Dann bist du o.k."

Nur Eva guckt skeptisch.

In der Pause sagt sie: „Das hat mit dir, Zeno Zimmermann, nun wirklich nichts zu tun! Wozu brauchst du das? Zur Tarnung?"

Sie durchbohrt mich mit ihrem Blick. Und dieses Mal halte ich ihn aus, diesen verdammten Psychoblick. Mit Pflaster über der Lindenblattstelle.

Ich trau mich sogar zu fragen.

„Was glaubst du denn?"

„Das weißt du doch genau!" Sie guckt ernst. Eine Spur zu ernst.

1 Zeno ist anders als die anderen Jungen in seiner Klasse. Beschreibt mit Hilfe von Textstellen, was das bedeutet.

2 Es fällt Zeno schwer, sein Anderssein zu akzeptieren und auch öffentlich dazu zu stehen. Sucht im Text nach Gründen dafür. Sprecht auch darüber, was ihr zu Zenos Verhalten und seinen Gefühlen meint.

3 Am Schluss des Textes spricht Zeno von einem „Pflaster über der Lindenblattstelle". Versucht zu beschreiben, was er damit meint. Lest dazu den folgenden Informationstext:

Siegfried, Held der Nibelungen-Sage, besiegt mit seinem Schwert einen Drachen und badet anschließend in dessen Blut, das ihn unverwundbar macht. Lediglich zwischen seinen Schulterblättern bleibt eine verwundbare Stelle, weil sich ein Lindenblatt – von ihm unbemerkt – auf diese Stelle legt, sodass das Drachenblut hier nicht wirken kann. Siegfrieds Widersacher Hagen von Tronje kann den Helden später töten, weil er die Szene beobachtet und sich die verwundbare Stelle gemerkt hat. Er hatte Siegfrieds Gemahlin überredet, die Stelle mit einem gestickten Kreuz zu kennzeichnen – angeblich, um Siegfried dann besser schützen zu können.

4 Eva, eine gute Freundin Zenos, scheint ihn zu verstehen und blickt ihn skeptisch an. Versetzt euch in Evas Situation und schreibt auf, was sie denken oder zu Zeno sagen könnte.

5 Nehmt Stellung zu der folgenden Problemfrage:
Soll man sich outen, wenn man anders ist als das, was als „normal" gilt? Sammelt möglichst viele Argumente und bildet euch eine begründete eigene Meinung.

Alles hat seine Zeit *Aus dem Alten Testament*

Alles hat seine Zeit.
Jede Sache unter dem Himmel hat ihre Stunde.

Das Leben hat seine Zeit und das Sterben,
das Pflanzen hat seine Zeit und das Ausreißen,
das Verwunden hat seine Zeit und das Heilen,
das Lachen hat seine Zeit und das Weinen,
das Trauern hat seine Zeit und das Tanzen,
das Reden hat seine Zeit und das Schweigen.

Es gibt eine Zeit zum Suchen und eine Zeit zum Verlieren,
eine Zeit zum Aufbewahren und eine Zeit zum Wegwerfen,
eine Zeit zum Zerreißen und eine Zeit zum Instandsetzen,
eine Zeit, sich zu umarmen, und eine Zeit, sich aus dem Weg zu gehen,
eine Zeit zu lieben und eine Zeit zu hassen,
eine Zeit für den Krieg und eine Zeit für den Frieden.

Alles hat seine Zeit.
Jede Sache unter dem Himmel hat ihre Stunde.

Mein Leben, das ist ein Bild
Peter-T. Schulz

Mein Leben,
das ist ein Bild,
an dem ich male.

Leute,
die kommen,
gucken sich gerne
die fertige Hälfte an.

Ich sehe mehr die kahle.

Und bin von der Idee besessen,
hier nichts Schönes zu vergessen.

die angst *Brigitte Vollhardt*

die angst	mich
mit	meinen
wünschen	
und	fantasien
im rahmen	der verliebtheit
einengend	einzukreisen
habe ich	noch immer
ich	
gehe	vorwärts
	aber
vorsichtig	ängstlich
	und habe
manchmal	das gefühl
die balance	nicht
halten	zu können

ich für mich
Anna Jonas

ich für mich
du für dich
wir für uns
jeder für sich
alle für sich
ich für dich
du für viele
jeder für alle
alle für jeden
auch für mich
ich gegen mich
gegen dich
gegen alle
ich für dich gegen alle
alle gegen mich
jeder gegen jeden
ich gegen mich für alle
ich für alle
alle für mich
alle für alle
ich für viele gegen jeden
    und alle
jeder für sich gegen sich
    für alle
ich fürchte mich

Hoffnung II
Rose Ausländer

Wer hofft
ist jung

Wer könnte atmen
ohne Hoffnung
dass auch in Zukunft
Rosen sich öffnen

ein Liebeswort
die Angst überlebt

Warum
Erich Fried

Nicht du
um der Liebe willen
sondern
um deinetwillen
die Liebe
(und auch
um meinetwillen)

Nicht
weil ich lieben
muss
sondern weil ich
dich
lieben
muss

Vielleicht
weil ich bin
wie ich bin
aber sicher
weil du
bist
wie du bist

So könnt ihr euch mit den Texten auseinander-setzen:

- Lest alle Texte in Ruhe durch und lasst sie auf euch wirken.

  Bildet dann Gruppen von 4–6 Schülerinnen und Schülern.
  Lest abwechselnd je einen Text noch einmal laut vor.
  Diskutiert in eurer Gruppe über die einzelnen Texte und sprecht darüber, was euch an welchem Text besonders gut oder nicht so gut gefällt.
  Wenn etwas schwer zu verstehen ist, versucht, es gemeinsam zu klären.

  Vergebt einen 1. und 2. Preis und schreibt eine möglichst genaue Preisbegründung auf, die ihr anschließend bei der Preisverleihung in der Klasse vortragt.

- Wählt aus einem Text oder aus mehreren Texten einzelne Sätze oder Abschnitte aus und gestaltet daraus einen neuen Text. Dabei könnt ihr die Sätze auch verändern und/oder eigene Sätze hinzufügen.

Wenn ihr ein Gedicht genauer untersuchen wollt, findet ihr dazu Anregungen und Hilfen in der Werkstatt Gedichte auf S. 141.

Beim Schreiben sich selbst finden

Über viele Dinge kann man sich klarer werden, wenn man sie aufschreibt bzw. etwas über sie schreibt. Manches wird dabei bewusster, Gedanken bekommen eine Form, vieles wird (be)greifbarer.

Hier sind ein paar Anregungen:

- **Nach Satzanfängen schreiben:**
  Wenn ich könnte, wie ich wollte, …
  In 10 Jahren werde ich …
  Wenn ich doch bloß …
  Ich möchte später einmal …
  Manchmal träume ich …
  Ich würde gern …
  Ich hätte gern …
  Ich wäre gern …

- **Gedankensplitter**
  Mut haben zum …
  Kraft haben für …
  Freude haben an …
  Stärke zeigen bei …
  Angst haben vor …
  Lust haben zu …
  Spaß haben an …
  Hilfe brauchen bei …

- **Zu einem Thema schreiben:**
  Ich will Spaß
  Ich wünsch mein Leben glücklich
  Ich bin frei / Ich bin nicht frei
  Welche Farbe hat das Leben?
  So stelle ich mir mein Leben vor

- **Nachdenk-Sätze**:
  Wenn …, dann …
  Einerseits …, andererseits …
  Obwohl …, dennoch …
  Zwar …, aber …
  …, allerdings …
  …, demgegenüber …

Ihr könnt Gedanken oder Textteile aus den Schülertexten, die auf der nächsten Seite abgedruckt sind, übernehmen, verändern, „beantworten", kommentieren.

Wenn …, dann …
Obwohl …, dennoch …
…

→ Das Komma bei Unterordnungen
Seite 255

Mut haben zum …
…

→ Groß oder klein?
Seite 218/221

- **Assoziatives / Automatisches Schreiben:**
  Zu einem Stichwort so schnell wie möglich, ohne großes Nachdenken, aufschreiben, was einem einfällt. Es geht nicht darum, gute Formulierungen zu finden oder vollständige Sätze aufzuschreiben, sondern um das Festhalten von ganz spontanen Einfällen und Gedankenfetzen.

  Mögliche Stichworte: *Zukunft – Haut – Zärtlichkeit – Mut – Kindheit – Spiegel – Langeweile – Stärke – Geld – dunkel – unberechenbar – flüchten – Gewalt – suchen – …*

- In der Werkstatt Gedichte (S. 134/135) gibt es eine Schreibanregung zu dem Gedicht „Vergnügungen" von Bertolt Brecht, die gut in den Zusammenhang auf dieser Seite passt.

Ich will Spaß.
Spaß ist für mich Leben
Spaß haben an einer Sache, die man gern hat.
Den Spaß mit Freunden teilen.
Spaß macht glücklich.
Für kurze Zeit lässt er die Sorgen vergessen.

Diana

Ich fühle mich zum Teil frei.
Aber zum anderen Teil auch wieder nicht.
Ich werde oft herumkommandiert
oder ich darf nicht das machen,
was alle Leute in meinem Alter dürfen.
Jedoch bin ich auch frei,
denn mir wird viel erlaubt.
Wenn man es so sieht,
bin ich ein gefangener freier Mensch.

Gabi

Ich finde, jeder Mensch sollte Spaß haben. Ohne Spaß wäre das Leben eine Einöde. Spaß zu haben, ist schön, und man kann an den unterschiedlichsten Dingen Spaß haben. Leute mit viel Spaß leben das Leben freudiger, genießen es mehr.
Sie haben einen freundlichen Gesichtsausdruck, meckern wenig und nehmen alles nicht so ernst. Vor einem Jahr habe ich noch zu den Leuten gehört, die ernst durch das Leben gehen. Heute dagegen sehe ich alles etwas lockerer. Das Leben macht mir heute einfach mehr Spaß als damals.

Daniel

Ich bin frei.
Ich fühl mich gut,
denn ich kann mein Leben selbst gestalten,
weil ich dafür alt genug bin.
In Zukunft will ich mir nichts vorschreiben lassen,
weder von der Familie
noch von Freunden
oder vom Partner.
Über mein Leben entscheide ich selbst.
Ich bin ich.

Döndü

Ich wünsch mein Leben glücklich.
Ich will nur gesund bleiben.
Und ich möchte einen guten Beruf lernen.

Sebastian

Ich finde, dass man das Leben nicht glücklich wünschen kann. Man muss es so nehmen, wie es kommt. Aber man sollte versuchen, das Beste aus seinem Leben zu machen.

Julia

Mein Leben hat viele verschiedene Farben.
Manchmal ist es gelb und manchmal schwarz.
Gelb bedeutet für mich Freude und Glück.
Schwarz ist mein Leben, wenn ich traurig oder unglücklich bin.
Es gibt aber auch Tage, an denen mein Leben grün ist: voller Hoffnung.
Mein Leben hat viele verschiedene Farben,
jeden Tag eine andere,
und ich weiß nie, welche es morgen hat.

Katharina

■ Wenn ihr über euch selbst, über eure Gedanken und eure Vorstellungen vom Leben nachdenkt und schreibt, hat es immer auch etwas mit „Verantwortung für die Zukunft" zu tun. Zu diesem Thema findet ihr einen Essay auf Seite 67. Lest diesen Text und die dazugehörigen Aufgaben aufmerksam durch. Anschließend könnt ihr selbst solch einen Essay schreiben, z. B. zu einem dieser Themen:
- *Zur Freiheit gehört Verantwortung.*
- *Mut haben zum Anderssein.*
- *Angst vor der Zukunft.*
- *Leben heißt nicht nur Spaß.*
- *Man darf seine Träume nicht aufgeben.*
- *Sprechen kann heilen.*
- *Zufriedenheit kann man nicht kaufen.*
- *Zukunft ist Abenteuer.*
- *Geld allein macht nicht glücklich.*

Ich will ihn – Ich will ihn nicht

Inge Meyer-Dietrich

Bei Thomas war schon der Teufel los. Volle Lautstärke Phantom-Ship. Jemand hatte das Konzert aufgenommen und spielte gerade die Kassette ab.

Die kleine Kellerwohnung quoll über von Leuten.

Carolin konnte die beiden Mädchen nicht entdecken. Sie fühlte sich trotzdem nicht wohl. Dabei behandelten Thomas und die anderen von der Band sie so, als ob sie dazugehörte. Das tat ihr gut. Aber sie konnte die Gereiztheit kaum aushalten, die sich immer stärker zwischen sie und Schramme schob.

Dann tauchte auch noch die Dunkelhaarige von vorhin auf. Bloß die eine, aber die war schon mehr als zu viel. Schramme reagierte nicht auf ihre Anmache und nicht auf die Scherze der Leute von der Band. Er saß stumm und fremd neben Carolin, sah sie manchmal von der Seite an und goss sich von dem Whisky nach, den Thomas auf den Tisch gestellt hatte.

Carolin wurde immer wütender. „Ich geh besser“, sagte sie.

Schramme stand auf. „Ich bring dich nach Hause.“

Thomas griff nach der Whiskyflasche. „Mensch, Schramme, warst du das? Du trinkst doch sonst keine harten Sachen!“

Schramme verzog den Mund und nickte der Dunkelhaarigen zu, die grinsend die Schulter hob.

„Schramme“, sagte Carolin, nachdem sie eine Weile wie zwei Fremde schweigend durch die Dunkelheit gegangen waren, „ich will das alles nicht.“

„Weiß ich“, sagte er, „ich hab dich von Anfang an gewarnt. Bin eben kein Typ für dich.“

„Das ist doch Schwachsinn! Meinst du vielleicht, dass ich vorhab, dich zu heiraten? Dass ich dich einsperren will? Festnageln? Bloß, weil mir die beiden vorhin nicht gepasst haben, und du, wie fremd du auf einmal warst?“

Er lachte. Es war kein gutes Lachen. Und dann brach es bloß so aus ihm heraus, er knallte ihr die Sätze hin wie schnelle, harte Bälle, die sie unmöglich alle auffangen konnte. „Ich komm mir vor wie die Maus in der Falle. Das ist nicht mein Ding! Hab ich nie gewollt. Ich weiß doch, dass ich das nicht hinkrieg, 'ne festere Beziehung. Genauso wenig wie mein Vater. Vielleicht ende ich auch noch im Suff und im Chaos wie der.“

„Red dir doch nicht so was ein! Entweder willst du eine Beziehung mit mir oder du willst keine. Und wenn du keine willst, kannst du es mir anders sagen.“ Carolin kämpfte mit den Tränen. Sie wollte jetzt auf keinen Fall heulen.

„Ja, du“, schrie er plötzlich, „für dich ist alles ganz einfach. Ganz klar. Du weißt, wo es langgeht. Du weißt, was du willst. Für jetzt und später. Du mit deiner tollen Mutter! Und dem Vater, der früh genug ge-

storben ist, dass du einen Heiligen aus ihm machen kannst. Kein Alkohol. Keine Liebesgeschichten. Alles wie es sein soll. Und die Tochter entsprechend."

Jetzt kamen Carolin doch die Tränen. Warum war er so gemein? Das konnte doch nicht nur vom Whisky kommen! Kein Wort kriegte sie raus, und er hörte nicht auf, sie mit seinen ätzenden Sätzen zu überschütten.

„Bist du denn blind? Guck mich doch endlich mal richtig an! Nichts zum Vorzeigen. Nirgends richtig zu Hause. Schule geschmissen. Kein Beruf. Auch nicht in Sicht. Überhaupt nichts in Sicht. Null. Nichts, nichts, nichts! Hast du gehört?"

„Und deine Musik?", fragte Carolin schnell, „die Begeisterung der Leute im Konzert? Zählt das denn alles nicht?"

„Ha. Großartig. Amateurmusiker in der Provinz", höhnte er. „Was willst du mit so einem? Schreib mich ab! Die beiden von vorhin, egal was du denkst, die passen doch hundertmal besser zu mir!"

„Wenn du das so genau weißt", jetzt fing Carolin auch an zu schreien, „warum bist du dann überhaupt hier?" Sie zitterte vor Wut. „Hau doch ab! Hau ab zu deinen blöden Tussis! Die eine wartet bestimmt noch bei Thomas auf dich."

Schramme drehte sich abrupt um und ging. Im Gehen lachte er wieder, lachte laut vor sich hin, aber es klang wie Lachen und Schluchzen auf einmal. [...]

„Ich wollte gar nicht wiederkommen", sagte Schramme.

„Glaubst du das denn wirklich alles, was du mir da neulich entgegengeschleudert hast?", fragte Carolin.

„Ja", sagte er, „im Großen und Ganzen bestimmt. Klar, ich hätt mir den Whisky nicht reinkippen sollen. Ich trink das Zeug ja sonst nie, weil's mich bei meinem Vater so abstößt. Aber ich hab mich einfach beschissen gefühlt. Schuldbewusst. Wütend. Auch auf dich."

„Und warum?“

„Ich will unabhängig sein. Ich will kein schlechtes Gewissen haben! Letztes Jahr, als ich die Schule geschmissen und mir das zurechtgebastelt hab, wie ich jetzt lebe, da hab ich eben auch so ’ne Art Philosophie für mich entwickelt.“

Wahrscheinlich so eine Lonesome-hero-Philosophie, dachte Carolin, und ich pass da einfach nicht rein, nicht in die Philosophie und nicht in sein Leben.

„Solche Mädchen wie dich bin ich nicht gewohnt. Mit dir ist alles so … ernsthaft. Früher, da hab ich halt herumgeflirtet mit Mädchen, wie’s gerade kam, wenn mir eine signalisiert hat: He du, wie ist das mit uns? … Hat mal mehr und mal weniger Spaß gemacht. Keiner hat vom anderen viel erwartet. Keiner war enttäuscht, wenn’s vorbei war. Und es war immer ziemlich schnell vorbei.“

„Und das war dir genug?“, fragte sie.

„Es war ein Spiel“, sagte er trotzig, „und es hat niemandem weh getan.“

„Bist du sicher?“

„Ich glaub schon.“

„Und so hättest du’s gern wieder?“

„Guck mich nicht so an“, sagte er. „Ich denk seit dem Konzert dauernd darüber nach, warum ich das alles rausgeschrien hab an dem Abend, mit meinem Vater und so. Es war mir selbst vorher nicht klar, was das mit uns und mit der ganzen Situation nach dem Konzert zu tun hatte. Aber es hängt schon zusammen. Bei mir hat es eben nie geklappt mit den Beziehungen, verstehst du. Bei uns in der Familie läuft so was nicht!“

„Ja“, sagte sie, „theoretisch versteh ich’s schon. Aber wenn es bei euch so war, muss es deshalb immer so bleiben? Kann man nicht auch ändern, was man ändern will?“

„Ich will schon“, sagte er, „aber ich weiß einfach nicht, ob es geht. Ob ich das durchhalte. Ich bin meinem Vater sehr ähnlich.“

„Aber du bist nicht dein Vater.“

„Trotzdem.“

„Ach, du!“, sagte Carolin. Wie er sich anfühlte, wie er roch! Vorhin hatte sie so erbärmlich gefroren und jetzt war ihr ganz heiß. Es regnete immer noch. Der Zweig schlug im Wind gegen die Fensterscheibe. Ihr Herz schlug lauter. Und da war auch wieder der Sog, der Strudel. Die heftige Zärtlichkeit. Alle Fragen, alle Zweifel wurden davon an den Rand gedrängt, verschwanden unter streichelnden Händen.

Bevor Schramme nach Hause ging, steckte sie ihm ein zusammengefaltetes Stück Papier in die Tasche.

NICHT MEHR GANZ NACHT …

„Erst zu Hause lesen“, bat sie, „da ist ein Stück von meiner Philosophie mit drin.“

1 Carolins Freund Schramme hat Probleme mit sich selbst und mit seiner Beziehung zu Carolin. Beschreibt mit Hilfe von Textstellen diese Probleme und auch die Gründe, die er dafür nennt.

2 Versucht zu erklären, was der Begriff „Lonesome-hero-Philosophie" (Z. 85) im Hinblick auf Schramme bedeutet.

3 Am Ende steckt Carolin Schramme einen Zettel zu, auf dem ein Stück von ihrer Philosophie steht. Sprecht darüber, was Carolin mit den Worten auf dem Zettel meinen könnte: „NICHT MEHR GANZ NACHT …"

4 Wie könnte die Geschichte weitergehen, wenn die Beziehung zwischen Carolin und Schramme sich festigt bzw. endgültig in die Brüche geht? Entwerft unterschiedliche Fassungen und schreibt sie auf.

5 Am Abend denken Carolin und Schramme noch einmal über die Ereignisse nach. Schreibt eine Tagebuchnotiz mit möglichen Gedanken aus ihrer oder seiner Sicht.

Ich will mit dem gehen, den ich liebe

Bertolt Brecht

Ich will mit dem gehen, den ich liebe.
Ich will nicht ausrechnen, was es kostet.
Ich will nicht nachdenken, ob es gut ist.
Ich will nicht wissen, ob er mich liebt.
Ich will mit ihm gehen, den ich liebe.

Dagmar Chidolue: Lady Punk

Terry ist fünfzehn und sieht aus wie siebzehndreiviertel. Sie ist ein Biest und ganz schön verrückt. In diesem Sommer will Terry wissen, was es mit der Liebe auf sich hat, und sie versucht, ihre Mutter und deren Freund Hugo auseinanderzubringen. Vor allem will sie ihren Vater aufspüren, an dem sie mit den zärtlichsten Gefühlen hängt. Doch es kommt alles ganz anders.

Christine Nöstlinger: Bonsai

Sebastian, genannt „Bonsai“, ist kleiner als das kleinste Mädchen seiner Klasse, aber ein Super-Denker. Sonst hapert es mit allem. Vor allem hat er Probleme mit der Sexualität. Ist er homo, hetero oder bi? Wer kann ihm das erklären? Seine Kusine Eva-Marie möchte ihm helfen, aber sie hat dabei eigene Pläne. Und das schöne Geschwisterpaar Pribil? Wie auch immer – Bonsai hat beschlossen, sich zu verlieben.

Doris Meißner-Johannknecht: Nordseedschungel

Klara, ca. 16 oder 17 Jahre alt, versucht, ihre Drogenkarriere zu beenden, und landet deshalb auf einer Nordseeinsel (möglicherweise Juist), um dort den Winter zu verbringen. Dort lernt sie, sich selbst zu schützen, findet außerdem heraus, was sie beruflich machen möchte, und verliebt sich – mit offenem Ende – in eine Frau.

Leseempfehlungen zum Thema „Homosexualität“:
- Aidan Chambers: Tanz auf meinem Grab
- Ted van Lieshout: Bruder
- Andreas Steinhöfel: Die Mitte der Welt
- Catherine Brett: ... total verknallt in Anne
- Julie Anne Peters: Du bist mein Geheimnis

Aufstehen statt abtauchen!

Wegschaugesellschaft

Leben wir tatsächlich in einer Wegschaugesellschaft, in der wir nichts sehen und hören wollen, vor allem dann nicht, wenn uns der Mut zum Eingreifen fehlt?
Handle ich egoistisch und feige oder will ich mich solidarisch, couragiert und verantwortungsbewusst verhalten?
Welche Bedeutung diese Fragen in ganz alltäglichen Situationen haben können, darum geht es in diesem Kapitel.

1 Sieh dir die Karikatur auf S. 43 an und beschreibe die dargestellte Situation.
- Notiere deine Gedanken über Täter, Opfer und Zuschauer.
- Tauscht eure Gedanken zu der Karikatur aus und sprecht über ähnliche Situationen, die ihr erlebt oder von denen ihr gehört oder gelesen habt.

Eines Tages

Anne Abelein, 16 Jahre

Eines Tages wurde in der Stadt ein Mann zusammengeschlagen.

Die Leute standen drum herum und guckten erschrocken.

Es waren Christina, Michael, Frau Lang und Herr Klein.

Christina dachte: Soll ich eingreifen? Ich bin doch ein Mädchen und habe auch noch eine Brille. Auf mich hört ja sowieso keiner. Was soll ich sagen, wenn ich eingreife? Ich werde mich wieder mal blamieren.

Michael dachte: Wenn die so untätig herumstehen, ist das sicher alles nur Spaß. Die kennen den bestimmt. Ich werde mich bestenfalls lächerlich machen, wenn ich etwas sage.

Frau Lang dachte: Ich wollte doch noch Erdbeersetzlinge kaufen. Wenn ich jetzt eingreife und in die Sache verwickelt werde, verpasse ich den Bus. Und dann kann ich das Mittagessen nicht rechtzeitig kochen. Es gibt heute Linsen mit Spätzle.

Herr Klein dachte: Bestimmt sind die drogenabhängig, illegal eingewandert oder mit der Mafia unter einer Decke. Wie die schon angezogen sind – wahrscheinlich gehört das Opfer auch dazu.

Das Opfer dachte nichts. Es war schon tot.

2 Welche Begründungen geben die Zuschauer dafür, dass sie nichts tun? Wie bewertest du ihre Gedanken und ihr Verhalten?

3 Sieh dir das Plakat an und lies den Text genau.
- Wie lautet die zentrale Aussage des Plakates?
- Wie wird diese Aussage auf dem Plakat umgesetzt? Haben tatsächlich alle sieben Leute geschlagen?
- Wie könnte ein Plakat zu der Geschichte von Anne Abelein lauten?
- Entwerft Texte, die zu ähnlichen Situationen aus eurem Alltag passen: *Gestern wurde auf dem Schulhof ein Mädchen von vier Mitschülerinnen erpresst. Drei davon …*

4 Lies den Bericht über die Aktion „Düsseldorfer Courage – Handeln statt Weggucken". Welche Gründe für das Nichteingreifen in Gefahrensituationen werden dort genannt?

Düsseldorfer COURAGE HANDELN STATT WEGGUCKEN

Handeln statt Weggucken

Im Sommer 1999 startete die Stadt Düsseldorf unter dem Motto „Düsseldorfer Courage – Handeln statt Weggucken" eine Aktion gegen Gleichgültigkeit und für mehr Zivilcourage im Alltag. Im Sponsoring gestaltete eine Werbeagentur das Logo der Kampagne, Plakat- und Anzeigenmotive sowie eine Broschüre mit Hinweisen darauf, wie man anderen helfen kann, ohne sich selbst in Gefahr zu bringen. Die Plakatflächen für den Appell wurden der Stadt von Firmen kostenlos zur Verfügung gestellt. Von den hinteren Seitenscheiben der Düsseldorfer Taxen, Busse und Bahnen wurde zum „Handeln statt Weggucken" aufgerufen. Das Motto der Kampagne wurde außerdem über Info-Screens verschiedener U-Bahnhöfe, über Radiospots und Anzeigen in den Tageszeitungen verbreitet.

Was war geschehen?

Im April 1999 wurde in Düsseldorf nachts eine junge Frau unter den Augen mehrerer Fahrgäste von einer männlichen Person aus einer haltenden Straßenbahn gezerrt. Niemand half ihr. Der Täter vergewaltigte sie in einem nahe der Haltestelle gelegenen Hinterhof.

Dies ist nur ein Beispiel für ein Wegschau-Verbrechen. Das Publikum sieht zur Seite – unsicher, ängstlich, vielleicht auch gleichgültig. Sich lieber nicht einmischen, bloß kein Risiko eingehen.

Seit geraumer Zeit beobachtet die Polizei, dass Bürger vieles ignorieren: Körperverletzungen, Vandalismus, Belästigungen aller Art. Menschen werden Zeugen von Gewalthandlungen, doch keiner reagiert.

Wie kann es sein, dass niemand eingreift?

Amerikanische Untersuchungen beschäftigen sich mit dem Problem der „cold society", einer Gesellschaft, in der sich niemand um den Nächsten kümmert, und kommen bei der Suche nach den Ursachen zu überraschenden Ergebnissen:

Wenn in einer Gefahrensituation viele Helfer da sind, verringert sich das Verantwortungsbewusstsein bei jedem einzelnen. Ein weiterer Grund für die Passivität von Zeugen ist die Unklarheit über die Tat. Hat der Mann, der auf der Erde liegt, einen Herzanfall oder ist es nur ein Betrunkener, der auf der Straße seinen Rausch ausschläft?

Je unklarer die Situation, desto unwahrscheinlicher ist das Eingreifen von Beobachtern. Auch Ort und Zeitpunkt eines Verbrechens beeinflussen die Bereitschaft zur Hilfeleistung: Bei Dunkelheit und in unbekannter Umgebung wird weniger geholfen. Nicht zuletzt zögert jeder, der besorgt ist, sich beim Eingreifen selber in Gefahr zu bringen. Es ist sicherer, sich wie die Mehrheit der Menschen zu verhalten und sich in der anonymen Menge zu verstecken.

Keine Angst vor Courage!

Mangelnde Zivilcourage ist leider ein alltägliches Phänomen. Die Kampagne der Stadt Düsseldorf macht auf dieses Problem aufmerksam und fordert zum Handeln auf. Denn manchmal reicht schon ein Griff zum Handy, um Gewalt zu verhindern.

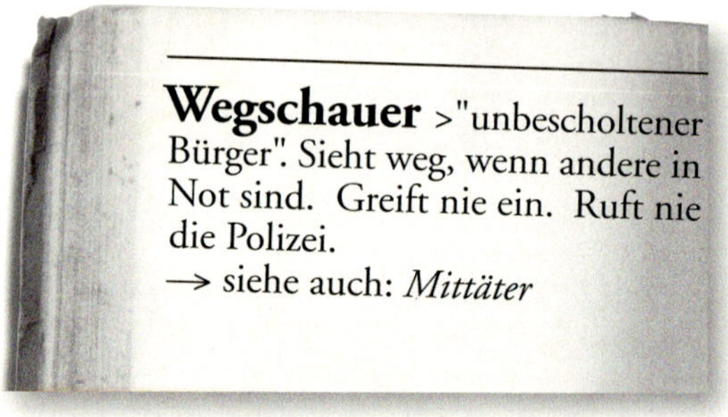

1 Sieh dir die Anzeigen der Aktion „Düsseldorfer Courage" auf dieser Seite und das Plakat auf Seite 47 an. Was fällt dir auf? Welche Wirkung haben die Anzeigen auf dich?

2 Werbeleute wollen Aufmerksamkeit wecken. Wie gelingt ihnen das?

3 Beschreibe die Anzeigen und achte dabei auf die sprachlichen und optischen Mittel.

4 Kläre die Beziehung von Bild und Text an den vorliegenden Beispielen.

5 Übersetzt die Werbebotschaft für die Betrachter: In welchen Anzeigen wird der Empfänger als mögliches Opfer angesprochen? Welche Strategie verfolgen die anderen Anzeigen? Welche Ansprache haltet ihr für wirkungsvoller? Diskutiert und begründet eure Einschätzung.

6 Vergleiche Machart und Wirkung der verschiedenen Anzeigen:
- Welcher „Wunsch" soll bei der Zielgruppe erzeugt werden?
- Welche Appelle richten sich an den Verstand, welche eher an das Gefühl?
- Wovon hängt es ab, ob der Betrachter positiv auf den Appell reagiert?

7 Wähle eine der Anzeigen aus und analysiere sie. Verfasse einen Text, in dem du die Anzeige präzise beschreibst, die Absicht der Anzeige benennst und untersuchst, mit welchen sprachlichen und optischen Gestaltungsmitteln die Botschaft umgesetzt wird.

Werbung will auffallen, informieren, verunsichern, gezielt provozieren, Gefühle hervorrufen, Denkgewohnheiten ändern, Handlungen auslösen, Kritik üben und manchmal auch manipulieren*.
Um Aufmerksamkeit zu erregen, arbeitet Werbung mit Überraschungseffekten, gelegentlich auch mit schockierenden Mitteln.
Die **Strategie** von Werbeanzeigen, Plakaten und anderen Werbeaktionen kann man sich mit der so genannten **AIDA**-Formel klarmachen:

Attention (Aufmerksamkeit)
Interest (Interesse, Neugier)
Desire (der Wunsch, etwas zu tun oder zu verändern)
Action (die erforderliche Handlung)

8 Vergleicht eure Arbeitsergebnisse und verständigt euch über einen plausiblen Textaufbau, Möglichkeiten der Textverknüpfung und besonders gelungene Formulierungen.

So könnt ihr weiterarbeiten

- Entwerft selbst eine wirkungsvolle Anzeige, in der ihr zu Zivilcourage aufruft. Vielleicht gibt es an eurer Schule ein Problem, das ihr in eurer Anzeige aufgreifen wollt.
  - Legt zunächst die Zielgruppe fest, die ihr ansprechen wollt, und verständigt euch über die Absicht eurer Anzeige.
  - Entwickelt einen Spruch, der hängenbleibt, das heißt einen Slogan, der eure Botschaft eindringlich vermittelt.
  - Versucht diesen Slogan ins Bild zu setzen.
- Präsentiert eure Arbeitsergebnisse und bewertet sie mit Hilfe der Kriterien, die ihr kennen gelernt habt.

Düsseldorfer COURAGE
HANDELN STATT WEGGUCKEN

Die Aktion Düsseldorfer Courage ist ein Aufruf zu mehr Zivilcourage im Alltag. Doch sie verlangt von Ihnen kein Heldentum, nur Menschlichkeit. Auch ohne sich selbst in Gefahr zu bringen, können Sie anderen Menschen mit Ihren persönlichen Mitteln und Fähigkeiten helfen.

Wenn Sie mit Bus oder Bahn unterwegs sind:
- andere Fahrgäste zu gemeinsamem Einschreiten auffordern
- den Fahrer auffordern, die Polizei zu verständigen und gegebenenfalls ein Taxi für die bedrohte Person zu bestellen
- bei großer Gefahr Notbremse ziehen
- Gesichter der Täter einprägen

Verständigen Sie in jedem Fall die Polizei.

Wenn Sie alleiniger Zeuge sind:
- Lärm verursachen
- gegen alarmgesicherte Schaufensterscheiben schlagen
- Fahrzeuge anhalten
- bei Anwohnern klingeln
- Gesichter der Täter einprägen

Verständigen Sie in jedem Fall die Polizei.

Wenn Sie unter vielen Menschen sind:
- fordern Sie andere Passanten zu lautstarkem Protest auf
- gehen Sie gemeinsam gegen die Täter vor
- wenn möglich, Opfer in die Menschenmenge oder in ein Geschäft ziehen und flüchten
- Gesichter der Täter einprägen

Verständigen Sie in jedem Fall die Polizei.

Wenn Sie mit dem Auto unterwegs sind:
- sofort anhalten und hupen
- nachts Scheinwerfer auf die Täter richten
- andere Fahrzeuge anhalten
- wenn möglich, Opfer ins Auto ziehen und flüchten
- Gesichter der Täter einprägen

Verständigen Sie in jedem Fall die Polizei.

1 Die Düsseldorfer Aktion macht Vorschläge, wie man sich als Zeuge einer Gewalttat verhalten soll.
- Beschreibe die Vorschläge in eigenen Worten und ergänze weitere Möglichkeiten.
- Überlegt, in welchen Situationen welches Verhalten angemessen ist. Ihr könnt dazu auch in der Werkstatt Theater weiterarbeiten (S. 170).

2 Schreibt den Text von Anne Abelein (S. 44) so um, dass die Passanten dem Opfer helfen.

3 Lest den Text „Eingreifen oder wegschauen" auf S. 49. Ihr werdet feststellen, dass dieser Artikel aus einer psychologischen Fachzeitschrift recht schwierig ist und eigentlich nicht für Jugendliche geschrieben wurde. Dennoch lohnt sich die Beschäftigung mit ihm.
Was findet ihr nach dem ersten Lesen neu, überraschend, interessant oder wichtig?

Eingreifen oder wegschauen?

Vorbeigehen und wegschauen – das scheint oft die Devise zu sein, wenn Ausländer, Behinderte oder Obdachlose Opfer von Übergriffen werden. Umso interessanter sind die Fälle, in denen Menschen ein Risiko eingehen, um anderen zu helfen. Für die Wissenschaft ist die Zivilcourage größtenteils noch eine unbekannte Größe: Wovon hängt zivilcouragiertes Handeln ab, welche persönlichen und sozialen Voraussetzungen sind nötig, damit Menschen Zivilcourage entwickeln?

Die Psychologin Andju Sara Labuhn von der Universität Marburg befragte 890 Schüler und Schülerinnen zwischen 11 und 22 Jahren an einer integrierten Gesamtschule in Nordrhein-Westfalen. Dabei ging es um Zusammenhänge von Fremdenfeindlichkeit, Vorurteilen, politischen Haltungen und der Bereitschaft zur Hilfeleistung in Gefahrensituationen.

Den Schülern wurden zunächst „kritische" Situationen geschildert: ein Rollstuhlfahrer, der von kleinen Jungen mit Steinen beworfen oder eine ausländisch aussehende Frau, die an einer Bushaltestelle angepöbelt wird. Auch Beschimpfungen eines homosexuellen Paares oder Angriffe von Skinheads wurden als Szenarien vorgegeben. Die Befragten konnten dann jeweils zwischen neun Optionen wählen, wie sie sich in der Situation verhalten würden, zum Beispiel: weitergehen, andere Leute zur Mithilfe auffordern oder selbst in den Konflikt eingreifen.

Die Messung von tatsächlichem Verhalten ist durch einen Fragebogen zwar nicht möglich. Aber die Antworten geben zumindest Aufschluss über die Verhaltensabsichten der Befragten.

Die Antworten der Schüler zeigen sehr deutlich die Ursachen mangelnder Zivilcourage: Vorurteile, die Bereitschaft zur Diskriminierung, Autoritarismus und eine soziale Dominanzorientierung. „Je mehr Kontakte dagegen Jugendliche zu Menschen außerhalb der eigenen sozialen Gruppe haben, je positiver ihre Einstellungen diesen gegenüber sind, je mehr sie zu Empathie fähig sind und je weniger sie einem Opfer selbst die Verantwortung für seine Notlage zuschreiben, um so eher sind sie bereit einzugreifen", fasst Labuhn die Ergebnisse zusammen.

Und die liefern auch Hinweise darauf, wie zivilcouragiertes Verhalten in Trainings gefördert werden könnte: Wichtig seien Programme, die Vorurteile zurückdrängen und interkulturelle Kontakte schaffen. Solche Maßnahmen sollten in Zukunft stärker mit Trainings zur Förderung von Zivilcourage verknüpft werden. Darüber hinaus sollte man Schüler in Verhaltensweisen schulen, die ihnen kompetentes Eingreifen in kritischen Situationen ermöglichen.

Eva Tenzer

4 Bearbeitet folgende Fragen und Aufgabenstellungen zum Text:
- Was wollte die Psychologin in ihrer Schülerbefragung herausfinden?
- Wie war die Untersuchung angelegt?
- Welche Erkenntnisse liefert die Untersuchung und was lässt sich aus der Auswertung des Fragebogens nicht ableiten?
- Markiere die im Textabschnitt 5 genannten Ursachen mangelnder Zivilcourage und gib sie in deinen Worten wieder.
- Was muss in Trainingsprogrammen passieren, damit Jugendliche couragiertes Verhalten erlernen können?

5 Wie schätzt ihr jetzt die Erfolgsaussichten von Aktionen wie der Düsseldorfer Courage ein?

6 Schreibt einen informierenden Text über Zivilcourage, in dem ihr die Aussagen dieses Artikels und des Textes über die Düsseldorfer Kampagne zusammenfasst.

Opfer von Übergriffen
Risiko
Zivilcourage
...

→ Wörter und Wortgruppen für ein Rechtschreibgespräch nutzen Seite 214

Die Publizistin Marion Dönhoff hielt im Jahre 2000 die folgende Rede vor Schülerinnen und Schülern in Lahnstein, deren Schule ihren Namen erhalten hatte.

1 Bereitet den Text in einer kleinen Gruppe so vor, dass einer oder mehrere von euch die Rede vor der Klasse halten können. Eure Mitschülerinnen und Mitschüler sollen den Redetext bei eurem Vortrag noch nicht kennen und nur zuhören, ohne mitzulesen.

Toleranz statt Arroganz

Es ist ein seltsames Gefühl, über dem Eingang einer Schule meinen Namen geschrieben zu sehen – und zwar nicht irgendeiner Schule, sondern einer, die sich der Zeitenwende* sehr bewusst ist und die versucht, die Schüler auf das vorzubereiten, was uns erwartet.

Ich habe den größten Teil des Jahrhunderts, das jetzt hinter uns liegt, miterlebt. Es gab kein zweites, das so reich an Katastrophen war: zwei Weltkriege, Stalin, Hiroshima, Hitler, der Holocaust. Ihr, liebe Schüler, werdet es besser haben, davon bin ich überzeugt – aber Probleme werden auch auf euch zukommen. Wir leben heute in einer Epoche* unbegrenzter Freiheit im Rahmen des marktwirtschaftlichen Systems, in dem der Wettstreit darüber entscheidet, wer überlebt. Der Motor des Wettstreits ist aber der Egoismus, und darum wird für jedermann die Versuchung, fünf gerade sein zu lassen, sehr groß. Die Versuchung nämlich, es mit der Steuer, mit den Gesetzen, mit den Methoden gegenüber der Konkurrenz nicht so genau zu nehmen.

Wie wünscht man sich in einer solchen Zeit die Schüler dieser Schule? Ich würde mir wünschen, dass sie bereit sind, Verantwortung für die Gemeinschaft zu übernehmen, also nicht nur ans Geldverdienen zu denken und zu meinen, für den Rest solle der Staat aufkommen.

Und ich hoffe, dass sie Toleranz ganz wichtig nehmen, denn nur wer tolerant ist, verfällt nicht in Arroganz* und Überheblichkeit, sondern prüft des anderen Meinung, auch wenn er zunächst meint, die seine sei die einzig richtige. Und ich hoffe, dass sie liberal* sein werden und weltoffen. Der Bürger soll offen sein für Veränderungen, denn Geschichte ist ein Prozess und kein Zustand. Und er soll, was ihm fremd erscheint, nicht als Häresie* verdammen. Wer Liberalität* bewusst praktiziert, wird nicht dem Ideologen* glauben, der sein System als Schlüssel zu Glück und Gerechtigkeit anpreist.

Ich hoffe schließlich, dass eine Kooperation* – eine Art Brüderschaft – zwischen der polnischen Schule in Mikolajki, die meinen Namen trägt, und der Schule in Lahnstein zu Stande kommen wird.

Euch und den Lehrern wünsche ich Freude an der Arbeit, Glück und Erfolg.

Marion Gräfin Dönhoff

2 Was habt ihr beim Vortrag dieser Rede auf Anhieb verstanden bzw. behalten?

3 Seht euch jetzt den Redetext genauer an:
- Woran erkennt ihr, dass dieser Text eine Rede ist? Achtet besonders auf Anfang und Schluss.
- Wie gelingt es der Rednerin, eine Beziehung zu ihrem Publikum herzustellen?
- Wie wünscht Marion Dönhoff sich die Schülerinnen und Schüler?
- „Der Bürger soll offen sein für Veränderungen, denn Geschichte ist ein Prozess und kein Zustand. Und er soll, was ihm fremd erscheint, nicht als Häresie verdammen."
  Versucht, diese schwierigen Sätze zu erklären.
- Welche Appelle richtet Marion Gräfin Dönhoff an die Schülerinnen und Schüler?

4 Beim Hören und Lesen der Rede von Marion Dönhoff spürt man die Ernsthaftigkeit und Aufrichtigkeit dieser Rednerin. Um ihrer Rede Nachdruck und Nachhaltigkeit zu verleihen, verwendet sie außerdem eine Reihe sprachlicher Mittel, die auch in anderen Reden immer wieder auftauchen, z. B.
- persönliche Anrede der Zuhörerinnen und Zuhörer,
- Fragen aufwerfen und beantworten,
- Wiederholung bestimmter Formulierungen und Satzmuster,
- Aneinanderreihung einfacher Sätze.

Zu den sprachlichen Mitteln in Reden könnt ihr in der Werkstatt Schreiben weiterarbeiten (S. 190–195).

Untersucht die Rede auf die Verwendung dieser sprachlichen Mittel.

5 Die folgenden Ratschläge sind ein Auszug aus einem Text von Kurt Tucholsky. Untersucht, ob Tucholsky darin seine eigenen Ratschläge umsetzt.

Ratschläge für einen guten Redner

Kurt Tucholsky

Ihr könnt auch einen satirischen Text schreiben, in dem ihr „Ratschläge für einen schlechten Redner" gebt. Informiert euch über Satiren auf S. 156.

Hauptsätze. Hauptsätze. Hauptsätze.

Klare Disposition im Kopf – möglichst wenig auf dem Papier.

Tatsachen, oder Appell an das Gefühl. Schleuder oder Harfe. Ein Redner sei kein Lexikon. Das haben die Leute zu Hause.

Der Ton der einzelnen Sprechstimme ermüdet; sprich nie länger als vierzig Minuten. Suche keine Effekte zu erzielen, die nicht in deinem Wesen liegen. Ein Podium ist eine unbarmherzige Sache – da steht der Mensch nackter als im Sonnenbad.

Trau dich, Paps!

Gudrun Pausewang

Ja, ich weiß, Paps, dass du die Arnsteins nicht magst. Die sind halt so ganz anders als wir. Das stört dich. Du hast es gern, wenn alle möglichst so sind, wie du sie haben möchtest: nicht auffallen, nicht aufmucken, sich danach richten, wie's schon immer war. So hat sich unsere Familie bisher auch immer durchs Leben geschlängelt.

Was? Nicht wahr? Sieh dir doch deine Eltern an, Paps. Oma und Opa waren in der Partei, weil damals die meisten in der Partei waren. Damit haben sie sich rückversichert. Aber ich hab sie unzählige Male sagen hören: „Wir haben von all den Verbrechen nichts gewusst" und „Wir konnten ja nichts machen". Nach dem Krieg sind sie dann als Mitläufer eingestuft worden.

So, wie ich dich kenne, Paps, wärst du auch Parteigenosse geworden. Und gerieten wir noch mal in eine Diktatur, würdest du sie stützen. Nicht aus Überzeugung, sondern aus Mangel an Mut.

Reg dich nicht auf, Paps. Gib's ehrlich zu, dass Mut nicht gerade deine Stärke ist. Ich bin siebzehn. Mir kannst du nichts mehr vormachen.

Opa Arnstein ist *nicht* in die Nazi-Partei eingetreten. Und Oma Arnstein hat die polnischen Mägde und die französischen Kriegsgefangenen mit am Familientisch essen lassen, obwohl das verboten war. Das hat mir Tim Arnstein erzählt. Der muss es ja wissen.

Ich weiß, ich weiß, Tim ist ein rotes Tuch für dich und Mutti. Vor allem, seit die Arnsteins das Protestschreiben an die Stadtverwaltung nicht mitunterschrieben haben. Du und Mutti, ihr habt sofort unterschrieben, weil das fast alle taten, die in unserer Straße wohnen. Und weil ihr auch, wie die meisten, der Meinung seid, dass die Einrichtung eines Asylantenheims in unserem feinen Viertel auf jeden Fall verhindert werden muss.

Ja, ja, diesen Spruch hört man überall: ‚Ich hab ja nichts gegen Ausländer. Aber ...' Als dann die zwanzig Asylbewerber doch in die alte Schule eingewiesen wurden und die Arnsteins ihnen in ihrem Garten eine Willkommensparty gaben, da seid ihr geradezu ausgerastet. Und fast alle anderen in unserem Viertel auch. Und obwohl die Arnsteins auch alle Deutschen aus der Straße miteingeladen haben, seid ihr nicht hingegangen. Habt euch nicht einmal für die Einladung bedankt. Niemand außer den Ausländern ist dort gewesen. Das war keine Heldentat, Paps. Du hast dich stark gefühlt, weil du fast alle auf deiner Seite wusstest. Deswegen hast du so gehandelt. Wärst du von Dr. Arnstein abhängig, wärst du ganz bestimmt hingegangen.

Deine Überzeugung? Ach, Paps – nach der handelst du nur, wenn's kein Risiko für dich bedeutet.

Ja, genau da liegt der Unterschied zwischen den Arnsteins und uns: Die Arnsteins haben Mut. Sie handeln nach ihrer Überzeugung, auch wenn ihnen das Nachteile bringt. Tim hat zum Beispiel einem Lehrer

vorgeworfen, dass er den beiden Türken, die in unsere Klasse gehen, strengere Noten gibt als uns Deutschen. Seitdem traut der sich nicht mehr, die Türken schlechter zu behandeln als uns. Dafür hat er jetzt einen Pik auf Tim. Und das in Mathe, wo Tim nicht besonders gut steht.

Was stört dich so an Tim? Dass er mein Freund ist? Daran werdet ihr nichts ändern können, weder du noch Mutti. Von Tim und seinen Leuten hab ich schon sehr viel gelernt. Zum Beispiel Mut. Im Muthaben bist du mir nie ein Vorbild gewesen, Paps. Wie oft schimpfst du zum Beispiel daheim über deinen Chef, Paps. Und viele deiner Kollegen tun das auch. Aber ihr habt euch noch nie getraut, ihm eure Meinung offen zu sagen. Da gehört nämlich Mut dazu.

Es hätte keinen Zweck? Das kannst du doch gar nicht wissen. Du hast es ja noch nie ausprobiert. Vielleicht wäre er von deinem Mut beeindruckt. Aber du hast ja eine Wahnsinnsangst, so eine Ehrlichkeit könnte deiner Karriere schaden. Lieber buckelst du weiter. Ich frage mich, wie du dich noch im Spiegel ansehen kannst.

Was regst du dich so auf? Ich bin ehrlich. Du weißt bei mir, woran du bist. Ja, das hab ich von den Arnsteins gelernt. Nur durch Kritik, vor allem durch Selbstkritik, ändert sich was. In unserer Gesellschaft muss sich vieles ändern, Paps. Auch in unserer Familie. Der erste Schritt ist Ehrlichkeit.

Ich will dich nicht belehren, Paps. Ich will dir nur meine Überzeugung begreiflich machen. Woher ich die habe? Von den Arnsteins. Jawohl. Tims Vater fährt zum Beispiel einen Fiat Uno. Obwohl er sich als Kinderarzt einen Mercedes leisten könnte. Dafür braucht man Mut. Den Mut hättest du nicht. Und Mutti hätte auch nicht den Mut, mit einer Wohnzimmereinrichtung zu leben, die schon über zwanzig Jahre alt ist. Arnsteins haben ihn. Weil sie sich nicht immer fragen, was „die Leute dazu sagen“ werden. Mutti würde sich in einem Fiat Uno zu Tode genieren. Und könntest du sie dir auf einer Demo vorstellen? Zum Beispiel auf einer Demo gegen Krieg? Ich nicht.

Natürlich wart ihr gute Eltern. Das bestreite ich ja nicht, Paps. Aber ihr habt mir manches nicht beigebracht, nicht mitgegeben, weil ihr's selber nicht hattet. Deshalb muss ich mir das jetzt anderswo holen. Bei Arnsteins zum Beispiel. Ihr habt mir soliden alten Untertanengeist beigebracht. Ja, Untertanengeist. Ich weiß, was ich sage. Bei Arnsteins hab ich Zivilcourage erlebt. Ihr habt mich Heuchelei gelehrt und wart mir darin gute Vorbilder. Bei Arnsteins wird Wert auf Ehrlichkeit gelegt. Hier bei uns ist alles so muffig. Bei den Arnsteins kann man durchatmen.

Nein, Paps, nicht in diesem Feldwebelton. Ich kusche nicht mehr. Ich hab mir von den Arnsteins Courage abgeguckt. Und den Tim und mich kriegst du nicht auseinander. Wenn ihr so weitermacht, Mutti und du, gehe ich zu den Arnsteins und bleibe bei ihnen. In einem Jahr bin ich sowieso volljährig.

Ja, jetzt fehlen dir die Worte, jetzt bist du baff, Paps.

Die Arnsteins machen im August wieder eine Party in ihrem Garten. Ich bin dabei, ich helfe mit. Ihr würdet mir sehr imponieren, du und Mutti, wenn ihr den Mut aufbrächtet, diesmal zu kommen. Auch wenn die anderen aus der Straße wieder vorziehen sollten, daheim zu bleiben. Wenn ihr also die einzigen deutschen Gäste wärt.

Bitte, Paps. Kommt. Ich hätte so gern Eltern, die sich was trauen …

1 Lest zunächst einmal den Text. Setzt euch dann zu viert zusammen, um eine **schriftliche Gruppendiskussion** zu führen. Das geht so:

- Jeder erhält ein vorbereitetes Blatt zum Eintragen (siehe unten).
- In der obersten Zeile („Beitrag") notiert jeder zwei Gedanken zum Text, in jeder Spalte einen. Dabei könnt ihr aufschreiben, was euch zum Inhalt oder zur Form des Textes auffällt.
- Wenn alle vier aus der Gruppe die obere Zeile ihres Arbeitsblattes ausgefüllt haben, gibt jeder sein Blatt an den Nächsten weiter.
- Ihr lest, was eure Vorgänger geschrieben haben, und schreibt in die 2. Zeile etwas, das den ersten Beitrag ergänzt, bestätigt, zurückweist oder hinterfragt („1. Kommentar").
- Das geht so weiter („2. und 3. Kommentar"), bis eure Zettel wieder bei euch ankommen. Jeder liest seinen ausgefüllten Diskussionsbogen durch.
- Sprecht jetzt in der Gruppe über eure Eindrücke vom Text.
- Jede Gruppe stellt ihre Arbeitsergebnisse in der Klasse vor.
- Sprecht anschließend auch über die Methode der schriftlichen Gruppendiskussion.

„Trau dich, Paps!" – Gedanken zum Text

	1. Gedanke	2. Gedanke
Beitrag	*Ganz schön mutig, so mit ihrem Vater zu reden*	…
1. Kommentar	*Wieso? Find ich gar nicht. Das ist doch …*	…
2. Kommentar	…	
3. Kommentar	…	

2 Die Arnsteins sind ganz anders als die Familie des 17-jährigen Mädchens. Schreibe auf, was die beiden Familien voneinander unterscheidet.

3 Wie verhielten sich Tim Arnsteins Großeltern während des Dritten Reiches? Und was wirft das Mädchen den eigenen Großeltern vor? Sind ihre Vorhaltungen aus deiner Sicht gerechtfertigt?

In einer 10. Klasse wurde über den Text von Gudrun Pausewang kontrovers diskutiert: die einen fanden ihn engagiert und kritisch, die anderen einseitig und klischeebeladen.

Wo gibt es denn so eine Familie wie die Arnsteins, die …

Der Text macht endlich einmal klar, …

Der Kontrast zwischen den beiden Familien ist doch …

Die Autorin überzeichnet die Personen, um …

4 Spricht euch der Text „Trau dich, Paps!“ an? An welche Gedanken des Textes könnt ihr aus eigener Erfahrung anknüpfen und wo möchtet ihr widersprechen?

Du kannst einen Brief an die Autoren von „wortstark“ schreiben, in dem du dazu Stellung beziehst, dass dieser Text im Schulbuch abgedruckt wurde.

5 Überlegt, warum Gudrun Pausewang den Text in dieser Weise geschrieben hat. Worauf kommt es der Verfasserin an und wie bringt sie ihr Anliegen zum Ausdruck?

6 Bearbeite eine der drei Aufgaben von den Zetteln:

Im Text „Trau dich, Paps!“ kommt der Vater als Gesprächspartner seiner Tochter nicht zu Wort. Es gibt aber zahlreiche Textstellen, an denen die Tochter offenbar auf Äußerungen des Vaters reagiert, z. B. gleich zu Beginn:
Tochter: *Ja, ich weiß, Paps, dass du die Arnsteins nicht magst.*
Nimm dir einen Textabschnitt vor und markiere solche Sätze (ihr könnt auch den gesamten Text untereinander aufteilen).
Ergänze dann, was der Vater gesagt haben könnte, z. B.:
Vater: *Lass mich doch mit diesen Arnsteins in Ruhe!*

Schreibe einen Brief des Vaters an seine Tochter, in dem er sein Verhalten verteidigt und vielleicht auch Fehler eingesteht.

Später erzählt der Vater seiner Frau von dem Gespräch mit der Tochter, die ja auch das Verhalten ihrer Mutter kritisiert hat. Wie könnte das Gespräch der Eltern verlaufen? Ihr könnt den Dialog zu zweit stichpunktartig für ein Rollenspiel vorbereiten.

Sarahs Stein

Hans-Martin Große-Oetringhaus

Ist das ein Herbst! Sarah spürt die Nachmittagssonne warm auf ihrem Rücken. Sie tritt in die Pedale und klingelt übermütig, obwohl die Straße ziemlich leer ist. Schnurgerade führt sie auf den alten Friedhof zu. Am Wochenende stauen sich hier die Wagen und die Fahrer suchen verzweifelt nach einem Parkplatz. Aber jetzt, mitten in der Woche, ist hier kaum etwas los. Darum fährt Sarah immer hierher, wenn sie ihre Ruhe haben will. Vor allem zum Lesen. Bei sich zu Hause kann sie keine drei Sätze lesen, ohne von ihren beiden kleinen Brüdern gestört zu werden. Kein Wunder, wenn man zu fünft in einer kleinen Drei-Zimmer-Wohnung wohnt und zudem zwei Brüder hat, die nur eines können: nerven. Wie oft hat sich Sarah schon vorgestellt, wie es sein muss, wenn man ein eigenes Zimmer hat. Sie beneidet ihre Klassenkameradinnen. Die haben fast alle ein Zimmer für sich ganz allein, können ihre Freundinnen und Freunde mit nach Hause bringen und die Tür hinter sich zuschließen. Oder in Ruhe lesen.

Wenn Sarah nicht gestört werden will, muss sie zum Waldfriedhof fahren. Sie mag die Alleen mit den alten Eichen dort, die hohen Buchen, Rhododendrondickichte und stillen Nischen. Wenn man an die richtigen Stellen fährt, kann man glatt vergessen auf einem Friedhof zu sein.

Sarah hat das große Eingangstor fast erreicht und setzt zum Endspurt an. Da sieht sie, wie ihr eine Gestalt entgegenkommt. Diesen Gang kennt sie doch! Das kann nur Wotan sein! Hier auf dem Friedhof? Kein Zweifel! Das ist er! Wotan in seiner schwarzen Lederjacke und den Lederjeans, die er neuerdings ständig trägt. Obwohl er klein und eher zierlich ist, kommt er ihr entgegen, als ob er in einer Phalanx* anmarschiert. Der geht immer so, selbst wenn sie nach der Pause wieder in ihre Klasse zurückkehren. Darum nennen sie ihn in der Klasse manchmal auch Zwergendampfwalze. Dann kann er fuchsteufelswild werden. Wotan dagegen hört er mit offensichtlichem Gefallen, denn so nennen ihn auch jene, die er als seine Kameraden bezeichnet und die sich nachmittags immer am Rathausbrunnen treffen. So wie die will Wotan auch gerne sein. Er möchte zu ihnen gehören. Darum trägt er seit einiger Zeit auch nur noch diese schwarzen Ledersachen. Und die Länge seiner Haare nimmt von Monat zu Monat ab. Weil er ständig zu den Glatzköpfen am Brunnen geht, hat irgendjemand in der Klasse eines Tages den Namen Wotan aufgebracht. Aber das ärgert ihn keineswegs. Er scheint sogar ein bisschen stolz darauf zu sein.

Als Wotan Sarah erblickt, sieht es für einen Augenblick so aus, als wolle er in eine Seitenstraße abbiegen. Aber da hat Sarah auch schon den Daumen an der Klingel. Hat der etwa Angst vor ihr, obwohl er ein ganzes Jahr älter ist als sie?

„Was machst du denn hier?", ruft sie ihm zu.

„Und du?", fragt er zurück.

„‚Antigone‘ lesen. Die Bauer will morgen doch den Test schreiben lassen.“

Dass Wotan die Deutschlehrerin nicht ausstehen kann, weiß jeder. Und dass er die Lektüren, die sie lesen sollen, gar nicht erst aufschlägt, ist auch bekannt.

„Scheiß Test“, ruft Wotan zurück. „Als ob es nichts Wichtigeres in Deutschland zu tun gibt!“

Am liebsten würde Sarah ihm noch was Passendes zurufen. Von wegen Deutschland. Das kommt bei Wotan in jedem dritten Satz vor. Aber Sarah fällt so schnell nichts ein. Und da ist sie auch schon an ihm vorbeigefahren.

Am Tor blickt sie sich um, ob einer der Friedhofsgärtner in der Nähe ist. Sonst würde sie besser absteigen. Aber keiner ist zu sehen und so bleibt sie sitzen, folgt noch ein Stück dem Hauptweg und biegt dann links ab. Mit Absicht lenkt sie das Rad über den geharkten Wegrand. Sie mag die gekämmte Aufgeräumtheit der Gräber nicht. Kein Halm, der aus dem gestreuten Torf hervorlugt. Stattdessen Marmor. Kalt. Glänzend. Glatt polierte Einsamkeit. Sterile Uniformität. Sie erinnert sie irgendwie an Schule. Leblos. Langweilig. Streng. Erdrückend. Sarah fröstelt es stets bei diesem Anblick. Vor allem dieser geharkte Boden! Selbst nach dem Tod noch aufgeräumt, geputzt und geharkt. Im Leben geht mir das schon auf den Keks, denkt sie. Und das hört nach dem Tod nicht auf? Geharkte Ewigkeit!

Sarah fährt Schlangenlinien über die Harkenmuster und biegt dann ab. Denn jetzt kommt gleich die Stelle, die ihr gefällt. Eine Nische im Gebüsch. Nur wenige Gräber liegen hier. Daneben Rasen mit Laub darauf. Efeu, den man in Ruhe gelassen hat. Und eine Bank. Das Holz ist schon etwas morsch. Aber sie hat eine Lehne. Hierhin zieht sich Sarah gerne zurück. An heißen Sommertagen ist es herrlich kühl hier. Da kann man in Ruhe lesen, wenn man sich nicht allzusehr von den Eichhörnchen, Finken, Meisen, Tauben und Eichelhähern ablenken lässt.

Jetzt strahlt die Lichtung einen ruhigen, warmen Glanz aus. Wenn ein vorsichtiger Wind die Wipfel der hohen Buchen streift, wirbeln ein paar leuchtend gelbe Blätter herunter und schaukeln torkelnd auf den Boden. Zum Glück finden Harkwütige selten hierher.

Sarah lehnt das Rad an eine Buche, holt den ‚Antigone‘-Text aus der Tasche und setzt sich quer auf die Bank, dass sie die Sonne im Rücken spüren kann. Dann hebt sie die Beine hoch und winkelt sie an. Ihren rechten Arm legt sie auf die Lehne. So liest sie am liebsten.

Sophokles, denkt sie. Ist verdammt lange her, dass der gelebt und geschrieben hat! Und heute werden seine Texte in der Schule gelesen. Das hat der sich bestimmt nicht träumen lassen! Ob der das toll finden würde, wenn er wüsste, dass seine Verse heute für einen Test herhalten müssen? Zum Beispiel die über Antigone. Irgendwie beknackt! Da schlagen sich die Typen die Köpfe ein. Antigones Bruder erwischt es. Und Kreon verbietet ihr, den eigenen Bruder zu bestatten. Sie tut es

trotzdem. Und zahlt den Preis. Einen ziemlich hohen. Kreon lässt sie lebendig begraben. Irgendwie bescheuert, denkt Sarah. Und doch! Diese Courage, nicht auf den Typen zu hören! Sich von dem nichts sagen zu lassen, sondern das zu tun, was sie selbst für richtig hält! Ganz schön mutig und konsequent, diese Frau. Und was die sagt! Mitlieben, nicht mithassen ist mein Teil. Etwas antiquiort ausgedrückt. Aber nicht schlecht. So blöde ist die gar nicht gewesen, überlegt Sarah. Nur die Typen haben mal wieder nichts kapiert! Zweitausend Jahre und nichts dazugelernt!

Sarah springt auf. Ihr wird kühl. Und sie muss noch ein Stück lesen. Sicher ist sicher. Man weiß ja nie, was die Bauer im Test so wissen will. Langsam geht Sarah mit dem Heft in der Hand den Weg rauf und runter. Und wieder rauf. Aber im Gehen kann sie nicht richtig lesen. Ständig verliert sie die Zeile. Verärgert klappt sie das Heft zu. Sie blickt auf, um sich zu orientieren, wo sie ist. Da fällt ihr Blick auf drei umgestürzte Grabplatten. Passiert schon mal bei alten Steinen. Und die hier sind alt. Aber Sarah weiß sofort, dass dies hier keine Frage des Alters ist. Auf den mittleren Stein ist mit dickem, schwarzem Filzstift ein Hakenkreuz gemalt. Aber den Namen darunter kann man noch deutlich erkennen.

„Sarah Liebstadt“ steht da. Und darunter: „Geboren 1925. Umgebracht in Auschwitz 1942.“

Sarah, wie ich, denkt Sarah. Nur ein Jahr älter. So alt wie ... Entsetzt starrt sie auf das Hakenkreuz. So alt wie Wotan. Ob er wirklich ... Sie wagt den Gedanken kaum zu Ende zu denken. Am helllichten Tag? Ob er vorher die Inschrift gelesen hat: Sarah Liebstadt. Ihr Gedenkstein in einer Hassstadt! Mitlieben, nicht mithassen ist mein Teil? Sarah steckt das Heft in die Jackentasche. Wie soll sie hier weiterlesen können. Plötzlich hat sie es eilig, zu ihrem Rad zurückzukehren und nach Hause zu fahren.

Wie das schon riecht im Flur! Dieser penetrante Geruch von Putzmitteln kann Sarah den Unterricht verleiden, noch bevor sie den Klassenraum betreten hat. Steril. Sauber. Poliert. Gekämmt. Wie die Gräber auf dem Waldfriedhof. Und da fallen sie ihr wieder ein, die drei Grabplatten. Und das Hakenkreuz auf dem Stein, der an ihre Namensschwester erinnert. Sarah Liebstadt. Unwillkürlich blickt Sarah zu Wotan hinüber. Als sich ihre Blicke treffen, sieht Wotan zur Seite. Etwas sehr schnell, findet Sarah. Wenn sie bloß wüsste ...!

Sie kramt das Schreibetui hervor. Selbst wenn ich es mit Sicherheit wüsste, denkt sie, vor den Glatzköpfen vom Brunnen muss man sich in Acht nehmen. Ich muss ja nicht unbedingt eine Heldin spielen. Als Antigone bin ich nicht geboren. Darum protestiert sie auch nur im Stillen, als die Lehrerin Wotan nach vorne holt und auf den Platz neben Sarah setzt.

„Das ist besser so“, sagt die Lehrerin. „Beim Test möchte ich dich vorne haben.“

Dieser Kotzbrocken! Ausgerechnet neben mir, denkt Sarah. Vermutlich hat er wieder nichts gelesen. Oder nur die Zusammenfassung im Literaturlexikon. Aber den wird sie nicht abschreiben lassen. Den nicht. Der soll spüren, was sie von ihm hält.

Die Fragen, die die Bauer an die Tafel schreibt, sind gar nicht so ohne! Sarah ist froh, dass sie gestern auf dem Friedhof war und den Text gelesen hat. Als die Bauer sich am Pult über einen Stapel Hefte beugt, spürt Sarah, wie sie am Fuß angestoßen wird. Sie blickt zu Wotan hinüber. Der schiebt ihr einen Zettel zu. „Frage 2" steht da. Sarah tut so, als ob sie den Zettel nicht sieht. Wieder spürt sie, wie Wotans Fuß sie anstößt. Er blickt sie bittend an. Das sind nicht Blicke voller Hass. Aus ihnen spricht nichts als Angst. Angst vor dem Sitzenbleiben.

Sarah zögert. Gerade schreibt sie: „... mitlieben ..." Manchmal ist das verdammt schwer! Dann holt sie plötzlich ein leeres Blatt hervor. Während sie schreibt, blickt sie vorsichtig zum Pult. Doch die Bauer ist in die Hefte vertieft.

„O.K.", kritzelt sie aufs Papier. „Aber nur, wenn du sie wieder aufstellst. Und sauber machst."

Sarah schiebt den Zettel zu Wotan hinüber. Der hebt ihn von der Tischplatte. Sarah kann erkennen, wie er leicht in Wotans Hand zittert. Wotan blickt auf sein Heft, dann zum Pult und wieder auf den Zettel. Zögernd nickt er, kaum merklich. Sarah schiebt ihr Heft in Wotans Richtung und zeigt mit dem Füller auf die Antwort von Frage zwei: „Mitlieben, nicht mithassen ist mein Teil!" Aufmerksam beobachtet sie Wotan beim Lesen. Der sieht sie lange an. Nickt dann noch einmal, etwas deutlicher als beim ersten Mal, und beginnt zu schreiben.

1 Am Eingang des Waldfriedhofs begegnet Sarah einem Klassenkameraden. Markiere im Text (Folie), was du über den Jungen, sein Aussehen, sein Auftreten und seine Einstellungen erfährst, und nimm dazu kritisch Stellung.

2 Sarah erreicht, dass Wotan über sein Verhalten nachdenkt und den angerichteten Schaden wieder gutmacht. Wie gelingt ihr das?

3 Warum mag der Schriftsteller dem Mädchen den Namen „Sarah" und dem Jungen den Spitznamen „Wotan" gegeben haben? Und wieso lässt der Autor die Lehrerin ausgerechnet einen Test über „Antigone" schreiben?

Bei der Beantwortung dieser Fragen können dir die Informationstexte auf Seite 60 helfen. Auch im Text „Sarahs Stein" findest du Hinweise zur Bedeutung der Antigone.

Sara, Sarah: typisch jüdischer Vorname; vom nationalsozialistischen Regime wurden ab 1933 Gesetze erlassen zur Entrechtung und Demütigung von Juden mit dem endgültigen Ziel ihrer Vernichtung. Z. B. mussten alle Juden, die keinen eindeutig jüdischen Vornamen trugen, ab 1939 den Namen „Israel“ oder „Sara“ zwangsweise als zweiten Namen im Reisepass führen.

Wodan, Wotan: in der germanischen Mythologie die höchste Gottheit; Herr und König der Götter und Menschen, Künder der höchsten Weisheit, siegreicher Kämpfer und Gott der Schlachten, Lenker von Kriegsgeschick und Todesschicksal; Erfinder der Runen, der germanischen Schriftzeichen.

Antigone ist eine Tragödie des griechischen Dichters Sophokles aus dem Jahre 442 vor Christi Geburt. In diesem berühmten Drama geht es im Wesentlichen um den Widerstand des Mädchens Antigone gegen den König Kreon. Dieser hatte aus politischen Gründen folgendes Gebot erlassen: Wer den im Krieg gegen sein Königreich gefallenen Feind Polyneikes, dessen Leiche vor der Stadt liegt, beerdige, sei des Todes schuldig. Antigone, die Schwester des Toten, widersetzt sich diesem unmenschlichen Erlass und beerdigt ihren Bruder. Sie hält es für ihre Pflicht: „Mitlieben, nicht mithassen ist mein Teil“, lautet ihre Verteidigung gegenüber dem König. Um der Verurteilung zu entgehen, nimmt sich Antigone selbst das Leben. In dem Theaterstück verkörpert Antigone das menschliche Gesetz der Liebe gegenüber dem politischen Gebot des Staatsgehorsams.

Verantwortung für die Zukunft

Was erwartet uns in der Zukunft?
Welche Verantwortung tragen wir für das, was kommt?
Wie können wir die Zukunft mitgestalten?
Lohnt es sich überhaupt, etwas zu tun?
Und werden unsere Nachkommen einmal mit unserem heutigen Verhalten zufrieden sein?
Schülerinnen und Schüler einer 10. Klasse haben sich solche Fragen gestellt und ihre Gedanken zu unserer Verantwortung für die Zukunft geäußert. Darum geht es auch in diesem Kapitel.

1 Lest die Fragen und Aussagen von Schülerinnen und Schülern auf S. 61. Schreibt anschließend eure Einstellung zum Thema „Verantwortung für die Zukunft“ auf Zettel und heftet sie an eine Pinnwand. Lest die Beiträge der anderen und hängt gleiche oder ähnliche Meinungen zusammen.

Die UNO-Generalkonferenz verkündete am 12. November 1997 die **Erklärung über die Verantwortung der heutigen Generation gegenüber den künftigen Generationen.** Darin heißt es:

Die heutigen Generationen tragen die Verantwortung dafür, den künftigen Generationen eine Erde zu hinterlassen, die nicht eines Tages durch menschliche Aktivität unwiederbringlich zerstört ist. Jede Generation, die die Erde zeitweilig von einer anderen übernimmt, sollte dafür Sorge tragen, dass natürliche Ressourcen* vernünftig ausgebeutet werden, das Leben durch schädliche Veränderungen der Ökosysteme* nicht beeinträchtigt wird und der wissenschaftlich-technische Fortschritt dem Leben auf der Erde keinen Schaden zufügt.

2 Gebt die UNO-Erklärung mit euren eigenen Worten wieder. Welche Forderungen stellt sie an uns?

3 In welchen Lebensbereichen habt ihr das Gefühl, dass die Menschen nicht verantwortlich genug handeln, um den nächsten Generationen eine lebenswerte Welt zu hinterlassen? Gibt es auch positive Beispiele?

4 Lest den Text „Die Bohnenmaus und ihre Freunde“ auf S. 62. Wie versteht ihr diese Geschichte?

Wieso ist dieser Text für unser Thema wichtig? Ich verstehe auch nicht, was das mit den Bohnen soll.

Man könnte die Geschichte zum Beispiel auf das Ausbeuten von Rohstoffen übertragen.

Der Text ist so etwas wie eine Parabel; er hat symbolischen Wert.

Der letzte Satz spricht von dem „Gleichgewicht der Schöpfung“, das niemand zerstören darf.

Eine **Parabel** ist eine lehrhafte Erzählung, die eine allgemeine Wahrheit oder Erkenntnis an einem Beispiel veranschaulicht.

5 Stellt einen Zusammenhang her zwischen der Geschichte von der Bohnenmaus und ihren Freunden und der UNO-Erklärung.

6 Sprecht darüber, was die Parabel von den Bohnenmäusen anderes leistet als z. B. ein Informationstext über das Verhalten von Mäusen.

Die Bohnenmaus und ihre Freunde

An den Ufern der Präriеflüsse und am Rande der großen Wälder wächst der Erdbohnenstrauch. Wenn er keine Stütze findet, um daran emporzuranken, breiten sich seine Zweige in einem Geflecht von Ranken und Schlingen über dem Erdboden aus. Dann treibt dieser Strauch Schoten mit einer einzigen großen Bohne in die Erde hinein. Den Indianern schmecken diese Bohnen überaus gut. Gekocht, gestampft und mit etwas Fleisch verrührt machen sie aus jeder Mahlzeit ein Festessen. Darum versuchen im Herbst die indianischen Frauen, möglicht viele Bohnen zu ernten.

Das aber ist gar nicht leicht. Die Zweige des Bohnenstrauchs liegen dicht und fest auf dem Boden. Sie schnüren alles ab, was darunter wächst. Wie soll da ein Indianerkind, das die Mutter zum Bohnenernten schickt, seinen Korb füllen?

Aber die Indianerkinder sind klug. Sie haben beobachtet, dass der Wiesenmaus die Bohnen genauso gut schmecken wie ihnen. Sie nennen sie deshalb auch Bohnenmaus. Im Herbst sammelt diese Maus die Erdbohnen massenhaft in unterirdischen Kammern. Wenn dann der klirrende Winter die Prärie unterm Schnee begräbt, besitzt sie einen schönen Vorrat, von dem sie leben kann. Darum schleichen in den Herbstwochen die Indianerkinder an Flussufern und Waldrändern umher und beobachten das Dickicht, um die Höhlen der Bohnenmaus zu entdecken. Wenn sie Geduld haben – und daran fehlt es einem Indianer nie –, sehen sie dann kleine, braune Mäuse, die hin und her huschen und Bohnen zwischen den Zähnen tragen. Flink laufen sie damit zu den Erdkammern, kommen gleich zurück und graben die nächste Schote aus. Nun aber weiß das Indianerkind, wo der Vorrat lagert; es braucht nur mit seiner Hand in die Erdhöhle zu greifen, um eine schöne Menge Bohnen herauszuholen.

Wer aber jetzt glaubt, der kleine Indianer würde nun stolz und froh sein, dass er auf eine so herrlich bequeme Art an die köstlichen Bohnen gekommen ist, hat sich geirrt. Es wäre Bosheit, denkt der Indianer, das kleine, wehrlose Tier einfach auszurauben. Wer ernten wolle, dürfe nur gute Gedanken haben und müsse ein Freund der Bohnenmaus bleiben.

Die Kinder sagen: „Bohnenmäuse sind fleißige Leute, sie helfen den Menschen." Darum nähern sie sich den Tieren nicht als Räuber, sondern mit der Bitte, teilen zu dürfen. Sie nehmen der Maus niemals alle Vorräte fort und sind auch nicht ohne Gegengabe gekommen. Anstelle der Bohnen legen sie nämlich der Bohnenmaus Mais in die Vorratskammern und als besonderen Dank noch ein Stück Speck oder Fett. Das alles geschieht behutsam, um nichts zu zerstören, denn die Indianer betrachten die Arbeit der Maus mit Bewunderung und Ehrfurcht. Sie wissen: Niemand darf das Gleichgewicht der Schöpfung eigennützig und ungestraft zerstören.

1 Der Schriftsteller Eirik Newth hat seinem Buch „Abenteuer Zukunft" die folgende Einleitung vorangestellt. Könnt ihr euch vorstellen, warum er sein Buch „Abenteuer Zukunft" genannt hat? Begründet eure Meinung.

An alle, die zur Zeit leben

Eirik Newth

Zu dem, was uns zum Menschen macht, gehört auch, dass wir uns die Zukunft vorstellen können. Diese Fähigkeit nutzen wir Tag für Tag, meistens ohne darüber nachzudenken. Wir schmieden Pläne für etwas, was in einigen Tagen, Wochen oder Jahren geschehen soll. Wir sind in der Lage, mehr oder weniger genau zu erraten, wie die uns direkt bevorstehende Zukunft aussehen könnte, und früher oder später müssen wir uns Gedanken darüber machen, wie sich unser Leben in vielen Jahren gestalten könnte. Das geschieht zum Beispiel, wenn wir eine Ausbildung machen, ein Haus kaufen oder einen Partner fürs Leben suchen.

Die Fähigkeit, sich die Zukunft vorstellen zu können, verschafft uns gegenüber allen Tieren einen Vorteil. Das ist einer der Gründe, weshalb der Mensch heute auf der Erde die vorherrschende „Tierart" ist. Aber diese Fähigkeit beschert uns auch viele Sorgen, weil wir uns vorstellen können, welche unangenehmen und beängstigenden Dinge uns in Zukunft zustoßen können. Wir wissen, dass die Zukunft viele Gefahren birgt. Wir wissen, dass alle Menschen, die wir lieben, und auch wir selbst einmal sterben müssen. Deshalb ist es nicht verwunderlich, dass ein Mensch, dem es gelingt, nicht allzu viel an die Zukunft zu denken und der „im Hier und Jetzt lebt", als sorglos gilt.

Wir hegen gegenüber der Zukunft sehr gemischte Gefühle. Sie steckt ja auch voller Hoffnungen und Möglichkeiten. Alles, was wir bisher versäumt haben, können wir in der Zukunft möglicherweise noch nachholen.

In diesem Buch geht es nicht um die nahe Zukunft. Es geht nicht um die Zukunft, die jedem von uns direkt bevorsteht, sondern um die ganz große Zukunft, die die ganze Menschheit und alle anderen Lebewesen betrifft, mit denen wir diesen Planeten teilen. Um diese ferne Zukunft kümmern sich die Allerwenigsten. In gewisser Weise ist das verständlich: Weshalb sollten wir uns Gedanken darüber machen, was in 500 Jahren passieren könnte? Dann leben wir ja schließlich nicht mehr.

Aber es geht uns an, ob wir wollen oder nicht. Denken wir nur daran, welche enorme Macht wir, die wir jetzt leben, über die Zukunft haben. Entscheidungen, die wir treffen, werden großen Einfluss darauf haben, wie die Menschen in Hunderten, vielleicht sogar Tausenden von Jahren leben werden.

Wir haben die gleiche Macht über die Zukunft, wie die Menschen von früher sie über die Gegenwart, also unsere Zeit, hatten. Unsere Vorfahren haben darüber entschieden, welche Sprache wir heute sprechen, welche Regierungsform in unserem Land üblich ist und welche Religion am meisten Verbreitung fand. Selbst Kleinigkeiten, zum Beispiel das Aussehen der Buchstaben auf dieser Seite, wurden von Menschen bestimmt, die vor Hunderten von Jahren gelebt haben.

Wir sind die Vergangenheit der Zukunft. Wir leben in der Zeit, die Menschen in hundert Jahren „die alten Zeiten“ nennen werden. Was wir heute tun, wird Einfluss auf die Lebensweise der Menschen in der Zukunft haben. Deshalb fordern uns zum Beispiel Umweltschutzorganisationen auf, an die Zukunft zu denken, wenn wir Entscheidungen über unseren Lebensstil treffen. Etwas so Alltägliches wie der von uns verursachte Müll hat Auswirkungen auf die Zukunft. Plastik kann hunderte von Jahren überdauern und wenn wir nichts gegen unseren Abfall unternehmen, müssen es vielleicht die Menschen in der Zukunft nachholen. Aber Müllplätze sind nur ein Beispiel für Probleme, die wir der Zukunft vererben. (...)

In diesem Buch werden dem Leser viele ungewöhnliche und seltsame Gedanken begegnen. Möglicherweise wird er viele von ihnen anzweifeln. Damit hat er vielleicht sogar recht. Es ist sehr vernünftig, sich Vorhersagen gegenüber skeptisch zu zeigen, trotzdem dürfen wir nicht vergessen, dass vieles von dem, was in Zukunft geschieht, unsere kühnsten Fantasien übertreffen wird.

2 Markiere im Text die folgenden drei Sätze (Folie):
- „Die Fähigkeit, sich die Zukunft vorstellen zu können, verschafft uns gegenüber allen Tieren einen Vorteil.“
- „In diesem Buch geht es nicht um die nahe Zukunft, (...) sondern um die ganz große Zukunft.“
- „Wir sind die Vergangenheit der Zukunft.“

Inhalt

3 Wähle dir einen dieser Sätze aus und erläutere, was damit ausgesagt werden soll. Lest euch eure Texte anschließend gegenseitig vor und sprecht darüber.

4 Newth sagt an einer Stelle, unsere Vorfahren seien für unsere Gegenwart mitverantwortlich. Sucht diese Stelle heraus.

Mit welchen Dingen, die unsere Vorfahren uns hinterlassen haben, seid ihr heute nicht einverstanden? Was hättet ihr anders gemacht?

5 „In der Zukunft kann alles geschehen, Gutes und Schlechtes.“ In welchen Bereichen müssen wir eurer Meinung nach in der Zukunft mit großen Veränderungen rechnen? Seht euch dazu auch das Inhaltsverzeichnis des Buches „Abenteuer Zukunft“ an.

Um die eigenen Gedanken, die ihr bei eurem gemeinsamen Nachdenken über das Thema „Zukunftsverantwortung" hattet, festzuhalten und für andere verständlich und im Zusammenhang zu formulieren, könnt ihr einen Essay schreiben.

Ein **Essay** (aus dem Französischen *essai* = Versuch) ist eine kurze Abhandlung und setzt sich mit aktuellen Fragen, Erscheinungen, Problemen des kulturellen Lebens auseinander. Er enthält
- einen Grundgedanken,
- subjektive Empfindungen,
- sachliche Erklärungen,
- anschauliche Beispiele und Argumente, die überzeugen wollen.
- Er kann den Leser mit „du" ansprechen und er kann „ich" sagen.
- Der Essay lebt vom Spiel mit den Gedanken in lockerer und geistreicher Form. Im Vordergrund stehen die Freude zu formulieren und der spielerische Umgang mit den Möglichkeiten unserer Sprache.
- Er hat keinen strengen Aufbau, wie eine wissenschaftliche Arbeit, und bietet dadurch breiten Spielraum, individuell zu formulieren.

1 Lest zunächst den Essay zum Thema „Was heißt Verantwortung?" (S.67) und überprüft, welche Angaben aus dem Merkkasten berücksichtigt werden.

2 Dem Schreiber dieses Essays kam es offenbar auf einen Gedanken besonders an. Immer wieder umschreibt er Verantwortung mit bestimmten Begriffen. Versuche diesen Grundgedanken wiederzugeben.

3 Schreibe nun einen eigenen Essay zum Thema „Meine Verantwortung für die Zukunft":
- Sammle passende Formulierungen, auch Synonyme, Zitate, spontane Gedanken, die mit dem Thema in enger Verbindung stehen.
- Welche deiner Gedanken willst du nutzen?
- Wie kannst du deine Ansichten über dieses Thema glaubhaft begründen?
- Womit beginnst du? Wovon willst du im Hauptteil schreiben? Wie endet dein Essay?

4 Dein Essay ist für Leser/Zuhörer geschrieben. Lies ihn dir deshalb zunächst selbst laut vor. Wenn du das Gefühl hast, Textstellen erklären zu müssen, streiche sie und schreibe stattdessen die Erklärung hin.

5 Hängt eure Essays in der Klasse aus.
- Gebt jedem Text ausreichend Platz und heftet eure Anmerkungen zu den einzelnen Essays drum herum.
- Diskutiert eure Ansichten und Bemerkungen.

Veröffentlicht einige eurer Essays in geeigneter Form in der Schule. Vielleicht könnt ihr Mitschülerinnen und Mitschüler für das Thema erwärmen.

Was heißt Verantwortung?

Ein Essay

Wie oft hörst du Menschen von Verantwortung reden, als sei das nur ein edler *Gedanke.* Doch Verantwortung zeigt sich nicht im Denken, sondern im *Handeln.* Wenn das richtig ist (und ich bin davon überzeugt), muss sich jeder nicht nur verpflichtet *fühlen,* sondern auch das *tun,* was anderen nützt und nicht schadet.

Ein einfaches Beispiel gibt die folgende Geschichte: Ein Vater hatte seinen Söhnen einen Weinberg hinterlassen. Er hatte ihn sein Leben lang so gepflegt, dass er zwar davon leben, aber nicht reich werden konnten. Er spritzte kein Gift, weil er den Boden für künftige Pflanzen nicht ausbeuten wollte. Dafür musste er aber viel graben und harken. Da er ahnte, dass seine faulen Söhne sich nicht so viel Arbeit machen würden, schrieb er in sein Testament, dass er im Weinberg einen großen Schatz vergraben habe. Als die Söhne nun nach seinem Tode den Schatz ausgraben wollten, mussten sie den ganzen Weinberg umgraben. Sie fanden dort zwar keinen Schatz, bemerkten aber, dass die Trauben wunderbar gediehen. Da wussten sie, was ihr Vater mit dem „Schatz" gemeint hatte – und machten es weiter so. Sie hatten am eigenen Leibe erfahren, was Verantwortung für die Zukunft heißt.

Aber kann ich denn Verantwortung erlernen? Ich denke, ich muss es. Verantwortung fängt immer mit Kleinigkeiten in der Gegenwart an: Ich bemühe mich, einen Text für andere möglichst richtig zu schreiben, damit der Leser keine Mühe hat, ihn zu verstehen. Das nenne ich Rechtschreibverantwortung! Ich werfe die Bananenschalen in den Papierkorb, damit niemand darauf ausrutscht. Ich helfe einer gebrechlichen Frau über die Straße, damit sie auf dem Zebrastreifen nicht fällt oder angefahren wird.

Bequemer für mich selbst wäre es, das alles nicht zu tun. Das nenne ich aber verantwortungslos handeln. Fast immer heißt Verantwortung Verzicht auf Bequemlichkeit. Immer bedeutet es, nicht nur für mich, sondern für andere etwas zu tun. Und immer auch, mir die Zukunft vorstellen zu können. So hat Verantwortung auch etwas mit Fantasie zu tun. Das Gegenteil von Verantwortung sind Gleichgültigkeit, Fantasielosigkeit, Bequemlichkeit. Wer aus Gleichgültigkeit oder Egoismus etwas tut, was anderen Schaden zufügen könnte, handelt verantwortungslos.

Etwas anderes ist: keine Verantwortung mehr übernehmen zu können. Besonders arbeitslose Menschen müssen das erfahren, wenn sie gar nichts mehr für andere tun können, für keinen mehr nützlich sein und für ihre Familie nicht mehr genug Geld verdienen können. Dann spürt man, welch hohes Gut Verantwortung ist und wie wichtig Verantwortung für einen war, als man sie noch tragen konnte, auch wenn es manchmal sehr schwer war. Verantwortung zu tragen ist also durchaus keine schwere Last, sondern hat auch etwas sehr Befriedigendes.

Erneuerbare Energien

Ein wichtiges Zukunftsthema ist die Energieversorgung. So stellt z.B. Eirik Newth dem Kapitel „Die Energiekrise“ folgende Bemerkungen voran:

„Es gibt zahlreiche Energiequellen auf der Erde, aber ziemlich viele davon werden in naher Zukunft aufgebraucht sein. Dann kann es zu einer weltweiten Energiekrise kommen. Wir sind so abhängig von Energie, dass eine Energiekrise unsere ganze Lebensweise bedrohen würde. Was in Zukunft mit den Energiequellen passiert, wird über unsere zukünftige Art zu leben entscheiden.“

In der Diskussion über die Zukunft der Energieversorgung spielen erneuerbare Energien eine wichtige Rolle. Zu den erneuerbaren Energien gehören die Solarenergie (Sonnenenergie), Windkraft, Wasserkraft, Biomasse und Erdwärme. Diese haben wir nicht neu erfunden, denn unsere Vorfahren kannten die meisten schon. Erst im 20. Jahrhundert haben wir zusätzlich Kohle, Öl, Gas oder Uran genutzt, weil unsere Industrien immer stärker wuchsen und wir immer mehr Energie brauchten. Und seit dieser Zeit kennen wir auch die Wörter „Umweltbelastung“ und „Klimawandel“. Die neuen erneuerbaren Energieformen können zum Schutz unserer Umwelt und des Klimas beitragen.

Windkraft ist in Deutschland das sichtbarste – und gleichzeitig umstrittenste – Zeichen für die Energiewende. In den vergangenen zehn Jahren wurden an windreichen Standorten an der Küste und im Mittelgebirge so viele Windräder errichtet, dass Deutschland international als „Weltmeister“ bei der Windenergie gilt.

Die unterschiedlichen Standpunkte zu diesem Thema könnt ihr euch klarmachen, indem ihr sie während einer **Debatte** austauscht. Dabei sollen die Debattenteilnehmer ganz unterschiedliche Rollen einnehmen (siehe Beschreibung S. 71). Als Vorbereitung auf die Debatte haben Schülerinnen und Schüler einer 10. Klasse im Internet Texte gesucht und zusammengestellt, die sich ausschließlich mit Windrädern als erneuerbare Energiequelle beschäftigen. Eine Auswahl der Texte findet ihr auf den beiden folgenden Seiten. Diese Texte liefern euch für die spätere Debatte „Pro und kontra Windenergie“ brauchbare Argumente.

Vorbereitung auf die Debatte:

- recherchieren: Materialien zum Thema sammeln, brauchbare Materialien zusammenstellen, Experten befragen
- exzerpieren: zur Fragestellung/zum Thema Argumente mit stützenden Beweisen zusammenstellen

1 Lest die Texte auf S. 69/70. Beantwortet anschließend die folgenden Fragen jeweils in einem Exzerpt:
- Welche Argumente sprechen für oder gegen den Ausbau und die Nutzung der Windenergie?
- Durch welche Beispiele und Beweise werden die Argumente gestützt? Wie man ein Exzerpt schreibt, findet ihr auf S. 202/203.

2 Entscheidet nun, ob ihr noch weitere Argumente und Beweise für eure Standpunkte benötigt. Legt fest, wie und woher ihr sie bekommt.

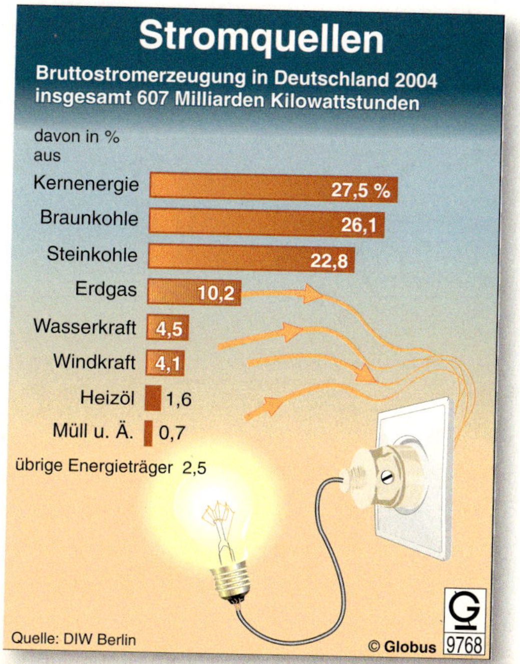

1 Wind löst Wasser als regenerative Energiequelle Nummer 1 ab

Deutschland ist mit rund 16.000 Windenergieanlagen und einer installierten Leistung von mehr als 15.000 Megawatt (MW) Weltmeister bei der Stromerzeugung durch Windenergie. Nach dem bisherigen Verlauf des Windjahres werde erwartet, dass die Windstromproduktion in Deutschland 2004 erstmals deutlich über 20 Mrd. Kilowattstunden liegt und damit die Wasserkraft als regenerativen Energieerzeuger Nr. 1 ablöst. Dies teilte die Landesinitiative Zukunftsenergien NRW in Düsseldorf mit. Die industriewirtschaftliche Bedeutung der Windbranche sei in den letzten Jahren kontinuierlich gestiegen. Untersuchungen zu den Beschäftigungszahlen gehen von bis zu 50.000 Arbeitsplätzen aus.

2 Studie prognostiziert „Windwirtschaftswunder"

Die Windenergie kann nach einer Studie in den kommenden zehn Jahren weltweit mehr als zwei Millionen neue Arbeitsplätze schaffen. „Windstärke 12", die die Umweltorganisation Greenpeace und die Europäische Windenergie-Vereinigung EWEA auf der Fachmesse „WindEnergy 2004" in Hamburg vorstellten, prognostiziert der Branche für die nächsten zehn Jahre ein jährliches Wachstum von 25 Prozent. Dabei entstünden allein in Norddeutschland rund 11.000 zusätzliche Arbeitsplätze. Damit dieses „Windwirtschaftswunder" eintrete, fordern Greenpeace und die EWEA, die Benachteiligung der Windkraft gegenüber herkömmlichen Kraftwerken zu beseitigen.
Der Anteil der Windkraft an der Stromversorgung könnte auf zwölf Prozent steigen. Dabei könnte der Preis für die Strom-Produktion sinken: an den günstigsten Standorten von heute 3,79 auf 2,45 Euro-Cent pro Kilowattstunde. Wegen wachsender Turbinengrößen wären weniger Anlagen erforderlich. Insgesamt würden rund elf Milliarden Tonnen Kohlendioxid eingespart, weil Windkraftanlagen Kohle- und Ölkraftwerke ersetzen würden.

3 Windkraft – nein danke!

Viele Menschen befürchten, dass die Windenergie den Strompreis weiter in die Höhe treibt, weil die technische Entwicklung immer mehr Geld verschlingt. Andere hingegen meinen, die Windkraftanlagen verschandeln das Landschaftsbild. Es ist nicht schön, über viele Kilometer hinweg durch eine Landschaft zu fahren oder zu laufen, die von solchen Riesenrädern bestimmt wird und den freien Blick auf das Meer oder Bergketten verhindert.
Tierschützer behaupten, dass solche großen Windräder vielen tausend Vögeln das Leben kosten, weil sie von den rotierenden Flügeln der Windräder erschlagen werden.
Auch Menschen können gefährdet sein, wenn sich nämlich bei Frostgraden durch die Drehbewegungen große Eisstücke lösen und in die Gegend geschleudert werden. Und die Menschen, die in der Nähe solcher Räder wohnen, haben Tag für Tag und Nacht für Nacht das Geräusch der Rotoren in den Ohren.

4 Psychologe: Bei Windanlagen Rücksicht auf Bürgerbelastung nehmen

Beim Ausbau der Windenergie wird auf die Bedürfnisse der Anwohner aus Sicht des Umweltpsychologen Prof. Rainer Guski zu wenig Rücksicht genommen. Die Politik nehme die Beeinträchtigungen der Menschen durch den Lärm der Anlagen nicht ernst genug, sagte Guski, der an der Ruhr-Universität Bochum den Lehrstuhl für Kognitions- und Umweltpsychologie hat. „Die Belästigung ist eine harte Tatsache", sagte der Lärmforscher. Das gelte auch, wenn gesetzliche Grenzwerte formal eingehalten werden. Zunehmend mehr Menschen fühlen sich durch Lärm und Schattenwürfe belästigt. Die Bürger könnten zum Beispiel Schlafstörungen bekommen wegen der Geräusche, die die großen Getriebe mancher Windräder verursachen können. „Jede Windenergieanlage muss ein Kompromiss sein. Man kann nicht einfach so tun, als sei es kein Problem", meinte Guski. Eine umweltfreund-liche Technik sei nicht an jedem Standort auch sozialverträglich.

5 Windkraft – Energie mit Zukunft!

Die Windenergie ist ein förderungswürdiger Energieträger. Als Bestandteil eines alternativen Energiekonzeptes mit den drei Säulen „Energiesparen", „rationelle Energieverwendung" und „Einsatz erneuerbarer Energien" ist ihr Ausbau unverzichtbar. Aus Sicht des Natur- und Umweltschutzes zeichnet sich Windenergie im besonderen durch die mit ihr verbundene CO_2-Einsparung und ihren Beitrag zur Ressourcenschonung aus.
Die BUND/MISEREOR-Studie „Zukunftsfähiges Deutschland" kommt zu dem Ergebnis, dass der Einsatz fossiler Energieträger bis Mitte des Jahrhunderts um 80 bis 90 Prozent reduziert werden muss. Die Energiegewinnung aus erneuerbaren Quellen müsste in den nächsten Jahrzehnten um jährlich drei bis fünf Prozent ausgeweitet werden. Zum Erreichen dieses Zieles ist eine weitere Förderung des Baus von Windkraftanlagen und der weitere Abbau von Genehmigungshemmnissen dringend geboten.

6 Wetterabhängige Energie

Es ist problematisch, der Windkraft einen zu hohen Stellenwert einzuräumen. Ein Windrad dreht sich durchschnittlich nur 20% seiner Betriebslebenszeit mit Volllast; bei starkem Sturm muss es sogar ganz abgestellt werden. Es kann demnach je nach Wetterlage vorkommen, dass viele Windräder gleichzeitig ausfallen. Wenn in das gesamte Stromnetz dann über viele Stunden hinweg keine Windenergie eingespeist werden kann, müssen wegen der Versorgungssicherheit andere Energieträger einspringen. Dazu gehören zu einem hohen Prozentsatz (95%) konventionelle Kraftwerke, z.B. Kohlekraftwerke.

7 Trotz Windenergie mehr Artenvielfalt

In der öffentlichen Diskussion ist immer wieder die Argumentation zu hören, dass die Nutzung der Windenergie Natur und Landschaft, insbesondere die Vogelwelt, grundsätzlich störe oder gar zerstöre. Die teilweise zur Veranschaulichung herangezogenen Beispiele belegen die Gefahren oft zutreffend. Doch es gibt auch andere Beobachtungen, teilte der Deutsche Naturschutzring (DNR) in seinem aktuellen Rundbrief mit. Im Wybelsumer Polder westlich der Stadt Emden wurde 1999/2000 ein Windpark mit 44 Windenergieanlagen errichtet. Die Planer waren davon ausgegangen, dass die Rast- und Brutvögel einen Bereich von 500 Metern um die Windkraftanlagen meiden und damit diese Flächen für Gänse und Watvögel erheblich an Bedeutung verlieren würden. Bei einem Vergleich des Vogelbestandes fünf Jahre nach Errichtung des Windparks mit dem Bestand vor Errichtung zeigte sich nun, dass die Befürchtungen unbegründet waren. Vögel werden kaum gestört. (…)
Mit der Errichtung des Windparks wurde schwerer Boden für den Deichbau unmittelbar neben Windrädern abgegraben, die Flächen wurden für den Naturschutz hergerichtet. Bereits im ersten Jahr brüteten dort viele unterschiedliche Arten. Eine dreijährige Erfassung des Brutbestandes weist eine nationale Bedeutung dieses Brutgebietes nach. Offensichtlich orientieren sich die Vögel vor allem an der Eignung der Brutplätze und lassen sich durch die Windräder nicht oder nur gering stören.

Ihr habt euch mit der Thematik „Windkraft" vertraut gemacht und wollt nun feststellen, inwieweit ihr in der Lage seid, eure eigenen Standpunkte gegenüber anderen zu vertreten und durchzusetzen. Dazu könnt ihr die Form einer **Debatte** wählen. Diese hat bestimmte Regeln:

- Wählt einen Diskussionsleiter, einen Moderator. Er gibt zu Beginn der Debatte eine Einführung in das Thema und moderiert dann die Debatte:
  - Er erteilt den Debattenteilnehmern das Wort.
  - Er achtet auf die Einhaltung der vorgegebenen Redezeiten.
  - Er ruft gegebenenfalls zur Ordnung auf.

- Bildet jeweils eine Pro- und eine Kontra-Gruppe.
  Die Gruppen bereiten sich inhaltlich und gesprächstaktisch vor:
  Wer formuliert ein Eingangsstatement? Wer bringt welche Argumente vor? Mit welchen Gegenargumenten muss man rechnen und wie können sie entkräftet werden? Wer gibt ein Schlussplädoyer ab?
  Nutzt zur Vorbereitung eure Exzerpte!

- Die Gruppen sitzen sich in zwei Reihen gegenüber, melden sich im Verlauf der Debatte zu Wort und tragen ihre Argumente vor.

- In jeder Reihe bleibt ein Stuhl frei, auf den sich Personen aus dem Publikum setzen können, wenn sie einen Beitrag in die Debatte einbringen wollen.

- Das Publikum beobachtet den Verlauf der Debatte und macht sich Notizen zum Inhalt der Debatte und zum Gesprächsverhalten der einzelnen Redner.
  Legt vorher fest, worauf ihr achten wollt und wer welchen Beobachtungsteil übernimmt.

- Nach den Schlussplädoyers (ein 5-Sätze-Beitrag) der Gruppen wird abgestimmt.

- Abschließend äußern sich die Debattenteilnehmer, der Moderator und die Beobachter über den Verlauf der Debatte und das Gesprächsverhalten.

Energie
Diskussion
international
...

→ Fach- und Fremdwörter
Seite 227

Über Inhalt und Verlauf der Debatte könnt ihr in ganz unterschiedlicher Form schreiben. Jeder soll sich für eine Schreibaufgabe entscheiden:
- über die Debatte in einem Zeitungsbericht informieren,
- die Probleme und Sachverhalte in einer Erörterung darlegen,
- ein Protokoll verfassen …

Utopie und Sciencefiction

Neben Klimaveränderung und Energieversorgung ist besonders die Entwicklung der Gentechnik ein großes Zukunftsthema, das seit Jahren kontrovers diskutiert wird: Ist die gezielte technische Veränderung des Erbgutes von Pflanzen und Tieren ein Segen für die Bekämpfung von Krankheiten, Hunger und Armut (z. B. durch neue Medikamente oder ertragreichere Pflanzen)? Oder bedeutet sie einen Eingriff in unsere natürlichen Lebensgrundlagen mit unabsehbaren Folgen und Gefahren? Ein besonders medienwirksames Thema ist das Klonen, d. h. die identische Verdopplung oder Vervielfachung von Lebewesen auf gentechnischem Wege. In zahlreichen spannenden Sciencefiction-Romanen setzen sich Schriftstellerinnen und Schriftsteller bereits heute mit der bedrohlichen Zukunftsvision des Klonens von Menschen auseinander. Ein „Klassiker" auf diesem Gebiet ist der bereits 1932 erschienene Roman **„Schöne neue Welt"** von Aldous Huxley.
Huxley beschreibt in seinem Roman eine Wohlstandsgesellschaft, in der alle Menschen am Luxus teilhaben, in der Unruhe, Krankheit und Elend überwunden sind, in der aber auch Freiheit, Religion, Kunst und Humanität auf der Strecke geblieben sind. Dabei spielt das Klonen sowie die Züchtung und Normierung unterschiedlicher Menschenrassen für vorherbestimmte Aufgaben eine wichtige Rolle. Diese Möglichkeiten, die in Huxleys Roman noch reine Fantasie sind, könnten durch den Fortschritt der Gentechnologie realisiert werden. Um die missbräuchliche Anwendung von Fortpflanzungstechniken zu verhindern, sind z. B. das Klonen von Menschen und Eingriffe in die Keimbahn unter Strafe gestellt worden.

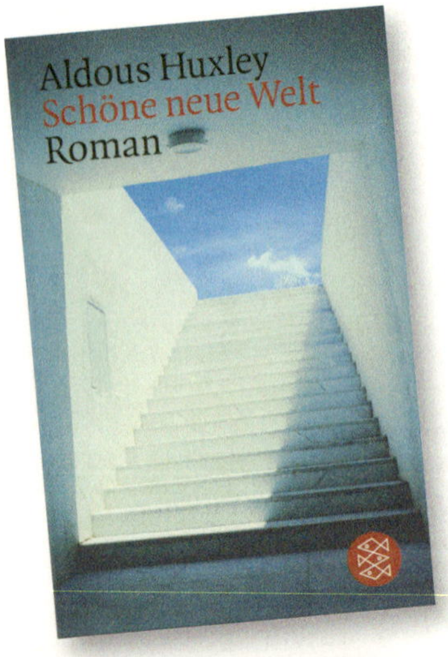

Vorstellungen, die man in die Zukunft hineindenkt oder die in einem Land spielen, das es in Wirklichkeit nicht gibt, nennt man **Utopien** (von griech. *ou tópos = nicht an diesem Ort*). Die Verfasser stellen darin mögliche gesellschaftliche Zustände dar. Die positive Utopie zeigt, wie es nach Meinung des Verfassers sein sollte, die negative will davor warnen, wie unsere Welt einmal aussehen könnte, wenn die unheilvollen Kräfte, die man in der Gegenwart erkennen kann, die Oberhand gewinnen sollten. Ein berühmtes Beispiel für eine negative Utopie ist neben „Schöne neue Welt" der Roman **„1984"** von George Orwell.
Utopien kritisieren also immer auch die Gegenwart: Seht her, wie viel besser es sein könnte! – Oder: Passt auf, dass es so schlimm nicht wird!

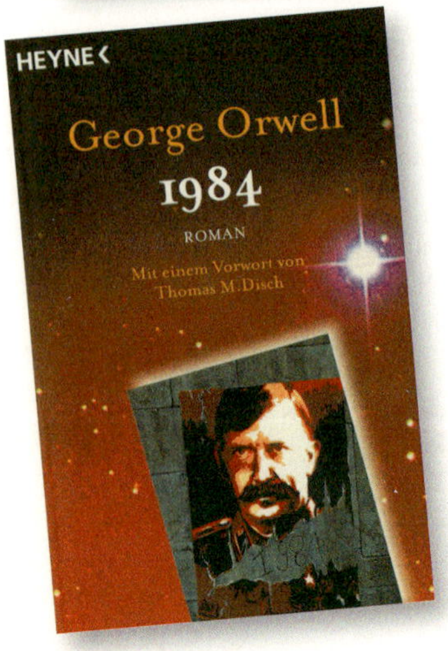

Wenn in Zukunftsfantasien vor allem die Folgen der technischen und wissenschaftlichen Entwicklung ausgemalt werden, spricht man meist von **Sciencefiction** (aus dem engl. *science = Wissenschaft* und *fiction = dichterische Erfindung*). H. G. Wells schrieb z. B. vor ungefähr 100 Jahren seinen Roman **„Die ersten Menschen auf dem Mond".** 70 Jahre später wurde die Mondlandung Wirklichkeit. Weil technischer Fortschritt und Entwicklung der Gesellschaft eng zusammenhängen, überschneiden sich Utopie und Sciencefiction häufig. Meist geht es dann – wie bei Huxley – darum, vor negativen Folgen technischer Entwicklungen zu warnen.
Inzwischen gibt es auch zahlreiche Jugendbücher, die Zukunftsbilder in der Tradition von Huxleys negativer Utopie ausmalen.

Birgit Rabisch: Duplik Jonas 7

Jonas 7 ist ein Duplik. Er lebt mit vielen anderen Dupliks in einem so genannten Hort, abgeschottet von der Welt, und muss nichts anderes tun als Sport treiben, sich richtig ernähren und auf seine Gesundheit achten. Nur eine Bedrohung gibt es in diesem idyllisch anmutenden Leben: den Fraß. Eine Krankheit, die plötzlich und völlig unbemerkt auftritt, die alle Organe befallen und die nur mit der sofortigen Entfernung des jeweiligen Körperteils „geheilt" werden kann. Die grausame Wirklichkeit, die dahintersteckt, ahnt keiner der Dupliks: Sie sind genetische Zwillinge von in der „normalen" Welt lebenden Menschen und müssen jederzeit als deren Ersatzteillager fungieren. Eines Tages ist auch Jonas vom Fraß befallen …

1 Lies den Klappentext und den folgenden Textauszug und beschreibe, was ein Duplik ist.

Ein bisschen viel auf einmal *Birgit Rabisch*

Jonas – nicht der Duplik, sondern sein genetischer Zwilling in der „normalen" Welt – hatte einen Unfall und musste an den Augen operiert werden. Er erwacht in der Klinik …

„Hallo, mein Lieber! Das Zimmer gefällt dir doch hoffentlich? Wunderbare Aussicht! Wirst du auch bald genießen können. Der Heilungsprozess verläuft gut, hat Professor Reimann gesagt. Acht Stunden hat er dich operiert. Mikrochirurgie vom Feinsten. Ein Könner auf seinem Gebiet, der Mann. Hat Herr Schulz dich mit allem versorgt?"

„Danke, Papa, ich hab alles, was ich brauche."

„Professor Reimann hat mir vorhin versichert, dass deine neuen Augen problemlos anwachsen."

Jonas stockt der Atem. Neue Augen? Sie haben ihm neue Augen eingepflanzt? Davon hat Ilka ihm nichts erzählt. Mein Gott, diese blöde Pute! Sie hat getan, als ob alles in Ordnung wäre. Dabei weiß sie ja wohl auch, dass sich erst in den nächsten Wochen zeigen wird, ob die Ärzte es schaffen, die Abstoßungsreaktion des Körpers gegen die fremden Augen zu unterdrücken. Und … wenn nicht?

„Also das … entschuldige, aber das schockiert mich ziemlich. Ich wusste noch gar nicht, dass eine Transplantation gemacht worden ist."

„Warum bist du deshalb schockiert? Deine Sehkraft wird völlig wiederhergestellt!"

„Wenn keine zu heftige Immunreaktion einsetzt!"

„Ach so, das befürchtest du! Es wird keine Immunreaktion einsetzen. Da kannst du unbesorgt sein."

Jonas runzelt die Stirn. Wenn er doch nur das Gesicht seines Vaters sehen könnte! Die Stimme hört sich so verdammt sicher an. Sollte er etwa …?

„Woher nimmst du den Optimismus?"

„Na ja, ich hab's dir bisher nicht erzählt. War ja auch gar nicht notwendig. Ich hatte keine Lust, mir womöglich Vorwürfe anzuhören. Für deine Schwester bin ich ja schon ein Verbrecher, wenn ich einen Rehrücken verspeise. Also kurz und gut: Du hast einen Duplik. Und dessen Augen hat man dir eingepflanzt."

Jonas atmet tief durch. Er braucht also wirklich keine Angst zu haben. Da sein Duplik genidentische Eiweißstrukturen hat, werden seine Augen von Jonas' Immunsystem nicht als körperfremd eingestuft. Bei Duplik-Transplantationen gibt es keine Abstoßungsreaktionen.

„Mann, da fällt mir ja eine Zentnerlast vom Herzen!"

„Na siehst du. Da hat sich die ganze Investition in deinen Duplik doch gelohnt."

„Was hat er dich gekostet?"

„Reden wir doch nicht vom Geld! Du weißt, dass die Bestellung und Unterhaltung eines Dupliks nicht gerade billig ist."

„Aber dass du mir nie erzählt hast, dass es einen Duplik für mich gibt!"

„Hab ich doch schon erklärt. Ich hatte keine Lust, mir auch noch Vorwürfe dafür einzuhandeln, dass ich meine selbstverständliche Pflicht als Vater getan und für die Gesunderhaltung meines Sohnes gesorgt habe. Deine Schwester meint ja, die ganze Welt retten zu müssen, einschließlich aller Ratten, Lurche, Zellhaufen und Dupliks!"

„Hast du etwa für sie auch einen Duplik machen lassen? Ich glaub, das würde sie dir nie verzeihen."

„Nein, eure Mutter war damals dagegen. Sie hatte auch so merkwürdige gefühlsduselige Anwandlungen. Die Haltung von Dupliks wäre unmenschlich und so. Dabei sollte man doch denken, dass eine Mutter zuallererst an ihre Kinder denkt! Na ja, bei Ilka hab ich mich noch davon abbringen lassen. Aber nachdem ich bei einem Bekannten erlebt hab, dass seine Tochter im Alter von vier Jahren sterben musste – elendiglich sterben musste –, nur weil kein genidentisches Knochenmark zur Verfügung stand, hab ich zu eurer Mutter gesagt: Von unserem zweiten Kind wird ein Duplik gemacht, sonst sind wir geschiedene Leute!"

„Und sie hat nachgegeben?"

„Aber sicher doch. Als du geboren wurdest, war die ganze Aufregung und die ewige Diskussion um die Ethik der Duplikhaltung auch schon wieder abgeflaut. Es ist doch ganz klar, dass es geradezu eine moralische Pflicht ist, alles medizinisch und technisch Mögliche zu tun, um die Gesundheit eines Menschen zu erhalten, oder etwa nicht? In ein paar Jahren sind übrigens ganz entscheidende neue Schritte in dieser Richtung zu erwarten, wie mir Professor Reimann vorhin erklärt hat."

„Als da wären?"

„Nun, bisher kann man ja nur aus Embryonalzellen Dupliks herstellen, die dann von einer Leihmutter ausgetragen werden.

Bald wird man aber auch aus Zellen Erwachsener Dupliks produzieren! Der Vorteil liegt auf der Hand: Du kannst zum Beispiel von einem Fünfzigjährigen einen Duplik erzeugen. Phänomenal, nicht? Das löst endlich das bisher größte Problem: die Gleichaltrigkeit.

Es wird zwar in den Horten alles getan, um die Gesundheit der Dupliks zu gewährleisten. Aber trotzdem ist das Duplikherz eben auch siebzig Jahre alt, wenn es von einem Menschen eventuell gebraucht wird."

„Hört sich gut an. Ein entscheidender Fortschritt."

„Eben! Der Fortschritt ist nicht aufzuhalten. Sich ihm entgegenzustellen, ist lächerlich.

Du wirst wieder gesund und voll leistungsfähig sein und das ist schließlich die Hauptsache. Und wenn du später mal Probleme mit anderen Körperteilen hast, wird sich die Unterhaltung deines Dupliks auch weiterhin auszahlen. Tja, so gut möchte ich es auch haben. Für mich gibt's keinen Duplik. Zu meiner Zeit war daran ja noch gar nicht zu denken. Und meine Pumpe ist auch nicht mehr so leistungsstark. Ich kann nur hoffen, dass sie bald so weit sein werden, aus meinen verbrauchten Zellen einen frischen, knackigen Duplik herzustellen. Die Zeit läuft. Denn mit einem Säuglingsherzen ist mir ja auch nicht gedient. Aber worüber reden wir überhaupt die ganze Zeit. Grüble bloß nicht so viel, das schadet dem Heilungsprozess. Hör Musik, das entspannt. So, ich fürchte, ich muss jetzt gehen. Halte die Ohren steif, mein Junge! Ich schau morgen wieder bei dir rein."

Jonas spürt kurz die Hand seines Vaters auf seiner Wange, dann ist er allein.

Plötzlich fühlt er sich leer, ausgepumpt. Zuerst dieser Schock: transplantierte Augen! Abstoßungsgefahr! – und dann die Erlösung: Duplikaugen! Das ist ein bisschen viel auf einmal.

Erst jetzt, im Nachhinein, erlebt er in vollem Ausmaß die Angst und die Erleichterung, die ihn eben nur kurz angerührt haben. Zurück bleibt eine völlige Gedanken- und Gefühllosigkeit.

Doch dieses Vakuum füllt sich plötzlich mit einem Bild, dem Bild seines Dupliks, der jetzt wohl auch in einem Klinikbett liegt, mit einem Verband um die Augen. Aber er wird nicht sehen können, wenn man ihn von dem Verband befreit.

Ob sein Duplik darunter leidet, blind zu sein? Natürlich hat Jonas schon in der Schule gelernt, dass Dupliks völlig andersartige Lebewesen sind als Menschen. Äußerlich zwar ähnlich, ja sogar identisch mit dem Menschen, dessen Gesunderhaltung sie dienen. Aber von ihrem Gefühlsleben weiß man ebenso wenig wie von den Gefühlen eines Schimpansen. Oder einer Katze. Natürlich haben die auch Gefühle. Aber eben keine menschlichen. Ilka würde allerdings sagen, dass auch Dupliks eine Seele hätten. Aber Ilka behauptet das auch von ihren beiden Katzen. Und was ist das überhaupt für ein Begriff: Seele. Völlig unwissenschaftlich!

In der Schule hat er im Fach Ethik zwar das Notwendige getan, es hat ihn auch interessiert, aber er fand es ungeheuer schwierig. Bei fast allen ethischen Grundsatzfragen gibt es gute Gründe für die eine und gute Gründe für die andere Position. – Ist der Mensch in seinem Willen frei oder determiniert? Darf man todkranke Menschen von ihren Leiden erlösen oder ist das Mord? Ist ein Mensch verpflichtet, seine Gene zu kennen, um der Gesellschaft durch vermeidbare Krankheiten nicht zur Last zu fallen, oder darf er einfach drauflosleben? Darf der Mensch Tiere verbrauchen oder ist alles Lebendige unantastbar? Auch Mücken? Wo ist die Grenze? Erst bei den Säugetieren? Je mehr sie darüber lasen und diskutierten, umso unlösbarer fand er diese Fragen. Und trotzdem sah er ein, dass sie in einer Gesellschaft beantwortet und eindeutig geregelt werden mussten. Das war nur durch demokratische Mehrheitsentscheidungen möglich. Aber um wirklich verantwortungsbewusst entscheiden zu können, musste jeder Einzelne diese Fragen für sich durchdacht und beantwortet haben. Und da biss sich die Katze in den Schwanz. Jonas konnte sich nun mal nicht für eine einzige Antwort entscheiden.

Wie herrlich waren dagegen die naturwissenschaftlichen Fächer! Da brauchte er sich nicht zu überlegen, ob 4 + 4 vielleicht 9 sein könnten …

Auch das Problem der Duplikhaltung hatte ihm immer Unbehagen bereitet. Auf der einen Seite erschien es ihm logisch, dass Wesen, die speziell zu Verwertungszwecken hergestellt wurden, nicht mit Menschen auf eine Stufe gestellt werden konnten. Zum anderen waren sie eben doch aus demselben Material gemacht und von daher vielleicht doch … menschenähnlich?

Ach, er hasst diese Zweifel. Das ganze System ist schon in Ordnung so. Sonst wären ja nicht so viele dafür. Aber entscheiden sich Menschen in der Mehrheit nicht für das, was für sie persönlich von Vorteil ist? Was aber hat das noch mit Moral zu tun? Was würden Dupliks dazu sagen?

Jonas muss lachen. Ein absurder Gedanke. Oder? Was für ein Wesen mag ein Duplik sein? Wie denkt er? Wie empfindet er seine Blindheit? Weiß er, was ihn plötzlich blind gemacht hat? Kennt er seine Bestimmung?

Jonas möchte sich diese Fragen nicht stellen. Sie verwirren, sie sind unproduktiv, zerstörerisch. Aber er kann sie auch nicht ausblenden.

2 Jonas' Vater begründet im Gespräch mit seinem Sohn, warum er einen Duplik von ihm machen ließ. Fasse die Argumente des Vaters in eigenen Worten zusammen.

3 Jonas hat in der Schule gelernt, dass Dupliks völlig andersartige Lebewesen als Menschen sind. Aber er beginnt, an dieser Ansicht zu zweifeln.

- Lies noch einmal im Text nach, wodurch er ins Zweifeln gerät.
- Notiere, was aus deiner Sicht dagegen spricht, dass Dupliks und Menschen ganz verschiedene Lebewesen sind.
- Tauscht eure Gedanken im Klassengespräch aus.

Schreibanregungen

Stell dir vor, du bist Duplik Jonas 7. Du erfährst, dass deine Augen nicht dem geheimnisvollen Fraß zum Opfer gefallen sind, sondern einem anderen Menschen eingepflanzt worden sind – dass du ein menschliches Ersatzteillager bist. Schreibe auf, welche Gedanken Duplik Jonas 7 durch den Kopf gehen könnten.

Stell dir vor, du bist Mitglied einer Expertenkommission, die dazu Stellung nehmen soll, ob Dupliks als menschliche Ersatzteillager gehalten werden dürfen. Schreibe eine Stellungnahme, in der du dich gegen die Haltung von Dupliks aussprichst. Hilfen zur Formulierung deiner Stellungnahme erhältst du auf S. 196–201.

Lesetipps

Start in die Arbeitswelt

Einen Beruf ergreifen und endlich eigenes Geld verdienen ist für die meisten Schulabgänger das angestrebte Ziel. Doch wie wird die berufliche Zukunft aussehen? Welche Veränderungen in der Arbeitswelt hat es gegeben und wird es in Zukunft geben? Auf den folgenden Seiten findet ihr Informationen und viele Anregungen zum Nachdenken, Diskutieren und Schreiben, aber auch Hilfestellungen für den Weg in die Arbeitswelt.

1 Sammelt auf Karten eure Gedanken und Einfälle zum Einstieg in die Arbeitswelt und heftet sie an eine Pinnwand.
Ordnet die Karten anschließend so, dass Aussagen ähnlichen Inhalts zusammenhängen. Findet Oberbegriffe, die ihr als Überschriften über die geordneten Karten hängt.

Wenn du eine Stunde glücklich sein willst, schlafe.
Wenn du einen Tag glücklich sein willst, gehe fischen.
Wenn du eine Woche glücklich sein willst, schlachte ein Schwein und erzähle es.
Wenn du ein Jahr glücklich sein willst, habe ein Vermögen.
Wenn du ein Leben lang glücklich sein willst, liebe deine Arbeit.

Chinesisches Sprichwort

2 Das chinesische Sprichwort drückt eine bestimmte Einstellung zur Arbeit aus. Sprecht darüber,
- welche Bedeutung der Arbeit in dem Sprichwort zukommt,
- welche unterschiedlichen Einstellungen zur Arbeit ihr kennen gelernt habt, z. B. im Betriebspraktikum,
- wie wichtig die Bezahlung für die Zufriedenheit mit der Arbeit ist,
- ob es Arbeiten gibt, die ihr sehr gern übernehmen würdet, und solche, die ihr ablehnt,
- welche Anforderungen ihr an eure zukünftige Arbeit stellt,
- ob alle Wünsche in Bezug auf Arbeit erreichbar sind.

Natürlich könnt ihr auch weitere Fragen in das Gespräch einbeziehen.

3 Schreibe auf, was du unter dem Begriff „Arbeit“ verstehst.

4 Vergleiche anschließend dein Verständnis von Arbeit mit den beiden Lexikontexten. Unterstreiche dabei Textstellen, die du wichtig findest (Folie).

Arbeit Jede meist zweckgerichtete Tätigkeit zur Befriedigung materieller oder geistiger Bedürfnisse. A. ist auch Ausdruck der menschl. Persönlichkeit; ihr Wert liegt in dem Beitrag, den der Einzelne mit ihr für die Allgemeinheit leistet.

Die Ansichten über Sinn u. Wert der A. haben sich im Lauf der Gesch. geändert. Im AT wird die A. als Strafe für die Sünde dargestellt. In den alten Kulturen des Mittelmeerraumes galt Hand-A. als verächtl. u. wurde den Sklaven aufgebürdet. Im NT aber wird die A. als Dienst am Reiche Gottes anerkannt. Diese Auffassung blieb lange Zeit bestimmend. Erst unter dem Einfluss des Calvinismus entwickelte sich allmähl. der Berufsbegriff u. das Berufsethos im heutigen Sinne. A. ist im wirtsch. Sinn ein *Produktionsfaktor*, d.h. neben Boden u. Kapital eine unerlässl. Grundlage jeder Gütererzeugung. Die Ergiebigkeit (Produktivität) der A. ist durch fortschreitende *A.steilung*, aus der sich auch eine berufl. Gliederung herausbildete, außerordentl. gesteigert worden. Die fortschreitende Mechanisierung der A. führte schließl. zur A.szerlegung, zur Beschränkung der Tätigkeit des Arbeitenden auf ganz bestimmte Arbeitsverrichtungen. Der Gefahr der Monotonie, der phys. u. psych. Überforderung am A.splatz versucht man in neuerer Zeit durch Bemühungen zur *Humanisierung* der A. zu begegnen, d.h. durch betriebl. Maßnahmen die A.splätze menschengerecht gestalten.

Arbeit [mhd. arebeit: Mühe, Not], zielbewusste Kraftbetätigung, bes. die auf Schaffung von Werten gerichtete körperliche oder geistige Tätigkeit des Menschen.

Volkswirtschaft. A. (Leistung, Dienst) ist eine Grundlage der Gütererzeugung und damit der Bedarfsdeckung der Gesamtheit wie des Einzelnen. Ihr Erfolg hängt von dem richtigen Verhältnis zur Natur (Boden) und zum Kapital ab, ferner von der Eignung der Bevölkerung und ihrer Arbeitswilligkeit. Die pflegl. Behandlung der Arbeitskraft ist auch deshalb eine wichtige Staatsaufgabe. In dem Maße, wie die Technik die körperliche A. erleichtert und ersetzt, wird die A. zur Verfügung über Mittel und Kräfte, tritt das Büro an die Stelle der Werkstatt.

Nach der rechtlichen Stellung des arbeitenden Menschen unterscheidet man unfreie (Sklaverei, Leibeigenschaft, Hörigkeit) und freie A. Letztere gliedert sich in selbstständige A., die die Angehörigen der freien Berufe, Bauern, Unternehmer, Handwerker leisten, und unselbstständige A., die Angestellte und Arbeiter ausführen. Nach der Art der A. selbst unterscheidet man die schöpferische A., etwa eines Künstlers, die leitende und planende A. des Unternehmers oder höheren Beamten und die ausführende A. der Arbeiter und vieler Angestelltengruppen.

5 Sprecht über die unterschiedlichen Aufgaben und Tätigkeiten von Unternehmern, Handwerkern, Angestellten und Arbeitern.

6 Der rechte Lexikontext unterscheidet schöpferische, leitende, planende und ausführende Arbeiten.
- Beschreibe diese unterschiedlichen Arten der Arbeit.
- Überlege und begründe, welche dieser Arbeiten du am liebsten ausführen würdest.

7 Auf den nächsten beiden Seiten findet ihr einen Text, der sich ebenfalls mit dem Begriff „Arbeit“ auseinandersetzt. In ihm wird ein Aspekt aus einem der beiden Lexikontexte auf dieser Seite besonders vertieft: Um welchen Aspekt handelt es sich und in welchem der beiden Lexikontexte wird er ebenfalls kurz angesprochen?

Schlagt selbst in einem Lexikon unter dem Begriff „Arbeit“ nach.
Ihr werdet überrascht sein, wie viele Begriffe in Zusammenhang mit Arbeit stehen: Arbeiterbewegung, Arbeitsrecht, Arbeitsmarkt …

50-Pfennig-Münze des Deutschen Reiches, 1921

Ohne Fleiß kein Preis

Christine Reese

Über den Bedeutungswandel von Arbeit in Sprichwörtern und Redensarten

„Erst die Arbeit, dann das Vergnügen!", „Ohne Fleiß kein Preis" oder „Du hast die Arbeit wohl auch nicht erfunden" – wem haben die Eltern mit diesen Ermahnungen nicht in den Ohren gelegen, wenn man, statt sein Zimmer aufzuräumen, lieber Eis essen gehen wollte?

Hätten wir in der Antike gelebt, wäre uns zumindest das erspart geblieben. Mit einigen Ausnahmen waren die alten Griechen und Römer geradezu Meister der Faulheit! Zumindest nach unserem heutigen Arbeitsverständnis: Als Lebensziel in der Antike galt die Muße, um sich schöngeistigen, philosophischen oder politischen Aufgaben widmen zu können.

Körperliche Arbeit war das Zeichen der Unfreiheit – hierfür waren Sklaven, Bauern und Handwerker zuständig. Oder aber Arbeit wurde Menschen als Strafe auferlegt, wie wir in Homers „Odyssee" nachlesen können: Sisyphus wird von den Göttern für seine Verschlagenheit und Schlechtigkeit mit einem Arbeitsauftrag bestraft, der unmöglich zu erfüllen ist: Nur mit dem Kopf und bloßen Händen soll Sisyphus ein Felsstück einen hohen Berg hinaufwälzen. Oben angekommen, rollt der Fels jedoch immer wieder in die Tiefe. „Eine wahre Sisyphusarbeit" nennen wir noch heute eine besonders schwere Arbeit, die trotz aller Anstrengungen nicht zum Erfolg zu führen scheint.

Sisyphus bei der Strafarbeit, dargestellt auf einer Vase 330 v. Chr.

Im Dienste Gottes

Auch in der christlich-jüdischen Tradition galt Arbeit als Mühe, Plage und Pein. Nach dem Alten Testament ist sie die Folge des Sündenfalls und dient der Sühne und Züchtigung. Im ersten Buch Moses, Kapitel drei, Psalm 19 heißt es: „Im Schweiße deines Angesichts sollst du dein Brot essen" – Arbeit ist hier die Strafe für das erste Menschenpaar: Adam und Eva. Es wird aus dem Paradies vertrieben und muss nun für sein Brot schuften.

Ein Novum stellte dann das benediktinische Arbeitsethos im frühen Mittelalter dar: „Ora et labora" – „Bete und arbeite" –, so lautet die viel zitierte Devise des Benedikt von Nursia. Mit den Benediktinerregeln verpflichtete er die Mönche vor allem zu Eigentumsverzicht, Keuschheit, Streben nach Vollkommenheit und Gehorsam. Arbeit diente dem sittlichen Wert, und Müßiggang war der „Feind der Seele".

Obwohl der Klerus das Volk Arbeit in der Folgezeit als Gott wohlgefällig und notwendig lehrte, mochte er selbst nicht unbedingt arbeiten. Denn Arbeit zum Zweck des Geldverdienens erschien den Priestern und auch dem Adel als ein unwertes Gewerbe. Wer gezwungen war, sich zu verdingen, um seinen Lebensunterhalt zu sichern, galt als arm und elend.

Noch sollte es nicht für jedermann heißen: „Müßiggang ist aller Laster Anfang". Bis dieses für alle galt, war es noch ein weiter Weg.

Zur Arbeit geboren

Erst mit der Reformation an der Wende zum 16. Jahrhundert und der allmählichen Auflösung der mittelalterlichen Standesordnung änderte sich dies. Nun entwickelte sich zunehmend ein von der Standeszugehörigkeit unabhängiges Arbeitsverständnis: „Von Arbeit stirbt kein Mensch", so Martin Luther. Nicht mehr durch Geburt und Standeszugehörigkeit, sondern durch persönliche Leistung erhielt der Mensch soziale Anerkennung. Ein jeder sollte nun arbeiten und etwas Nützliches, Sinnvolles leisten, um durch Arbeit den Fluch des Sündenfalls abzutragen.

„Arbeit hat noch keinen Menschen umgebracht“ hört heute noch, wer über zu viel Arbeit klagt. Im lutherischen Sinne sollte Arbeit jedoch nicht der Anhäufung materieller Werte dienen, denn dies galt als unbotmäßige Bereicherung. Fürsten und Angehörige des Bürgertums verstanden sich jedoch nach wie vor besser auf ein leichtes und lustiges Leben als auf ein arbeitsames.

Ohne Fleiß kein Preis

In der Epoche der Aufklärung erhielt Arbeit endgültig eine neue Bedeutung für den Wert menschlichen Lebens und die Gesellschaft: Sie diente nicht mehr vornehmlich dem Zweck, den Fluch der Vertreibung aus dem Paradies abzutragen. Anstatt in schicksalhafter Gottgewolltheit lag der Zweck der Arbeit jetzt in ihr selbst: Arbeit wurde identitätsbildend und sinnstiftend. Friedrich Schiller schreibt in „Das Lied von der Glocke“: „Arbeit ist des Bürgers Zierde, Segen ist der Mühe Preis“. Fleiß, Disziplin und Sparsamkeit waren nun nicht mehr nur die Tugenden der kleinen Leute – Arbeit verlor den „Klassenmakel“ und auch wohlhabende Bürger entwickelten Stolz und Ansehen durch Arbeit. Der moderne Erwerbsgedanke war geboren. Auf dem Arbeitsethos des 19. Jahrhunderts beruhen verschiedene Sprichwörter mit erzieherischen Botschaften wie: „Erst die Arbeit, dann das Vergnügen“, „Arbeit kommt vor dem Spiel“ oder „Nach getaner Arbeit ist gut ruhn“.

Nicht nur Broterwerb

Seither hat Arbeit immer mehr an Wertschätzung erfahren. Sie dient nicht allein dem Broterwerb, sondern ihr Zweck geht weit über die Erfüllung rein existenzieller Bedürfnisse hinaus. Denn durch Arbeit erfahren wir soziale Anerkennung, innere Zufriedenheit und Einklang mit der natürlichen und göttlichen Ordnung: „Sich regen bringt Segen“.

An Sprichwörtern über Arbeit herrscht kein Mangel. Auch an Spott nicht: „Arbeit ist aller Laster Anfang“, „Arbeit adelt – wir bleiben bürgerlich“ oder „Hoch die Arbeit, dass keiner drankommt“. Mit diesen und ähnlichen „Antisprichworten“ distanziert sich manch einer mit Ironie von den viel beschworenen Arbeitstugenden.

Ora et labora: Mönche bei der Arbeit. Gemälde von Otto Heichert, 1902

Was ein Essay ist und wie man ihn schreibt, kannst du auf Seite 66 nachlesen.

1 Unterstreicht im Text die Sprichwörter und Redensarten (Folie).

2 Stellt sie der Klasse vor und erklärt ihre Bedeutung in eigenen Worten. Vielleicht kennt ihr auch Situationen, in denen sie benutzt werden.

3 Die Sprichwörter, die im letzten Absatz genannt werden, unterscheiden sich von den übrigen. Beschreibt, was sie ausdrücken wollen.

4 Sammelt weitere Sprichwörter und Redensarten zum Thema „Arbeit“ und denkt über die Einstellung zur Arbeit nach, die sich in ihnen ausspricht.

5 „Ohne Fleiß kein Preis“: Da ist etwas Wahres dran – aber trifft das in jedem Fall zu? Ist es nicht manchmal auch so: „Trotz Fleiß kein Preis“ oder so: „Ohne Fleiß doch ein Preis“?

Sprichwörter sagen oft nur die halbe Wahrheit – deshalb lohnt es sich, über ihre Aussage nachzudenken.

Suche dir ein Sprichwort zum Thema „Arbeit“ aus, das du besonders interessant oder kritikwürdig findest, und formuliere deine Gedanken dazu in einem Essay.

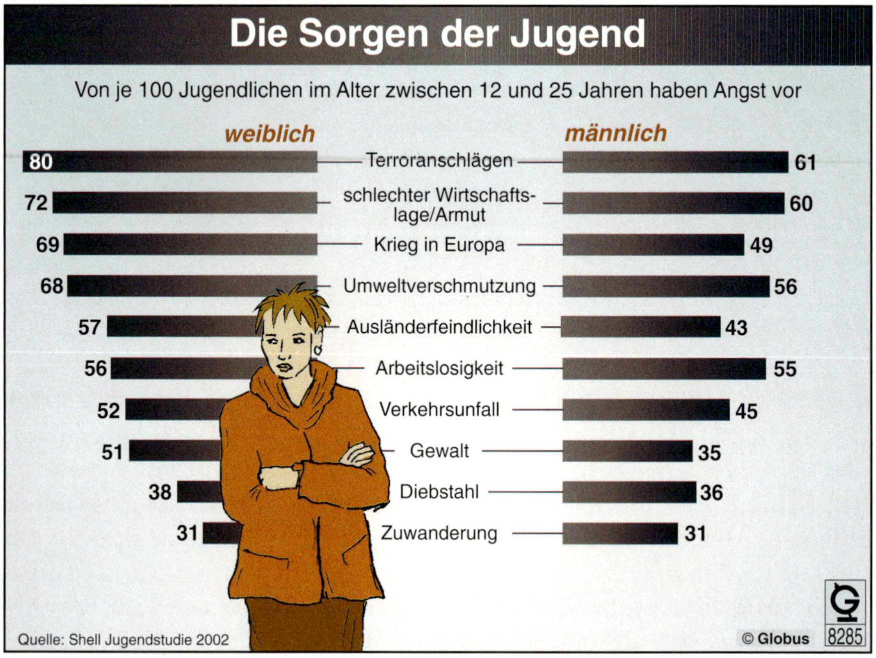

1 Betrachtet das Diagramm „Die Sorgen der Jugend" und sprecht darüber, welche Zukunftssorgen euch manchmal Kopfschmerzen bereiten. Welche Rolle spielt dabei die Sorge um einen Arbeitsplatz?

2 Bearbeitet den folgenden Informationstext nach den euch bekannten Methoden der Texterschließung.
Ihr sollt anschließend einen kurzen Vortrag zum Thema „Veränderungen in der Arbeitswelt fordern zum Nachdenken auf" halten.

Arbeit der Zukunft – Zukunft der Arbeit

Vollbeschäftigung? – gibt es schon lange nicht mehr. Der klassische Acht-Stunden-Tag? – vielfach ein Auslaufmodell, abgelöst von flexiblen Regelungen mit Arbeitszeitkonten, Teilzeit-, Gleitzeit- und sonstigen Modellen. Den einen Beruf fürs Leben? – wird es in Zukunft nicht mehr geben. Solche oder ähnliche Antworten erhalten Jugendliche in Gesprächen mit Vertretern der Wirtschaft und der Berufsberatung immer häufiger. Kein Wunder, dass sich Verunsicherung unter künftigen Berufseinsteigern breit macht. Die Sorge um die berufliche Zukunft rückt in den Mittelpunkt des Interesses.

Bereits im 19. Jahrhundert gab es im Zuge der industriellen Revolution gravierende Veränderungen in der Arbeitswelt. Der Einsatz der Technik in Industrie und Landwirtschaft brachte die Wende von der Muskelkraft zur Maschinenarbeit.

Heutzutage ist in allen Wirtschaftsbereichen zu beobachten, dass Roboter, Computer, Telekommunikation und andere Technologien die menschliche Arbeitskraft immer weiter ersetzen und überflüssig machen. Traditionelle Berufe verschwinden, Arbeitsplätze werden vernichtet, Arbeitslosigkeit steigt. Zwar entwickeln sich auch neue Berufsbilder wie der Info-Packager, der Trailer-Producer oder der Teleworker, jedoch wird die Erwerbsarbeit insgesamt knapper werden. Dies betrifft insbesondere die Gruppe der Geringqualifizierten.

Hinzu kommt die Globalisierung der Arbeit. Vieles wird nicht mehr in Deutschland, sondern in Billiglohnländern hergestellt, wo Löhne konkurrenzlos niedrig sind. Diese weltweite Zusammenarbeit ist kein Modell für morgen, sondern zeichnet sich schon heute ab. So wird z. B. ein Auto in Deutschland konstruiert, der Designer arbeitet in Paris, der Hersteller produziert in Japan, die Werbeagentur sitzt in New York und schließlich erfolgt die Datenverarbeitung in Indien.

Rasche Veränderungen in der Wirtschaft zwingen zudem große Unternehmen zu flexiblen Organisationsstrukturen: Projektteams auf Zeit werden gebildet, immer mehr Arbeiten werden nach außen an Kleinanbieter und selbstständige Spezialisten vergeben („Outsourcing“ nennt man das) und die Zahl der Leiharbeiter wird steigen. Diese betrieblichen Veränderungen haben zur Folge, dass die Arbeitsplätze unsicherer werden, dass es oftmals nur noch Arbeit auf Zeit geben wird und der Arbeitsplatz häufiger gewechselt werden muss.

An alle, die ihren Weg in die Berufswelt planen, richtet sich daher die Forderung, Flexibilität und Mobilität zu beweisen, um sich auf einem Arbeitsmarkt der „Global-Player“ behaupten zu können. Das Erlernen von Fähigkeiten wird nicht auf einen abgeschlossenen Zeitraum begrenzt sein (z. B. die Ausbildung), sondern das gesamte Berufsleben begleiten. Es wird keine Gewähr dafür geben, dass man den Ausbildungsberuf noch in zehn Jahren ausüben kann. Die gesamte Lebensplanung wird kurzfristiger werden.

Zunehmende Arbeitslosigkeit, Rückgang des Lebensstandards, stetig wachsende Verarmung, Verlust der sozialen Sicherheit, aber auch Vereinsamung als Folge fehlender sozialer Kontakte zu Mitarbeitern und Kollegen könnten in Zukunft den sozialen Frieden gefährden. Staat und Wirtschaft sind aufgefordert, Maßnahmen zur Lösung dieser Probleme zu finden. Es müssen Konzepte entwickelt werden, die zu einer gerechten Verteilung der verbleibenden Arbeit führen und denen eine Perspektive bieten, die aus der normalen Erwerbsarbeit herauszufallen drohen. Sozialprogramme und die Einbeziehung freiwilligen sozialen Engagements sind gefordert, um wachsende Freizeit sinnvoll gestalten zu helfen und soziale Netze außerhalb der Arbeitswelt zu knüpfen.

Ideenreichtum, Engagement und Flexibilität sind also nicht nur Forderungen an Berufseinsteiger, sondern ebenso an eine zukunftsorientierte und glaubwürdige Politik.

So könnt ihr weiterarbeiten

- Kurzvorträge im Doppelkreis halten und optimieren
  - Bildet einen Innen- und einen Außenkreis. Jeweils ein Schüler aus dem Innenkreis und sein Gegenüber im Außenkreis sind Gesprächspartner.
  - Der Schüler aus dem Außenkreis referiert seinem Gegenüber seine Arbeitsergebnisse. Dieser hört genau zu und kann anschließend Fragen stellen, Stellung nehmen oder etwas ergänzen.
  - Die Gesprächspartner wechseln auf ein Zeichen, indem die Schüler im Innenkreis einen oder mehrere Plätze weiterrücken.
  - Jetzt übernimmt der Partner im Innenkreis den Kurzvortrag und sein Gegenüber hört genau zu.
  - Der Platz- und Rollenwechsel (Redner, Zuhörer) wird zwei- bis dreimal wiederholt.

- In Kleingruppen die Präsentation des Kurzvortrags vorbereiten (Folien gestalten, Gliederung erstellen, Mindmap entwerfen …) Einzelne Kurzvorträge der Klasse präsentieren; anschließend Rückmeldungen zur Präsentation geben.

- Aktuelle Informationen zur Zukunft der Arbeit aus Zeitungen, Zeitschriften und dem Internet zusammentragen, aushängen und diskutieren.

Der Weg zum Job/ in die Ausbildung

Meist geht der Weg zum Job oder in die Ausbildung über die Bewerbung. Mit ihr entscheidet sich oft, ob der zukünftige Auszubildende Chancen hat, in die engere Auswahl des Bewerberfeldes zu gelangen. Entscheidend ist daher, dass du dich von anderen Bewerbern abhebst und als besonders geeignet vorstellst. Die Bewerbung ist deine Visitenkarte oder erste Arbeitsprobe. Vorformulierte allgemeine Musterbewerbungen sind dazu kaum geeignet. Individuelle, dem Adressaten angepasste Anschreiben mit Blick auf die Ausbildung sind viel besser.

Zu einer **schriftlichen Bewerbung** gehören das Anschreiben, der Lebenslauf und die Anlagen, die du beifügst. Was du dabei beachten solltest, kannst du auf den Seiten 82–85 nachlesen.

Neben oder an Stelle der klassischen Bewerbung ist immer öfter auch eine **Online-Bewerbung** möglich oder gewünscht. Auch dabei sind bestimmte Regeln zu beachten (S. 86).

Wenn deine Bewerbung einen guten Eindruck gemacht hat, wirst du hoffentlich zu einem **Vorstellungsgespräch** eingeladen. Solche Gespräche können ganz unterschiedlich verlaufen – auf jeden Fall sollte man sich gut darauf vorbereiten (S. 87–88).

Um bei Bewerbung und Vorstellung möglichst alles richtig zu machen, muss man erst einmal wissen, was von den Bewerbern erwartet wird. Schülerinnen und Schüler einer 10. Klasse wollten es genau wissen und befragten in ihrer Stadt Chefs und Ausbildungsleiter, worauf sie bei Bewerbern achten und was ihnen bei Auszubildenden wichtig ist (Antworten auf Seite 85).

1 Unterstreiche die wichtigsten Eigenschaften (Folie), die Ausbilder von Auszubildenden erwarten. Du kannst dir dazu auch Notizen machen.

2 Welche Mängel stellen die Ausbilder häufig bei den schriftlichen Bewerbungen fest? Wie kann man es besser machen?

Ihr könnt selbst Experten einladen, Gesprächsrunden planen, Fragen vorbereiten, Antworten sichern und die Gespräche nachbereiten.

3 Bei Vorstellungsterminen werden die Bewerberinnen und Bewerber häufig nach ihrem Auftreten, ihrem Verhalten und ihrer äußeren Erscheinung (Kleidung, Frisur) begutachtet.

- Sammle zu diesen Stichpunkten Hinweise aus den Äußerungen der Ausbilder, die dir für eigene Vorstellungsgespräche nützlich sein können.
- Ergänze weitere wichtige Punkte.

4 Sprecht darüber, wie die unterschiedlichen Erwartungen der Personalchefs mit dem jeweiligen Berufsbild zusammenhängen.

Nachgefragt: Erwartungen von Ausbildungsbetrieben

Angelika Üblich/Reisebüro
Künstlerisch gestaltete Anschreiben oder umblümter Lebenslauf sind Spielerei. Wichtig ist mir, was die Bewerber außerhalb der Schule interessiert. Haben sie in einer AG mitgearbeitet? Sind sie im Team der Schülervertretung gewesen oder haben sie Betreuungsaufgaben oder Trainertätigkeiten bei jüngeren Schülern, z. B. im Verein, übernommen? Das zeigt uns, dass sie Initiative ergreifen können und Engagement zeigen. Langweiler können wir nicht gebrauchen.

Peter Frisch/Lebensmitteleinzelhandel
Im Anschreiben muss erkennbar sein, dass der Bewerber oder die Bewerberin ein besonderes Interesse an unserem Betrieb und an dem Beruf hat. Zu sagen „Ich habe großes Interesse" ist mir zu allgemein und passt überall. Das Warum spielt eine große Rolle.

Silvia Plauen/Architekturbüro
Buntes Papier nützt nichts. In Deutsch, Englisch und Mathe erwarten wir gute und befriedigende Leistungen. Wenn die anderen Fächer dann auch noch gute Noten zeigen, laden wir die Bewerber meist schon zum Gespräch ein.

Gerlinde Nolte/Haarstudio
Wir laden oft zum Probearbeiten ein. Einige kommen zu spät: „Straßenbahn verpasst", „Betrieb nicht gefunden". Manche drücken sich dann ums Fegen oder Kaffeekochen. – Schlechte Karten! Natürlich spielt bei Frisören das äußere Erscheinungsbild eine Rolle. Alltägliche Kleidung und langweilige, ungepflegte Frisuren sind out. Wenn eine Bewerberin im Gespräch dann auch noch sagt, dass sie später als Mutter mit dem Job gut nebenbei Geld verdienen kann, hat sie keine Chancen.

Else Müller/Textilfachhandel
Im Verkauf hat man häufig Kontakt mit Kunden, deshalb muss die Kleidung ansprechend sein. Doch darf sich die Bewerberin nicht „verkleiden". Kleidung muss schon typgerecht sein.

Tom Prater/Krankenhaus
Gefärbte Haare oder bunt bemalte Jeans sind mir egal. Hauptsache ist, dass die Bewerber hygienebewusst sind und nicht riechen. In der Krankenpflege ist es wichtig, dass man soziales Empfinden hat, denn man arbeitet mit anderen zusammen und insbesondere für andere. Hobbys zeigen mir, ob jemand Einzelgänger oder gern mit Menschen zusammen ist.

Dieter Steinfeld/Versicherung
Wir teilen das Vorstellungsgespräch in Einzelgespräch und Gruppendiskussion. Im Einzelgespräch soll der Bewerber Selbstsicherheit zeigen und natürlich auftreten. Da beobachten wir z. B.: Hat er einen festen Händedruck? Schaut er uns beim Sprechen an? Hat er sich den Namen der Sekretärin gemerkt? Spricht er flüssig? In der Gruppendiskussion geht es insbesondere um Teamfähigkeit: Hört der Bewerber den Gruppenmitgliedern zu? Gibt er seinen Standpunkt schnell auf? Redet der Bewerber die anderen Gesprächsteilnehmer an die Wand?

Andreas Euler
Karl-Zeiss-Straße 20
33098 Paderborn
Tel.: 05251 111111
E-Mail: andreas.euler@t-online.de

25. 09. 2007

Optik am Dom
Herrn Michael Faupel
Markt 2
33098 Paderborn

Ausbildung zum Augenoptiker

Sehr geehrter Herr Faupel,

mein Berufswunsch ist Augenoptiker und bereits in meinem Schulpraktikum konnte ich meine Freude an den vielseitigen Aufgaben des Optikers erkennen. Einerseits die Kontakte mit den Kunden, andererseits die handwerkliche Feinarbeit in der Werkstatt machen diesen anspruchsvollen Beruf für mich so interessant.

Ich besuche die 10. Klasse der Realschule Albert Einstein und schließe sie mit der Fachoberschulreife im kommenden Jahr ab. Physik (besonders Optik und Mechanik) zählt neben Mathematik und Kunst zu meinen leistungsstarken und liebsten Fächern.
Mein Hobby ist der Bau von Flugmodellen. Im Verein „Windgleiter“ leite ich die Jugendgruppe und bereite zurzeit eine Ausstellung mit Flugpräsentation vor, die im Mai nächsten Jahres stattfinden soll.

Bei meinen Eltern und Ihren Bekannten werden Ihre fachmännischen Leistungen, Ihre Beratung sowie Ihre Service- und Kundenfreundlichkeit sehr hochgeschätzt, sodass ich mich durch eine Ausbildung bei Ihnen besonders qualifiziert auf den Beruf vorbereitet fühle.

Ich würde mich freuen, wenn Sie mich in Ihre Bewerberauswahl miteinbeziehen könnten. Gern arbeite ich bei Ihnen während der Ferien zur Probe.

Darf ich mich bei Ihnen vorstellen?

Mit freundlichem Gruß

Andreas Euler

Anlagen
1 letztes Schulzeugnis
1 tabellarischer Lebenslauf mit Lichtbild
1 Praktikumsbescheinigung
1 Nachweis ehrenamtlicher Vereinstätigkeit

Die schriftliche Bewerbung

Checkliste: Bewerbungsschreiben

- Aktuelles Datum eingesetzt?
- Anschrift vollständig?
- Betreffzeile genutzt?
- Abschlussart und -zeitpunkt angegeben?
- Genauen Ausbildungsberuf genannt?
- Persönliche Qualifikationen beschrieben?
- Wahl des Ausbildungsbetriebes begründet?
- Nach Vorstellungstermin gefragt?
- Unterschrift?
- Anlagen aufgelistet?
- Rechtschreibung überprüft?
- Blattaufteilung beachtet?

Lebenslauf

Name:	Andreas Euler
Anschrift:	Carl-Zeiss-Straße 20 33098 Paderborn
Telefon:	05251 111111
Geburtsdatum:	03. 07. 1992
Geburtsort:	Paderborn
Vater:	Leo Euler, Lagerist
Mutter:	Anna Euler, Sekretärin
Geschwister:	Caroline (13 Jahre)
Staatsangehörigkeit:	deutsch
Schulausbildung:	1997–2001 Grundschule Wiesengrund, Paderborn 2001–voraussichtlich 2007 Albert-Einstein-Realschule Paderborn
Schulabschluss:	Juni 2007 Fachoberschulreife
Lieblingsfächer:	Physik, Mathematik, Kunst
Fremdsprachen:	Englisch und Französisch
Praktikum:	17. 09. bis 10.10. 2006 Optik Miller, Paderborn
Besondere Kenntnisse:	MS Office (Word, Excel)
Hobbys:	Flugmodellbau
Ehrenamtliche Tätigkeiten:	Jugendgruppenleiter im Modellbauverein „Windgleiter“
Berufswunsch:	Augenoptiker

Paderborn, 25. 09. 2007

Andreas Euler

Die Online-Bewerbung

In einigen Stellenanzeigen oder auf Firmenwebseiten wird ausdrücklich nach einer E-Mail-Bewerbung gefragt. Du musst dafür kein Internetspezialist sein, solltest aber einige wichtige Regeln beachten:

- Voraussetzung ist die eigene E-Mail-Adresse.
- Die E-Mail darf nicht zu lang sein, sonst landet sie gleich im Papierkorb.
- Anlagen: nur der Lebenslauf (Word- oder Pdf-Format), das Foto sollte gekonnt eingescannt und kleiner als 100 KB sein.
- Keine Farben verwenden; sie sind beim Schwarzweiß-Ausdruck schlecht zu lesen.
- Einige Firmen bieten eigene Bewerbungsformulare an, die du verwenden solltest; aber keine allgemeinen Vorlagen aus dem Internet nehmen!

Nur Schlagwörter in die Betreffzeile →

Betreff: **Ausbildung zur Industriekauffrau**

Immer eine persönliche Ansprache →

Sehr geehrte Frau Krause,

gerne möchte ich bei Ihnen lernen, eine gute Industriekauffrau zu werden. Deshalb
– habe ich mich schon in Word und Excel unter Windows eingearbeitet,
– besuche ich gerade einen Internetkurs an der Schule,
– habe ich bereits ein Schulpraktikum bei der Firma Autokühler KG absolviert.
Während meines Praktikums durfte ich bereits Aufträge abrechnen und Zeitkonten anlegen.
Mathematik, Informatik und Deutsch sind meine Lieblingsfächer, was sich auch im Zeugnis bemerkbar macht.
Nach meinem Abschluss an der Realschule Gutenberg im Juni des kommenden Jahres suche ich eine Ausbildung, in der ich meine Stärken und mein kaufmännisches Interesse einbringen kann.

Printfassung anbieten →

Sollten Sie eine Printfassung meiner Bewerbung ergänzend wünschen, dann schicken Sie mir diese Mail zurück. Ich sende Ihnen dann meine Unterlagen erweitert mit Zeugniskopien und Praktikumsnachweis zu.
Ich würde mich sehr freuen, wenn Sie mich bei Ihrer Bewerberauswahl berücksichtigen würden. Für alle Fragen stehe ich Ihnen gern zur Verfügung.

Mit freundlichem Gruß

Gedruckte Unterschrift ist gültig →

Sarah Schmitt

Genaue Kontaktadresse angeben →

Sarah Schmitt
Grenzweg 3
34369 Hofgeismar
Telefon: 05671 334422
E-Mail: sarahschmitt@t-online.de
Fax: 05671 334423

Bevor du eine E-Mail-Bewerbung verschickst, solltest du sie von jemandem Korrektur lesen lassen. Dadurch vermeidest du Leichtsinnsfehler oder einen allzu lockeren Umgangston.

1 Vergleicht das herkömmliche Bewerbungsschreiben mit der E-Mail-Bewerbung: Was ist bei beiden Formen gleich, worin unterscheiden sie sich?

2 Sprecht in der Klasse über die unterschiedlichen Qualitäten der beiden Bewerbungsformen. Überlegt, wann eine E-Mail-Bewerbung angebracht ist und wann ihr besser ein Bewerbungsschreiben abschickt.

3 Verfasse ein vollständiges Bewerbungsschreiben für deinen Berufswunsch. Überprüfe es anschließend mit einem Partner.

Das Vorstellungsgespräch

Andreas hat mit seiner Bewerbung einen guten Eindruck gemacht und wird zum Vorstellungsgespräch eingeladen. Prima! Damit ist ein wichtiger Schritt geschafft, seine erste Arbeitsprobe ist ihm gelungen. Er ist jedoch sehr nervös, weil es sein erstes Vorstellungsgespräch ist. Ihm gehen viele Fragen durch den Kopf, denn er will auf jeden Fall erneut einen guten Eindruck hinterlassen: Was wird überhaupt verlangt? Wie kann man sich vorbereiten?

1 Welche Tipps könnt ihr Andreas geben? Tauscht eure Erfahrungen oder die eurer Freunde und Bekannten aus.

Andreas hatte Glück und konnte mit einer Bekannten, die in einer Personalabteilung arbeitet, wichtige Fragen zur Vorbereitung zusammenstellen:

2 Beantworte die Fragen aus deiner persönlichen Sicht mit Blick auf deinen Wunschberuf. Überlege dabei, welche Erwartungen hinter den Fragen stecken. Solltest du zwischen verschiedenen Berufen schwanken, dann wähle deine Favoritenausbildung aus.

Sarah berichtet von einem besonderen Auswahlverfahren: Sie wurde in ein so genanntes **Assessment-Center** (AC) eingeladen. In solchen „Beurteilungszentren" werden Berufssituationen möglichst wirklichkeitsnah in Spiel- und Testsituationen nachgestellt (simuliert). Die Tests dauerten zwei Tage und bestanden aus Einzel- und Gruppenprüfungen. Ziel ist die **Ermittlung und Beurteilung von persönlichen Fähigkeiten** der Teilnehmer, z. B.:

Einfühlungsvermögen   Geschick im Umgang mit anderen Menschen
Fingerspitzengefühl   Selbstvertrauen   Belastbarkeit   Überzeugungskraft
Selbstkontrolle   Durchsetzungsvermögen   Teamfähigkeit   Konfliktfähigkeit
Engagement   Stressbelastung   Strukturierungsfähigkeit   Zeitmanagement
Organisationsvermögen   Ausdrucksfähigkeit   Auftritt   Reflexionsfähigkeit

Assessment-Center werden von Firmen zur Auswahl geeigneter Bewerber eingesetzt, aber auch zur Berufsorientierung von Schulabgängern, die wissen wollen, für welche Berufe sie besonders geeignet sind.

Sarah erhielt mit anderen Bewerbern verschiedene Aufgaben:

1. Stell dich anhand eines Steckbriefes kurz vor – mit persönlichen Daten, Vorlieben, Abneigungen und so weiter.
   Zeit zur Vorbereitung: 10 Minuten
   Zeit für die Vorstellung: 3 Minuten
2. Diskutiert im Bewerberteam über das Thema:
   „Viele Jugendliche engagieren sich nicht mehr – Welche Bedeutung seht ihr in der ehrenamtlichen Arbeit?"
   Dauer der Diskussion: 20 Minuten
3. Ihr seid zu zweit am Arbeitsplatz und habt euch beide für den Weihnachtsdienst eingetragen. Das geht nicht. Einer muss stattdessen Silvester/Neujahr den Dienst übernehmen. Löst das Problem.
   Zeit: 10 Minuten
4. Halte einen Kurzvortrag über „Schutz vor Ansteckungskrankheiten".
   Informationsschriften stehen zur Vorbereitung bereit.
   Du hast 30 Minuten zur Vorbereitung, der Vortrag soll fünf Minuten dauern.
5. Bearbeite die Briefe (zwischen 15–30 Stück) mit dienstlichen und privaten Vorfällen. Ordne die Briefe nach folgenden Gesichtspunkten: muss bearbeitet/nicht bearbeitet werden, wichtig/unwichtig, Zuständigkeit.
   Zeit: 15 Minuten

3 Überlegt, welche der oben genannten Qualifikationen den einzelnen Aufgabenstellungen zugeordnet werden können.
- Steckbrief: *Auftritt …*
- Diskussionsrunde: *Selbstvertrauen …*
- Rollenspiel: *Einfühlungsvermögen …*
- Kurzvortrag: *Ausdrucksfähigkeit …*
- Postkorb-Übung: *Stressbelastung …*

Wie ihr euch auf Vorstellungssituationen vorbereiten könnt, erfahrt ihr auf der nächsten Seite.

Vorstellungs-situationen trainieren

Du musst nicht alle Aspekte berücksichtigen, sondern nur die, die du auch überzeugend vertreten kannst.

- Einen **persönlichen Steckbrief** zusammenstellen und dich der Klasse vorstellen. Zur Vorbereitung:
  - Lege Lebenslauf und Bewerbungsschreiben bereit.
  - Überlege, wie du ein Problem schon einmal gelöst hast.
  - Erkläre, wie du durch gute Teamarbeit einen Erfolg erzielt hast.
  - Beschreibe, wie du eine Idee oder einen Vorschlag durchgesetzt hast.
  - Gib ein Beispiel an, wie du dir selbst etwas beigebracht hast, was du unbedingt lernen oder wissen wolltest.
  - Zeige auf, wie du ein Ziel trotz Schwierigkeiten erreicht hast.

- Eine Gruppe aus 6–8 Schülern bilden und eine **Diskussionsrunde** z. B. zum Thema „Rauchen am Arbeitsplatz – ja oder nein?" führen. Eine weitere Gruppe stellt die Personalchefs. Sie beobachten während der Diskussion die Aktivitäten unter folgenden Fragestellungen: Wer nennt die überzeugenden Argumente? Fällt jemand den anderen ständig ins Wort? Hält sich einer aus der Diskussion heraus? Bleiben alle sachlich? Übernimmt jemand unaufgefordert die Diskussionsleitung? Beziehen sich die Redner auf die vorhergehenden Äußerungen? Abschließend entscheidet die Beobachterrunde, wen sie als Bewerber einstellen würden, und begründet ihre Auswahl.

- Zwei Schüler auslosen, die im **Rollenspiel** eine Entscheidung treffen sollen. Hier kann es zum Beispiel um das abendliche Fernsehprogramm gehen. Einer möchte gern die Daily Soap sehen und der andere die Sportübertragung. Die übrigen Klassenmitglieder beobachten die Schüler und überlegen, wer die Aufgabenstellung mit Blick auf die Qualifikationen am besten erfüllt.

- Einen **Kurzvortrag** zum Thema „Veränderungen der Arbeitswelt fordern zum Nachdenken auf" anfertigen und halten (vgl. S. 82/83).

- Ein **Vorstellungsgespräch** mit Eltern, Lehrern oder Bekannten in der Rolle des Personalchefs führen. Dazu könnt ihr die Fragen auf Seite 88 nutzen.
  Bei der Vorstellung sind die übrigen Klassenmitglieder kritische Beobachter; sie versetzen sich in die Rolle des Personalchefs. Nutzt als Beurteilungskriterien die Qualifikationen, die auf S. 89 zusammengestellt sind. Anschließend tauscht ihr die Beobachtungsergebnisse aus und gebt Tipps zur Verbesserung.

ihr Bericht
das Aufstehen
am Nachmittag
...

→ Groß oder klein?
Seite 218/221

Ladet zum Bewerbungstraining Experten aus der Arbeitswelt ein. Banken, Versicherungen und auch örtliche Betriebe unterstützen euch dabei, führen Bewerbergespräche und informieren über Tests. Entwickelt vorher einen Fragenkatalog und bestimmt zwei Schülerinnen oder Schüler, die den Besuch insbesondere mit Blick auf eure Fragen protokollieren. Erarbeitet anschließend eine Checkliste oder einen Tippzettel.

Manche Schulabgänger haben am Ende ihrer Schulzeit noch kein klares Bild davon, wie sie ihre Zukunft gestalten wollen. Oder sie finden nicht sofort den geeigneten Ausbildungsplatz. Zur Überbrückung suchen sie sich Alternativen zur Berufsausbildung. Einige reisen auf andere Kontinente und finanzieren ihren Aufenthalt durch Organisationen, die „travel and work" anbieten. Unterwegs arbeiten sie für einige Zeit, z. B. auf einer Farm, und reisen dann weiter. Andere nehmen im Ausland eine Au-pair-Stelle an und leben dort in einer Familie, betreuen die Kleinkinder und stehen zur Mithilfe im Haushalt bereit.

Gute Chancen, sich nach der Schule zu orientieren und seine Neigungen und Fähigkeiten herauszufinden, bieten auch das **Freiwillige Soziale Jahr** (FSJ) und das **Freiwillige Ökologische Jahr** (FÖJ).

1 Lest den folgenden Zeitungsartikel und die beiden Erfahrungsberichte auf S. 92. Unterstreicht auf Folie mit zwei Farben Informationen und Aussagen, die für oder gegen ein FSJ oder ein FÖJ sprechen.

Dienst an der Gesellschaft

Freiwilliges Soziales Jahr bietet viele Möglichkeiten- auch im Ausland

Mehr als 13000 Jugendliche zwischen 16 und 27 Jahren nutzen seit mehr als 30 Jahren jedes Jahr die Gelegenheit, ein FSJ zu absolvieren. Sie arbeiten vor allem in Krankenhäusern, Kinder-, Alten-, Pflegeheimen und Einrichtungen für Behinderte. Auch im Umweltbereich, von der Biotoppflege in Agrarlandschaften, Forst und Wald bis hin zur Gewässerpflege wirken etwa 1800 junge Leute im Rahmen eines FÖJ bei einer öffentlichen Einrichtung oder bei einem anerkannten Umweltverband mit. Natürlich stehen ausgebildete Fachkräfte zur Unterstützung und Beratung bereit. Auch im europäischen Ausland können Jugendliche ein FSJ absolvieren, so verbessern sie gleichzeitig ihre Sprachkenntnisse. Die Teilnehmer müssen sich mindestens für sechs Monate oder ein Jahr verpflichten.

Für die Tätigkeit gibt es keinen Lohn. Meistens wird ein Taschengeld monatlich zwischen 150 und 300 € gezahlt und freie Unterkunft und Verpflegung gewährt. Die Freiwilligen sind beitragsfrei sozial- und krankenversichert.

Durch das FSJ oder FÖJ können die Teilnehmer sich einen Einblick in die Arbeitswelt verschaffen, ihre Selbstständigkeit fördern und das Selbstbewusstsein stärken. Manchmal kann es auch helfen, die Berufswahlentscheidung zu überdenken.

Kostenloses Informationsmaterial ist erhältlich beim Bundesministerium für Familie, Senioren und Frauen, Broschürenstelle, 53107 Bonn, und im Internet unter www.bmfsfj.de

Ich habe ein FSJ begonnen, weil ich mich sozial engagieren wollte. Ich wurde jedoch nur ausgenutzt und als Laufbursche und Putzonkel gebraucht. Kontakt zu den Angestellten gab es gar nicht. Dann habe ich mich an die Organisation gewandt und gewechselt. Jetzt geht es mir gut. Ich arbeite mit allen zusammen, erhalte Tipps und habe vielleicht mein Berufsziel gefunden. *Matthias*

Ich habe mich erst sehr spät für ein FSJ entschieden, weil ich immer noch auf eine Ausbildungsstelle gewartet habe. Jetzt bin ich im Krankenhaus und kann bereits testen, wie die Arbeit hier so ist. Das Aufstehen für den Frühdienst macht mir nichts aus, denn dafür habe ich am Nachmittag schon früh Feierabend. Auch die Wochenendarbeit ist nicht schlimm, denn dann habe ich frei, wenn andere arbeiten müssen. Die Patienten sind sehr dankbar für jede Hilfe und Unterstützung. Ich fühle mich in meinem Berufswunsch bestätigt. *Tanja*

Zu dem Zeitungsbericht von S. 91 schrieb ein Leser folgenden Leserbrief:

Ihr Bericht zeigt das freiwillige soziale Engagement einiger weniger auf. Wenn ich aber auf der Straße die viele Jugendlichen herumgammeln sehe, fände ich es richtig, alle Jugendlichen zu einem FSJ oder FÖJ zu verpflichten. Sie würden arbeiten lernen, Verantwortung übernehmen müssen und nicht den Eltern auf der Tasche liegen. *Andreas Kamm*

2 Nehmt schriftlich Stellung zu dem Vorschlag, der in dem Leserbrief gemacht wird: *Sollte es ein verpflichtendes soziales/ökologisches Jahr geben?*
- Sammelt zunächst möglichst viele Argumente.
- Wählt die wesentlichen Aspekte aus und ordnet sie nach Wichtigkeit.
- Führt in der Einleitung mit wenigen Sätzen auf das Thema hin.
- Stellt die Argumente gegliedert dar und ergänzt sie gegebenenfalls mit Beispielen, Expertenaussagen oder eigenen Erfahrungen.
- Formuliert zum Schluss überzeugend eure persönliche Meinung.

Hilfen zum schriftlichen Argumentieren erhaltet ihr in der Werkstatt Schreiben, S. 196–201.

3 Ihr könnt zu diesem Thema auch eine Diskussionsrunde führen:
- Überlegt, in welcher Form ihr diskutieren wollt, z. B. als Debatte oder als Podiumsdiskussion.
- Bereitet euch entsprechend der gewählten Diskussionsform vor. Nutzt auch die Argumente und Begründungen, die ihr in euren schriftlichen Stellungnahmen verwendet habt.
- Einige Schülerinnen und Schüler sollten als Beobachter das Verhalten und die Argumente der Diskutierenden beobachten und anschließend eine Rückmeldung zu Verlauf und Ergebnis der Diskussion geben.

Medien – kritisch betrachtet

Wie gehen wir mit Medien um? Nutzen wir sie selbstbestimmt und selbstverständlich für Information und Unterhaltung? Oder bestimmen die Medien, wie unser Alltag und der Umgang mit anderen Menschen aussehen? Welche Rolle spielen Fotos in Medien? Sind sie ein Abbild der Wirklichkeit oder zeigen sie nur das, was wir sehen sollen?
Dieses Kapitel will dazu anregen, über solche Fragen nachzudenken. Es zeigt auch, wie ein Medium (der Film) ein anderes (das Internet und die Chancen und Probleme elektronischer Kommunikation) zum Thema macht.
In unterschiedlichen Formen der Zusammenarbeit könnt ihr dazu Informationen sammeln und auswerten.

Wir sind es gewohnt, journalistische Fotos als Beweise, als realistische Abbilder der Wirklichkeit zu sehen, obwohl gerade im Zeitalter der digitalen Bildbearbeitung jedem klar sein sollte, dass sie nicht als objektive Belege für Geschehnisse und Situationen gelten können.
Schon bei der Aufnahme entscheidet der Fotograf, **was** er fotografiert, aus welcher **Perspektive** er „sieht" und welchen **Bildausschnitt** er aus dem gesamten Zusammenhang herauslöst. Er setzt das Bild „in Szene".

1 Auf der nächsten Seite findet ihr drei Ausschnitte aus einem Foto: Es ist das Titelbild aus einem Artikel über den Mediengebrauch von Jugendlichen.

Damit ihr genauer erkennen könnt, was der Fotograf alles ins Bild setzt und aussagen will, beantwortet die folgenden Fragen zu den Bildausschnitten in einem Partnergespräch:

Lesehinweise zu Bildausschnitt A:
- Was sieht das Mädchen?
- Woher kommt das Licht?
- Worauf konzentriert es sich?
- Ist es entspannt/angespannt?
- Wie alt ist das Mädchen?

Lesehinweise zu Bildausschnitt B:
- Welches Tier stellt die Bildschirm-Umrandung dar?
- Welche Eigenschaften hat das Plüschtier?
- Wie verändert sich der Bildschirm, wenn er zu einem Plüschtier wird?

Lesehinweise zu Bildausschnitt C:
- Was bewirken die geschlossenen Rollos?
- Was sagen die Gegenstände im Hintergrund über die Bewohnerin aus?

2 Schreibt in wenigen Sätzen auf, was ihr herausgefunden habt. Vergleicht eure Texte in einem Klassengespräch.

3 Auf der Einstiegseite dieses Kapitels (S. 93) findet ihr ein weiteres Foto zum selben Thema. Das Foto könnt ihr genauso untersuchen, wie ihr es hier gemacht habt.

Natürlich könnt ihr so auch weitere Fotos genau untersuchen und aufbereiten.

Dazu müsst ihr euch die einzelnen Bildausschnitte genau ansehen und überlegen, wozu der Fotograf die Person und die Gegenstände so ins Bild gesetzt hat.
Schreibt auf, was ihr herausgefunden habt, und formuliert außerdem Lesehinweise für Betrachter, die das Bild zum ersten Mal sehen.

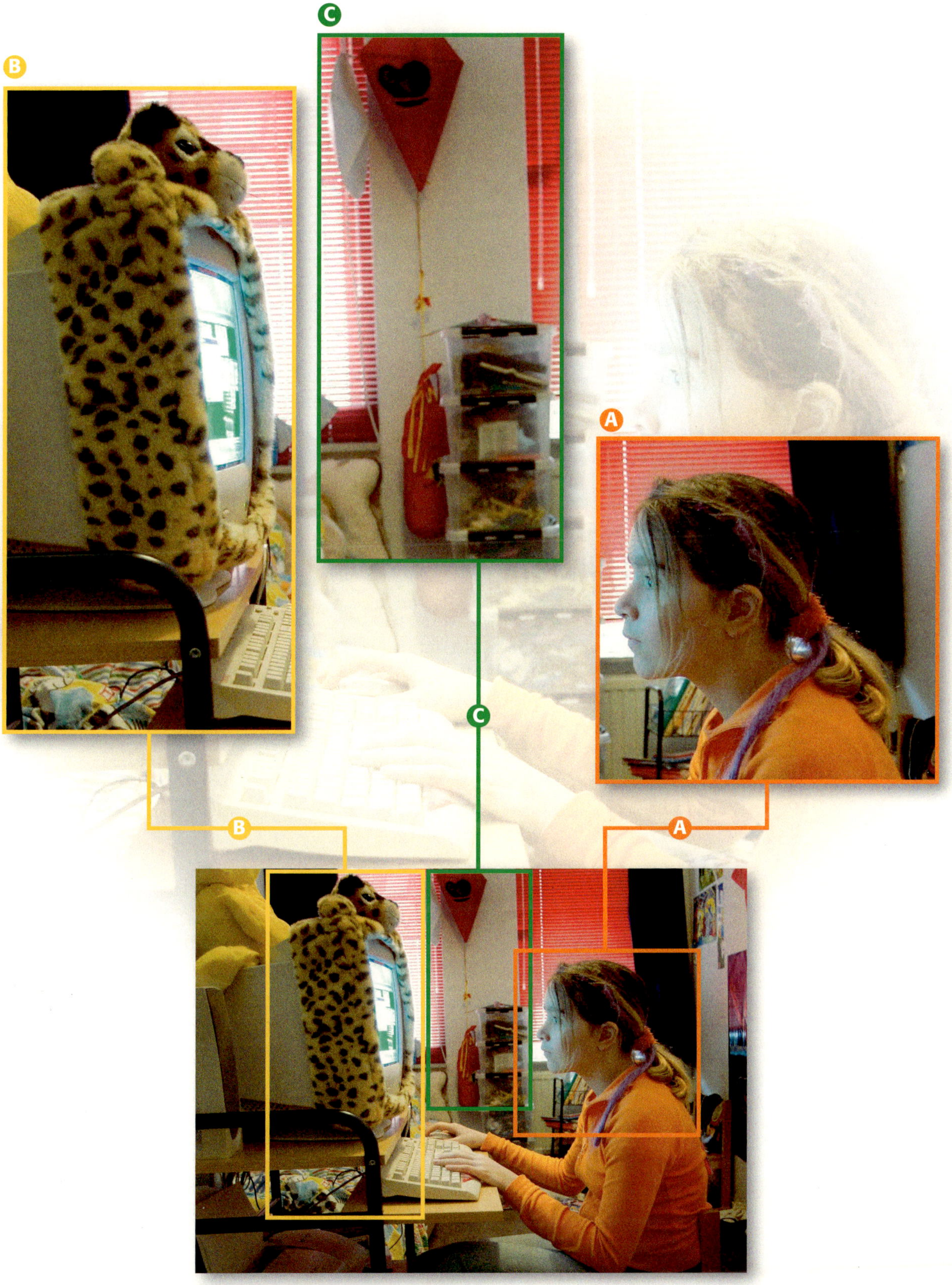
C
B
A
C
B
A

Auf dieser Doppelseite findest du Beispiele aus einer Ausstellung im *Haus der Geschichte der Bundesrepublik Deutschland* in Bonn. Die Ausstellung hatte den Titel „Bilder, die lügen" und zeigte Beispiele dafür, dass Bilder die Wirklichkeit zeigen, aber auch verfälschen können.
Es ist z. B. wichtig, wo ein Foto erscheint. Manchmal wird eine Aufnahme aus ihrem ursprünglichen Zusammenhang herausgelöst und in einem anderen Zusammenhang benutzt. Dann bekommt es eine neue Bedeutung, besonders wenn ein Text dem abgebildeten Motiv eine ganz andere Aussage verleiht.

1 Vergleicht die beiden Abbildungen:
- Betrachtet zunächst Bild **A** genauer. Achtet besonders auf den Bildhintergrund, die Kleidung und den Gesichtsausdruck der Kinder und der Erwachsenen.
- Betrachtet nun im Vergleich dazu das Foto auf Abbildung **B**. Durch welche Veränderungen kann dieselbe Fotografie nun als Beleg für die Behauptung in dem kommentierenden Text dienen?

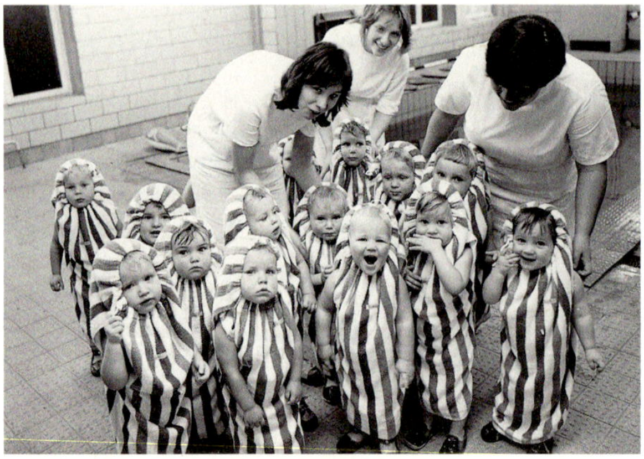

A *Im Herbst 1976 wurden die Kinder einer Kinderkrippe in Torgau nach dem gemeinsamen Bad in gestreiften Frotteeanzügen fotografiert.*
Das Foto erhielt auf der World-Press-Photo-Ausstellung den zweiten Preis in der Kategorie „Das schöne Foto".

B *Foto auf der Titelseite einer Broschüre einer christlichen Organisation, mit der sie 1978 die Glaubensbrüder in den kommunistischen Staaten unterstützen wollte. Der Text zu der Abbildung lautete hier:*
„Kinder in Häftlingskleidung. Ein aus einem Sowjet-KZ in der UdSSR geschmuggeltes Bild. Die Kinder wurden in einem Häftlingslager geboren und wachsen dort auf, bis die Eltern einmal entlassen werden."

2 Wie beurteilt ihr das Vorgehen der Redakteure, die die Broschüre verfasst haben? Unterhaltet euch in der Klasse darüber.

3 Ihr könnt selbst ausprobieren, wie man die Aussage eines Fotos durch einen kommentierenden Text verändern kann. Schneidet Fotos aus Zeitungen oder Zeitschriften aus und schreibt dazu neue Bildunterschriften mit ganz unterschiedlichen Aussagen.

Schon seit der Erfindung der Fotografie ist es möglich, auch das Foto selbst nachträglich zu verändern. Durch Retuschieren, Herausschneiden oder Ergänzen von Bildteilen ergibt sich eine völlig andere Bildaussage. Trotzdem glaubt der Betrachter immer noch an den Wahrheitsgehalt von Fotografien. Gerade im Zeitalter des Internets und der digitalen Bildbearbeitung kann aber oft die Bildquelle und ihre Glaubwürdigkeit nicht mehr nachgeprüft werden.

Pressefoto von Associated Press (AP) vom 17.11.1997: Es zeigt einen Tempel im ägyptischen Luxor, bei dem ein terroristisches Bombenattentat verübt wurde. Von der Treppe bis zum Bildrand zieht sich eine Wasserspur durch das Bild.

DAS MASSAKER VON LUXOR 3

Blutspur des Grauens: Der Platz vor dem Tempel der Hatschepsut ist geräumt, Spuren des Massakers aber sind noch deutlich zu sehen.

Ein Land wie im Krieg

Ausschnitt aus der Zeitung Blick vom 19.11.1997: Durch digitale Bearbeitung wird aus der Wasserspur eine Blutlache.

Zwei amerikanische mit einem irakischen Soldaten: Das Original (Mitte) und zwei Ausschnitte erzählen ganz unterschiedliche Geschichten …

4 Vergleicht die Abbildungen: Wie verändert sich jeweils die Bildaussage durch die nachträgliche Bildbearbeitung bzw. die Wahl des Ausschnitts?

5 Wie beurteilt ihr das Vorgehen der Redakteure, die die Bilder als „Beweis" für ihre Berichte zu den Ereignissen einsetzen?

1 Sprich als Vorbereitung und Einstimmung auf den folgenden Text mit einem Partner darüber, wie man die Überschrift verstehen könnte.

„Elektronische Medien sind kein Teufelswerk"

Unter dieser Überschrift gibt ein Artikel in einer Elternzeitschrift Entwarnung für besorgte Erzieher. Zunächst einmal belegen die dort angeführten Statistiken allerdings, dass der Medienkonsum von Kindern und Jugendlichen immer noch zunimmt. Das bezieht sich vor allem auf das Fernsehen und die Beschäftigung mit dem Computer. Deshalb warnen Kritiker auch davor, dass vielfach mehr Zeit vor dem Bildschirm als in der Schule verbracht wird. Sie sehen vor allem die Gefahr, dass Vereinsamung, Gewaltbereitschaft und Kriminalität dadurch zunehmen könnten.

Andererseits zeigen neuere Studien aber auch, dass besonders das Fernsehen immer mehr nur als „Begleitmedium" dient, das – ähnlich wie früher Musik und Radio – ständig im Hintergrund mitläuft. Selbst wenn der Apparat also täglich mehr als fünf Stunden eingeschaltet ist, sitzt man nicht ständig konzentriert davor. Und immerhin nennen die meisten 6- bis 13-Jährigen nichtmediale Aktivitäten wie „Treffen mit Freunden" und „Draußen spielen" als Lieblingsbeschäftigungen.

Reicht das zur Beruhigung besorgter Eltern und Pädagogen aus? Es lohnt sich, genauer hinzusehen, was sich vor allem bei jugendlichen Medienkonsumenten abspielt.

Um beim Fernsehen zu bleiben: Was lernen junge Leute dort darüber, wie Menschen miteinander umgehen? Was bei vielen Fernsehshows vermittelt wird, sind Neid, Schadenfreude und Missgunst zwischen Bewohnern von Containern, Teilnehmern von Castingshows und anderen künstlichen Konkurrenzwelten. Man bekommt ein System sozialer Ausgrenzung, hinterhältiger Machtspielchen und gnadenloser Kontrolle präsentiert. Die Senderegie gibt nach Belieben Regeln vor, verändert sie wieder, belohnt und bestraft nach Lust und Laune. Die Kandidaten werden einer oberflächlichen Publikumsbeurteilung ausgesetzt und mit ihren Unzulänglichkeiten und Gefühlen von den Kameras ausgesaugt, um schließlich achtlos fallengelassen zu werden. Hier wird ein extrem abwertendes Menschenbild vermittelt, das zu verzerrten Vorstellungen vom menschlichen Miteinander führt.

Man kann hier natürlich einwenden, dass das Fernsehen bei Jugendlichen nur ein Medium unter vielen ist. Aber vielleicht geht es gar nicht mal so sehr um die vermittelten Inhalte und Werte, sondern vielmehr um die Auswirkungen des Medienverhaltens selbst auf die Psyche der Heranwachsenden.

Bei einer Studie unter Schulkindern stellte sich heraus, dass jedes zehnte Kind als „exzessiver Mediennutzer" eingestuft werden kann, wobei übrigens Jungen wesentlich mehr gefährdet sind als Mädchen. Ähnlich wie bei der Alkoholabhängigkeit oder Spielsucht ist dabei ein typisches Suchtverhalten zu beobachten: Die Geräte ersetzen wirkliche Beziehungen. Die Nutzer unterdrücken ihre Gefühle sich und den Mitmenschen gegenüber, zum Beispiel wenn sie unglücklich sind. Stattdessen dienen Fernsehen, Computer und Handy zur Verarbeitung von Stress.

Eine andere Gefahr als die der Verführung zu Passivität und Abhängigkeit ist die scheinbare Anonymität der modernen Kommunikationsmedien. Kinder und Jugendliche fühlen sich sicher im Internet- und Handychat, aber es ist eine Scheinsicherheit. Sie beteiligen sich nicht nur an harmlosen Chats, sondern stellen sich auch zur Schau mit gewagten Fotos, gehen auf Suche nach Sexdates und werden angemacht von erregten Erwachsenen. Sie machen sich dabei nicht klar, wie angreifbar sie sind. Wo Erwachsene einen aufdringlichen Chatpartner einfach wegklicken, fällt es Kindern und Jugendlichen schwer, sich nicht zur Preisgabe von persönlichen Informationen wie Telefonnummer, Name und Fotos überreden zu lassen. „Keine Telefonnummern an Fremde weitergeben", sagt jeder, aber ist erst einmal eine vertrauliche Verbindung aufgebaut, antwortet ein Kind darauf: „Das ist kein Fremder, das ist ein Chatfreund." Alle Türen zum Missbrauch persönlicher Daten stehen dann offen, bis hin zu persönlichen Treffen mit schwerwiegenden Folgen.

Auch dass persönliche Fotos und Webcam-Aufnahmen beliebig kopiert, für alle möglichen Zwecke gebraucht werden können und noch jahrelang im Internet kursieren, machen sich die meisten nicht klar.

Oft sind Eltern völlig ahnungslos in Bezug auf solch bedenkliches Kommunikationsverhalten ihrer Kinder. Und Lehrerinnen und Lehrer nutzen in guter Absicht, aber oft allzu sorglos, die Möglichkeiten des Internets für schulische Zwecke. So mancher Suchauftrag für ein Referat oder eine Hausaufgabe, der nicht vorher klar recherchiert und eingegrenzt wurde, führt die Schüler auf einer „Odyssee im WWW" zur Verzweiflung oder auf zweifelhafte Abwege. Die Hypertext-Struktur des Internets verführt den Nutzer dazu, durch Springen zwischen Themen und durch immer neu auftretende Verlinkungen sein ursprüngliches Ziel aus den Augen zu verlieren. Wer beispielsweise geschichtliche Informationen zum Bereich „Nationalsozialismus" sucht, landet in kürzester Zeit auf Werbeseiten rechtsradikaler Gruppen, bekommt voyeuristisch aufgemachte Abbildungen von KZ-Opfern zu sehen.

An diesem Beispiel wird deutlich, dass auch die Internet-Informationen selbst im wahrsten Sinne des Wortes „frag-würdig" sind. Dank digitaler Aufbereitungsmöglichkeiten und weltweiter Verbreitung sind Urheber und Wahrheitsgehalt von Informationen vielfach kaum noch nachprüfbar. Jeder kann behaupten, was er will, die Kreativität, aber auch die Skrupellosigkeit von Verführern aller Art kennt keine Grenzen. Der naive Umgang mit ihren Angeboten leider auch nicht.

Was schon Erwachsenen Probleme bereitet bei der Nutzung von Internet und vor allem Handy, ist die so genannte „Kostenfalle". Umso mehr sind hier Jugendliche gefährdet. Klingeltöne, Handylogos und -spiele per SMS oder Anruf aufs Handy zu laden, ist gerade bei jungen Leuten sehr beliebt. Auch die „Zuschauerbeteiligung" der Musiksender, „Votingsendungen" aller Art und Tele-Gewinnspiele verleiten zum schnellen Griff zum Telefon. Die Strategien dieser Abzocke werden von den Jugendlichen oft nicht durchschaut. Wer die Kosten durch immer mehr nachmittägliche Schülerjobs auffangen will, gefährdet nicht selten seinen Schulerfolg und manchmal auch seine Gesundheit.

2 Diskutiert Textstellen, die für euch eine besondere Bedeutung haben, weil ihr ihnen zustimmen könnt oder ihnen widersprechen wollt.

3 Untersucht den Text genauer:

a Zu welchen Medien wird etwas gesagt?
b Welche Problembereiche werden angesprochen?
c Was will dieser Text bewirken? Stellt Vermutungen an und begründet sie. Klärt Textstellen, die unverständlich bleiben, im Gespräch. Das macht am besten in Gruppenarbeit:

- Bildet möglichst Vierergruppen. Jede Gruppe unterteilt einen großen Papierbogen, wie es auf dem Foto zu sehen ist.
- In der ersten Phase der Gruppenarbeit notiert jeder in seinem Feld eigene Gedanken und Antworten zu den Fragen.
- Nach dieser Einzelarbeit tauscht ihr eure individuellen Antworten aus, indem ihr den Papierbogen im Uhrzeigersinn rotieren lasst und gegenseitig eure Ergebnisse zur Kenntnis nehmt.
- Anschließend einigt ihr euch in der Gruppe auf diejenigen Antworten und Ergebnisse, die ihr als gemeinsames Ergebnis in das mittlere Feld eintragt. Dabei solltet ihr vorher absprechen, wie ihr euer Ergebnis aufschreiben wollt (als Stichwortsammlung, Mindmap …).
- Zum Schluss präsentiert jede Arbeitsgruppe ihr Ergebnis in der Klasse. Unterhaltet euch in dieser Phase auch über die Gruppenarbeit: Was hat geklappt? Was sollte geändert werden? War die Gruppenarbeit als empfohlene Arbeitsform für die Textarbeit angemessen? Begründet eure Meinung.

– täglicher Medienkonsum
– am meisten benutzte Medien
– Erlebnisse, Probleme
– …

4 Befragt euch untereinander in einem **Drei-Schritte-Interview** über eure eigenen Mediengewohnheiten. Nutzt für eure Befragung die Ergebnisse der Textarbeit. Die Interviewfragen könnt ihr vorher formulieren, einige werden sich aber auch aus dem Verlauf der Interviews ergeben.

- Bildet für das Interview möglichst Dreiergruppen (Mitglieder A, B und C). Anschließend laufen die Interviews so ab:
  - A interviewt B; C hört genau zu und macht sich Notizen.
  - B interviewt C; A macht sich Notizen.
  - C interviewt A; B macht sich Notizen.
  - Danach trifft sich das Dreierteam mit einem anderen Dreierteam. Alle sechs Personen sind jetzt Berichterstatter und berichten anhand ihrer dokumentierten Mitschriften über die wichtigsten Aussagen aus den einzelnen Interviews.

Zu den erarbeiteten Problembereichen der Textvorlage (suchtartige Mediennutzung, Verkümmerung der Fähigkeit zu echter Kommunikation, Datenmissbrauch, Kostenfalle, Irrwege im Hypertext u. a.) könnt ihr auch eine **Expertenbefragung** durchführen. Experten sind Sachverständige. Sie haben sich besonders intensiv mit bestimmten Themen beschäftigt und meistens sehr viele Erfahrungen in ihrem Fachgebiet gesammelt. Experten kennen die unterschiedlichen Standpunkte zu einem umstrittenen Thema und können ihr Wissen oft anschaulicher und interessanter wiedergeben als Texte. Experten haben aber auch ihre eigene Meinung, das heißt ihre Aussagen sind nicht immer ganz unparteiisch oder unvoreingenommen.

Wie wollt ihr die Fragen formulieren:
- als W-Fragen: *Was wissen Sie über Datenmissbrauch?*
- oder als Entscheidungsfragen: *Kommt Datenmissbrauch vor?*

Auch bei Entscheidungsfragen, wird oft mehr als ein „Ja" oder „Nein" erwartet. Sie wirken anregender und offener, weil sie dem Antwortenden mehr Möglichkeiten lassen, sein Ja oder Nein zu erläutern.

- **Bereitet die Expertenbefragung vor:**
  - Was wollt ihr genauer wissen? Schreibt mögliche Fragen auf Zettel. Entscheidet, ob ihr nur W-Fragen oder auch Entscheidungsfragen zulassen wollt.
  - Prüft die Qualität der gefundenen Fragen und sortiert sie nach Themenschwerpunkten.
  - Stellt eine Liste möglicher Experten zusammen, nehmt Kontakt mit ihnen auf und sprecht mit ihnen über euer Vorhaben.
  - Legt fest, wie viele Experten ihr befragen wollt.
  - Soll die Befragung vor der Klasse oder vor Ort am Arbeitsplatz des Experten, mit einer Kleingruppe oder einzelnen Schülerinnen und Schülern erfolgen?
  - …

- **Führt die Expertenbefragung durch:**
  - Legt fest, wer die Fragen stellt.
  - Natürlich könnt ihr während des Gesprächs von eurem Frageplan abrücken. Manche Fragen ergeben sich spontan.
  - Stellt euch dem Gesprächspartner vor. Sagt, worüber ihr reden wollt und weshalb ihr die Befragung macht.
  - Schreibt auf jeden Fall mit, auch wenn ihr das Gespräch aufnehmt.
  - Seid während des gesamten Gesprächs höflich und aufmerksam.
  - Fragt nach, wenn ihr etwas nicht versteht.
  - Fragt nach interessantem Material.
  - Bedankt euch am Ende der Befragung für das Gespräch.
  - …

Ihr solltet in einer Simulation das Expertengespräch üben. Dies ist vor allem ratsam, wenn ihr die Methode zum ersten Mal durchführt.

- **Wertet die Befragung aus:**
  - Geht die Fragen und Antworten genau durch.
  - Überlegt, ob ihr genug Informationen bekommen und alles verstanden habt. Wenn nicht, ruft noch einmal bei dem Experten an und fragt nach.
  - Denkt nach, welche Aussagen für die Information in der Klasse von Interesse sind.
  - Überlegt und entscheidet, wie ihr die Ergebnisse für die Klasse darstellen könnt.

Einen Lexikontext auswerten

Film. Man kann zwei Hauptgattungen des Films unterscheiden: den ***Spielfilm,*** der eine im Drehbuch erzählte Geschichte gestaltet, und den ***Dokumentarfilm,*** der v. a. informieren will. Eine Sonderform ist der ***Zeichentrickfilm,*** für den Bilder einzeln gezeichnet und aufgenommen werden. Nach ihren Inhalten werden die Spielfilme in eine Vielzahl von Gattungen unterteilt, deren Grenzen allerdings meist fließend sind:

Der *Kriminalfilm* z. B. setzt v. a. auf Spannung bei der Aufklärung von Kriminalfällen.

Der *Western,* der lange sehr populär war, erzählt von der Kolonisationsgeschichte Nordamerikas. Eine Variante der Western sind die Italowestern von italienischen Regisseuren (u. a. Sergio Leones „Spiel mir das Lied vom Tod", 1968) oder neuere Formen wie Kevin Costners: „Der mit dem Wolf tanzt" (1987)

Der *Horrorfilm,* der Anfang der 30er-Jahre einen ersten Höhepunkt erreichte (mit Filmen wie „King Kong oder die weiße Frau" und „Frankenstein") erzeugt eine Atmosphäre von Angst und Entsetzen.

Das *Roadmovie* spielt v. a. auf der Straße; die Ideale seiner klassischen Protagonisten sind Freiheit und Unabhängigkeit, so etwa in „Easy Rider" (1969).

Sciencefiction und *Fantasy* gestalten eine Welt, in der irreale Gesetze herrschen, die im Sciencefiction-Film v. a. an Naturwissenschaft und Technik orientiert sind und nicht selten auch eine kritische Haltung zum Fortschrittsglauben ausdrücken („2001 – Odyssee im Weltraum", 1968), während Fantasyfilme eher in die Nähe zum Märchen rücken.

Die Idee zu einer Filmhandlung wird zunächst meist in einem Exposé dargestellt; im Treatment sind Schauplätze und Charaktere umrissen. Das Rohdrehbuch enthält die für die Filmaufnahmen wesentlichen Angaben; der Regisseur arbeitet mit den Autoren danach das Drehbuch aus. Der Drehplan enthält die nummerierten Kameraeinstellungen und die an den einzelnen Drehtagen vorgesehenen Szenen.

1 Stellt die wesentlichen Informationen aus dem Lexikonartikel übersichtlich zusammen. Benutzt dabei die Fachausdrücke.

2 Schlagt in einem anderen Lexikon nach und ergänzt eure Übersicht mit weiteren Informationen zur Geschichte des Films und des Filmtheaters, zu Tricktechniken, zur Erstehung eines Films u. a. Sucht auch im Internet. Wie ihr die Informationen in Exzerpten festhalten könnt, erfahrt ihr auf Seite 202/203.

Regisseur/in
Cutter/in
Produzent/in
Drehbuchautor/in
...

3 Auf dem blauen Zettel findet ihr einige Personen, die an der Herstellung eines Films beteiligt sind. Ergänzt die Liste und sammelt Informationen über ihre Aufgaben. Vielleicht findet ihr auch Hinweise zu ihrer Ausbildung.

Tipp: Vielleicht könnt ihr auch ein größeres Filmtheater oder ein Filmmuseum besuchen. Dort bekommt ihr Informationen aus erster Hand. Und Spaß macht es auch!

Eine Pressemitteilung auswerten

Eine Klasse 10 hat sich für einen gemeinsamen Kinobesuch entschieden. Die Schülerinnen und Schüler einigten sich schließlich darauf, sich einen Film zu einem aktuellen Thema anzusehen. Durch einen Zeitungsartikel wurden sie auf den Kinofilm „Maria an Callas" aufmerksam.

Liebeslügen per E-Mail

Dreharbeiten für einen Film mit Götz George

■ Götz George und Claudia Michelsen sind die Protagonisten in dem Film „Maria an Callas", den die Moonfilm Filmgesellschaft in Koproduktion mit dem NDR noch voraussichtlich bis Februar 2005 in Düsseldorf, Essen und Heiligendamm dreht. Regie führt Petra Katharina Wagner, die auch das Buch schrieb.

Erzählt wird die Geschichte von dem erfolgreichen Produktdesigner Jost, der nach dem Tod seiner Frau Maria entdeckt, dass sie eine E-Mail-Freundin hatte. Dieser gegenüber verschwieg sie ihre Krankheit und gab Josts Leben als gefragter Designer als ihres aus. Trotz der Aufforderung seines Sohnes Hannes bringt es Jost in seiner Trauer nicht übers Herz, der E-Mail-Freundin Anni von dem Tod Marias zu berichten. Er führt die Korrespondenz weiter. Als er sich schließlich in die Unbekannte verliebt und diese in einem Seebad aufsucht, stellt er fest, dass auch diese ihr Leben nicht ganz wahrheitsgemäß beschrieben hat.

(pd)

Die sehen so aus, als könnte was draus werden: Jost (Götz George) lernt die Frau kennen, mit der seine Gattin per Computer kommunizierte (Claudia Michelsen).

1 Untersucht die Pressemitteilung zum Drehstart und findet eine Antwort auf die folgenden Fragen. Entscheidet, ob ihr die Fragen in Einzel-, Partner- oder Gruppenarbeit beantworten wollt.

- Um welche Filmart handelt es sich? Welches aktuelle Thema greift der Film auf?
- Welche Informationen enthält die Mitteilung
  - über die Handlung des Films,
  - über die Schauspieler,
  - über die Produzenten,
  - über Drehbuch und Regie,
  - über Drehzeit und Drehorte?
- Was könnten werbende Elemente sein:
  - beim Foto,
  - bei der Bildunterschrift,
  - bei Schlagzeile und Unterzeile,
  - im ersten Absatz,
  - in der Inhaltsangabe?

Ein Drehbuch auswerten

Zur weiteren Vorbereitung auf den Film „Maria an Callas" bekam die Klasse von der Produktionsfirma des Films Teile des Drehbuchs geschickt.

Maria an Callas *von Petra K. Wagner*

Drehbuch für einen Spielfilm
(Stand: 31. August 2004)

Ca. 90 Min. 35 mm Farbe

Orte: Deutschland; Köln und Umgebung, Ostseeküste

Zeit: Jetzt

Logline: Die Geschichte zweier Menschen, Jost und Anni, die beide in erfundenen Identitäten ein Doppelleben voreinander führen und sich aller Lügen und falschem Schein zum Trotz ineinander verlieben.
Ein Film über die Liebe, aber auch über Lüge und Betrug und die Illusion, sein Leben in der Hand zu haben.

Cast:
Jost (50) erfolgreicher Designer für Gebrauchsgegenstände; lebt in Köln
Hannes (25) Josts Sohn, angehender Anwalt in einer Kanzlei
Lilian (24) Freundin von Hannes
Eva (42) Marias beste Freundin
Harry (51) und Luise (49) ein befreundetes Ehepaar
Paul (46) Freund und Kollege von Jost
Sonja (26) Haushälterin
Nina (36) Josts Assistentin und Freundin
Anni (40) arbeitet im „Ritz Palace" an der Ostseeküste, in der Nähe eines Seebades
Jennie (54) Annis Schwägerin
Nerine (38) Schneiderin; Annis Freundin
Henning (36) Nerines Mann
u.v.a.

Angabe der Szene — Szene 11
Ortsangabe — Haus Jost; Wohnzimmer
Tag der Filmhandlung — **SPIELTAG 3**
Innen/Tag (= Raum/ Tageszeit) — I/T

Situation/ Regieanweisung — Jost sitzt im Bademantel im Wohnzimmer, das Laptop von Maria vor sich und ganz in den Briefen von Anni und Maria versunken.

Jost (off)*
Der Designpreis in Stockholm hat mich beschämt. Ich habe die Vase abgekupfert von einem unbedeutenden Ölgemälde. … Niemand wird das rausbekommen, aber ich weiß es.

(bruchstückhaft) Du musst die Apfelspalten in hauchdünne Scheiben schneiden, am besten mit einem Spargelschäler. Und exakt 45 Minuten! Exakt! …

Anni ahnt nichts von Marias Tod. Sie mailt inzwischen – ohne zu wissen, mit wem sie kommuniziert – mit Jost. Nachdem Jost zu Anni gefahren ist und sie sich ineinander verliebt haben, weiß Anni immer noch nicht, dass sie über diese neue Beziehung auch mit ihm mailt und nicht mit „Maria“:

Szene 157 „Ritz Palace“; Zimmer Jost **SPIELTAG 24** I/T

(Anni) sieht den geöffneten Koffer auf dem Tisch (…) Ihr Blick fällt auf die Schallplatte in dem Koffer: Die Originalaufnahme der Callas*. Voller Erstaunen greift sie danach, guckt, ob die richtige Platte in der Hülle steckt und schaut in deren Innenseite, wo sie die Auflistung der Namen der Eigentümer liest: Elisabeth, Johann, Anni, die drei Namen durchgestrichen und als letzten Namen nicht durchgestrichen: Maria.

Sie beginnt zu verstehen … ihr Blick fällt auf das geöffnete Laptop von Jost, das auf dem unbenutzten Bett liegt. Wie magnetisch angezogen setzt sie sich aufs Bett und drückt das Laptop an. (…) Sie drückt eine weitere Taste und aufgelistet erscheinen ihr alle Mails unter dem Titel „Maria an Callas“. Sie macht ihre eigene letzte Mail auf und liest sie:

Anni
(tonlos, bruchstückhaft) Wann warst du das letzte Mal verliebt?
…
… Schmetterlinge durch meinen Mund aus meinem Bauch fliegen, denn es müssen inzwischen Hunderte sein, …

Sie sieht auf. Jost steht vor ihr. Verloren, verzweifelt, voller Schuld.

Jost
Ich wollte es dir schon die ganze Zeit sagen …

Sie steht auf, geht an ihm vorbei …

2 Untersucht die Drehbuchteile und Inhaltsangaben (S. 104/105) und findet eine Antwort auf die folgenden Fragen:
- Bei den Drehbuchteilen handelt sich um Ausschnitte aus dem Rohdrehbuch. Wie könnt ihr das mit Hilfe des Lexikontextes auf Seite 102 begründen?
- Wann und wo spielt der Film? Wie lang ist er?
- Womit beschäftigt sich der Film außer mit Internetkontakten noch?
- Was erkennt ihr aus einem Vergleich der Personen- und Rollenbeschreibungen: a) für Josts Lebenswelt, b) für Annis Lebenswelt?
- Über welche Themen „unterhielt" sich Maria mit Anni? Warum wohl wurden Krankheit und Tod anfangs nie erwähnt?
- Wozu dient hier der Off-Ton?
- Wodurch fühlt sich Anni von Jost so verletzt, dass sie geht?

Zu den Besonderheiten einer Verfilmung von literarischen Vorlagen findet ihr Informationen in dem Text auf Seite 202.

3 Worin seht ihr Gemeinsamkeiten und Unterschiede zwischen einem Drehbuch, einem Roman und einem Drama?

4 Zur Einstimmung auf den Filmbesuch haben die Schülerinnen und Schüler in einem **Schreibgespräch** ihre Erwartungen aufgeschrieben. Vergleicht die Beiträge: Was steht jeweils im Vordergrund? Was ist ihnen weniger wichtig? Ergänzt das Schreibgespräch mit eigenen Formulierungen.

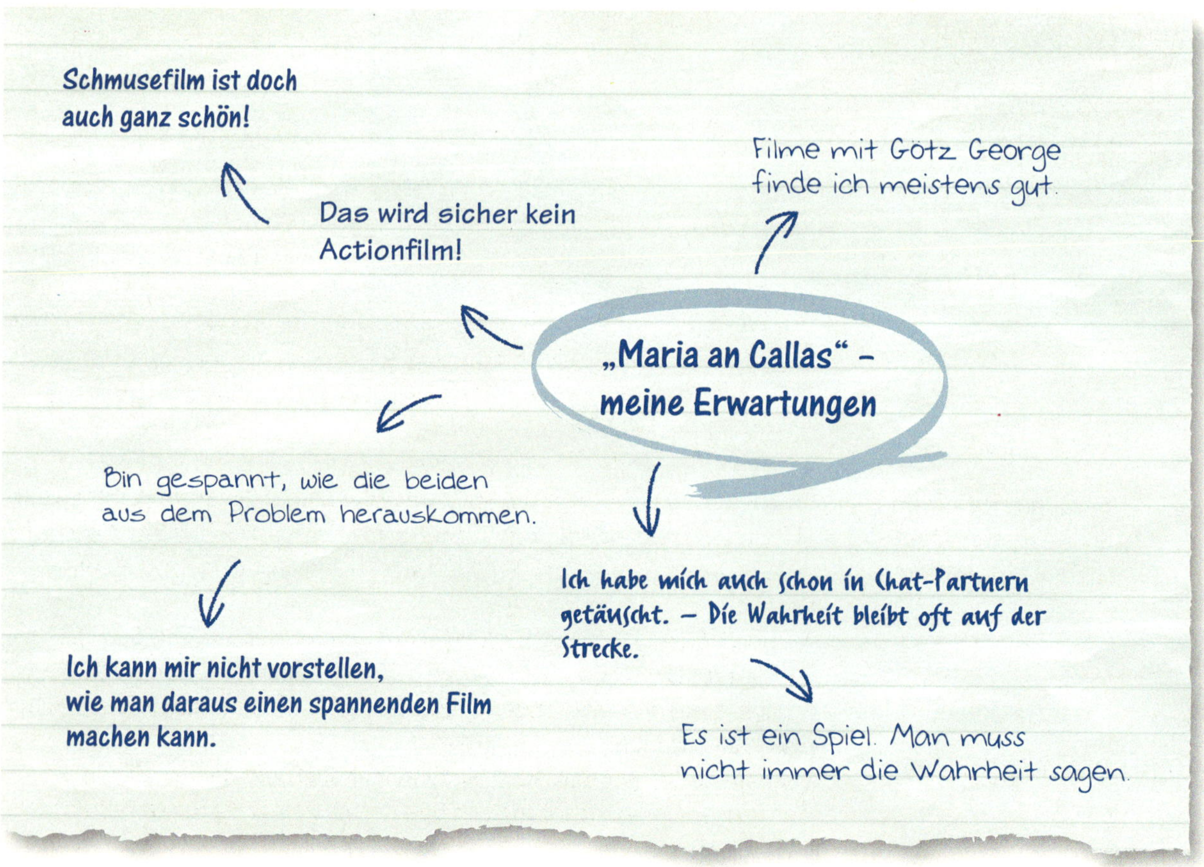

So könnt ihr einen gemeinsamen Kinobesuch vorbereiten:

- Sammelt – auch im Internet – Informationen zu Filmen, die euch interessieren. Entscheidet, welchen ihr euch gemeinsam ansehen wollt.

- Nehmt Kontakt zu einem Kino in eurer Nähe auf:
  - Sind Sondervorstellungen möglich?
  - Welche Filme werden angeboten?
  - Ist eine Führung möglich?

- Falls ein gemeinsamer Kinobesuch nicht möglich ist, besorgt euch einen Film, den ihr in der Schule ansehen könnt. Dazu eignen sich auch Filme, die auf einer Buchvorlage beruhen:
  - Die verlorene Ehre der Katharina Blum,
  - Sansibar oder der letzte Grund,
  - Sonnenallee,
  - …

Zu Literaturverfilmungen könnt ihr euch auch auf Seite 202 informieren.

- Überlegt, wie ihr eure Filmvorführung vorbereiten wollt:
  - Ihr könnt Kontakt zur Produktionsfirma aufnehmen und ein Drehbuch, einen Drehplan, Standfotos, Pressemitteilungen besorgen, um euch mit dem Film vertraut zu machen.
  - Ihr könnt vor der Filmvorführung Beobachtungsaufgaben zu besonderen Filmmerkmalen verteilen: z. B. zum Handlungsverlauf, zum Verhalten der Personen, zu Text, Ton, Beleuchtung, zu Einstellungen und Schnittfolgen.

So könnt ihr einen gemeinsamen Kinobesuch nachbereiten:

- Ihr habt vier große Papierbögen zur Verfügung. In der Mitte steht jeweils ein Aspekt zum Thema „Mein Filmerlebnis“, z. B.: „Die erzählte Geschichte“, „Erinnerte Bilder“, „Persönliche Beurteilung, „Bezüge zu eigenen Erfahrungen und Gedanken“.
  Ihr geht von Plakat zu Plakat und schreibt mit einem dicken Stift gut lesbar eure Beiträge zu dem jeweiligen Aspekt. Dabei könnt ihr auch auf das eingehen, was andere bereits aufgeschrieben haben. Gespräche sind nicht erlaubt!
  Sind alle fertig, werden die Plakate aufgehängt und die jeweiligen Gemeinsamkeiten und Unterschiede der Beiträge herausgearbeitet.

- Ihr könnt auch
  - zentrale Themen des Films (z. B. in Form einer Mindmap) veranschaulichen,
  - Angefangene Sätze ergänzen:
    Bei der filmischen Umsetzung sind mir folgende Aspekte aufgefallen …
    Wichtig ist für mich noch … *Ich hätte nicht gedacht, dass …*
    Anderen Schülerinnen und Schülern würde ich den Film weiterempfehlen/nicht weiterempfehlen, weil …

- Wenn ihr die Möglichkeit habt, den Film oder Teile daraus mehrmals zu sehen, könnt ihr noch intensiver auf Einzelheiten eingehen:
  - Eine Filmszene auswählen und dazu ein Sequenzprotokoll anfertigen; das Kurzprotokoll auswerten mit dem Blick auf die Wirkung der Szene, auch die Anzahl der Einstellungen beachten:

Filmsprache

Einstellungsgrößen:
Totale, Halbtotale, Halbnah, Nah, Detail

Kameraperspektiven:
Vogelperspektive, Froschperspektive, Normalsicht

Kamerabewegungen:
Still, Schwenk, Zoom, Fahrt

Inhalt	Einstellungsgröße	Einstellungsperspektive	Kamerabewegung	Zeit
Hauptpersonen begrüßen sich, sehen sich an.	Nah (auf Gesichter)	Augenhöhe	Still	3 sek.

  - Eine Filmsequenz ohne Ton ansehen und dabei auf das achten, was man sieht, z. B. Kameraperspektiven, Beleuchtung, Einstellungsgrößen, Bewegung, Schnitt.
  - Zu einer Filmsequenz nur den Ton ohne Bild wiedergeben und dabei auf seine Wirkung achten, z. B. Geräusche, Musik, Sprechweise.

- Ihr könnt zu einem Film eure persönlichen Beurteilungen aufschreiben:
  - in wenigen Sätzen festhalten, was Thema und Inhalt des Films ist,
  - aufschreiben, welche Vorstellungen und Erwartungen ihr zu dem Film hattet und welchen Eindruck ihr hinterher gewonnen habt,
  - darstellen, welche Szenen euch gut oder weniger gut gefallen haben,
  - über Filmfiguren schreiben, die euch beeindruckt haben,
  - erzählen, wie ihr euch beim Sehen des Film gefühlt habt,
  - darstellen, was ihr durch den Film neu gelernt oder erfahren habt,
  - erklären, welche Fragen vielleicht offen bleiben, wie ihr sie beantworten könntet,
  - erläutern, was euch der Film sagt: Macht er euch wütend? Hoffnungslos? Ist er entmutigend? Regt er euch an, über euch selbst nachzudenken? Langweilt er euch? Gibt er Hoffnung?
  - erklären, was euch an der Gestaltung des Films aufgefallen ist: Spezialeffekte, Ausstattung, besondere Regieeinfälle …

Statistiken
Kritiker
Handy
…

→ Fach- und Fremdwörter sammeln, nach Schreibbesonderheiten auswählen und Schreibhilfen zuordnen
Seite 227

MAGAZIN

Der Sprung in die Moderne

Eine für damalige Verhältnisse unglaubliche Entwicklung in der Technik, eine schnell voranschreitende Industrialisierung und die Flucht besonders der jüngeren Generation zur Arbeitssuche in die Städte veränderten die Lebensgewohnheiten der Menschen um die Wende zum 20. Jahrhundert in nie gekanntem Ausmaß.

Wie sich diese Veränderungen der Lebensverhältnisse auf die Sprache der Schriftsteller und ihre Sicht des Menschen auswirkte und wie sie die Wirklichkeit nun sahen und schilderten, sollt ihr im folgenden Kapitel erfahren.

Die veränderte Welt

Um 1800, zu Goethes und Schillers Lebzeiten,
- konnte ca. ein Viertel der Bevölkerung lesen,
- erschienen jährlich etwa 4000 neue Bücher,
- fuhr man noch mit der Kutsche,
- kannte man kein elektrisches Licht,
- lebte man zumeist auf dem Lande,
- dauerte die Übermittlung einer Nachricht z. B. von München nach Berlin mit Pferd, Kutsche und Boten viele Tage.

Um 1900, an der Wende zum 20. Jahrhundert,
- konnten ca. 90 % der Bevölkerung lesen,
- kamen jährlich etwa 25000 Bücher heraus,
- gab es die Eisenbahn,
- gab es die ersten Autos und Straßenbahnen,
- gab es elektrisches Licht,
- wurde eine Nachricht von Berlin nach München in wenigen Minuten telefonisch oder per Fernschreiber vermittelt.

Um 2000, am Beginn eines neuen Jahrtausends,
- kann praktisch jeder lesen und unter 80000 Neuerscheinungen jährlich wählen,
- erledigen wir unsere Bankgeschäfte am Heimcomputer (homebanking),
- wandeln wir mit Hilfe des Internets durch Museen in New York,
- wird eine Nachricht in wenigen Sekunden per E-Mail von Berlin nach München direkt auf den PC-Bildschirm übertragen.

■ Wie könnte sich ein Gespräch zwischen Menschen, die um 1800, 1900 und 2000 gelebt haben, abspielen?

Aufbruch in eine neue Zeit

Wenn wir uns heute die Frage stellen, was unsere Lebenswelt vollständig verändert hat und weiter verändern wird, so wird sicherlich die Computertechnik genannt werden. Sie beeinflusst unser Leben in vielen Bereichen, besonders im Berufsleben, aber auch im Privaten. Internet, Homepage, E-Mail, Chats sind einige der revolutionären Veränderungen der letzten Jahre. Aber wir können mit ihnen umgehen, weil wir an technische Neuerungen gewöhnt sind.
Die Menschen des 19. Jahrhunderts, etwa ab 1850, mussten sich dagegen mit der Veränderung ihrer gesamten Lebenswelt auseinandersetzen, mussten mit Veränderungen fertig werden, die für sie nahezu unbegreiflich waren. Eine unheimliche Reizüberflutung brach über sie herein: durch neue Verkehrsmittel und Medien, Orts- und Arbeitsplatzwechsel, durch industrielle Massenproduktion und die damit entstehende Welt des Konsums, eine Revolutionierung der Technik:

1835	Eröffnung der ersten Eisenbahnlinie von Nürnberg nach Fürth
1878	Elektrizität als Krafterzeugung
1881	Einführung des Fernsprechverkehrs in Deutschland
1886	Der erste Kraftwagen (Daimler-Benz) wird gebaut
1888	Erfindung der Fotografie
1891	Erfolgreiche Flugversuche von Otto von Lilienthal und Graf Zeppelin
1894	Erfindung des Films

1910 überschritt Berlin die Grenze von 2 Millionen Einwohnern.
Überall wurde „gebuddelt" und gebaut. Das erste Taxi (Droschke) fuhr 1899 durch Berlin, im Jahr 1902 musste der Verkehr an der zentralen Kreuzung Friedrichstraße/Unter den Linden von einem Polizisten mit Trillerpfeife geregelt werden. Während es um 1900 noch kein Kino (Kinematographentheater) gab, existierten schon bald darauf über 200 Kinos, die die Menschen mit ihrer Flut von Bildern faszinierten und zugleich verunsicherten.
Dieser grundlegende Wandel in den Lebensverhältnissen führte zu einem ebenso grundlegenden Wandel in der Literatur: zu einer veränderten Sprache, zu einem neuen Bild der Stadt und zu einer neuen Sicht des Menschen.

- Stellt euch vor, ein um 1800 lebender Mensch trifft einen Menschen unserer Zeit: Welches Gespräch könnte sich zwischen den beiden ergeben? Welche Fragen könnten die beiden sich gegenseitig stellen?

Die veränderte Sprache

Nikolaus von Lenau (1802–1850) und Heinrich Heine (1797–1856), zwei bekannte Dichter der ersten Hälfte des 19. Jahrhunderts, schildern in den folgenden Texten dasselbe Erlebnis: eine Fahrt mit der Postkutsche. Ihre Eindrücke waren aber nicht dieselben und auch die Sprache, in der sie davon schreiben, ist ganz verschieden. Lenau schreibt in einer literarischen Tradition, die man als „Romantik" bezeichnet. In Heines Text kündigt sich eine veränderte, modernere Sicht der Wirklichkeit an.

Der Postillion *Nikolaus von Lenau*

Lieblich war die Maiennacht,
Silberwölklein flogen,
Ob der holden Frühlingspracht
Freudig hingezogen.

Schlummernd lagen Wies und Hain,
Jeder Pfad verlassen;
Niemand als der Mondenschein
Wachte auf den Straßen.

Leise nur das Lüftchen sprach,
Und es zog gelinder
Durch das stille Schlafgemach
All der Frühlingskinder.

Heimlich nur das Bächlein schlich,
Denn der Blüten Träume
Dufteten gar wonniglich
Durch die stillen Räume.

Rauer war mein Postillion,
Ließ die Geißel* knallen,
Über Berg und Tal davon
Frisch sein Horn erschallen.

Und von flinken Rossen vier
Scholl der Hufe Schlagen,
Die durchs blühende Revier
Trabten mit Behagen.

Wald und Flur im schnellen Zug
Kaum gegrüßt – gemieden;
Und vorbei, wie Traumesflug,
Schwand der Dörfer Frieden.

Mitten in dem Maienglück
Lag ein Kirchhof innen,
Der den raschen Wanderblick
Hielt zu ernstem Sinnen.

Hingelehnt an Bergesrand
War die bleiche Mauer,
Und das Kreuzbild Gottes stand
Hoch, in stummer Trauer.

Schwager ritt auf seiner Bahn
Stiller jetzt und trüber;
Und die Rosse hielt er an,
Sah zum Kreuz hinüber:

„Halten muss hier Ross und Rad,
Mag's euch nicht gefährden:
Drüben liegt mein Kamerad
In der kühlen Erden!

Ein gar herzlieber Gesell!
Herr, 's ist ewig schade!
Keiner blies das Horn so hell
Wie mein Kamerade!"

Die veränderte Sprache

Aus: Deutschland – ein Wintermärchen *Heinrich Heine*

Von Köllen bis Hagen kostet die Post
Fünf Taler sechs Groschen preußisch.
Die Diligence* war leider besetzt;
Und ich kam in die offene Beichais*.

Ein Spätherbstmorgen feucht und grau,
Im Schlamme keuchte der Wagen;
Doch trotz des schlechten Wetters und Wegs
Durchströmte mich süßes Behagen.

Das ist ja meine Heimatluft!
Die glühende Wange empfand es!
Und dieser Landstraßenkot, er ist
Der Dreck meines Vaterlandes!

[...]

Im nächtlichen Walde humpelt dahin
Die Chaise*. Da kracht es plötzlich –
Ein Rad ging los. Wir halten still.
Das ist nicht sehr ergötzlich.

Der Postillion steigt ab und eilt
Ins Dorf, und ich verweile
Um Mitternacht allein im Wald.
Ringsum ertönt ein Geheule.

Das sind die Wölfe, die heulen so wild,
Mit ausgehungerten Stimmen.
Wie Lichter in der Dunkelheit
Die feurigen Augen glimmen.

[...]

Ein feiner Regen prickelt herab,
Eiskalt, wie Nähnadelspitzen.
Die Pferde bewegen traurig den Schwanz,
Sie waten im Kot und schwitzen.

Der Postillion stößt in sein Horn,
Ich kenne das alte Getute –
„Es reiten drei Reiter zum Tor hinaus!"
Es wird mir so dämmrig zumute.

- Lest die beiden Texte nacheinander oder die einzelnen Strophen wechselweise vor.

  Sprecht anschließend darüber, welchen Eindruck ihr jeweils von der Postkutschenfahrt vermittelt bekommt. Geht es nur um die Beschreibung der damaligen Beförderungsweise?

- Schreibt aus beiden Texten auffällige Adjektive, Nomen und Verben heraus, die den Leserinnen und Lesern einen Eindruck von Fahrt, Natur, Tier und Örtlichkeit vermitteln, und stellt sie gegenüber.

  Sprecht anschließend darüber, wie die beiden Dichter die Fahrt (die Welt?) betrachten.

Der Expressionismus in Literatur und Kunst

Junge Dichter rebellierten zu Beginn des 20. Jahrhunderts gegen die „Alten". Bewusst wandten sie sich ab von der damaligen Welt, der autoritären Schule des kaiserlichen Deutschland, in dem die Jugend zu Gehorsam und Disziplin, zu Unterordnung und Untertänigkeit erzogen wurde. Gelingen konnte dies nur dann, wenn sie ihre Texte anders präsentierten als die „Dichterväter". Sie wollten die Wirklichkeit nicht mehr so wiedergeben, wie sie allgemein gesehen wurde, sondern wollten ausdrücken, wie sie die Wirklichkeit empfanden. Themen und Motive wie Großstadthektik und soziale Not, Tod und Krankheit, ja sogar das Hässliche und Abgründige, das Leben am Rande der Gesellschaft und der Krieg wurden in die Dichtung aufgenommen.

Entsprechend war die Stimmung dieser Dichter: Aufbruchsstimmung und Weltuntergangsstimmung lagen bei ihnen ganz nah beieinander. Viele sahen in einem gewaltigen Krieg die Chance, die Welt aus den Angeln zu heben und dadurch verändern zu können. Als dann 1914 tatsächlich der 1. Weltkrieg ausbrach, wurde er von vielen als revolutionäres Ereignis gefeiert. Umso größer war das Entsetzen, als viele ihrer Dichterfreunde bereits in den ersten Kriegstagen fielen und ein Massensterben von bisher nicht gekanntem Ausmaß einsetzte. Eine Welt, die sich so fundamental verändert hatte, war für viele Schriftsteller der damaligen Zeit mit der „normalen" Sprache nicht mehr zu erfassen:

- Stattdessen wurden überraschende Wortneuschöpfungen gebraucht und sprachliche Mehrdeutigkeiten und Metaphern verwendet.
- Der Satzbau wurde bewusst aus den Fugen gebracht.
- Man kombinierte Nomen, die eigentlich nicht zusammenpassen.
- Reime und Strophenformen wurden ganz ungewöhnlich verändert,
- telegrammartig verkürzte Sätze gebildet und
- provokante, oft zynische Aussagen gemacht.

Otto Dix (1891–1969): Überfall einer Schleichpatrouille auf einen Grabenposten (1924)

Patrouille

August Stramm (1874–1915)

Die Steine feinden
Fenster grinst Verrat
Äste würgen
Berge Sträucher blättern raschlig
gellen
Tod.

Der Expressionismus in Literatur und Kunst

Edvard Munch (1863–1944): Der Schrei

Wie die Dichter empfanden viele bildende Künstler ein Unbehagen an der damaligen Situation. Ihr Blick wandte sich besonders den Schattenseiten der damaligen Zeit zu: dem Krieg und seinen Folgen sowie der Anonymität und Verlorenheit des Menschen in der Großstadt. Bewusst richteten sich ihre Darstellungsformen gegen die damalige Staatskunst, die hauptsächlich das Herrscherhaus zu verherrlichen suchte. Daher gründeten sie Künstlergruppen wie „Die Brücke" (1905) oder den „Blauen Reiter" (1911), in denen sie ihre Vorstellung von Kunst zu verwirklichen suchten. Die jungen Künstler warfen sämtliche bisher geltenden Regeln über Bord. Typisch für ihre Kunst waren

- Verzicht auf naturgetreue Abbildung der Wirklichkeit,
- Dissonanzen (Unstimmigkeiten),
- Verstoß gegen Perspektivengesetze,
- gewagte Farbkombinationen, „Farbrausch",
- Darstellung auch des Hässlichen,
- Darstellung von Menschen am Rande der Gesellschaft,
- Darstellung der Hektik und Anonymität des Großstadtlebens.

Was bedeutet nun **Expressionismus** in der bildenden Kunst und in der Literatur? Gemeinsam war diesen Künstlern, dass sie die Wirklichkeit in ihren Bildern und Texten nicht mehr so abbildeten, wie sie sie sahen, sondern wie sie sie empfanden. Ihr inneres Erleben sollte zum Ausdruck gebracht werden; daher der Begriff „Expressionismus": Ausdruckskunst.

- Das Gedicht „Patrouille" ist nicht ganz einfach zu verstehen. Wenn ihr aber den Sachtext auf Seite 114 (mit den Hinweisen auf eine „neue Sprache") sorgfältig gelesen habt, solltet ihr euch in das lyrische Ich hineinversetzen können.
  - Sprecht über den Titel des Gedichts: In welcher Situation befindet sich eine Patrouille?
  - Überprüft, welcher Eindruck von Krieg euch vermittelt wird.
  - Vielleicht gelingt es euch, einige der sprachlichen Schreckensbilder aufzulösen: *Fenster grinst Verrat …*
  - Versucht den Text in „normale" Sprache zu übersetzen: *Hinter jedem Stein lauert der Feind …* Wie ändert sich dadurch die Wirkung?
  - Findet in dem Gedicht typische Merkmale der „neuen Sprache" wieder.

- Betrachtet die beiden Bilder von Edvard Munch und Otto Dix sehr genau. Könnt ihr sie als typisch expressionistisch einordnen? Beachtet die Darstellungsweise und die Motive!

Das neue Bild der Stadt

Das Gesicht der Stadt, besonders der Großstadt, änderte sich im Laufe des 19. und mit Beginn des 20. Jahrhunderts ganz entscheidend. Dieser Wandel spiegelte sich in Literatur und Malerei, wie die Bild- und Textbeispiele auf dieser und der nächsten Seite zeigen.

Julius Grelstorff: Stadtansicht von Husum (1863)

Die Stadt *Theodor Storm (1817–1888)*

Am grauen Strand, am grauen Meer
Und seitab liegt die Stadt;
Der Nebel drückt die Dächer schwer,
Und durch die Stille braust das Meer
Eintönig um die Stadt.

Es rauscht kein Wald, es schlägt im Mai
Kein Vogel ohn Unterlass;
Die Wandergans mit hartem Schrei
Nur fliegt in Herbstesnacht vorbei,
Am Strande weht das Gras.

Doch hängt mein ganzes Herz an dir,
Du graue Stadt am Meer;
Der Jugend Zauber für und für
Ruht lächelnd doch auf dir, auf dir,
Du graue Stadt am Meer.

Das neue Bild der Stadt

Ludwig Meidner (1884–1966): Ich und die Stadt

Stadt *Gerrit Engelke (1890–1918)*

Zehntausend starre Blöcke sind im Tal errichtet,
Aus: Stein auf Stein um Holz- und Eisenroste
hochgeschichtet;
Und Block an Block zu einem Berg gedrückt,
Von Dampfrohr, Turm und Bahn noch überbrückt,
Von Draht, der Netz an Netze spinnt.
Der Berg, von vielen Furchen tief durchwühlt:
Das ist das große Labyrinth,
Dadurch das Schicksal Mensch um Menschen spült.

Fünfhunderttausend rollt im Kreis das große Leben
Durch alle Rinnen fort und fort in ungeheurem Streben:
In Kaufhaus, Werkstatt, Saal und Bahnhofshalle,
In Schule, Park, am Promenadenwalle,
Im Fahrstuhlschacht, im Bau am Kran,
Treppauf und ab, durch Straßen über Plätze,
Auf Wagen, Rad und Straßenbahn:
Da schäumt des Menschenstrudels wirre Hetze.

Fünfhunderttausend Menschen rollt das große Leben
Durch alle Rinnen fort und fort in ungeheurem Streben.
Und karrt der Tod auch Hundert täglich fort,
Es braust der Lärm wie sonst an jedem Ort.
Schleppt er vom Hammer-Block den Schmied,
Schleppt er vom Kurven-Gleis den Wagenleiter:
Noch stärker brüllt das Straßenlied:
Der Wagen fährt – der Hammer dröhnt weiter.

- Versucht den Inhalt des Gedichtes von Gerrit Engelke Strophe für Strophe in eigenen Worten wiederzugeben.
- In Strophe 1 werden zahlreiche Metaphern verwendet, die ein ungewohntes Bild der Stadt zeichnen: *Zehntausend starre Blöcke … zu einem Berg gedrückt, von Dampfrohr, Turm und Bahn überbrückt, von Furchen tief zerwühlt …* Klärt gemeinsam, was mit diesen Sprachbildern gemeint ist. Überprüft, welche Metaphern der Autor in den folgenden Strophen verwendet.
- Welchen Eindruck von Stadtleben erhält man, wenn man die beiden Gemälde und die Gedichte vergleicht?
  Passen Bild und Gedicht jeweils zusammen? Begründet eure Meinung.

Das neue Bild der Stadt

Die moderne Großstadt veränderte die Lebensweise vieler Menschen. Einerseits waren sie fasziniert von so viel Neuem und Eindrucksvollem, andererseits waren sie entsetzt über die in diesem Ausmaß nie gekannten Probleme wie Wohnungsnot, Arbeitssuche und Verlust der familiären Geborgenheit.

Berlin in Zahlen *Erich Kästner (1899–1974)*

Lasst uns Berlin statistisch erfassen!
Berlin ist eine ausführliche Stadt,
die 190 Krankenkassen
und 916 ha. Friedhöfe hat.

53 000 Berliner sterben im Jahr
und nur 43 000 kommen zur Welt.
Die Differenz bringt der Stadt aber keine Gefahr,
weil sie 60 000 Berliner durch Zuzug erhält.
Hurra!

Berlin besitzt ziemlich 900 Brücken
und verbraucht, an Fleisch, 303 000 000 Kilogramm.
Berlin hat pro Jahr rund 40 Morde, die glücken.
Und seine breiteste Straße heißt Kurfürstendamm.

Berlin hat jährlich 27 600 Unfälle.
Und 57 600 Bewohner verlassen Kirche und Glauben.
Berlin hat 606 Konkurse, reelle und unreelle,
und 700 000 Hühner, Gänse und Tauben.
Halleluja!

Berlin hat 20 100 Schank- und Gaststätten.
6 300 Ärzte und 8 400 Damenschneider
und 117 000 Familien, die gern eine Wohnung hätten.
Aber sie haben keine. Leider.

Ob sich das Lesen solcher Zahlen auch lohnt?
Oder ob sie nicht aufschlussreich sind und nur scheinen?
Berlin wird von 4 500 000 Menschen bewohnt
und nur, laut Statistik, von 32 600 Schweinen.
Wie meinen?

- Lest das Gedicht von Erich Kästner sorgfältig durch; wenn ihr es vorlest, könnt ihr durch Betonung und Pausen die Ironie deutlich werden lassen. Probiert es aus.
  Findet ihr Textstellen, die das Entsetzen des Autors über das Leben in der Großstadt beinhalten?

Das neue Bild der Stadt

Umberto Boccioni (1882–1916): Die Straße dringt in das Haus

- Umberto Boccioni hat dieses Bild zu Beginn des 20. Jahrhunderts gemalt. Überprüft, wie es zu dem folgenden Text von Kurt Pinthus passt. Achtet dabei auf die Bildinhalte und auf die Darstellungsweise.

Über Modernisierungsprozesse in der Großstadt

Kurt Pinthus (1886–1975)

Welch ein Trommelfeuer von bisher ungeahnten Ungeheuerlichkeiten prasselt seit einem Jahrzehnt auf unsere Nerven nieder! Trotz sicherlich erhöhter Reizbarkeit sind durch diese täglichen Sensationen unsere Nerven trainiert und abgehärtet wie die Muskulatur eines Boxers gegen die schärfsten Schläge. […] Man male sich zum Vergleich nur aus, wie ein Zeitgenosse Goethes oder ein Mensch des Biedermeier seinen Tag in Stille verbrachte und durch welche Mengen von Lärm, Erregungen, Anregungen heute jeder Durchschnittsmensch täglich sich durchzukämpfen hat, mit der Hin- und Rückfahrt zur Arbeitsstätte, mit dem gefährlichen Tumult der von den Verkehrsmitteln wimmelnden Straßen, mit Telefon, Lichtreklame, tausendfachen Geräuschen und Aufmerksamkeitsablenkungen. Wer heute zwischen dreißig und vierzig Jahre alt ist, hat noch gesehen, wie die ersten elektrischen Bahnen zu fahren begannen, hat die ersten Autos erblickt, hat die jahrtausendelang für unmöglich gehaltene Eroberung der Luft in rascher Folge mitgemacht, hat die sich rapid übersteigenden Schnelligkeitsrekorde all dieser Entfernungsüberwinder, Eisenbahnen, Riesendampfer, Luftschiffe, Aeroplane miterlebt.

- Dieser Text könnte auch in unserer Zeit geschrieben worden sein. Mit den „ungeahnten Ungeheuerlichkeiten" wäre heute das Medien- und Computerzeitalter angesprochen – eine Entwicklung, die uns heutige Menschen geradezu überrollt.
  Versucht ähnliche Texte über „Modernisierungsprozesse im 21. Jahrhundert" zu schreiben. Bedenkt dabei, dass vor nicht einmal 20 Jahren Computer, Internet, MP3-Player, E-Mail, SMS, Videospiele, (Foto)Handy, Discman, Bankcard usw. kaum bekannt waren.

Das neue Bild der Stadt

Der Roman „Berlin Alexanderplatz" ist der wohl bedeutendste Großstadtroman dieser Zeit. Es ist die Geschichte des Arbeiters Franz Biberkopf, der in dieser verlockenden, aber auch unerbittlichen Welt der Großstadt zurechtkommen muss.
Der 1929 erschienene Roman von Alfred Döblin wurde bereits zwei Jahre später zum ersten Mal verfilmt, mit Heinrich George in der Hauptrolle (vgl. auch das Filmplakat auf S. 121).

- Lest den folgenden Textauszug und versucht typisch expressionistische Merkmale herauszufinden.

Mit der 41 in die Stadt

Alfred Döblin (1878–1957)

Er stand vor dem Tor des Tegeler Gefängnisses und war frei. Gestern hatte er noch hinten auf den Äckern Kartoffeln geharkt mit den andern, in Sträflingskleidung, jetzt ging er im gelben Sommermantel, sie harkten hinten, er war frei. Er ließ Elektrische auf Elektrische vorbeifahren, drückte den Rücken an die rote Mauer und ging nicht. Der Aufseher am Tor spazierte einige Male an ihm vorbei, zeigte ihm seine Bahn, er ging nicht. Der schreckliche Augenblick war gekommen [schrecklich, Franze, warum schrecklich?], die vier Jahre waren um. Die schwarzen eisernen Torflügel, die er seit einem Jahre mit wachsendem Widerwillen betrachtet hatte [Widerwillen, warum Widerwillen], waren hinter ihm geschlossen. Man setzte ihn wieder aus. Drin saßen die andern, tischlerten, lackierten, sortierten, klebten, hatten noch zwei Jahre, fünf Jahre. Er stand an der Haltestelle.

Die Strafe beginnt.

Er schüttelte sich, schluckte. Er trat sich auf den Fuß. Dann nahm er einen Anlauf und saß in der Elektrischen. Mitten unter den Leuten. Los. Das war zuerst, als wenn man beim Zahnarzt sitzt, der eine Wurzel mit der Zange gepackt hat und zieht, der Schmerz wächst, der Kopf will platzen. Er drehte den Kopf zurück nach der roten Mauer, aber die Elektrische sauste mit ihm auf den Schienen weg, dann stand nur noch sein Kopf in der Richtung des Gefängnisses. Der Wagen machte eine Biegung, Bäume, Häuser traten dazwischen. Lebhafte Straßen tauchten auf, die Seestraße, Leute stiegen ein und aus. In ihm schrie es entsetzt: Achtung, Achtung, es geht los. Seine Nasenspitze vereiste, über seine Backe schwirrte es. „Zwölf Uhr Mittagszeitung", „B. Z.", „Die neuste Illustrirte", „Die Funkstunde neu", „Noch jemand zugestiegen?" Die Schupos haben jetzt blaue Uniformen. Er stieg unbeachtet wieder aus dem Wagen, war unter Menschen. Was war denn? Nichts. Haltung, ausgehungertes Schwein, reiß dich zusammen, kriegst meine Faust zu riechen. Gewimmel, welch Gewimmel. Wie sich das bewegte. Mein Brägen hat wohl kein Schmalz mehr, der ist wohl ganz ausgetrocknet.

Das neue Bild der Stadt

Was war das alles. Schuhgeschäfte, Hutgeschäfte, Glühlampen, Destillen. Die Menschen müssen doch Schuhe haben, wenn sie so viel rumlaufen, wir hatten ja auch eine Schusterei, wollen das mal festhalten. Hundert blanke Scheiben, lass die doch blitzern, die werden dir doch nicht Bange machen, kannst sie ja kaputtschlagen, was ist denn mit die, sind eben blank geputzt. Man riss das Pflaster am Rosenthaler Platz auf, er ging zwischen den andern auf Holzbohlen. Man mischt sich unter die andern, da vergeht alles, dann merkst du nichts, Kerl. Figuren standen in den Schaufenstern in Anzügen, Mänteln, mit Röcken, mit Strümpfen und Schuhen. Draußen bewegte sich alles, aber – dahinter – war nichts! Es – lebte – nicht! Es hatte fröhliche Gesichter, es lachte, wartete auf der Schutzinsel gegenüber Aschinger zu zweit oder zu dritt, rauchte Zigaretten, blätterte in Zeitungen. So stand das da wie die Laternen – und – wurde immer starrer. Sie gehörten zusammen mit den Häusern, alles weiß, alles Holz.

Schreck fuhr in ihn, als er die Rosenthaler Straße herunterging und in einer kleinen Kneipe ein Mann und eine Frau dicht am Fenster saßen: die gossen sich Bier aus Seideln in den Hals, ja was war dabei, sie tranken eben, sie hatten Gabeln und stachen sich damit Fleischstücke in den Mund, dann zogen sie die Gabeln wieder heraus und bluteten nicht. Oh, krampfte sich sein Leib zusammen, ich kriege es nicht weg, wo soll ich hin? Es antwortete: Die Strafe.

Er konnte nicht zurück, er war mit der Elektrischen so weit hierher gefahren, er war aus dem Gefängnis entlassen und musste hier hinein, noch tiefer hinein.

Das weiß ich, seufzte er in sich, dass ich hier rin muss und dass ich aus dem Gefängnis entlassen bin. Sie mussten mich ja entlassen, die Strafe war um, hat seine Ordnung, der Bürokrat tut seine Pflicht. Ich geh auch rin, aber ich möchte nicht, mein Gott, ich kann nicht.

- Berühmt geworden ist der Roman auch durch seine Erzählweise. Achtet einmal darauf, wer wie worüber spricht oder denkt.

- Mit etwas Fantasie könnt ihr euch selbst auf diese Weise auf einen Stadtgang in der heutigen Zeit begeben.

Endzeitstimmung und …

Waren viele Schriftsteller der damaligen jungen Generation noch begeistert von den Errungenschaften der Zeit, so schlug diese Begeisterung sehr bald in Enttäuschung und Unzufriedenheit um. Die soziale Situation vieler Menschen vor allem in der Großstadt, die Anonymität des Menschen in der entstehenden Massengesellschaft und die damit verbundenen Lebensängste sowie die Bürokratisierung der Lebenswelt wurden als deprimierend empfunden.
Zu der Unzufriedenheit mit der sozialen und politischen Situation – die Wilhelminische Kaiserzeit war gekennzeichnet durch militaristisches und nationalistisches Denken – gesellte sich auch ein Zweifel an der angeblichen Perfektion der technischen und naturwissenschaftlichen Leistungen.
Eine Cholera-Epidemie (1892), ein Erdbeben (1906), Katastrophen wie der Einsturz der Brücke über den Tay (Theodor Fontane greift dieses Geschehen in seiner berühmten Ballade auf), die Angst vor dem Halleyschen Kometen und auch der Untergang der Titanic (1912) trugen zur Verunsicherung vieler Menschen bei.
Besonders die Expressionisten sehnten sich in ihrer Dichtung nach einem totalen Neubeginn. Irgendetwas Gewaltiges sollte passieren, die Welt sollte aus den Angeln gehoben, am liebsten zerstört werden: Sehnsucht also nach einer Apokalypse, damit etwas Neues entstehen konnte.

Ludwig Meidner (1884–1966): Weltende/Apokalypse

Weltende *Jakob van Hoddis (1887–1942)*

Dem Bürger fliegt vom spitzen Kopf der Hut,
in allen Lüften hallt es wie Geschrei.
Dachdecker stürzen ab und gehn entzwei
und an den Küsten – liest man – steigt die Flut.

Der Sturm ist da, die wilden Meere hupfen
an Land, um dicke Dämme zu zerdrücken.
Die meisten Menschen haben einen Schnupfen.
Die Eisenbahnen fallen von den Brücken.

- Lest das Gedicht so vor, dass die typische Stimmung der Expressionisten, die der Informationstext oben beschreibt, herauszuhören ist.
- Überprüft, wie es dem Verfasser gelingt, bei den Lesern Entsetzen, Kopfschütteln zu bewirken.
- Vielleicht lässt sich eine dritte Strophe nach demselben Schema dichten …
  Oder ihr schreibt ein modernes Egal-Gedicht?

Aufbruch zu neuen Ufern

Menschen, die von der Norm abweichen, die anders sind, faszinieren uns. **Else Lasker-Schüler** war solch ein Mensch.

Geboren 1869 in Wuppertal und aufgewachsen in gutbürgerlicher Umgebung heiratet sie standesgemäß und lebt in der Metropole Berlin.

Hier tritt sie auf und trägt ihre Gedichte vor, in einem „Outfit", das für damalige Verhältnisse revolutionär war und vergleichbar ist mit dem Auftreten der ersten Rock-Bands wie z. B. den Rolling Stones, einer Punk-Band o. Ä. „Sie … hatte pechschwarze Haare, kurz geschnitten, was zu der Zeit noch selten war … Man konnte weder damals noch später mit ihr über die Straße gehen, ohne dass alle Welt stillstand und ihr nachsah: extravagante weite Röcke oder Hosen, unmögliche Obergewänder, Hals und Arme behängt mit auffallendem, unechtem Schmuck."

Vier Jahre später verliebt sie sich auf offener Straße in einen wildfremden Mann, dessen Namen sie niemandem offenbart, wirbt um ihn, geht ein Verhältnis mit ihm ein, bekommt einen Sohn von ihm. Sie gibt ihre bürgerliche Sicherheit auf, lebt z.T. in einem Kellerverlies, gibt ihren heißgeliebten Sohn Paul ihrer Schwester in Obhut. Kurzfristig lebt sie als einzige Frau in einer Männer-Wohngemeinschaft.

Der Umzug in die Weltstadt Berlin (1894) sorgte für ihr Bekanntwerden als begabte Künstlerin. 1902 wird ihr erster Gedichtband „Styx" veröffentlicht. 1905 der zweite und 1906 ihr erstes Schauspiel „Die Wupper". Auch durch ihre Zeichnungen macht sie sich einen Namen und ihre Lesungen in Deutschland führen dazu, dass sie eine hohe Literaturauszeichnung, den Kleist-Preis, erhält.

Weniger glücklich verläuft ihr Privatleben: Krankheit und früher Tod des Sohnes, zwei gescheiterte Beziehungen, woran sie sehr leidet, die Ausweisung als Jüdin aus Nazideutschland und schließlich ihr einsames Leben in Jerusalem, wo sie 1945 stirbt. Ihr Grab ist noch heute dort zu finden.

Was heutige Leser besonders an ihren Gedichten fasziniert, ist die expressive, ausdrucksstarke Sprache, mit der es Else Lasker-Schüler versteht, Dinge auszudrücken, die uns Menschen bewegen und für die uns, Erwachsenen wie Jugendlichen, damals wie heute, bisweilen einfach die passenden Worte fehlen – Worte für Liebe, Leidenschaft, Sexualität, Schmerz und Trauer. In ihrer Dichtung zeigt sich eine schrankenlose Leidenschaft, ohne Moral und falsche Scham. Einige ihrer Gedichte stehen auf Seite 124.

- Else Lasker-Schüler wäre auch aus heutiger Sicht eine total moderne Frau. Seht euch dazu ihr Selbstporträt auf Seite 124 an. Könnt ihr diese Behauptung unterstützen?

- Was würdest du Else Lasker-Schüler sagen, wenn du ihr einen Brief schreiben könntest? Was wäre heute genauso, was ganz anders (Verhalten, Kleidung/Outfit, Moral, Religion, Auftreten auf der Bühne …)?

Aufbruch zu neuen Ufern

Ich bin traurig *Else Lasker-Schüler*

Deine Küsse dunkeln, auf meinem Mund.
Du hast mich nicht mehr lieb.

Und wie du kamst –!
Blau vor Paradies;

Um deinen süßesten Brunnen
Gaukelt mir mein Herz.

Nun will ich es schminken,
wie die Freudenmädchen

Alt ist der Mond geworden.
Die Nacht wird nicht mehr wach.

Du erinnerst dich meiner kaum.
Wo soll ich mit meinem Herzen hin?

Selbstporträt von Else Lasker-Schüler

Heimlich zur Nacht *Else Lasker-Schüler*

Ich habe dich gewählt
Unter allen Sternen.

Und bin wach – eine lauschende Blume
Im summenden Laub.

Unsere Lippen wollen Honig bereiten,
Unsere schimmernden Nächte sind aufgeblüht.

An dem seligen Glanz deines Leibes
Zündet mein Herz seine Himmel an –

Alle meine Träume hängen an deinem Golde,
Ich habe dich gewählt unter allen Sternen.

Sinnenrausch *Else Lasker-Schüler*

Dein sünd'ger Mund ist meine Totengruft,
Betäubend ist sein süßer Atemduft,
Denn meine Tugenden entschliefen.
Ich trinke sinnberauscht aus seiner Quelle
Und sinke willenlos in ihre Tiefen,
Verklärten Blickes in die Hölle.

Mein heißer Leib erglüht in seinem Hauch,
Er zittert, wie ein junger Rosenstrauch,
Geküsst vom warmen Maienregen.
– Ich folge Dir ins wilde Land der Sünde
Und pflücke Feuerlilien auf den Wegen,
– wenn ich die Heimat auch nicht wiederfinde …

Ihr könnt dazu auch ein Schreibgespräch führen, indem ihr neben einer Kopie eines Gedichtes Fragen und Anmerkungen notiert und kommentiert.

Else Lasker-Schüler gehörte zu den Menschen, die jede Liebe mit Herzblut bezahlen. Das spürt man auch beim Lesen dieser Gedichte.

- Versucht, die sprachlichen Bilder zu verstehen, mit denen die Dichterin Gefühle wie Verliebtsein und Traurigkeit ausdrückt: Was könnte z. B. „meine Tugenden entschliefen" im Gedicht „Sinnenrausch" bedeuten? Oder was geht in ihr vor, wenn sie in dem Gedicht „Ich bin traurig" – ihr Herz „wie ein Freudenmädchen schminken" will?
- Wie würdet ihr diese Gefühle ausdrücken?

Werkstatt Gedichte

Gedichte sind klasse!

Wer hätte das gedacht? Vor allem Schülerinnen und Schüler waren gekommen, um Oliver Mahnke zuzuhören, wie er Gedichte vortrug. Es waren lustige dabei wie der „Herr von Ribbeck“, aber auch traurige. Goethe zum Totlachen und Goethe zum Nachdenken. Die jungen Leute waren immer bei der Sache. Wenn er zu den Gedichten dann auch noch mit der Gitarre rockte, gab es großen Applaus.

Diese Meldung war kürzlich in einer Tageszeitung zu lesen. Da hatte ein Mann vor Kindern und Jugendlichen Gedichte vorgetragen – und alle hörten gebannt zu. „Ich wusste gar nicht, dass das so viel Spaß machen kann“, sagte eine Schülerin. Ein anderer meinte: „Ich mag eigentlich keine Gedichte. Die sind immer so langweilig und manchmal verstehe ich sie überhaupt nicht. Aber wenn man sie hört … toll!“
Ja, das ist es! Man muss sie lesen und hören. Denn fast alle Gedichte wollen klingen. Aber natürlich muss man sie erst einmal verstehen – und das macht manchmal einige Mühe.

Was man mit Gedichten alles tun kann

- Natürlich muss man sie zuerst einmal verstehen. In dieser Werkstatt lernt ihr, wie man ihrem Sinn auf die Spur kommt.
- Man kann untersuchen, wie Gedichte gemacht sind: wie sie aufgebaut sind, wie sie sich reimen, welche Bilder sie enthalten. Das nennt man „analysieren“.
- Man kann anderen mitteilen, wie man sie verstanden hat. Das nennt man „interpretieren“.
- Ihr könnt Gedichte kommentieren oder anderen zum Lesen empfehlen.
- Man kann sie zum Lesen vorbereiten.
- Besonders vergnüglich ist es, Gedichte anderen vorzutragen.
- Du kannst Gedichte auch selbst schreiben.
- Dann möchte man sie auch anderen präsentieren: in einem Gedichtbuch der Klasse zum Beispiel oder auf einem Poster.
- Ihr könnt aus Gedichten eine Szene gestalten und sie gemeinsam vorspielen.
- Ihr könnt zu Gedichten Bilder malen oder eine Collage anfertigen.

Zu manchem davon möchte euch diese Werkstatt anregen.

Wie sich ein Gedicht von einem Sachtext unterscheidet

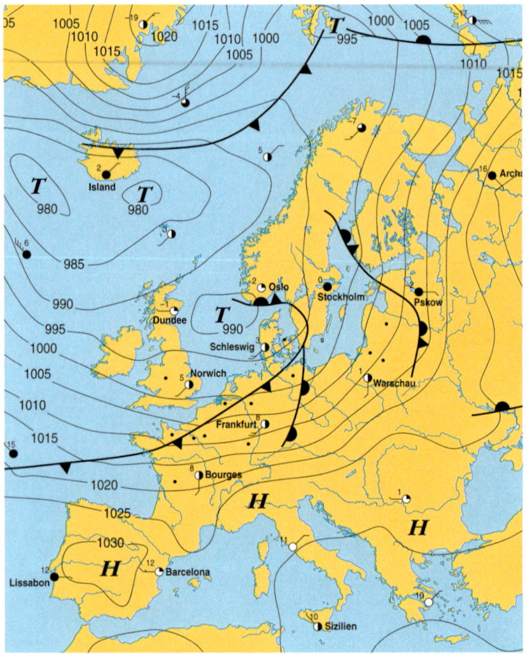

Wetterbericht – Frühlingsglaube

Zwischen zwei umfangreichen Hochs über Russland und den Azoren strömen die linden Lüfte Tiefs in unsere Region und bringen umfangreiche Wolkenfelder sind erwacht in den Morgenstunden beherrschen Frühnebel unsere Wetterlage die sich sie säuseln und weben erst gegen Tag und Nacht Mittag auflösen sie schaffen an allen Enden hier und da o frischer Duft können Gewitter o neuer Klang auftreten nun armes Herze die Tagestemperaturen sei nicht bang erreichen nur 12 bis 14 Grad nun muss sich alles alles wenden.

Die weiteren Aussichten die Welt wird schöner mit jedem Tag unbeständig und für die Jahreszeit zu kühl man weiß nicht was noch werden mag erst am kommenden Samstag das Blühen will nicht enden und Sonntag es blüht das fernste tiefste Tal setzt sich nun armes Herz vergiss der Qual das Azorenhoch zumindest in Süddeutschland nun muss sich alles alles wenden allmählich durch und bringt sonnigere Abschnitte.

1 Hier sind zwei Texte miteinander vermischt worden: ein Wetterbericht und ein Gedicht – und das alles ohne Punkt und Komma.
Lest euch diesen Mischtext erst einmal gegenseitig vor, dann merkt ihr schon an vielen Stellen, welche Sätze zu dem einen und welche zu dem anderen Text gehören.

2 Lege eine Folie über die Seite und unterstreiche die Sätze, die zum Wetterbericht gehören.

3 Überprüft euch gegenseitig, ob ihr es alle genauso gemacht habt.

4 Sprecht darüber, woran ihr gemerkt habt, was zum Wetterbericht und was zum Gedicht gehört – und an welchen Ausdrücken euch das besonders aufgefallen ist. Sucht einzelne Wörter oder Wortkombinationen heraus, von denen ihr meint, dass sie nie und nimmer in einem Gedicht oder in einem Wetterbericht stehen könnten.

5 Schreibe das Gedicht auf. Achte dabei auf die Reimwörter! Sie geben dir an, an welcher Stelle ein Vers zu Ende ist.

6 Worin besteht eigentlich der grundsätzliche Unterschied zwischen einem Frühlingsgedicht und einer Nachricht über das Frühlingswetter? Was wollen die beiden Texte erreichen? Wie wollen sie wirken?

Prosa in Lyrik umgestalten

Zeit

Man kann nie eine schöne Zeit zurückdrehen. Das habe ich einmal sehr bedauert. Doch heute weiß ich, dass die Zeit, die kommt, noch viel, viel schöner werden kann. Ich muss ihr nur mit großen Schritten entgegenlaufen.

Mein wildester Traum

Eines Tages fahre ich mit einer Harley übern Highway Amerika von Nord nach Süd. Schwarzer Klang unter blitzendem Chrom. Feeling, Fernweh, Freiheit, Leben. Mein wildester Traum mit einer Harley übern Highway. Eines Tages.

1 Das sind zwei Texte, die Jugendliche geschrieben haben. Beide sind hier in durchgehenden Sätzen abgedruckt. Aber man merkt beim Lesen schon, dass es sich eigentlich um Gedichte und nicht um Sachtexte oder Erzähltexte handelt. Woran merkt man das?

Das Wichtigste, woran man ein Gedicht erkennen kann, ist die äußere **Form.** Diese Form besteht aus Versen und Strophen:
Eine **Strophe** ähnelt in der Regel einem **Absatz.**
Ein **Vers** ist eine Art **Sprech- oder Sinneinheit,** die allerdings nicht immer aus vollständigen Sätzen besteht. Das Ende eines Verses signalisiert dem Leser in der Regel, dass er hier beim Sprechen eine kleine **Atempause** machen soll. Verse sind also keine willkürlichen Anordnungen von Wörtern, sondern bewusste Gestaltungsmittel!
Pausen werden in Gedichten oftmals nicht durch die **Zeichensetzung** (Punkte und Kommas) signalisiert. In Gedichten kann die Zeichensetzung als ein besonderes Gestaltungsmittel eingesetzt werden.

Eines Tages
fahre ich mit
einer
Harley übern Highway

Eines Tages
fahre ich mit einer
Harley übern
Highway

Eines Tages
fahre ich
mit einer Harley
übern Highway

2 Sprecht euch die Vers-Fassungen des Gedichtanfangs „Mein wildester Traum", die auf den Zetteln stehen, gegenseitig vor. Macht am Ende eines jeden Verses eine kleine Pause. Welche Fassung überzeugt euch am meisten?

3 Schreibe einen der beiden Texte selbst in Versen und Strophen als Gedicht auf. Dabei soll kein Wort verloren gehen.

4 Lest euch eure Gedichtfassungen der beiden Texte so vor, dass man heraushört, wie ihr die Verse gestaltet habt.

5 Vergleicht eure eigenen Fassungen mit denen der beiden Schüler auf S. 142. Überzeugt es euch, wie die beiden Schüler ihre Texte gestaltet haben? Oder findet jemand von euch seine Fassung noch besser?

6 Schreibe selbst ein Gedicht, zum Beispiel über deinen schönsten oder „wildesten" Traum.

Versmaß und Reimschema

Immer allein – irgendwo unterwegs.

Jedes dieser vier Wörter wird anders betont: zwei vorn, zwei hinten:

ím-mer – al-léin – ír-gend-wo – un-ter-wégs.

1 Die ersten beiden Wörter sind zweisilbig, die anderen beiden dreisilbig. Sprecht euch diese vier Wörter mit etwas übertriebener Betonung vor.

Nach der Folge von betonten und unbetonten Silben sind die Verse in deutschen Gedichten aufgebaut. Man nennt einen solchen Aufbau von Betonungen Versfuß oder **Metrum** (Plural: Metren):

Jambus: So nennt man die Betonungsform von *al-léin (◡ —) ta-dám, ta-dám.*
Trochäus: So nennt man die Betonungsform von *ím-mer (— ◡) dám-ta, dám-ta.*
Daktylus: So heißt die Form von *ír-gend-wo (— ◡ ◡) dám-ta-ta, dám-ta-ta.*
Anapäst: So heißt die Form von *un-ter-wégs (◡ ◡ —) ta-ta-dám, ta-ta-dám.*

2 Sprecht euch die folgenden Gedichtanfänge vor. Sie sind in Prosa aufgeschrieben. Aber welches Versmaß sie haben, könnt ihr beim Sprechen gut erkennen, und zwar immer schon an den ersten drei, vier Wörtern! Ordnet den Gedichtanfängen die richtigen Metren zu:

Gedichtanfänge

a Rauschendes Bächlein, so silbern und hell, eilst zur Geliebten, so munter und schnell. *(Rellstab)*

b Schläft ein Lied in allen Dingen, die da träumen fort und fort, und die Welt hebt an zu singen, triffst du nur das Zauberwort. *(Eichendorff)*

c Es mangelt nie Gelegenheit, was Gutes zu verrichten; es mangelt nie Gelegenheit, was Gutes zu vernichten. *(Logau)*

d In der Nacht gegen zwei bin erwacht ich vom Traum, ich saß unter dem Baum und vernahm deinen Schrei. *(Körner)*

3 Ordnet einmal die Vornamen eurer Klasse den vier Metren zu:
- Jambus: *Pas-cál* …
- Trochäus: *Lót-te* …
- Daktylus: *Jó-na-than* …
- Anapäst: *An-toi-nétte* …

Manche Namen bestehen auch aus einem Amphibrachys, der aber in deutscher Lyrik kaum vorkommt: *A-ní-ta* …

Versmaß und Reimschema

Wenn sich die Verse eines Gedichtes am Ende reimen (was längst nicht immer so ist), dann kann man verschiedene Möglichkeiten des **Reimschemas** erkennen:

Paarreim:	Kreuzreim:	Umarmender Reim:
Irgendwo.	*Immer irgendwo*	*Immer irgendwo*
Nirgendwo.	*allein.*	*allein.*
Immer allein.	*Nirgendwo*	*Niemals zu zwein.*
Niemals zu zwein.	*zu zwein.*	*Nirgendwo.*

Reime, die auf eine betonte Silbe enden, nennt man **männliche Reime:** *al-lein* …

Reime, die auf eine unbetonte Silbe enden, nennt man **weibliche Reime:** *ir-gend-wo*

4 **Schreibe die Zeilen a bis d auf der vorigen Seite als Gedichtverse auf. Gib an, nach welchem Reimschema sie gebildet sind. Beachte: Einer der Gedichtanfänge besteht nur aus zwei Versen, die anderen jeweils aus vier!**

5 **Der folgende Text ist eine Aussage über die Schönheit von Gedichten. Die Reimwörter sind hier ganz besonders schön aufeinander bezogen. Gib das Metrum und das Reimschema an:**

Ein kleines Lied

Marie von Ebner-Eschenbach

Ein kleines Lied! Wie geht's nur an,
dass man so lieb es haben kann?
Was liegt darin? Erzähle!
Es liegt darin ein wenig Klang
ein wenig Wohllaut und Gesang
und eine ganze Seele.

Ein einzelner Vers in einem Gedicht besteht fast immer aus mehreren Wörtern. Wenn diese Wörter dasselbe Metrum haben, spricht man von Versmaß. Das **Versmaß** des Gedichtes „Ein kleines Lied" besteht aus vier Jamben. Es ist also ein **vierhebiger Jambus:**
Ein klei-nes Lied! Wie geht's nur an …

Das Versmaß kann zwei-, drei- oder vierhebig sein. Es kommen sogar fünf- und sechshebige Verse vor.

6 **Untersuche das Gedicht „Frühlingsglaube" (S. 142): Welches Versmaß hat es? Welches Reimschema?**

Ein Sonett analysieren und inszenieren

Rammer & Brecher Sonett *Ror Wolf*

Das ist doch nein die schlafen doch im Stehen.
Das ist doch ist das denn die Möglichkeit.
Das sind doch Krücken. Ach du liebe Zeit.
Das gibts doch nicht. Das kann doch gar nicht gehen.

Die treten sich doch selber auf die Zehen.
Die spielen viel zu eng und viel zu breit.
Das sind doch nein das tut mir wirklich leid.
Das sind doch Krüppel. Habt ihr das gesehen?

Na los geh hin! Das hat doch keinen Zweck.
Seht euch das an, der kippt gleich aus den Schuhn.
Ach leck mich fett mit deinem Winterspeck.

Jetzt knickt der auch noch um, na und was nun?
Was soll denn das oh Mann ach geh doch weg.
Das hat mit Fußball wirklich nichts zu tun.

1 Erklärt euch gegenseitig, worum es in diesem Gedicht geht, in welcher Situation es spielt, was die merkwürdige Überschrift zu bedeuten hat und wer diese Rammer und Brecher sind.

2 In der Überschrift ist die Form des Gedichtes (Sonett) genannt. Ein Sonett ist eine sehr strenge Gedichtform:
- mit einer festgelegten Anzahl von Strophen,
- mit einer bestimmten Anzahl von Versen in jeder Strophe,
- mit einem besonderen Reimschema
- und in der Regel mit einem ernsten Inhalt, was hier nicht der Fall ist. Ror Wolf hat die Alltagssprache als Sonett gestaltet und eine Art Parodie daraus gemacht.

Bestimme die Form dieses Sonetts. Denke daran:
- Es gibt Paarreime, Kreuzreime und umarmende Reime, die man mit den Buchstaben a, b, c bestimmen kann. Die Verse können einen männlichen oder weiblichen Ausgang haben.
- Es gibt als Versfüße den Jambus, Trochäus, Daktylus und Anapäst.

3 Ein Sonett ist ein klingendes Gedicht. Bringt dieses Sonett durch eine Inszenierung zum Klingen: Stellt eine Gruppe von Sprecherinnen und Sprechern zusammen. Teilt ihnen die einzelnen Ausrufe zu und sprecht das Gedicht mit verteilten Stimmen.

Das lyrische Ich

Der schöne 27. September *Thomas Brasch*

Ich habe ___ gelesen.
Ich habe ___ nachgesehn.
Ich habe ___ geöffnet.
Ich habe ___ gewünscht.
Ich habe ___ gesehn.
Ich habe ___ über ___ gesprochen
und ___ über ___.
Ich habe ___ nachgedacht.
Ich habe ___ geschrieben.
Ich habe ___ …

1 In diesem Gedicht spricht ein Ich über den schönen 27. September. Was es genau getan hat oder nicht getan hat, ist wegen der Textlücken nicht zu erkennen. Aber aus den Verben ist doch einiges herauszulesen.

> In vielen Gedichten kommt eine Figur vor, die **Ich** sagt.
>
> Dieses **lyrische Ich** eines Gedichtes ist nicht mit dem **Autor** gleichzusetzen. Immer schlüpft der Autor in eine bestimmte Rolle hinein und schreibt aus einer bestimmten Situation. Deswegen kann man selten sagen, dass es der Autor selbst ist, der in seinem Gedicht etwas über sein Innerstes verrät.

2 Denke dir einen Tag aus, von dem du sagen könntest: *Der schöne* … Übernimm die Worte des Gedichtes von Thomas Brasch und ergänze die Lücken mit deinen eigenen Vorstellungen oder Erfahrungen. Füge aber immer nur so viel ein, dass die einzelnen Verse deines Gedichtes nicht zu lang werden!

Und denke daran: Auch dein lyrisches Ich ist eine Rolle, aus der du schreiben kannst, was sich dieses Ich vorstellt. Geheimnisse oder Intimitäten musst du dabei nicht verraten.

3 Lest euch eure Gedichte gegenseitig vor. Seid gespannt darauf, was eure Mitschülerinnen und Mitschüler an einem solchen Tag getan und empfunden haben – möglicherweise auch, was sie nicht getan haben.

4 Lest nun das Originalgedicht von Thomas Brasch (S. 136). Ihr werdet sicher überrascht sein, was für dieses lyrische Ich so besonders an diesem 27. September war.

Metaphern deuten

Umsturz *Ursula Krechel*

Von heut an stell ich meine alten Schuhe
nicht mehr ordentlich neben die Fußnoten
häng den Kopf beim Denken
nicht mehr an den Haken
freß keine Kreide. Hier die Fußstapfen
im Schnee von gestern, vergeßt sie
ich hust nicht mehr mit Schalldämpfer
hab keinen Bock
meine Tinte mit Magermilch zu verwässern
ich hock nicht mehr im Nest, versteck
die Flatterflügel, damit ihr glauben könnt
ihr habt sie mir gestutzt. Den leeren Käfig
stellt mal ins historische Museum
Abteilung Mensch weiblich.

1 Hier spricht im Gedicht eine Person. Man nennt so einen Sprecher „lyrisches Ich". Wie schätzt ihr die Sprechhaltung, in der hier gesprochen wird, ein? Wird eher mit Zorn, mit Resignation, mit Protest, mit Trauer, aufsässig, wütend oder spottend gesprochen?

2 Lest euch das Gedicht so vor, wie ihr meint, dass es gesprochen werden muss.

3 Versucht einige Sätze des Gedichts in eigenen Worten auszudrücken.

Die **Metapher** ist ein bildhafter Ausdruck. Was in der Alltagssprache eher sachlich bezeichnet wird ***(ich verstelle meine Stimme nicht mehr),*** wird in einem Gedicht **bildlich** dargestellt ***(ich fress keine Kreide).***

Metaphern eröffnen in ihrer Bildlichkeit **Vorstellungen,** sie regen die **Fantasie** an. Diese Vorstellungen sind aber nie ganz festgelegt, sodass sich die Leser eines Gedichtes Verschiedenes unter einer Metapher vorstellen können. Gerade das macht es notwendig, ein Gedicht zu interpretieren und anderen seine Vorstellungen mitzuteilen.

Metaphern können aus einzelnen **Wörtern** ***(Flatterflügel)*** oder aus ganzen **Sätzen** bestehen: ***Ich häng den Kopf beim Denken nicht mehr an den Haken.***

Manche Metaphern gehen auch in die Alltagssprache ein:
etwas ist vorbei = ist Schnee von gestern.

Metaphern deuten

4 Schreibt kurz auf, was ihr euch unter den folgenden Metaphern vorstellt. Sprecht dann über eure Deutungen:

- *(Ich) häng den Kopf beim Denken nicht mehr an den Haken.*
- *(Ich) hab keinen Bock meine Tinte mit Magermilch zu verwässern.*
- *(Ich) hock nicht mehr im Nest ... Den leeren Käfig stellt mal ins historische Museum.*

5 In einem zehnten Schuljahr ist einmal über dieses Gedicht gesprochen worden. In den Sprechblasen stehen einige Aussagen von Schülerinnen und Schülern. Sprecht miteinander darüber.

Ein Mädchen protestiert hier gegen die Lehrer, die wollen, dass man so schreibt, wie sie es gern hätten. Dagegen bin ich auch.

Das Gedicht mit seinen Metaphern sagt, dass sich hier eine durchsetzen will. Sie will einfach nicht mehr schön brav sein. Sie will ihren eigenen Kopf durchsetzen.

Das lyrische Ich ist die Schriftstellerin selbst. Sie will andere Gedichte schreiben, als man erwartet. Einige Metaphern sagen doch etwas über das Schreiben aus: Fußnoten, Tinte und so.

Die Metaphern bedeuten, dass sich ein Mädchen von seinen Eltern emanzipieren will.

6 Auch Schüler verwenden manchmal Metaphern, wenn sie Gedichte schreiben. In dem folgenden Gedichtausschnitt finden sich

- zwei bildliche Vergleiche mit dem Vergleichswort *wie,*
- ein ganzer Satz, der eine Metapher ist:
  Hab mir an dir die Finger verbrannt,
- und eine metaphorische Kombination zweier Redewendungen:
  Hals über Kopf – Mit Kopf und Kragen.

Sie zu deuten dürfte dir sicher nicht schwer fallen:

Hals über Kopf und Kragen

Jennifer Gitschmann (15 Jahre)

Deine Augen leuchten wie Diamant,
wie Seide dein schönes Haar.
Hab' mir an dir die Finger verbrannt,
und möcht' dir doch alles geben.
Ich liebe dich mehr als mein Leben.
Eben! Was soll ich sagen?!

Hals über Kopf und Kragen!

Ein Parallelgedicht schreiben

Vergnügungen *Bertolt Brecht*

Der erste Blick aus dem Fenster am Morgen
Das wiedergefundene alte Buch
Begeisterte Gesichter
Schnee, der Wechsel der Jahreszeiten
Die Zeitung
Der Hund
Die Dialektik
Duschen, Schwimmen
Alte Musik
Bequeme Schuhe
Begreifen
Neue Musik
Schreiben, Pflanzen
Reisen
Singen
Freundlich sein.

1 Lest euch Brechts Gedicht „Vergnügungen" aufmerksam durch. Sprecht aber zunächst nicht miteinander darüber! Ein Gespräch solltet ihr erst später führen.

2 Schreibe jetzt einmal ein „Parallelgedicht" zu dem Text von Brecht. Es sollte Auskunft geben über deine eigenen „Vergnügungen", also Dinge, die du gern tust, erlebst, an anderen Menschen liebst.

Bedenke aber: Brecht hat hier nur das aufgeschrieben, was andere Menschen auch lesen dürfen. Also: nichts, was man in der Öffentlichkeit besser verschweigt!

Dein Gedicht sollte möglichst genauso aufgebaut sein wie das von Brecht: mit langen und kurzen Zeilen, mit einzelnen Wörtern in einer Zeile, mit genauso vielen Zeilen, wie sie das Brecht-Gedicht hat. Damit wollen wir dir nicht deine Fantasie eingrenzen, sondern dich auf Ideen bringen.

Die Parallelität ist wichtig für das Gespräch über Brechts Gedicht. Übrigens: Wenn du etwas von Brecht übernehmen möchtest, kannst du es tun.

Ein Parallelgedicht schreiben

Dein Gedicht könnte z. B. so anfangen:
Der warme Strahl aus der Dusche am Morgen …

oder so: *Der helle Sonnenstrahl in den Fenstern am Morgen …*

oder auch so: *Der schöne Traum in den Kissen am Sonntagmorgen …*

3 Wenn ihr eure Gedichte geschrieben habt, lest sie euch gegenseitig vor. Achtet dabei auf die Spielregeln: Sind eure Texte so gebaut wie der von Brecht?

4 Ihr könntet auch einige eurer eigenen Texte folgendermaßen vorlesen: Jemand liest den ersten Vers von Brecht, dann liest einer den ersten eines Gedichtes von sich selbst usw. – immer Vers für Vers: einmal Brecht, einmal Schüler oder Schülerin:

Der erste Blick aus dem Fenster am Morgen

Der helle Sonnenstrahl in den Fenstern am Morgen

Auf diese Weise könnt ihr die Parallelität eurer eigenen Texte mit dem Brecht-Gedicht besonders gut hörbar machen.

5 Seht euch am Schluss noch einmal das Gedicht von Brecht genau an: Worüber spricht er? Und wie ist alles verteilt: das Alltägliche und das Besondere, das Sachliche und das Naturhafte, das Gefühlsmäßige und das Geistige?
Mitten im Text steht ein merkwürdiger Begriff: *die Dialektik.* Dialektik ist eine Denkweise, bei der es darum geht, zwei Standpunkte einander gegenüberzustellen, Gegensätze zu überwinden und Widersprüche zu lösen. Vielleicht ist auch dir ein Begriff so wichtig, dass du ihn in dein Gedicht einbauen möchtest:

Der Frieden – Die Gerechtigkeit – Die Liebe – Die Religion – Die Freundschaft …

6 Wer möchte, könnte auch ein Gedicht mit einer anderen Überschrift schreiben:
„Traurigkeiten" oder „Befürchtungen" oder „Sehnsüchte".

Auch das sollte aber so gebaut sein wie Brechts „Vergnügungen"!

Fragen an ein Gedicht stellen

Der schöne 27. September *Thomas Brasch*

Ich habe keine Zeitung gelesen.
Ich habe keiner Frau nachgesehn.
Ich habe den Briefkasten nicht geöffnet.
Ich habe keinem einen Guten Tag gewünscht.
Ich habe nicht in den Spiegel gesehn.
Ich habe mit keinem über alte Zeiten gesprochen
und mit keinem über neue Zeiten.
Ich habe nicht über mich nachgedacht.
Ich habe keine Zeile geschrieben.
Ich habe keinen Stein ins Rollen gebracht.

Das ist nun wirklich ein merkwürdiger Text! Er ist auf folgende Weise zu Stande gekommen:
Der russische Schriftsteller Maxim Gorki forderte 1935 die Schriftsteller der Welt auf, einen bestimmten „Tag der Welt" zu beschreiben; es sollte der 27. September sein. Jahrzehnte später hat die Zeitschrift noch einmal daran erinnert und den Aufruf für das Jahr 1960 wiederholt.
Thomas Brasch nimmt diesen Tag zum Anlass für sein Gedicht. Er schreibt aber, was er *nicht* getan hat. Es ist ein bekanntes literarisches Spiel, aus dem, was man verneint, etwas von dem hindurchscheinen zu lassen, was ist oder sein sollte. Damit stellen Schriftsteller oft das heraus, worunter sie besonders leiden oder was sie gern hätten. Das ist vielleicht auch hier so.

1 Fragt doch einmal dieses Ich, was es sich bei den einzelnen Versen so gedacht haben könnte. Dieses Ich kann euch natürlich keine Antwort geben. Aber ihr könnt euch mögliche Antworten selbst vorstellen:

Du,
was hast du dir eigentlich dabei gedacht, dass es besonders schön ist, keine Zeitung gelesen zu haben? Na, ich kann es mir schon vorstellen: Da wird doch immer nur über Katastrophen und Kriege geschrieben, über Streiks und Hungersnöte. Da findest du es vielleicht schön, wenn du mit diesem ganzen Zeitungskram mal nichts zu tun hast.

Und dass du keiner Frau nachgesehen hast? Bist du schon zu alt dafür oder …

2 Es könnte Eindruck machen – und vielleicht hätten auch andere Freude daran, wenn ihr eure Texte, die ihr selbst ergänzt habt (S. 131), und diese Briefe an das lyrische Ich zusammen mit dem Brasch-Gedicht anderen präsentieren würdet, z. B. in einer Art Gedicht-Zeitung.

Sprachspiele mit Gedichten

Es gibt mancherlei Anlässe, anderen Gedichte zu präsentieren: auf einem Klassenabend oder in einem Gedichtheft der Abschlussklasse. Vielleicht habt ihr schon an einigen Beispielen aus dieser Einheit Material dafür gesammelt. Hier auf dieser Seite bekommt ihr noch zwei besonders schöne Vorschläge.

Liebeskummer-Sonett

◡ — ◡ — ◡ — ◡ — ◡ — ◡ Sonne
◡ — ◡ — ◡ — ◡ — ◡ — Brust
◡ — ◡ — ◡ — ◡ — ◡ — ◡ Wonne
◡ — ◡ — ◡ — ◡ — ◡ — Lust

◡ — ◡ — ◡ — ◡ — ◡ — ◡ Triebe
◡ — ◡ — ◡ — ◡ — ◡ — Herz
◡ — ◡ — ◡ — ◡ — ◡ — ◡ Liebe
◡ — ◡ — ◡ — ◡ — ◡ — Schmerz

◡ — ◡ — ◡ — ◡ — ◡ — ◡ Wangen
◡ — ◡ — ◡ — ◡ — ◡ — ◡ blasser
◡ — ◡ — ◡ — ◡ — ◡ — Not

◡ — ◡ — ◡ — ◡ — ◡ — ◡ Schlangen
◡ — ◡ — ◡ — ◡ — ◡ — ◡ Wasser
◡ — ◡ — ◡ — ◡ — ◡ — tot

1 Schreibe nach diesem Schema ein Sonett – ein richtig schönes mit furchtbar traurigem Ende. Achte aber darauf, dass du das Versmaß einhältst, also schreibst: *Am Him-mel lach-te lie-be-voll die Sonne*

und nicht etwa: *Lie-be-voll lach-te am Him-mel die Sonne,*

denn das wäre ein anderes Versmaß, das nicht der Regel entspricht!

2 Kommentiert die einzelnen Verse dieses Gedichtes. Besonders witzig werden sie, wenn die Kommentare sich reimen.

Ein Jüngling liebt ein Mädchen *Heinrich Heine*

Ein Jüngling liebt ein Mädchen, — Wie schön für den!
Die hat einen andern erwählt; — Besser als zehn!
Der Andre liebt eine Andre, — Nein, so etwas!
Und hat sich mit dieser vermählt. — Da kriegt man Hass!

Das Mädchen nimmt aus Ärger — Na, wen denn nur?
Den ersten besten Mann, — …
Der ihr in den Weg gelaufen, — Ganz aus Versehn?
Der Jüngling ist übel dran. — …

Es ist eine alte Geschichte, — …
Doch bleibt sie immer neu; — …
Und wem sie just* passieret, — …
Dem bricht das Herz entzwei. — …

Gedichte interpretieren

Ihr habt bisher einiges über die Formen von Gedichten gelernt und euch auch an eine Reihe von Gedichten durch Sprechen und Schreiben angenähert. Hier lernt ihr etwas darüber, wie man Gedichte interpretieren kann.

Wetterhahn *Günter Eich*

Wetterhahn,
klirrendes Krähn,
welche Gefahren
sind zu erspähn?

Wallender Rauch
um Antennendraht
Isolatoren
am Ziegelgrat*,

blähende Blusen
zum Trocknen gehängt,
Taubenflug
um die Traufe* geschwenkt

Schneewirbel um
Regengetropf
es schwillt der Kamm
am Eisenkopf

es klirren die Sporen*
vom Westwind gedreht,
der Wetterhahn
die Wolke bekräht.

1 Schreibe das Gedicht zuerst einmal ab. Dabei lernst du es gut kennen.

2 Du könntest dir jetzt die Reimwörter unterstreichen und die Fachbegriffe dafür an den Rand schreiben: gereimte Verse, ungereimte Verse, Kreuz-, Paar- oder umarmende Reime.

3 Ermittle, ob ein besonderes Metrum (Jambus, Daktylus …) vorliegt oder ob hier ganz und gar unregelmäßige, freie Verse verwendet werden. Wie viele Hebungen gibt es in jedem Vers? Sprich dir dazu die Verse laut vor:
Wet-ter-hahn, / klir-ren-des Krähn, / wel-che Ge-fah-ren / sind zu er-spähn / …

Gedichte interpretieren

4 Gibt es Wörter oder Bilder, die dir besonders auffallen? Wiederholungen? Ist der Wetterhahn eine Art Metapher?

5 Stelle Vermutungen an, worum es hier überhaupt geht: Was ist das für ein merkwürdiger Wetterhahn? Was sieht er? Was tut er? Tut er überhaupt etwas? Was empfindet er?

Schülerinnen und Schüler einer 10. Klasse haben sich Gedanken über das Gedicht gemacht. Hier sind einige Stellen aus ihren Texten:

Leyla: Eigentlich ist ein Wetterhahn ja nur dazu da, die Windrichtung anzuzeigen. Dieser Wetterhahn ist aber vermenschlicht. Vielleicht ist er eine Metapher für einen Wächter, der vom Dach aus nach Gefahren Ausschau hält: „Wallender Rauch", das könnte auf Umweltverschmutzung hinweisen. „Antennendraht", das weist auf den Fernsehkonsum hin.

Benno: Das Gedicht hat fünf Strophen, jede Strophe hat vier sehr kurze Verse, die nur aus ein bis vier Wörtern bestehen. Verben kommen kaum vor, auch kaum Artikel („wallender Rauch um Antennendraht"). Die Wörter sind stichwortartig aneinandergereiht, als ob der Hahn nur alles aufzählt. In jeder Strophe reimen sich der zweite und der vierte Vers, z. B. „Krähn – erspähn". Viele Wörter fangen mit den gleichen Lauten an, mit k, mit bl usw.: „klirrendes Krähn, blähende Blusen, Trocknen – Taubenflug – Traufe, Wetterhahn – Wolke". Das bringt zusätzliche Klänge in das Gedicht.

Verena: Was ich nicht verstehe, dass sich dieser Wetterhahn über alle möglichen unwichtigen Dinge aufregt. Er ist ein Miesmacher. Er scheint in allem eine Gefahr zu sehen, wie manche Menschen. Er kräht „klirrend", er zeigt seine „Sporen", er „bekräht" die Wolke. Dabei ist gar keine Gefahr zu erkennen.

Markus: An den Sätzen fällt auf, dass die erste Strophe eine Frage ist, die sich der Wetterhahn selbst stellt. In der zweiten bis vierten Strophe stehen dann die Antworten. Was der Wetterhahn sieht, das sieht er wie mit den Augen eines Menschen. Es ist nicht nur das Wetter, sondern es sind auch die Dinge, die auf das Leben von Menschen und Tieren hindeuten: „Fernsehantenne, elektrische Leitungen, trocknende Wäsche, Tauben" usw. Dieser Wetterhahn scheint mir ein Gefahrenmelder zu sein.

Stefanie: Was ich sofort verstehe: Dass hier ein „Wetterhahn" auf der Spitze einer Kirche steht und von dort aus alles überblickt. Merkwürdig ist nur, dass er Gefühle zum Ausdruck bringt: „Es schwillt der Kamm – es klirren die Sporen" – und er „bekräht die Wolke". Er kann sich also ärgern. Vor allem ärgert er sich wohl über das schlechte Wetter.

6 Überprüft zuerst einmal die Aussagen am Gedicht selbst. Haben die fünf Schülerinnen und Schüler deiner Ansicht nach recht? Oder gibt es Aussagen, die nicht so gut zu dem Gedicht passen?

7 Verfasse selbst eine erste Interpretation. Du kannst Aussagen der Schülerinnen und Schüler einbauen, wenn sie dich überzeugt haben.

Gedichte interpretieren

Der Panther *Rainer Maria Rilke*

Im Jardin des Plantes, Paris

Sein Blick ist vom Vorübergehn der Stäbe
so müd geworden, dass er nichts mehr hält.
Ihm ist, als ob es tausend Stäbe gäbe
und hinter tausend Stäben keine Welt.

Der weiche Gang geschmeidig starker Schritte,
der sich im allerkleinsten Kreise dreht,
ist wie ein Tanz von Kraft um eine Mitte,
in der betäubt ein großer Wille steht.

Nur manchmal schiebt der Vorhang der Pupille
sich lautlos auf –. Dann geht ein Bild hinein,
geht durch der Glieder angespannte Stille –
und hört im Herzen auf zu sein.

1. Welche Art von Stäben könnte hier gemeint sein?

2. Eine Welt, die es hinter den „Stäben“ nicht gibt?

3. „Tanz von Kraft um eine Mitte“: Das ist eine Metapher. Was soll man sich darunter vorstellen?

4. Ein „Wille“ (wonach?), der „betäubt“ ist? Was heißt das?

5. „Vorhang der Pupille“ Das ist eine Metapher. Was meint sie?

6. Ein Bild wovon?

7. Welche Gefühle, welche Gedanken löst dieses Gedicht bei mir aus?

1 Schon beim ersten Lesen erzeugt dieses Gedicht eine Stimmung. Was für Gefühle werden bei dir ausgelöst?

2 Jedes Gedicht enthält „Leerstellen“, die man mit seiner Fantasie auffüllen muss. Es stellt an seine Leser Fragen. Einige sind hier in Denkblasen gestellt worden. Nimm sie dir einzeln vor und versuche sie zu beantworten.

3 Bevor ihr euch an eine schriftliche Interpretation heranmacht, solltet ihr euch gegenseitig mitteilen, welche Antworten ihr gefunden habt.

4 Schreibe eine Interpretation zu diesem Gedicht. Beachte dabei die Anregungen, die auf der folgenden Seite stehen (Checkliste für Gedichtinterpretationen).

Gedichte interpretieren

Eine Gedichtinterpretation zeigt, wie jemand ein Gedicht verstanden hat und wie es auf ihn gewirkt hat. Der Text sollte auf die folgenden Gesichtspunkte eingehen. Eine Reihenfolge ist damit aber nicht gemeint!

Checkliste für Gedichtinterpretationen

Inhalt und Thema erfassen

- Wichtige Wörter erfassen
  (hier: *müd, im allerkleinsten Kreise, betäubt, großer Wille* ...)
- Zusammenhang von Überschrift und Inhalt feststellen
  (hier: *Panther im Käfig*)
- Inhalt wiedergeben
  (hier: *Betrachter fühlt sich in die Situation des eingesperrten Panthers hinein*)
- Zusammenhang der Strophen erkennen
  (hier: *der Blick des Panthers – der Gang – das Innere*)

Darstellungsmittel und ihre Wirkung beschreiben

- Äußere Form: Wie viele Strophen und Verse hat das Gedicht?
- Klang: Nach welchem Metrum *(Jambus, Trochäus...)* und Versmaß *(dreihebig, vierhebig, fünfhebig)* ist es aufgebaut, wie sieht das Reimschema aus *(Paarreim, Kreuzreim, männliches/weibliches Versende ...)*, gibt es auffällige Wortklänge?
- Bilder: Wie sind die Bilder und Metaphern zu deuten?
  (hier: *Panther wie menschliches Wesen dargestellt*)
- Sprache: Welche Wortwahl ist auffällig, kommen Wortwiederholungen vor? (hier: *Stäbe* ...)
  Sind die Sätze auffällig gebaut? Fällt an der Zeichensetzung etwas auf?
- Sprecher: Wer ist der Sprecher des Gedichts, wo befindet er sich, gibt es ein lyrisches Ich?

Zusammenhang zwischen Inhalt und Form herstellen

- Spiegelt sich der Inhalt in der Versform?
  (hier: *die Übereinstimmung von Bewegung und Gefangenschaft durch den weiblichen und männlichen Ausgang der Verse...*)
- Ist ein Zusammenhang zwischen Inhalt und Satzbau zu erkennen?

Aussageabsicht und Wirkung auf den Leser darstellen

- Worüber ist das ein Gedicht? Welche Situation wird hier geschildert?
- Welche Gefühle und Gedanken werden bei dir ausgelöst?
- Was ist dir unklar geblieben? Welche Fragen bleiben offen?

Die Gedichte

Frühlingsglaube *Ludwig Uhland*

Die linden Lüfte sind erwacht,
Sie säuseln und weben Tag und Nacht,
Sie schaffen an allen Enden.
O frischer Duft, o neuer Klang!
Nun, armes Herze, sei nicht bang!
Nun muss sich alles, alles wenden.

Die Welt wird schöner mit jedem Tag,
Man weiß nicht, was noch werden mag,
Das Blühen will nicht enden.
Es blüht das fernste, tiefste Tal:
Nun, armes Herz, vergiss der Qual!
Nun muss sich alles, alles wenden.

Mein wildester Traum *André Jodeit*

Eines Tages
fahre ich mit einer Harley
übern Highway

Amerika von Nord nach Süd

Schwarzer Klang
unter blitzendem Chrom

Feeling – Fernweh – Freiheit – Leben

Mein wildester Traum
mit einer Harley übern Highway

Eines Tages …

Zeit *Melanie Reinecke*

Man kann nie
eine schöne Zeit zurückdrehen.

Das habe ich
einmal sehr bedauert.

Doch heute weiß ich,
dass die Zeit, die kommt,
noch viel, viel schöner werden kann.

Ich muss ihr
nur mit großen Schritten

entgegenlaufen!

WERKSTATT Geschichten

In dieser Werkstatt erfahrt ihr eine Menge darüber, auf wie viel verschiedene Arten erzählt werden kann:

- wer die Erzähler von Geschichten sein können;
- wie man es macht, spannend zu erzählen;
- wie die Figuren in Texten reden und denken;
- wie kritische und satirische Texte gemacht sind.

Ihr lernt aber auch, das, was ihr über Texte herausbekommen habt, in eigenen Texten anzuwenden.

Vor allem aber macht ihr in dieser Werkstatt Erfahrungen damit, was es heißt, Texte zu lesen und zu verstehen, zu analysieren und zu interpretieren.

1 Lies die folgende Geschichte möglichst langsam durch. Achte darauf, welche Stellen beim Lesen deine Aufmerksamkeit gewinnen, was an der Geschichte Spannung erzeugt.

Der Geldbriefträger

Thomas Bernhard

Der Geldbriefträger flüchtet mit seiner gefüllten Ledertasche über die Grenze. Er durchschwimmt den Fluss und rettet sich auf einen aus dem Dickicht hervorstehenden Aststumpf. Er zieht seine Schuhe aus und streunt barfuß durch den Wald. Je weiter er sich von seinem Dorf entfernt, desto düsterer wird die Landschaft. Schließlich ist er der Finsternis ausgeliefert. Er muss über Moosflächen kriechen und reißt sich die Knie auf. Nach seiner Zeitrechnung müsste es längst wieder Tag geworden sein. Aber die Finsternis verändert sich nicht. Selbst Schreie, die er, auf einem gefällten Baumstamm sitzend, hervorstößt, haben kein Echo. Dann entdeckt er plötzlich: *Ich darf nicht schreien!* Er sieht ein Licht, die Umrisse eines Bauernhauses. Er nähert sich, zieht die Geldtasche hinter sich her. Er klappt die

Leerstellen eines Textes füllen

Tasche auf und zu und schleppt sich wieder fort. Er denkt: *Ich darf nicht hingehen!* Der Hunger beginnt seine Arbeit und wirft ihn schließlich fiebernd in einen Graben. Vor dem Aufprall erwacht er und stellt fest, dass alles nur ein Traum war, von dem nichts übrig geblieben ist als sein fiebriger Körper. Er steht auf und geht hinaus. Er macht einen Spaziergang und legt sich erst um vier Uhr früh wieder schlafen. Trotzdem gibt er am darauffolgenden Tag die Stelle als Geldbriefträger auf und lässt sich versetzen. Seiner Frau sagt er, dass er lieber in der Stadt leben möchte, unter vielen Menschen, die Finsternis wäre dort nicht so groß.

2 Schließe die Augen und versuche dich an irgendetwas aus dieser Geschichte zu erinnern. Notiere auf einem Zettel, was dir im Gedächtnis geblieben ist.

3 In fast jedem Text, so auch in diesem, gibt es Dinge, die man beim ersten Lesen versteht, und solche, die rätselhaft sind. Es bleiben offene Fragen. Notiere dir eine solche offene Frage.

4 Vergleicht miteinander, ob es eine Stelle in diesem Text gibt, die allen unklar geblieben ist.

Ein **Informationstext** vermittelt seine Bedeutung **eindeutig.** Die Leser sollen seine Nachricht **verstehen.** Da ein Informationstext genau sagt, was sein Verfasser meint, verstehen ihn im Idealfall alle Leser **genau gleich.**

Ein **literarischer Text** vermittelt seine Bedeutung **mehrdeutig.** Die Leser sollen seine Nachricht für sich **deuten.** Da ein literarischer Text oftmals nur andeutet, was sein Autor meint, verstehen ihn **niemals** alle Leser **genau gleich.**

In den meisten literarischen Texten gibt es **Leerstellen,** die durch die Vorstellungskraft der Leser „gefüllt" werden wollen: rätselhafte Figuren, geheimnisvolle Stellen, Metaphern …

5 Weiter hinten in dieser Werkstatt wird diese Geschichte noch einmal aufgegriffen. Sprecht aber hier schon einmal darüber, wie ihr die „Leerstellen" füllt, zum Beispiel:
- Wie würdet ihr den Traum des Geldbriefträgers deuten?
- Was sagt ihr dazu, dass der Mann eine solche Konsequenz aus diesem Traum zieht?
- Was könnte die zweimal auftretende Metapher *Finsternis* für den Geldbriefträger bedeuten?

Drei Arten von Erzählern

Die Verabredung (1)

Ich wartete. Geschlagene zwei Stunden wartete ich schon auf sie. Hatte sie die U-Bahn verpasst? War ihr irgendwas passiert? Oder hatte sie einfach vergessen, dass wir uns verabredet hatten? Zuzutrauen wäre es ihr! Ich hasse das Warten! Zum Glück gibt's im Kino Popcorn! Als sie kam, lachte sie nur: „Sorry, ich bin etwas spät dran!" Sie nahm mich in die Arme. Sie schaute mich unschuldig an. „Hast du was?", fragte sie. Ich lachte, so gut ich konnte. „Komm schnell!", sagte ich. „Der Film hat schon angefangen." Ich sagte ihr nicht, dass ich eigentlich den Film hatte sehen wollen, der nun schon zu Ende war. …

Die Verabredung (2)

Konrad saß im Foyer des Kinos. Geschlagene zwei Stunden wartete er schon auf seine Freundin. Hatte sie die U-Bahn verpasst? War ihr irgendwas passiert? Oder hatte sie einfach vergessen, dass sie sich verabredet hatten? Zuzutrauen wäre es ihr! Er hasst das Warten! Zum Glück gibt's im Kino Popcorn! Als sie kam, lachte sie und sagte bewusst flapsig: „Sorry, ich bin etwas spät dran!" Sie wollte nicht zugeben, dass sie die Verabredung einfach vergessen hatte. Sie nahm ihn in die Arme. Sie schaute ihn unschuldig an. „Nicht böse sein!", sagte sie. Er lachte, so gut er konnte. „Komm schnell!", sagte er. „Der Film hat schon angefangen." Er sagte ihr nicht, dass er eigentlich den Film hatte sehen wollen, der nun schon zu Ende war. …

Man kann eine Geschichte in der **Ich-Form** erzählen. Dieses Ich steht **mitten in der erzählten Welt** und sieht alles aus seiner **begrenzten Sicht.** Was andere Personen denken, kann der Ich-Erzähler nur aus dem erfahren, was sie sagen. In ihr Inneres kann er nicht hineinschauen. Die Gedanken des Ichs können in **Gedankenreden** ausgedrückt werden.

Man kann eine Geschichte auch in der **Er-Form** (oder Sie-Form) erzählen. Dann steht der Erzähler irgendwo **außerhalb der erzählten Welt**, über die er einen **Überblick** hat. Er kann sich als **auktorialer** („allwissender") Erzähler in das Innere aller Personen hineinversetzen und ihre Gedanken beschreiben. So können hier auch alle Personen **Gedankenreden** führen.

1 Wenn du die beiden Texte vergleichst, merkst du, dass manches fast gleich formuliert ist, manches aber ganz anders. Suche Merkmale für das Erzählen aus der Sicht des Ich-Erzählers und der des allwissenden Er-Erzählers.

2 Der auktoriale Erzähler kann in seiner Geschichte einiges sagen, was ein Ich-Erzähler niemals könnte. Benennt solche Stellen und begründet, warum sie im Text eines Ich-Erzählers nicht stehen könnten.

3 Zu welcher Art des Erzählens passt welcher letzte Satz:

a Und sie dachte: Schade! Den anderen Film hätte ich lieber gesehen.

b Erst nach dem Film sagte sie, dass sie auch lieber den anderen gesehen hätte.

Drei Arten von Erzählern

Beste Geschichte meines Lebens

Wolfdietrich Schnurre

Beste Geschichte meines Lebens. Anderthalb Maschinenseiten vielleicht. Autor vergessen; in der Zeitung gelesen. Zwei Schwerkranke im selben Zimmer. Einer an der Türe liegend, einer am Fenster. Nur der am Fenster kann hinaussehen. Der andere keinen größeren Wunsch, als das Fensterbett zu erhalten. Der am Fenster leidet darunter. Um den anderen zu entschädigen, erzählt er ihm täglich stundenlang, was draußen zu sehen ist, was draußen passiert. Eines Nachts bekommt er einen Erstickungsanfall. Der an der Tür könnte die Schwester rufen. Unterlässt es; denkt an das Bett. Am Morgen ist der andere tot; erstickt. Sein Fensterbett wird geräumt; der bisher an der Tür lag, erhält es. Sein Wunsch ist in Erfüllung gegangen. Gierig, erwartungsvoll wendet er das Gesicht zum Fenster. Nichts; nur eine Mauer.

1 Der Text besteht aus einer kurzen Einleitung und einer eigentlich ziemlich verrückten Geschichte. Der Erzähler steht weit außerhalb der Situation. Wenn man seine knappen Satzfetzen vervollständigt, dann würden sie wohl lauten:
Das ist die beste Geschichte meines Lebens. Ich habe sie einmal in der Zeitung gelesen. Sie war wahrscheinlich nur anderthalb Maschinenseiten lang.

Und dann beginnt die eigentliche Geschichte, die der Erzähler wiedergibt. Suche Stellen, an denen deutlich wird, dass der allwissende Erzähler die Gedanken und Gefühle seiner beiden Figuren kennt.

2 Was ist das Auffälligste an dem Text? Wie gibt der Erzähler seine Erinnerungen wieder? Wenn die Geschichte „anderthalb Schreibmaschinenseiten" lang gewesen sein soll, was könnte dann noch darin gestanden haben?

Als ich ins Krankenhaus eingeliefert wurde, lag da schon einer in dem Zimmer. Er hatte das Bett am Fenster. Er konnte hinaussehen. Ich dagegen konnte nur die weiße Wand anstarren. Entsetzliche Langeweile! …

Vor ein paar Tagen kam ein Patient in mein Zimmer. Komischer Typ. Zuerst kümmerte ich mich nicht um ihn; ich hatte mit mir selber genug zu tun. Als mich der arme Kerl dann aber damit nervte, dass er am liebsten selber am Fenster liegen würde …

3 Stell dir vor, das Ganze ist von einem der beiden Kranken erzählt worden:
- Von dem, der neu ins Zimmer kommt und der die Geschichte später in der Ich-Form aufgeschrieben hat; dann würde sie vielleicht so beginnen, wie es auf dem blauen Zettel steht.
- Von dem, der gestorben ist, und der die Geschichte noch am Abend vorher (er wusste ja noch nicht, dass er sterben würde) auf seinem Laptop geschrieben hat; dann könnte sie wie auf dem grünen Zettel beginnen.

4 Schreibe einen der beiden Texte. Gib dabei wieder, was der jeweilige Ich-Erzähler alles gedacht und gefühlt haben mag. Ob dabei „anderthalb Schreibmaschinenseiten" herauskommen, ist nicht so wichtig. Aber länger muss die Geschichte schon werden!

Drei Arten von Erzählern

5 Hier ist die Geschichte noch einmal ganz anders erzählt. Lies sie dir durch. Was fällt dir vor allem auf?

Zwei Kranke in einem Zimmer

Als man K. in das Krankenzimmer schob, lag da schon einer. Ein Einzelzimmer wäre ihm lieber gewesen. Er schloss die Augen und schlief ein. Als er wieder aufwachte, starrte er gegen eine weiße Wand. Er drehte sich zur Seite. Sein Nachbar lag in seinem Bett am Fenster. Er hatte den Kopf auf die Arme gestützt und schien hinauszuschauen. Der hat es gut! „Viel los da draußen?“, fragte er den Alten. Der schien keine Lust auf eine Antwort zu haben. K. versuchte es noch einmal: „An Ihrer Stelle möchte ich sein!“ Der andere sagte: „Seien Sie nicht albern! An meine Stelle wünsche ich niemanden!“ Was das nun bedeuten sollte? „Ich meine doch nur Ihren Platz am Fenster!“ Aus dem Alten kam ein Lachen heraus, das sich in ein bellendes Hüsteln verwandelte: „Zum ersten Mal im Krankenhaus, was? Und gleich einen Luxusplatz am Fenster haben wollen!“ K. schämte sich ein bisschen. Er legte sich auf den Rücken und starrte gegen die weiße Decke! Nichts als weiß. Er wälzte sich herum. Er ächzte. Es war zum Verzweifeln! „Hören Sie“, sagte er zu seinem Nachbarn, „Sie könnten mir wenigstens erzählen, was draußen zu sehen ist, was draußen passiert. Ich werde sonst verrückt.“ Der verfiel wieder in sein hustendes Lachen. „Wenn ich Ihnen damit einen Gefallen tun kann!“ Und dann kamen ein paar knappe Hinweise aus ihm heraus, unwillig hingesagt, nichts Aufregendes. Doch K. hatte auf einmal das Gefühl, wieder mitten in der Welt zu sein. Er bedankte sich für jede Einzelheit. Als dann sein Nachbar von Tag zu Tag gesprächiger wurde und ihm immer mehr Details erzählte, z. B. von dem Auto, das beim Einparken ein anderes gerammt hatte, von dem jungen Ehemann mit dem Gipsbein, der sich mit seiner Frau in die Haare geriet, von dem Assistenzarzt, der einer Krankenschwester nachstellte, und so weiter, da wurde K. immer süchtiger danach, das alles selbst sehen zu können. Eines Nachts hörte er seinen Nachbarn plötzlich husten. K. hätte nach der Nachtschwester läuten können. Er unterließ es aber. Es wird schon nicht so schlimm sein! Er war müde. Im Halbtraum dachte er an das Bett am Fenster. Am nächsten Morgen war der andere tot. „Das habe ich nicht gewollt!“, schrie K. die Schwester an. „Beruhigen Sie sich doch!“, sagte die Schwester, und dann sagte sie kopfschüttelnd: „Wir wollen doch keinen Mörder aus Ihnen machen.“ Ks. Bett wurde ans Fenster geschoben. Er schaute hinaus. Er wurde leichenblass beim Anblick, der sich ihm bot: Nur eine Mauer. K. verkroch sich unter die Bettdecke. Er weinte hemmungslos in die Kissen hinein.

Außer dem Erzählen in der Ich-Form und dem Erzählen eines allwissenden Erzählers in der Er-Form gibt es noch eine dritte Art des Erzählens: das **personale Erzählen** in der Er-Form.

6 Finde an diesem Text einige Merkmale des „personalen Erzählens“ heraus.

7 Was hätte ein „allwissender Erzähler“ in diesem Text anders gemacht?

Gedankenreden

Wörtliche Reden spielen in vielen Texten eine wichtige Rolle. In einer Geschichte kann man aber auch die Gedanken von Personen zum Ausdruck bringen. Solche Gedankenreden können zweierlei Form haben:

- die **Ich-Form** (oder Wir-Form): *Ich hatte die Hausaufgaben vergessen. Sollte ich es zugeben? Oder sollte ich lieber eine Ausrede erfinden?* Eine solche Gedankenrede nennt man **inneren Monolog.**
- die **Er-Form** (oder Sie-Form): *Er hatte die Hausaufgaben vergessen. Sollte er es zugeben? Oder sollte er lieber eine Ausrede erfinden?* Eine solche Gedankenrede nennt man **erlebte Rede.**

Auch in der Geschichte auf Seite 147 kommt an mehreren Stellen „erlebte Rede" vor.

1 **Sucht aus den beiden Texten auf Seite 145 Textstellen heraus, die man als „erlebte Rede" bzw. „inneren Monolog" bezeichnet. Manchmal sind sie gar nicht so leicht vom übrigen Erzähltext zu unterscheiden.**

Auf dem Kriegspfad

Hermann-Josef Schüren

Er bekommt, was er will. Das ist ihm zu viel.

In seinem Zimmer haben sie nichts zu suchen. Das ist sein Reich. Er allein entscheidet, wann aufgeräumt wird. Er streicht es in den Farben, die ihm gefallen. Er kleidet sich selbst ein. Sie finanzieren seine Wünsche. Sie haben nichts dagegen einzuwenden, dass Ilona die Nacht über bleibt. Sie stören nicht. Sie klopfen nicht. Sie nehmen Rücksicht. Schließlich sind sie ja auch einmal jung gewesen. Und mit Ilona. Das ist etwas anderes. Sie gefällt ihnen. Sie macht einen vernünftigen Eindruck und kommt aus gutem Hause. Für ihr Alter ist sie auch schon ziemlich erwachsen.

Ihren Sohn haben sie in den unterschiedlichsten Erscheinungsformen gesehen. Beinahe täglich wechselt er Aussehen, Gehabe, seinen Umgangston. Sie haben einiges mitmachen müssen.

Er scheint sich allmählich zu fangen. Und jetzt die Geschichte mit Ilona. Das wird bestimmt was Festes.

Als sie zum Frühstück erscheinen, steht ein Irokese vor ihnen, schmiert sich im Stehen ein Marmeladenbrot und begibt sich auf den Kriegspfad.

Dieser Text ist eine Kombination aus Sätzen, in denen etwas erzählt bzw. in erlebter Rede wiedergegeben wird. Oft weiß man nicht, was das eine und was das andere ist. Und manchmal ist das auch gar nicht zu unterscheiden. So könnte im ersten Satz der Erzähler etwas über den Sohn aussagen:
(Dieser Sohn:) Er bekommt (von seinen Eltern), was er will.
Der Erzähler könnte damit aber auch die Gedanken der Eltern wiedergeben:
(Diese gutmütigen Eltern denken:) Er bekommt (doch von uns), was er will.

2 Wie ist der erste Satz eurer Meinung nach gemeint? Geht im gesamten Text auf Spurensuche nach Erzählsätzen, in denen der Erzähler etwas über Eltern und Sohn aussagt, und nach Sätzen, die wahrscheinlich in erlebter Rede wiedergeben, was die Eltern denken.

Gedankenreden

Manchmal nerven Sie mich!

Ilona fragte mich kürzlich, wie ich über meine Eltern denke. Ich hab nichts dazu gesagt. Das behalte ich besser für mich. – Gut, ich bekomme, was ich will. Sie meinen es gut mit mir. Manchmal nerven sie mich mit ihrem Gutmeinen! Ich mache eh, was ich will. Mein Zimmer ist Tabuzone für sie. Da kommt mir keiner rein! Außer Ilona. Aber auch darauf nehmen sie Rücksicht. Sie stören nicht. Manchmal nerven sie mich mit ihrer Rücksicht! Könnten ja mal protestieren. Nichts. Und wie ich mich style, welche Klamotten ich mir anschaffe, wie ich mit ihnen quatsche. Alles okay für sie. Ich glaube, ich könnte mich in einen Frosch verwandeln, sie würden es klasse finden. Eigentlich müssten sie doch mal … Aber sie machen alles mit. Sie haben viel mit mir durchgemacht. Okay, ich hab meine Macken. Aber nicht mal das haben sie mir übelgenommen. Und jetzt, wo ich die Ilona habe, denken sie sicher, dass das was fürs Leben ist. Sie nerven mich mit ihrer Ahnungslosigkeit! Jetzt mache ich mir einen Spaß: Ich gehe mal mit Irokesentolle zum Frühstück. Mal sehen, ob sie dazu was sagen! – Sie haben mich groß angestarrt. Aber gesagt haben sie wieder nichts.

3 Hier ist der Text von Seite 148 aus einer anderen Perspektive erzählt. Beschreibt mit den Begriffen, die ihr kennt, wie hier erzählt wird. Achtet besonders auf den Unterschied von erlebter Rede und innerem Monolog.

4 Gibt es in dem Text auch Erzählsätze, die nicht zur Gedankenrede gehören? Man kann sie nur bestimmen, wenn sie nicht durch einen Satz wie *Der Sohn dachte* … eingeleitet werden können. Sucht nach solchen Sätzen – besonders am Anfang und am Ende des Textes.

Lebenslauf

Paula war dabei, ihren Lebenslauf zu schreiben. Sie schrieb auf, was ihr einfiel. Aber dann kam sie doch ins Grübeln. Welche ihrer Hobbys sollte sie preisgeben? Könnte es die Leser nicht total irritieren, wenn sie schreiben würde, dass sie einerseits im Sportverein mit großem Vergnügen Selbstverteidigungskurse mitmachte und andererseits in die Ballettschule ging. Dass sie nebenbei manchmal im Tierheim arbeitete und andererseits Käfer sammelte. Was würde das für einen Eindruck machen? Müsste ich nicht für jede Bewerbung einen anderen Lebenslauf schreiben? Aber alles zusammen ist doch „mein" Lebenslauf! Sie entschied sich, bei der Bewerbung, die sie für einen Gartenbaubetrieb schreiben sollte, vor allem herauszustellen, dass sie schon im Praktikum in einer Gärtnerei gearbeitet hatte. Aber das war halt nur die halbe Wahrheit.

5 In diesem Text sind Erzählpassagen über Ilona mit Gedanken in erlebter Rede und im inneren Monolog verflochten. Versuche, die drei Formen des Erzählens zu entflechten.

Erzählspannung

1 Eine Anekdote ist ein auf Spannung angelegter Kurztext über eine besondere Begebenheit mit einer besonderen Person. – Lest euch diesen Text (ohne zunächst auf die Ziffern zu achten) gegenseitig vor.

Ich muss immer erst warm werden

Anekdote von Berthold Auerbach – nacherzählt von Barbara Rhenius

(1) … Ein Fremder kam in einer Stadt an und verlangte Pferde, um weiterreisen zu können. Ein baumstarker Postillion fuhr mit dem Mann auch sogleich ab. Als es Nacht wurde, mussten sie einen dunklen Wald durchqueren. (2) … Plötzlich wurde die Kutsche tatsächlich von drei Räubern überfallen. Die verlangten von dem Reisenden alles, was er habe. Daraufhin rief der Mann den Postillion zu Hilfe.

(3) … Der saß ganz ruhig auf seinem Kutscherbock und schmauchte behaglich seine Pfeife, so als ob ihn die ganze Geschichte nichts anginge.

(4) … Der Mann stieg aus und musste zusehen, wie ihm die Räuber alles wegnahmen, was er hatte. (5) … Er sagte zu den Räubern: „Ich hätte noch eine Bitte. Verprügelt mir den Postillion. Ich will euch die Kiste mit den fünfhundert Talern geben, die hier in der Kutsche versteckt ist."

(6) … Die Räuber rissen den Postillion vom Bock herunter und prügelten auf ihn ein. (7) … Der Kerl lässt sich eine Zeit lang die Schläge auch gefallen. Doch dann plötzlich sagt er: „Jetzt ist's genug!"

(8) … Er packt zwei der Räuber und schlägt ihre Köpfe so aufeinander, dass sie umfallen wie Mücken.

(9) … Und nun schlug der Bestohlene seinerseits den dritten Räuber zusammen. Mit Hilfe von herbeigekommenen Leuten konnte man die Räuber fesseln und der Polizei übergeben.

2 Man nennt einen Text spannend, wenn er von Anfang an eine Erwartung aufbaut und am Ende die angespannte Erwartung löst. – Sucht ein oder zwei Stellen in diesem Text, an denen ihr besonders darauf gespannt seid, wie es weitergehen könnte. Markiert euch diese Stellen mit kleinen Klebezetteln. Vergleicht dann, ob ihr zu ähnlichen Ergebnissen gelangt seid.

3 Ist die Spannung mit einem solchen Schluss eigentlich gelöst? Oder worüber wollt ihr jetzt noch etwas wissen? – Formuliert eure Erwartungen über einen möglichen Schluss. Sprecht darüber, ehe ihr weiterlest.

4 Natürlich, es fehlt die „Pointe"! Die Pointe ist der Spannungshöhepunkt, nach dem dann eine Geschichte mit einer Überraschung endet. Und dieser Schluss sieht so aus:

Erzählspannung

⑩ ... Als die Kutsche weiterfuhr, sagte der Fremde zum Postillion: „Du bist mir ein sonderbarer Heiliger! Warum hast du mir nicht gleich geholfen? Und warum hast du dich erst von denen verprügeln lassen?“ ⑪ ... Der sagte: „Ich muss immer erst warm werden. Erst wenn ich selber Prügel kriege, weiß ich, wer ich bin. Und dann haue ich um mich.“

5 Was ihr bisher gelesen habt, ist nicht der gesamte Text. Der ist zwar rein inhaltlich schon ziemlich spannend, ihm fehlen aber bestimmte Spannung erzeugende Sätze oder „Spannungsmacher“. Die sind hier in verwürfelter Reihenfolge abgedruckt. – Lest also den Text noch einmal aufmerksam und fügt die Stellen **a** bis **k** für die Ziffern ① bis ⑪ ein. Das macht zunächst eine genaue Spurensuche notwendig!

Gedankenrede: **a** Das gibt Kraft!
Rhetorische Frage: **b** Was aber tat der?
Vorausdeutung: **c** Manchmal muss man etwas selbst erlebt haben, um es glauben zu können.
Verzögerung: **d** Es war, als ob die Pferde eine Unruhe verspürten.
Vorausdeutung: **e** Doch die Wut brachte ihn auf eine Idee.
Erzählerkommentar: **f** Damit wäre die Geschichte eigentlich zu Ende. Doch es bleibt noch ein Rest zu erklären.
... : **g** Und nun kommt die Überraschung:
... : **h** Niemals wird er die Antwort des Postillions vergessen.
... : **i** Was sollte der Fremde da tun?
... : **j** Und was macht er?
... : **k** Das ließen sich die drei nicht zweimal sagen.

6 Wenn ihr euch (am besten zu zweit) auf die Zuordnungen geeinigt habt, solltet ihr jetzt einmal die ganze Geschichte mit ihren dazugehörigen Spannung erzeugenden Elementen vorlesen: Einer liest die „Spannungsmacher“, der andere den dazugehörigen Erzähltext.

7 Einige der Spannung erzeugenden Sätze sind bereits mit ihren Fachwörtern benannt. Benennt auch die anderen von **g** – **k**.

> Einem Text **Spannung** zu verleihen, das heißt vor allem: Von Anfang an und immer wieder zwischendurch **Vorausdeutungen** zu machen, also etwas anzudeuten, ohne Genaueres zu verraten.
> Spannung erzeugen können aber auch **Verzögerungen**, die den Fluss des Lesens unterbrechen, sowie **Gedankenreden** der Figuren, **Kommentare** und **rhetorische Fragen** des Erzählers.

8 Die Überschrift der Anekdote ist im Original nicht besonders spannend, da man sie eigentlich erst nachher richtig versteht. Jeder sollte dieser Geschichte einmal eine spannendere Überschrift geben, die eher zum Lesen auffordert – und trotzdem nicht zu viel verrät. Wählt die spannendste aus.

Fragen an Texte stellen – Interpretieren

Eine Textinterpretation

Die Geschichte *Der Geldbriefträger* führt einen zunächst in die Irre. Sie erzählt im ersten Teil, wie der Mann mit seiner Geldtasche über die Grenze flüchtet. Diese Flucht wird auf sehr dramatische Weise beschrieben: Schwimmen durch einen Fluss, Lauf durch einen Wald und eine nächtliche Landschaft bis zur Erschöpfung. Der Mann verletzt sich, bekommt Hunger, sieht ein Licht, darf sich aber natürlich den Menschen nicht zeigen, denn er hat ja das Geld gestohlen. In seiner größten Angst beginnt er zu fiebern. Das alles wird wie eine rasante Fahrt durch die Nacht dargestellt, in kurzen mit *und* verbundenen Sätzen und in inneren Monologen. Das ist beim ersten Lesen deswegen so spannend, weil man meint, alles spiele sich in der Wirklichkeit ab.

Doch dann merkt der Mann, und jetzt merkt es auch der Leser, dass alles nur ein Traum war. Der Mann macht mitten in der Nacht einen Spaziergang, legt sich danach wieder schlafen, kündigt am nächsten Tag die Stelle als Geldbriefträger und lässt sich versetzen. Seiner Frau gegenüber begründet er seinen Entschluss damit, dass er lieber in der Stadt leben möchte.

So weit ist das alles gut zu verstehen. Doch es gibt eine Reihe von Leerstellen in dem Text: Was bedeutet der Traum für den Mann eigentlich? Und wie kann ein Traum zu solchen Konsequenzen führen? Ich vermute, dass der Traum ein Wunschtraum ist, der zugleich Angst macht. Der Mann würde gern mit viel Geld in ein anderes Land flüchten. Doch der Traum macht ihm deutlich, dass er dabei auf ungeheure Schwierigkeiten stoßen würde. Als er aufwacht, muss ihm wohl deutlich geworden sein: Die Versuchung, Geld zu stehlen, ist so groß für mich, dass ich nicht länger Geldbriefträger sein kann. Und die Versuchung wird immer wiederkommen. Seiner Frau kann er davon nichts erzählen, deswegen erfindet er eine etwas rätselhafte Ausrede. Das mit der „Finsternis" soll seine Frau wohl so verstehen, dass er lieber dort leben möchte, wo mehr Licht ist. Für ihn selbst heißt aber „Finsternis", in der ständigen Versuchung zu leben, einmal einen Diebstahl begehen zu können und sein ganzes Leben aufs Spiel zu setzen.

Das Ganze ist aus der Perspektive des Geldbriefträgers in personaler Erzählform erzählt. Die Zeitform des Präsens rückt das Geschehen so nahe an den Leser heran, als wäre er selbst dabei. Die Geschichte saugt einen förmlich an. Offen bleibt eine Frage: Kann man tatsächlich mit einem inneren Konflikt fertig werden, indem man die äußeren Umstände verändert? Der Geldbriefträger versucht es jedenfalls.

1 Aus welchen Teilen ist diese Interpretation des Textes von S. 143/144 zusammengefügt? Welche Fragen werden an den Text gestellt? Welche Textelemente werden herausgearbeitet?
Vergleicht diese Interpretation mit der folgenden Liste:

Erzählelemente	**Fragen an Texte**
Erzählsituation:	An welchen Orten spielt sich das Ganze ab?
Figuren:	Welches sind die Personen der Handlung? Wie stehen sie zueinander?
Handlung:	Wie ist die Handlung aufgebaut? Gibt es Vorausdeutungen oder Rückblicke?
Erzählform:	Handelt es sich um eine Ich-Erzählung, personales Erzählen, auktoriales Erzählen?
Redeformen:	Ist der Text von Gedankenreden (innerem Monolog, erlebter Rede) mitbestimmt? Ist er von Dialogen geprägt?
Sprache:	Gibt es auffällige sprachliche Besonderheiten? Besondere, wiederholte Wörter? Wie ist der Satzbau? Welche Zeitformen werden vor allem verwendet?
Aufbau:	Wie ist der Text gegliedert? Wie ist der Spannungsaufbau gestaltet?
Leerstellen:	Welche Stellen bedürfen einer eigenen Deutung? Bleiben offene Fragen?

Von Fragen an Texte zur Interpretation

Eine Nachtgeschichte *Wilhelm Busch*

Vor einiger Zeit kehrte spät abends im „Goldenen Löwen" zu Kassel ein elegant, aber nachlässig gekleideter Fremder ein, der augenscheinlich eine längere Fußtour gemacht hatte. Aus seinen schmerzlichen Zügen sprach eine stille Verzweiflung, ein heimlicher Kummer musste seine Seele belasten. Er aß nur äußerst wenig und ließ sich bald sein Schlafzimmer anweisen.

Es mochte wohl eine Viertelstunde später und nahezu Mitternacht sein, als der Kellner an Nr. 6, dem Zimmer des Fremden, vorüberkam. Ein lautes, herzzerreißendes Ächzen und Stöhnen drang daraus hervor. Dem erschrockenen Kellner erstarrte das Blut in den Adern. Irgendetwas Entsetzliches musste da vorgehen. Schleunige Hilfe tat Not; der Kellner stürzt zur Polizei.

Unterdessen hat die Regierungsrätin v. Z., welche in Nr. 7 schläft, dieselbe schreckliche Entdeckung gemacht und bereits das ganze Wirtshaus in Alarm gebracht, als der Kellner mit der Polizei zurückkommt. Man dringt nun sofort in das Zimmer des Fremden. Aber leider kam die Hilfe zu spät, denn derselbe hatte bereits in Ermanglung eines anderen Instrumentes mit eigener Hand unter Schmerzen und Wehklagen seine – engen Stiefel ausgezogen.

Fragen zu der „Nachtgeschichte":

- In welcher Situation (an welchem Ort) spielt die Handlung?
- Welche Personen sind beteiligt? Wie stehen sie zueinander?
- Wie ist die Handlung aufgebaut? Läuft alles nacheinander ab? Oder verläuft manches parallel?
- Wie wird erzählt: personal, auktorial?
- Welche Spannung erzeugenden Elemente sind auszumachen? Hat der Text eine Pointe? Aus welchen Worten besteht sie?
- In welchen Zeitformen wird erzählt? Was bewirken Zeitformwechsel?
- Gibt es Leerstellen im Text? Offene Fragen?

Vor einiger Zeit *Ror Wolf*

Vor einiger Zeit, vor etwa zwei Jahren, Ende Oktober, eines Tages, am Samstag, als ich von meiner Reise aus den nördlichsten Gebieten Alaskas, genauer aus Barrow zurückkam, geriet ich in eine Abendgesellschaft, wo sich mir ein Mann mit der Miene eines guten Bekannten näherte. Er sah mich an, als wolle er sich nach meinem Befinden erkundigen, und begann zu reden. Die Geschichte, die er erzählte, war ein Beispiel aus den gehobenen Kreisen und tatsächlich so merkwürdig, dass sie hier Platz finden soll. Ein vom Schicksal hart hergenommener Mann beerbte seine Tante, eine Multimillionärin, die gerade gestorben war. Er war nun ein reicher Mann und hatte keine Sorgen mehr. Eines Tages nahm er ein Buch aus der Bibliothek seiner Tante und fand beim Herumblättern zwischen den Seiten einen Brief. In diesem Moment begann das Geheimnis seine zerstörende Wirkung zu entfalten, das Verhängnis nahm seinen Lauf. Schließlich, an einem ruhigen Winterabend, ging dieser Mann im Schnee elend zu Grunde.

Fragen an die Geschichte von Ror Wolf:

- In welcher Situation wird erzählt?
- Welche Personen sind beteiligt? Wie stehen sie zueinander?
- Wie wird hier erzählt? Ich-Form, personal, beides?
- Wie wird Spannung erzeugt?
- Leerstellen: Der lange erste Teil? Der fremde Mann? Der Erbe? Inhalt und Wirkung des Briefes? Offene Fragen?

WERKSTATT **Geschichten**

Erzählungen schreiben – auf verschiedene Arten

Hier könnt ihr erproben, wie man denselben Inhalt auf unterschiedliche Arten in Erzählformen „verpacken" kann:

1 Lest euch das „Thema" durch. Verwendet es dann (am besten in vier Gruppen) als Gerüst für eine der Erzählformen. In jeder von ihnen wird die Hauptperson auf unterschiedliche Weise in die Erzählung eingebettet und von verschiedenen Standpunkten aus dargestellt. Wenn es euch notwendig erscheint, könnt ihr den beiden Figuren Namen geben.

Thema

Jemand kommt Viertel vor sechs an die Haltestelle und wartet auf den Bus. Er wundert sich, dass sonst keiner dort wartet.
Der Kiosk ist noch geschlossen.
Davor hockt einer, der zu schlafen scheint oder betrunken ist.
Der Bus müsste längst da sein, er fährt fünf vor sechs.
Er wartet noch einige Minuten.
Plötzlich hört er die Kirchturmuhr fünfmal schlagen.
Er hatte seine Uhr noch nicht auf Winterzeit zurückgestellt.
Der vor dem Kiosk fängt plötzlich an, in sich hineinzulachen.
Wie das Ganze ausgeht? Entweder mit einer Pointe oder ohne einen besonderen Schluss, wie die Geschichten im Leben auch.

1. Der allwissende Erzähler erzählt in der Er-Form:
Als K. an die Bushaltestelle kam, stellte er zu seiner Überraschung fest, dass von dem sonst üblichen Betrieb nichts zu sehen war. Der Kiosk war noch geschlossen. Unter dem Vordach saß so ein Dünner, der tat so, als ob er schliefe. K. sah auf seine Armbanduhr: Viertel vor sechs. …

2. Der Betroffene erzählt in der Ich-Form:
Ich muss euch eine Story erzählen, die mir vorigen Montag tatsächlich passiert ist. Ich ging wie gewöhnlich zur Bushaltestelle, kam auch tatsächlich rechtzeitig dort an, was bei mir ja nicht immer der Fall ist. Aber da war noch keiner da, der außer mir auf den Bus wartete. …

3. Ein personaler Erzähler erzählt in der Er-Form:
Als Z. den letzten Nachtbus verpasst hatte, blieb ihm nichts anderes übrig, als sich unter das Dach des Kiosks zu setzen und auf den ersten Frühbus zu warten. Er musste wohl kurz eingeschlafen sein, als er plötzlich durch Schritte geweckt wurde. Da kam einer auf die Haltestelle zu. Z. tat so, als ob er schliefe. Doch er beobachtete den Typ genau. …

4. Innerer Monolog:
Das ist doch merkwürdig, dachte er. Da kommt man schon einmal pünktlich zur Bushaltestelle, und dann ist da niemand zu sehen. Der Bus kann doch nicht schon weg sein! Manchmal fahren sie ja tatsächlich früher ab. Aber nein, es ist Viertel vor sechs. Na, noch ein bisschen die Beine vertreten …

Nur einem Irrtum war es zu verdanken, dass die sich feindlich gesinnten Popstars Gottlieb und Bobo unter merkwürdigen Umständen aufeinandertrafen. Gottlieb fuhr gewöhnlich mit dem ersten Morgenbus in sein Studio …

2 Nehmt das „Thema" als Gerüst für eine Anekdote, die ihr mit möglichst vielen Spannungsmachern ausstattet. Denkt daran: Anekdoten werden in der Regel von einem auktorialen Erzähler erzählt, – und sie haben eine Pointe! Für die Pointe bieten sich vielleicht die fünf Glockenschläge von der Kirchturmuhr besonders an.

Eine Satire lesen

Wie man ein Bewerbungsgespräch führt

Außerordentlich wirkungsvoll ist es, sich in die ältesten und verwaschensten Jeans zu zwängen, die man auftreiben kann. Das macht eine klasse Figur und auf den zukünftigen Chef Eindruck. Als ernsthafte Bewerberin um den Job in der Bank hat man das Recht, pünktlich empfangen zu werden, und sollte es sich nicht gefallen lassen, länger als fünf Minuten warten zu müssen. Spätestens nach Ablauf dieser Frist sollte man forsch und bestimmt den zuständigen Herrn zu sprechen verlangen und seiner Vorzimmerdame deutlich zu verstehen geben, dass man schließlich noch andere Dinge zu erledigen habe. Auf diese Weise erfährt der spätere Gesprächspartner gleich, mit wem er es zu tun hat, und kann sich darauf einstellen.

Hat man sich mit derart selbstbewusstem Auftreten Respekt und Einlass verschafft, begrüße man den Gewaltigen mit einem schlichten „Hallo!" Sollte er – verblüfft durch diese formvollendete Eröffnung – nicht so schnell in der Lage sein, Ihnen einen Platz anzubieten, rücken Sie sich selbst den nächsten Sessel zurecht und sagen förmlich: „Gestatten Sie, dass ich platze?" Lassen Sie sich getrost in das weiche Chefpolster hineinfallen, denn der Angeredete wird etwas Zeit brauchen, um seine Verlegenheit zu überwinden …

1 Hier gibt eine Schülerin einige „wertvolle" Tipps für Bewerbungsgespräche. – Du hast beim Lesen sicher gleich bemerkt, dass dieser Text nicht ganz ernst gemeint ist.

Benenne einige Textstellen, die unmöglich so gemeint sein können, wie sie dort stehen.

Was ist eine Satire?

Einen Text wie den von Seite 155 bezeichnet man als „Satire". Aber was genau ist eine Satire?

Eine **Satire** ist ein Text, der auf spöttische Weise etwas kritisiert. Immer ist an der Satire etwas komisch und zugleich kritisch gemeint.
Wie aber kommt es zu der komischen Wirkung? Oft durch **Umkehrung der Verhältnisse.** Der Satiriker stellt das, was schlecht ist, als gut dar; und was er schrecklich findet, beschreibt er als wunderbar.
Damit die Leser auch wirklich merken, dass der Satiriker das, was er in seiner Satire positiv oder witzig darstellt, in Wirklichkeit negativ findet, übertreibt er. Oder er spielt das, was ihn stört, herunter.
Das bedeutet, dass das Gegenteil von dem, was gesagt oder geschrieben wird, gemeint ist. Diesen Widerspruch müssen die Leser aber selbst herausfinden.

2 Schreibe die Satire über das Bewerbungsgespräch weiter. Dazu musst du das Gegenteil von dem schreiben, was eigentlich gemeint ist, und kräftig über- oder untertreiben: *Dann sollte man den Eingeschüchterten auffordern, es sich ebenfalls bequem zu machen.* ...

Wo kommen Satiren vor? Ihr kennt sie aus dem Fernsehen, z. B. aus kabarettistischen Sendungen oder politischen Magazinen. In Zeitungen finden sich häufig satirische Kommentare und Glossen. Und es gibt satirische Erzählungen, Romane, Theaterstücke und Filme. Satiren werden auch gern für Schülerzeitungen geschrieben. Außerdem stößt man häufig auf satirische Zeichnungen (Karikaturen), über die ihr auf den Seiten 164–166 etwas erfahrt.

Neben **Übertreibung und Untertreibung** können Satiriker noch andere sprachliche Mittel verwenden, um ihre Texte wirkungsvoll zu gestalten:
- **Ironie:** verhüllter Spott, bei dem das Gegenteil von dem gesagt wird, was gemeint ist,
- **Sarkasmus:** bissig-spöttische Äußerungen, bei denen einem das Lachen im Hals stecken bleibt,
- **Parodie:** komische, übertreibende Nachahmung eines Textes in der gleichen Form, aber mit anderem, lächerlichem Inhalt.

3 In dem Text auf Seite 157 sind fünf Stellen markiert worden, an denen der Verfasser die verschiedenen satirischen Mittel eingesetzt hat.
- Wie wirken diese Textpassagen auf euch? Beschreibt die Unterschiede.
- Welche Einstellung hat wohl der Verfasser des Textes zum Thema Rauchen? Was kritisiert er?

Satiren untersuchen

Rauchen

Ein unverzichtbarer Beitrag für Gesellschaft, Familie und Wohlbefinden

Alle zehn Sekunden stirbt ein Raucher, so die neuesten Erkenntnisse über das Rauchen. Um diesem Trend entgegenzuwirken, sollen u. a. die Tabaksteuer beträchtlich erhöht, Automaten auf der Straße abgebaut und Werbung verboten werden, ebenso das Rauchen in sämtlichen öffentlichen Gebäuden, zum Verdruss vieler leidenschaftlicher Raucher. Denn das Rauchen hat viele Vorteile – man muss sie nur erkennen!

Zuallererst sorgen die Raucher dafür, dass Straßen, Schulen, Krankenhäuser und vieles andere finanziert werden können, da der Staat ja schließlich bei jeder Schachtel Zigaretten kräftig kassiert. Was macht es denn schon aus, wenn in einer Familie 100–200 Euro monatlich für Glimmstängel weggehen? Wir haben doch in der heutigen Zeit alle reichlich Geld zur Verfügung, und wenn es einmal knapp werden sollte, könnte man ohne Weiteres an Lebensmitteln, Handyrechnung, Urlaub oder der teuren Kinderkleidung sparen.

Ironie

Gespart werden kann auch beim Renovieren. Denn eine echte Raucherfamilie sorgt ja ständig dafür, dass die Tapeten in einem angenehmen Gelb-Braun-Ton gehalten werden und so nie gestrichen werden müssen. Außerdem sucht man gern die Nähe von Rauchern, weil selbst ihre Kleidung den zarten Duft ihrer Zigarettenmarke verströmt, was den Nichtraucher geradezu verzückt.

Übertreibung

Und welch gähnende Langeweile stellte sich ein, wenn plötzlich nicht mehr geraucht würde! Wie sollten die Raucher denn Freiheit und Abenteuer, Spaß und wilde Leidenschaft erleben, wenn sie nicht mehr rauchen würden? Und überhaupt: Was soll die Aufregung wegen des Raucherhustens? Nichtraucher husten doch genauso, wenn sie erkältet sind! Und wenn dann mal einer an Lungenkrebs stirbt: Ist das denn wirklich so schlimm? Müssen wir nicht alle einmal diese Welt verlassen?

Verharmlosung

Darüber hinaus zeigen Raucher ein großes weltpolitisches Verantwortungsgefühl: Durch ihr frühes Ableben leisten sie einen wichtigen Beitrag gegen die Überbevölkerung und lümmeln sich nicht so lange auf der Welt herum wie viele verantwortungslos gesunde Nichtraucher.

Sarkasmus

Deshalb gilt es für uns Raucher, die Minderheit der Nichtraucher von den Vorteilen des Rauchens zu überzeugen, und dies möglichst frühzeitig, etwa im schulischen Musikunterricht durch ein vorgeschriebenes Eingangslied:

Einigkeit und Recht und Freiheit / für das deutsche Raucherland,
Danach lasst uns alle streben / brüderlich mit Herz und Hand.
Marlboro und Stuyvesant / sind des Rauchers Unterpfand.
Glimm im Rauche dieses Glückes / Glimme, deutsches Raucherland!

Parodie

Satiren untersuchen

1 Jemand von euch sollte die folgende Rede so vorbereiten, dass er sie vor der Klasse halten, zumindest aber flüssig vorlesen kann.

Bundestagsrede *Loriot*

Meine Damen und Herren, Politik bedeutet, und davon sollte man ausgehen, das ist doch – ohne darumherumzureden – in Anbetracht der Situation, in der wir uns befinden. Ich kann meinen politischen Standpunkt in wenige Worte zusammenfassen: erstens das Selbstverständnis unter der Voraussetzung, zweitens und das ist es, was wir unseren Wählern schuldig sind, drittens, die konzentrierte *Be-inhaltung* als Kernstück eines zukunftweisenden Parteiprogramms.

Wer hat denn, und das muß vor diesem hohen Hause einmal unmißverständlich ausgesprochen werden. Die wirtschaftliche Entwicklung hat sich in keiner Weise … Das wird auch von meinen Gegnern nicht bestritten, ohne zu verkennen, daß *in* Brüssel, *in* London die Ansicht herrscht, die Regierung der Bundesrepublik habe da – und, meine Damen und Herren … warum auch nicht? Aber *wo haben* wir denn letzten Ende, ohne die Lage unnötig zuzuspitzen? *Da,* meine Damen und Herren, liegt doch das Hauptproblem.

Bitte denken Sie doch einmal an die *Alters*versorgung. *Wer war* es denn, der seit 15 Jahren, und wir wollen einmal davon absehen, daß niemand behaupten kann, als hätte sich damals – so geht es doch nun wirklich nicht!

Wir haben immer wieder darauf hingewiesen, daß die Fragen des Umweltschutzes, und ich bleibe dabei, wo kämen wir sonst hin, wo bliebe unsere Glaubwürdigkeit? Eins steht doch fest und darüber gibt es keinen Zweifel. Wer das vergißt, hat den Auftrag des Wählers nicht verstanden. Die Lohn- und Preispolitik geht *von* der Voraussetzung aus, daß die mittelfristige Finanzplanung, und *im* Bereich der Steuerreform ist das schon immer von ausschlaggebender Bedeutung gewesen …

Meine Damen und Herren, wir wollen nicht vergessen, draußen im Lande, und damit möchte ich schließen. Hier und heute stellen sich die Fragen, und ich glaube, Sie stimmen mit mir überein, wenn ich sage … Letzten Endes, wer wollte das bestreiten! Ich danken Ihnen …

2 Ist das überhaupt eine Rede? Sucht Beispiele heraus, die das belegen.

3 Man könnte sagen, dieser Redner verwendet ausschließlich „Einleitungssätze“. Wie sind sie gebastelt? Beschreibt sie so genau wie möglich.

4 Was sagt dieser Politiker eigentlich aus? Welche Meinung vertritt er?

5 Worüber genau ist dies eine Satire: über die Unfähigkeit eine Rede zu halten; über Lügen in der Politik; darüber, dass Politiker keine eigene Meinung haben; darüber, dass mit großen Worten nichts gesagt wird?

Satiren untersuchen

Es wird etwas geschehen *Heinrich Böll*

Eine handlungsstarke Geschichte

Zu den merkwürdigsten Abschnitten meines Lebens gehört wohl der, den ich als Angestellter in Alfred Wunsiedels Fabrik zubrachte. Von Natur bin ich mehr dem Nachdenken und dem Nichtstun zugeneigt als der Arbeit, doch hin und wieder zwingen mich anhaltende finanzielle Schwierigkeiten – denn Nachdenken bringt so wenig ein wie Nichtstun –, eine so genannte Stelle anzunehmen. Wieder einmal auf einem solchen Tiefpunkt angekommen, vertraute ich mich der Arbeitsvermittlung an und wurde mit sieben anderen Leidensgenossen in Wunsiedels Fabrik geschickt, wo wir einer Eignungsprüfung unterzogen werden sollten.

Schon der Anblick der Fabrik machte mich misstrauisch: Die Fabrik war ganz aus Glasziegeln gebaut, und meine Abneigung gegen helle Gebäude und helle Räume ist so stark wie meine Abneigung gegen die Arbeit. Noch misstrauischer wurde ich, als uns in der hellen, fröhlich ausgemalten Kantine gleich ein Frühstück serviert wurde: Hübsche Kellnerinnen brachten uns Eier, Kaffee und Toaste, in geschmackvollen Karaffen stand Orangensaft; Goldfische drückten ihre blasierten Gesichter gegen die Wände hellgrüner Aquarien. Die Kellnerinnen waren so fröhlich, dass sie vor Fröhlichkeit fast zu platzen schienen. Nur starke Willensanstrengung – so schien mir – hielt sie davon zurück, dauernd zu trällern. Sie waren mit ungesungenen Liedern so angefüllt wie Hühner mit ungelegten Eiern.

Ich ahnte gleich, was meine Leidensgenossen nicht zu ahnen schienen: dass auch dieses Frühstück zur Prüfung gehöre; und so kaute ich hingebungsvoll, mit dem vollen Bewusstsein eines Menschen, der genau weiß, dass er seinem Körper wertvolle Stoffe zuführt. Ich tat etwas, wozu mich normalerweise keine Macht dieser Welt bringen würde: Ich trank auf den nüchternen Magen Orangensaft, ließ den Kaffee und ein Ei stehen, den größten Teil des Toasts liegen, stand auf und marschierte handlungsschwanger in der Kantine auf und ab.

So wurde ich als erster in den Prüfungsraum geführt, wo auf reizenden Tischen die Fragebogen bereitlagen. Die Wände waren in einem Grün getönt, das Einrichtungsfanatikern das Wort „entzückend" auf die Lippen gezaubert hätte. Niemand war zu sehen, und doch war ich so sicher, beobachtet zu werden, dass ich mich benahm, wie ein Handlungsschwangerer sich benimmt, wenn er sich unbeobachtet glaubt: Ungeduldig riss ich meinen Füllfederhalter aus der Tasche, schraubte ihn auf, setzte mich an den nächstbesten Tisch und zog den Fragebogen an mich heran, wie Choleriker Wirtshausrechnungen zu sich hinziehen.

Erste Frage: Halten Sie es für richtig, dass der Mensch nur zwei Arme, zwei Beine, Augen und Ohren hat?

Hier erntete ich zum ersten Male die Früchte meiner Nachdenklichkeit und schrieb ohne Zögern hin: „Selbst vier Arme, Beine, Augen, Ohren würden meinem Tatendrang nicht genügen. Die Ausstattung des Menschen ist kümmerlich."

Zweite Frage: Wie viel Telefone können Sie gleichzeitig bedienen?

Satiren untersuchen

Auch hier war die Antwort so leicht wie die Lösung einer Gleichung ersten Grades. „Wenn es nur sieben Telefone sind“, schrieb ich, „werde ich ungeduldig, erst bei neun fühle ich mich vollkommen ausgelastet.“

Dritte Frage: Was machen Sie nach Feierabend?

Meine Antwort: „Ich kenne das Wort Feierabend nicht mehr, an meinem fünfzehnten Geburtstag strich ich es aus meinem Vokabular, denn am Anfang war die Tat.“

Ich bekam die Stelle. Tatsächlich fühlte ich mich sogar mit den neun Telefonen nicht ganz ausgelastet. Ich rief in die Muscheln der Hörer: „Handeln Sie sofort!“ oder: „Tun Sie etwas! – Es muss etwas geschehen – Es wird etwas geschehen – Es ist etwas geschehen – Es sollte etwas geschehen.“ Doch meistens – denn das schien mir der Atmosphäre gemäß – bediente ich mich des Imperativs.

Interessant waren die Mittagspausen, wo wir in der Kantine, von lautloser Fröhlichkeit umgeben, vitaminreiche Speisen aßen. Es wimmelte in Wunsiedels Fabrik von Leuten, die verrückt darauf waren, ihren Lebenslauf zu erzählen, wie eben handlungsstarke Persönlichkeiten es gern tun. Ihr Lebenslauf ist ihnen wichtiger als ihr Leben, man braucht nur auf einen Knopf zu drücken, und schon erbrechen sie ihn in Ehren.

Wunsiedels Stellvertreter war ein Mann mit Namen Broschek, der seinerseits einen gewissen Ruhm erworben hatte, weil er als Student sieben Kinder und eine gelähmte Frau durch Nachtarbeit ernährt, zugleich vier Handelsvertretungen erfolgreich ausgeübt und dennoch innerhalb von zwei Jahren zwei Staatsprüfungen mit Auszeichnung bestanden hatte. Als ihn Reporter gefragt hatten: „Wann schlafen Sie denn, Broschek?“, hatte er geantwortet: „Schlafen ist Sünde!“

Wunsiedels Sekretärin hatte einen gelähmten Mann und vier Kinder durch Stricken ernährt, hatte gleichzeitig in Psychologie und Heimatkunde promoviert, Schäferhunde gezüchtet und war als Barsängerin unter dem Namen *Vamp 7* berühmt geworden.

Wunsiedel selbst war einer von den Leuten, die morgens, kaum erwacht, schon entschlossen sind, zu handeln. „Ich muss handeln“, denken Sie, während sie energisch den Gürtel des Bademantels zuschnüren. „Ich muss handeln“, denken sie, während sie sich rasieren, und sie blicken triumphierend auf die Barthaare, die sie mit dem Seifenschaum von ihrem Rasierapparat abspülen: Diese Reste der Behaarung sind die ersten Opfer ihres Tatendranges. Auch die intimeren Verrichtungen lösen Befriedigung bei diesen Leuten aus: Wasser rauscht, Papier wird verbraucht. Es ist etwas geschehen. Brot wird gegessen, dem Ei wird der Kopf abgeschlagen.

Die belangloseste Tätigkeit sah bei Wunsiedel wie eine Handlung aus: wie er den Hut aufsetzte, wie er – bebend vor Energie – den Mantel zuknöpfte, der Kuss, den er seiner Frau gab, alles war Tat.

Wenn er sein Büro betrat, rief er seiner Sekretärin als Gruß zu: „Es muss etwas geschehen!“ Und diese rief frohen Mutes: „Es wird etwas geschehen!“ Wunsiedel ging dann von Abteilung zu Abteilung, rief sein fröhliches: „Es muss etwas geschehen!“ Alle antworteten: „Es wird etwas geschehen!“ Und auch ich rief ihm, wenn er mein Zimmer betrat, strahlend zu: „Es wird etwas geschehen!“

Innerhalb der ersten Woche steigerte ich die Zahl der bedienten Telefone auf elf, innerhalb der zweiten Woche auf dreizehn, und es machte mir Spaß, morgens in der Straßenbahn neue Imperative zu erfinden oder das Verbum geschehen durch die verschiedenen Tempora, durch die verschiedenen Genera, durch Konjunktiv und Indikativ zu hetzen; zwei Tage lang sagte ich nur den einen Satz, weil ich ihn so schön fand: „Es hätte etwas *geschehen* müssen“, zwei weitere Tage lang einen anderen: „Das hätte nicht geschehen dürfen.“

So fing ich an, mich tatsächlich ausgelastet zu fühlen, als wirklich etwas geschah. An einem Dienstagmorgen – ich hatte mich noch gar nicht

Satiren untersuchen

richtig zurechtgesetzt – stürzte Wunsiedel in mein Zimmer und rief sein „Es muss etwas geschehen!“ Doch etwas Unerklärliches auf seinem Gesicht ließ mich zögern, fröhlich und munter, wie es vorgeschrieben war, zu antworten: „Es wird etwas geschehen!“ Ich zögerte wohl zu lange, denn Wunsiedel, der sonst selten schrie, brüllte mich an: „Antworten Sie! Antworten Sie, wie es vorgeschrieben ist!“ Und ich antwortete leise und widerstrebend wie ein Kind, das man zu sagen zwingt: Ich bin ein böses Kind. Nur mit großer Anstrengung brachte ich den Satz heraus: „Es wird etwas geschehen“, und kaum hatte ich ihn ausgesprochen, da geschah tatsächlich etwas: Wunsiedel stürzte zu Boden, rollte im Stürzen auf die Seite und lag quer vor der offenen Tür. Ich wusste gleich, was sich mir bestätigte, als ich langsam um meinen Tisch herum auf den Liegenden zuging: dass er tot war.

Kopfschüttelnd stieg ich über Wunsiedel hinweg, ging langsam durch den Flur zu Broscheks Zimmer und trat dort, ohne anzuklopfen, ein. Broschek saß an seinem Schreibtisch, hatte in jeder Hand einen Telefonhörer, im Mund einen Kugelschreiber, mit dem er Notizen auf einen Block schrieb, während er mit den bloßen Füßen eine Strickmaschine bediente, die unter dem Schreibtisch stand. Auf diese Weise trägt er dazu bei, die Bekleidung seiner Familie zu vervollständigen. „Es ist etwas geschehen“, sagte ich leise.

Broschek spuckte den Kugelstift aus, legte die beiden Hörer hin, löste zögernd seine Zehen von der Strickmaschine.

„Was ist denn geschehen?“, fragte er.

„Herr Wunsiedel ist tot“, sagte ich.

„Nein“, sagte Broschek.

„Doch“, sagte ich, „kommen Sie!“

„Nein“, sagte Broschek, „das ist unmöglich“, aber er schlüpfte in seine Pantoffeln und folgte mir über den Flur.

„Nein“, sagte er, als wir an Wunsiedels Leiche standen, „nein, nein!“ Ich widersprach ihm nicht. Vorsichtig drehte ich Wunsiedel auf den

Rücken, drückte ihm die Augen zu und betrachtete ihn nachdenklich.

Ich empfand fast Zärtlichkeit für ihn, und zum ersten Male wurde mir klar, dass ich ihn nie gehasst hatte. Auf seinem Gesicht war etwas, wie es auf den Gesichtern der Kinder ist, die sich hartnäckig weigern, ihren Glauben an den Weihnachtsmann aufzugeben, obwohl die Argumente der Spielkameraden so überzeugend klingen.

„Nein“, sagte Broschek, „nein“.

„Es muss etwas geschehen“, sagte ich leise zu Broschek.

„Ja“, sagte Broschek, „es muss etwas geschehen“.

Es geschah etwas: Wunsiedel wurde beerdigt, und ich wurde ausersehen, einen Kranz künstlicher Rosen hinter seinem Sarg herzutragen, denn ich bin nicht nur mit einem Hang zur Nachdenklichkeit und zum Nichtstun ausgestattet, sondern auch mit einer Gestalt und einem Gesicht, die sich vorzüglich für schwarze An-

Satiren untersuchen

züge eignen. Offenbar habe ich – mit dem Kranz künstlicher Rosen in der Hand hinter Wunsiedels Sarg hergehend – großartig ausgesehen. Ich erhielt das Angebot eines eleganten Beerdigungsinstitutes, dort als berufsmäßiger Trauernder einzutreten. „Sie sind der geborene Trauernde“, sagte der Leiter des Instituts, „die Garderobe bekommen Sie gestellt. Ihr Gesicht – einfach großartig!“

Ich kündigte Broschek mit der Begründung, dass ich mich dort nicht richtig ausgelastet fühle, dass Teile meiner Fähigkeiten trotz der dreizehn Telefone brachlägen. Gleich nach meinem ersten berufsmäßigen Trauergang wusste ich: Hierhin gehörst du, das ist der Platz, der für dich bestimmt ist.

Nachdenklich stehe ich hinter dem Sarg in der Trauerkapelle, mit einem schlichten Blumenstrauß in der Hand, während Händels *Largo* gespielt wird, ein Musikstück, das viel zu wenig geachtet ist. Das Friedhofscafé ist mein Stammlokal, dort verbringe ich die Zeit zwischen meinen beruflichen Auftritten, doch manchmal gehe ich auch hinter Särgen her, zu denen ich nicht beordert bin, kaufe aus meiner Tasche einen Blumenstrauß und geselle mich zu dem Wohlfahrtsbeamten, der hinter dem Sarg eines Heimatlosen hergeht. Hin und wieder auch besuche ich Wunsiedels Grab, denn schließlich verdanke ich es ihm, dass ich meinen eigentlichen Beruf entdeckte, einen Beruf, bei dem Nachdenklichkeit geradezu erwünscht und Nichtstun meine Pflicht ist.

Spät erst fiel mir ein, dass ich mich nie für den Artikel interessiert habe, der in Wunsiedels Fabrik hergestellt wurde. Es wird wohl Seife gewesen sein.

1 Gliedere den Text in drei Abschnitte (Zeilen angeben) und formuliere für jeden Abschnitt eine Überschrift. Fasse dann die wichtigsten Ereignisse stichwortartig zusammen.

2 Böll stellt das Verhalten der Personen und ihre Einstellung zur Arbeit satirisch dar.
- Suche Textstellen heraus, an denen die Satire deutlich wird.
- Nenne die sprachlichen Mittel, die der Autor an diesen Stellen verwendet.
- Schreibe in eigenen Worten auf, was Böll kritisieren will.

3 Verwende deine Arbeitsergebnisse für eine Interpretation des Textes. Hilfen bekommst du in der Werkstatt Schreiben, S. 184–189.

So könnt ihr weiterarbeiten

- Der Satz „Es muss etwas geschehen“ wird an vielen Stellen im Text wiederholt und variiert. Stellt die Variationen dieses Satzes zusammen und arbeitet mit ihnen ähnlich wie in der Werkstatt Theater vorgeschlagen (S. 170/171: „man muss etwas tun“).

Satiren schreiben

Satiren lesen macht Spaß; Satiren schreiben auch. Man braucht nur ein Thema oder ein menschliches Verhalten, das man kritisieren und verspotten möchte. Hier findest du einige Vorschläge:

Handys

Wo man geht und steht, klingeln Handys. Man wird Ohrenzeuge der intimsten Geheimnisse oder der belanglosesten Gespräche, die man sich nur vorstellen kann. Es fängt schon im Unterricht an. Während die Matheaufgaben verglichen werden, ruft dich ein Freund an und du kannst erst einmal Pause machen. Und natürlich ist auch der Mathelehrer über diese kleine Unterbrechung hocherfreut …

Klassenarbeiten

Die meisten Schülerinnen und Schüler schreiben Klassenarbeiten nicht ganz ohne Ängste oder Unsicherheit. Die Wahl des Themas beim Aufsatz kann schon Schwierigkeiten bereiten; das lange Überlegen, ehe der erste Satz auf das Papier kommt, das Durchlesen und Korrigieren … Es gibt mancherlei Probleme. In einer Satire könntest du das alles so darstellen, als gäbe es nichts Herrlicheres. Alles an einer Klassenarbeit macht Freude.

Verkehrschaos

Einer Untersuchung zufolge verliert der Bewohner eines Ballungsraumes etwa sieben Jahre seines Lebens im Stau, bei der Parkplatzsuche oder beim Warten auf Busse und Bahnen. Viele Verkehrsteilnehmer brauchen Tag für Tag etwa 140 Minuten, um zur Arbeitsstelle, zur Schule, ins Kino und jeweils wieder nach Hause zu fahren. Was kann einem dabei alles passieren? Stelle dies auf übertreibende Weise, aber als etwas höchst Erfreuliches dar.

Fitness

Fit fürs Leben – oder wofür eigentlich? Fitnesscenter erfreuen sich großer Beliebtheit. Mancher möchte hier im Schnelldurchgang zum Waschbrettbauch oder zur Modelfigur kommen. Nicht immer klappt alles wie geplant. Und ob am Ende wirklich die erhoffte Wirkung eintritt? In einer Satire könntest du deinen Lesern nahelegen, ein Fitnessstudio aufzusuchen. Stelle die Vorteile von Muskelstärke, die Nebenwirkungen von Anabolika usw. auf übertreibende Weise positiv dar.

Karikaturen untersuchen

Karikaturen (ital. *caricare* = überladen, übertreiben) oder Cartoons begegnen uns täglich in den Medien. Es sind Zeichnungen, die zu Personen und menschlichen Schwächen oder zu Politik und gesellschaftlichen Entwicklungen übertriebene Aussagen machen. Damit fordern sie oftmals zum Lachen auf. Ihr Ziel ist es, spöttische Kritik zu üben oder Protest zu äußern und damit zum Nachdenken anzuregen.

So interpretierst du eine Karikatur:

1. Beschreibe möglichst genau, was dargestellt ist (Szenerie, Personen, Handlung, Zeichnungsstil).
2. Deute die Karikatur, indem du ihre Aussage erläuterst: Auf welches Problem nimmt sie Bezug, was kritisiert sie? Für welche „Seite" ergreift der Karikaturist Partei?
3. Beurteile die Karikatur: Teilst du die Sichtweise des Karikaturisten oder bist du anderer Meinung?

1 Zu der obigen Karikatur hat ein Schüler eine Interpretation geschrieben. Wo findest du die drei Schritte darin wieder? Suche sie heraus.

Die Karikatur zeigt unterschiedliche Tiere: einen Singvogel, einen Affen, einen Schreitvogel, einen Elefanten, einen Goldfisch in einem Wasserglas, eine Robbe und einen Hund. Im Hintergrund ist ein Baum zu sehen. Die Tiere stehen in einer Reihe vor einem Mann, der an einem Tisch sitzt und einige Papiere vor sich liegen hat. Offenbar soll eine Prüfung stattfinden. Der Mann gibt die Prüfungsaufgabe bekannt und weist die Kandidaten darauf hin, dass diese Aufgabe gerecht ist, da sie für alle gleich ist. Aber die Aufgabe lautet: „Klettern Sie auf den Baum!" Deswegen kann von „gerechter Auslese" keine Rede sein. Das einzige Tier, das diese Aufgabe überhaupt bewältigen kann, ist der Affe. Der Karikaturist bezieht sich auf Prüfungssituationen, wie sie z. B. in der Schule oder bei Bewerbungstests vorkommen. Hier gehen die Prüfer generell davon aus, dass alle Kandidaten dieselben Voraussetzungen mitbringen und dass die Testergebnisse deshalb vergleichbar sind. Der Karikaturist ist anderer Meinung und zeigt, dass die Aufgaben meist nur bestimmte Kenntnisse und Fähigkeiten erfordern und, wenn man sich die Prüflinge genau ansieht, deswegen nicht gerecht, sondern sogar unfair gestellt werden. Ich finde, dass das zutreffend ist. Wie kann z. B. ein Schüler, der erst vor kurzem nach Deutschland gekommen ist, ein Diktat mitschreiben und dabei keine Fehler machen?

Karikaturen untersuchen

Schwalme

Eine Lehrstelle? Also, diese Jugend: Noch nichts geleistet, aber Ansprüche!

Na, mein Junge, wo drückt denn der Schuh?

In Zukunft werde ich ganz bestimmt mehr üben!

Murschetz

1 Seht euch die Karikaturen genau an: Drei der farbigen Sprechblasen passen am besten zu einer der drei Karikaturen. Welche sind es? Sprecht über eure Entscheidungen.

Aber es heißt doch: „Durch Fehler wird man klug!“

Wir sitzen alle im gleichen Boot!

Wenn ihr tüchtig rudert, gibt’s eine Gehaltszulage.

Karikaturen untersuchen

Diese Karikatur von Sempé besteht nur aus wenigen Strichen, aber sie hat es in sich. So klein sie auch ist, hinter ihr verbirgt sich eine ganze Satire. Und die besteht, wie ihr gelesen habt, aus komischer Übertreibung und ernsthafter Kritik. Ein Satiriker will mit seinem Text oder seiner Karikatur immer darauf hinweisen, wie etwas eigentlich *nicht* sein sollte.

Sempé

1 Schaut euch die Figuren – und auch das, was rechts auf dem Bild zu sehen ist – genau an und beschreibt, was an ihnen übertrieben ist.

2 Besprecht miteinander, worauf sich die Kritik dieser Karikatur richtet.

3 Was mag dem Karikaturisten Sempé als Ideal vor Augen stehen? Was sollte eigentlich ganz anders sein? Das müsst ihr mit Hilfe der Karikatur selbst entdecken!

4 Schreibe einen kurzen satirischen Text zu dieser Karikatur. Er könnte so beginnen:

Klein Paulchen liebt das Fernsehen. Das ist bei Babys ein ganz natürliches Verhalten. Man muss es nur mit allen Kräften fördern; denn Fernsehen bildet. Auch schon die Kleinsten! ...

So könnt ihr weiterarbeiten

- Sucht euch eine der Karikaturen aus, die ihr an verschiedenen Stellen in „wortstark" findet (S. 9, 13, 16, 18, 43, 130, 155, 163–166, 195) und interpretiert sie schriftlich. Ihr könnt auch weitere Karikaturen mitbringen und diese untersuchen.

- Ihr könnt Karikaturen auch in Gruppen untersuchen. Dazu muss sich jeder zunächst selbst überlegen, wie die Karikatur zu interpretieren wäre. Danach stellt ihr euch in der Gruppe gegenseitig eure Interpretationen vor. Setzt diese verschiedenen Vorschläge nun zu einem einzigen zusammen und stellt ihn anschließend der gesamten Klasse vor.

- Was haben eine Karikatur und ein satirischer Text gemeinsam? Worin unterscheiden sie sich?

WERKSTATT THEATER

Lernen heißt, alles, was man weiß, immer wieder in Beziehung zu Neuem zu setzen. Die Werkstatt Theater will euch anregen, in diesem Sinne zu lernen.

Ganz wichtig dafür sind Spielräume zum Ausprobieren! In der gesamten Werkstatt werdet ihr ermutigt, eigene Ideen und Erfahrungen in die Darstellung einfließen zu lassen. So werden „eure" Inszenierungen lebendig und ihr bereichert das Theaterspiel.

Es geht um Spaß an der Darstellung, um Selbsterfahrung im Erproben von Rollen, aber auch um kritische Auseinandersetzung mit Themen und das Verständnis von Texten durch die szenische Interpretation. Auf diese Weise arbeitet ihr nach Auffassungen des Freien Theaters.

Sich einspielen und besser zusammenspielen

Begrüßungen
Geht kreuz und quer durch den Raum. Schüttelt ganz viele Hände.

Variation: Begrüßt euch überglücklich, unsicher, eingebildet, verliebt, superhöflich, ganz cool …

Eine Szene verändert sich
Bildet einen großen Stehkreis. Zwei Spieler, die eine Spielidee haben, beginnen in der Kreismitte mit einer pantomimischen Darstellung.
Diese Szene wird so lange weitergespielt, bis ein Zuschauer sie verändern möchte. Er zeigt das, indem er klatscht. Die Szene friert ein. Der neue Akteur geht auf den Spieler aus der vorigen Szene zu, mit dem er weiterspielen möchte, und entwickelt mit ihm eine völlig neue Szene. Der andere geht aus der Szene.
So entwickeln sich wechselnde Szenen weiter. Das szenische Spiel dauert so lange, wie es Ideen gibt.

Magnetismus
Fixiert einen Punkt im Raum. Er kann sich an der Decke befinden, an der Wand, am Boden …
Geht zielgerichtet auf diesen Punkt zu. Konzentriert euch auf einen neuen Punkt, geht direkt auf ihn zu usw.

Der Magier
Bildet Paare. Einer von euch ist der Magier.
Die Innenfläche seiner rechten Hand wird zum Spiegel, der den Partner verzaubert. Der Magier führt den Verzauberten mit seinem Handspiegel, wohin er will: Er geht tief gebückt, streckt sich in die Höhe, probiert alle möglichen Stellungen des Spiegels aus. Er führt sehr langsam, damit der Geführte auch wirklich folgen kann. Wechsel auf Ansage des Spielleiters.

Variation 1: Jetzt seid ihr Magier und Verzauberter zugleich: Mit einer Hand führt ihr, der andere führt euch aber auch mit einer Hand. Ganz langsam entsteht eine fließende Bewegung …

Variation 2: Bildet Dreiergruppen. Ein Magier führt jetzt zwei Personen. Seine beiden Hände sind Zauberspiegel.

Verstehst du mich?
Bildet Paare. Person A und B sollen sich vorstellen, dass sich zwischen ihnen eine Fensterscheibe befindet. Der Spielleiter gibt nun allen A eine Nachricht, die diese dem jeweiligen B pantomimisch durch die vorgestellte Glasscheibe übermitteln sollen, z. B.:
- „Ich möchte mich mit dir verabreden."
- „Lauf schnell nach Haus, in deinem Haus brennt's!"
- „Hilfe! In meiner Wohnung ist ein gefährliches Tier!"
- „…"

Wenn B die Nachricht verstanden hat, reagiert er entsprechend darauf, sodass beide einige Zeit miteinander kommunizieren.

Szenen darstellen: Jubiläen und andere Anlässe

Rede zum Schulabschluss – ein Schülervertreter spricht

Liebe Schülerinnen und Schüler,
liebe Eltern, Lehrerinnen und Lehrer!
Diese Feier ist für uns der Abschluss unserer Schulzeit. Wir haben diesen Tag lange herbeigesehnt. Nun halten wir die ersehnten Abschlusszeugnisse in der Hand. Einerseits sind wir froh und erleichtert, andererseits ist uns doch etwas wehmütig zu Mute, denn eine Lebensphase ist abgeschlossen …
Wir danken unseren Lehrerinnen und Lehrern für alles …

Hochzeit – der Bräutigam dankt

Meine lieben Gäste!
Ich danke euch, dass ihr gekommen seid, um diesen schönsten Tag in unserem Leben mit uns zu begehen. Mit Gedichten und Reden habt ihr dazu beigetragen, die festliche Stimmung noch zu erhöhen. Der heutige Tag soll unauslöschlich als kostbare Erinnerung in unserem Gedächtnis lebendig bleiben …

Eine Hochzeit oder eine andere große Familienfeier, ein Schuljubiläum oder ähnliche Situationen, in denen Reden gehalten werden, habt ihr sicher schon einmal erlebt. Vielleicht habt ihr euch gelangweilt, wenn eine Rede der nächsten folgte. – Die hier abgedruckten Anfänge von Festreden sollen euch anregen, mit solchen Ansprachen humorvoll-kritisch umzugehen.

- Schreibt selbst Reden zu verschiedenen Anlässen und haltet sie feierlich, dem Anlass entsprechend.
  - Ihr könnt übertrieben theatralisch sprechen, mit Mimik und Einsatz von Gesten den Ausdruck verstärken.
  - Was passiert, wenn ihr Redeteile aus dem Text neu kombiniert, einzelne Textstellen immer wiederholt oder Gedanken der Zuhörer einblendet?

- Bildet Kleingruppen und überlegt euch, welchen offiziellen Anlass ihr darstellen und welche Möglichkeiten ihr einsetzen wollt, um eine kritisch-komische Wirkung zu erreichen, z. B. so:

  Vier Spieler stehen in einer Reihe. Sie halten Reden zu Anlässen, die in verschiedenen Fernsehprogrammen gesendet werden. Ihnen gegenüber liegt jemand, der sich (pantomimisch mit Fernbedienung) durch die Programme zappt:
  – Programm 1: Spieler 1 beginnt eine Festrede zur Schulentlassungsfeier.
  – Programm 2: Spieler 2 spricht anlässlich einer Hochzeit.
  – Programm 3: Spieler 3 Siegerehrung bei einem sportlichen Wettkampf.
  – Programm 4: Spieler 4 Trauerrede, mit tränenerstickter Stimme.
  Die Person mit der Fernbedienung schaltet mehrfach durch, dann rollt sie sich zusammen und schläft ein, während alle vier Programme nun gleichzeitig laufen.

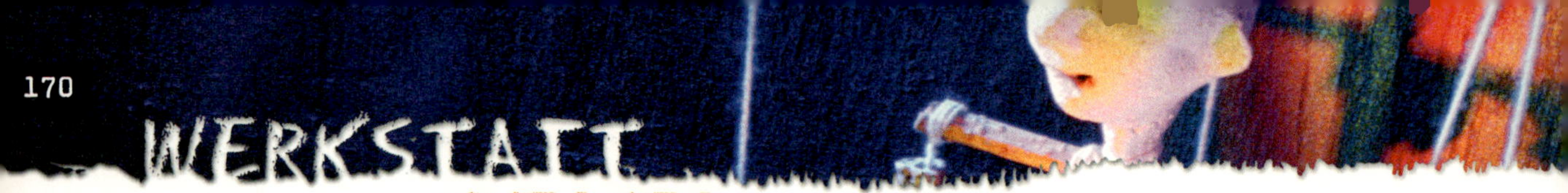

WERKSTATT THEATER

Zu Texten spielen

man muss was tun
muss man was tun
was muss man tun
tun muss man was

man hätte was getan
hätte man was getan
was hätte man getan
hätte man was getan

tun was man muss
was man tun muss
tun muss man was
was muss man tun

Franz Mon

Vorbereitung

- Der Spielleiter verteilt einzelne Sätze des Textes von Franz Mon an die Spielerinnen und Spieler, jeder erhält einen Satz. Je nach Anzahl der Spieler können Sätze auch mehrfach vergeben werden.

- Geht frei durch den Raum und begegnet einander, indem ihr euren Satz sprecht. So entstehen Dialoge, die gleichzeitig Textvariationen sind, z. B.:

  was hätte man getan
  tun muss man was — was muss man tun
  was man tun muss

- Erprobt auf Zuruf des Spielleiters unterschiedliche Sprechhaltungen: forsch, vorsichtig, ironisch, unterkühlt, aufgeregt …
  Verstärkt die Sprechhaltung durch den Einsatz von Mimik und Gestik: Augenbrauen hochziehen, mit den Schultern zucken, geduckte Körperhaltung, sich beim Sprechen verhaspeln, stolpern …

Gemeinsame Inszenierung

- Stellt euch einen Platz vor, auf dem sich ein besonderes Ereignis abspielt. Kommt in Kleingruppen nacheinander auf den Platz. Ihr gehört zu der Menschenmenge, die das Ereignis beobachtet.

- Bringt euch nun in das Geschehen ein, indem ihr euren jeweiligen Satz aus dem Text von Franz Mon sprecht:
  - tuschelnd, lauter und wieder leiser werdend …
  - Ihr könnt mit Wiederholungen arbeiten, euch sprechend gegenseitig verstärken, gegeneinandersprechen …
  - Die Sätze haben keine Satzzeichen. Also probiert verschiedene Sprachhandlungen aus: Aussagen, Fragen, Vorwürfe …
    Ihr könnt unsicher, ratlos, teilnahmslos, wütend … sprechen.
    Auf diese Weise kommen unterschiedliche Einstellungen zu dem Ereignis zum Ausdruck.

Zu Texten spielen

- Es ist auch möglich, sich das Ereignis nicht nur vorzustellen, sondern es darzustellen, z. B.:
  – eine Schlägerei (Schattenboxen!),
  – ein Ausländer wird von Jugendlichen angepöbelt (Standbild),
  – eine Mutter verprügelt ihr Kind (auf Distanz),
  – …

- Variation: Verwendet nur Teile des Textes, evtl. nur einen Satz. Erprobt verschiedene Möglichkeiten des Eingreifens wie Schreien, Hilfe holen, sich zwischen die Personen stellen …
  Diskutiert anschließend Möglichkeiten und Gefahren von Zivilcourage.

Inszenierungsvorschlag für ein Nichteingreifen

- Reagiert als Gruppe auf das Ereignis, indem ihr euch Tüten aus Packpapier (keine Plastiktüten!) über den Kopf zieht. Die Gruppe sieht nichts und hört nichts, ganz langsam wendet sie sich ab …

- **Variation 1:** Die Tüten sind beschriftet, z. B.: „Hier wird jemand bedroht …"

- **Variation 2:** Auf einer Bank sitzen drei Personen. Sie nehmen Strickzeug aus einer Einkaufstasche und beginnen zu stricken …
  Ab und zu schauen sie hoch und machen durch Mimik deutlich, dass sich vor ihren Augen etwas Bedrohliches abspielt. Sie senken den Blick und stricken immer eifriger weiter …
  „Man muss was tun" sagen sie nacheinander und stülpen sich die Papiertüten über die Köpfe.

Wichtig ist, dass ihr euch im Anschluss an jeden Spielversuch austauscht:
- Wie habt ihr euch als Spieler gefühlt?
  Wie ging es euch z. B. unter den Papiertüten?
- Wie habt ihr als Zuschauer die Darstellung empfunden?

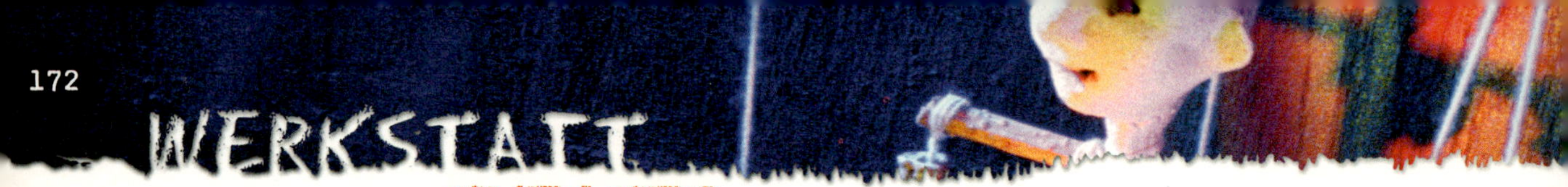

Zu Texten spielen

der rattenfänger *Gerhard Rühm*

er, der später der rattenfänger genannt wurde, spielte auf seiner flöte, spielte und spielte – aber keiner wollte stehen bleiben, keiner hörte hin. er holte alles aus seiner flöte heraus und konnte schliesslich spielen, wie er es selbst nicht für möglich gehalten hatte, spielen, was noch nie gehört worden war – aber keiner wollte stehen bleiben, keiner hörte hin.

da kam ihm eine simple weise in den sinn, die er auf dem jahrmarkt aufgeschnappt hatte. und weil er gerade nichts besseres wusste, spielte er sie nach – auf der flöte klang sie nicht schlecht. plötzlich tauchten in den löchern spitze schnauzen auf, und als er zu ende gespielt hatte, sah er sich von einem rudel ratten umgeben, die still dahockten und lauschten. das war sein erster erfolg, und er wollte wissen, was ihn bewirkt hatte. er fragte seine grauen zuhörer, warum sie gerade diese weise aus den löchern hervor gelockt hätte. „deine weise hat uns abfälle vorgegaukelt", zischelten sie aufgeregt, „hinter denen wir tag für tag her sind." „glaubt ihr, ich könnte auch bei menschen damit erfolg haben?" „versuch es doch!" säuselte die ratte, die sich am weitesten vor gewagt hatte, „sicher gibt es welche, die selbst keine weise wissen und gern eine vorgemacht bekämen, die sie nachsingen könnten." „ja, ja", bestätigte eine aus eigener erfahrung, „viele möchten auch gern ein paar töne hervorbringen, wüssten sie nur welche." „aber welche denn?" „nun, genau solche, wie du sie eben gespielt hast." „ja, ja, eine simple weise, die in fleisch und blut" – einige ratten knirschten schon mit den zähnen – „übergeht." „ihr meint also wirklich, diese weise wäre geeignet?" die aussicht auf den lange entbehrten erfolg liess ihn alles andere vergessen. „ja, ja, du musst sie nur oft genug wiederholen." „ja, ja, wiederholen, immer wiederholen." „ja, ja, sie müssen deine weise so oft hören, dass sie sie mitsummen, als wäre es ihre eigene. " „ja, ja, so gewinnt man einen anhang." „ja, ja, und eine breite strasse musst du dabei hinauf schreiten, aber nicht zu rasch, damit die leute sich sammeln und dir folgen können." „ja, ja, und immer munter geradeaus, damit alle glauben, es führe wo hin." „ja, ja, und schön den takt halten, damit keiner aus der reihe tanzt." „ja, ja, denn viele glauben, wenn viele den gleichen weg gehen, muss es der richtige sein." „ja, ja, und viele glauben, wenn viele derselben weise folgen, dann muss es mit ihr etwas auf sich haben." „ja, ja, darum musst du sie immer wiederholen und wiederholen, damit sie den anschluss nicht verlieren und stets hören, dass sie noch im richtigen zuge marschieren."

und wirklich, als er wieder zur flöte griff und die simple weise anstimmte, tauchten schon nach wenigen takten die ersten menschen auf, und immer mehr gesellten sich dazu – bald umringte ihn eine ansehnliche menge. da und dort übernahm einer und der andere die melodie, bis am ende alle lauthals mitsangen. als sich nun der rattenfänger flötend auf den weg machte, folgte ihm die meute blindlings im gleichschritt nach, und die ratten wimmelten pfeifend hinterdrein.

1 G. Rühm hat die Sage vom *Rattenfänger zu Hameln* in eine hintersinnige Erzählung verwandelt: Aus einem Rattenfänger wird ein Menschenfänger. Lest den Text genau und denkt darüber nach, wie dieser Menschenfänger die Menschen verführt. Achtet insbesondere auf die Art des Liedes und die Einzelheiten der Kunst des Verführens: Für welche Art von Verführungen sind Menschen anfällig? Warum „laufen sie mit"?

Zu Texten spielen

Vorbereitende Übungen

*Seid erfindungsreich im Einsatz von Stimme und Geräuschen: Trommeln, neue Laute …
Ihr werdet merken, dass der Impuls und damit der Rhythmus durch die Gruppe verstärkt wird.*

Leitimprovisation

Geht durch den Raum. Einer aus der Gruppe gibt einen Impuls für die Art des Gehens, z. B.: zwei Schritte gehen, klatschen; im Dreierrhythmus gehen; bei jedem zweiten Schritt stampfen; den Rhythmus durch Fingerschnipsen oder Pfeifen vorgeben …

Die Gruppe greift den Impuls auf und bewegt sich in der vorgegebenen Weise, sie „läuft mit", bis ein neuer Impuls kommt.

Probiert diese Übung jetzt, indem statt des Geräuschs oder des Klangs ein kurzer Werbeslogan gesprochen wird, z. B.: *Ultra Plus zum Haltbarmachen; chatten, shoppen, Freunde treffen* … Erprobt auf diese Weise ein rhythmisiertes Sprechen und Gehen im Raum.

Sinngestaltend sprechen

Sprecht den Text „der rattenfänger" mit verteilten Rollen. Es ist dabei sinnvoll, einen Erzähler und einen Rattenfänger einzusetzen sowie den Text der Ratten auf verschiedene Sprecher aufzuteilen. Anschließend solltet ihr über das Thema dieses Textes und seine Aktualität diskutieren.

Szenische Interpretation

Bildet jetzt Gruppen für die folgenden Spielvorschläge zum Text. Sprecht ab, wie sich der Text im szenischen Spiel verdichten lässt: mit Musik, mit Textaussparungen und Wiederholungen, mit Theatertechniken.

1. Spielvorschlag

- Die Bühne ist frei, auf drei Seiten von einem schwarzen Vorhang umgeben. In der Mitte sitzt der Rattenfänger und spielt (pantomimisch) Flöte. Man hört Flötenmusik, die sich in der Ausdrucksweise verändert: z. B. von *leise, sanft, gelöst* zu *fragend, aufgeregt, eindringlich* …
- Während die Musik spielt, tauchen hinter dem Vorhang Personen auf. Sie gehen teilnahmslos am Rattenfänger vorbei, verschwinden auf der anderen Seite hinter dem Vorhang (das wiederholt sich mehrmals).
- Die Musik wechselt nach ca. fünf Minuten; es ertönt eine einfache Melodie. Während diese Musik zu hören ist, kommen auf allen Seiten hinter dem Vorhang Köpfe zum Vorschein, dann werden die ganzen Menschen sichtbar. Sie nähern sich langsam dem Rattenfänger, hocken sich im Kreis vor ihm auf den Boden. Die Musik bricht ab.
- Der Rattenfänger spricht vor sich hin: „Ja, ja, so gewinnt man einen Anhang". Er wiederholt diesen Satz mehrfach, zunächst zweifelnd und nachdenklich, dann immer sicherer und überzeugter; auch sein Verhalten drückt das aus. Eine Ratte antwortet: „Ja, ja, eine breite Straße musst du dabei hinaufschreiten." Eine zweite fügt hinzu: „Ja, ja, und immer geradeaus". Eine weitere wiederholt den Satz.

Zu Texten spielen

Der Rattenfänger steht auf und geht los – geradeaus nach vorn auf die Bühne, die erste Ratte steht auf und folgt ihm mit den Worten: „Ja, ja, und wenn viele den gleichen Weg gehen, muss es der richtige sein."
Eine zweite Ratte erhebt sich mit den Worten: „Und immer schön den Takt halten." Eine dritte: „Und ja nicht aus der Reihe tanzen." So erhebt sich eine Ratte nach der anderen und folgt dem Rattenfänger, der immer wieder eine neue Richtung vorgibt. (Die Reihenfolge und der jeweils gesprochene Satz sind vorher abgesprochen.)

- Wenn alle Ratten dem Rattenfänger folgen, sprechen sie gemeinsam nur noch einen Satz, z. B.: „Ja, ja, und immer geradeaus." Wie bei einer Leitimprovisation folgt die Gruppe mit rhythmischem Gehen und chorischem Sprechen.
Die Lautstärke steigt, damit verstärkt sich auch der Rhythmus.

- Die Bewegung endet mit folgendem Schlussbild: Der Rattenfänger steht vorn auf der Bühne, hinter ihm als geschlossene Gruppe stehen die Ratten. Er spricht noch einmal mit geballter Faust die Worte. „Ja, ja, und immer geradeaus." Dann verstummt er. Der Chor hinter ihm spricht mit ebenfalls geballter Faust immer wieder im Gleichtakt denselben Satz.
Das Schlussbild „friert ein", erstarrt.

2. Spielvorschlag

- Die Spieler bewegen sich frei im Raum, jeder drückt durch seine Körperhaltung eine Befindlichkeit aus und spricht einen Satz vor sich hin.
Er muss zum Körperausdruck passen, z. B.: „Ich habe Angst." – „Ich bin unsicher." – „Ich bin frei." – „Ich weiß nicht." – „Auf keinen Fall folge ich."

- Ein Spieler geht mit energischem Schritt über die Bühne. Er spricht die anderen nacheinander mit dem Satz an: „Die Masse macht's!" – zuerst den, der die Worte hat: „Auf keinen Fall folge ich". Die Spieler gehen zunächst unbeeindruckt weiter, er spricht sie immer wieder an, bis ihm schließlich einer nach dem andern folgt, zuletzt der mit den Worten: „Auf keinen Fall folge ich".

- Schlussbild: Alle stehen hinter dem Sprecher und sprechen im Chor: „Die Masse macht's!"

Sprecht nach den Spielversuchen über den Bezug von Text und Inszenierung:
- Was bewirkt die szenische Interpretation für euer Textverständnis?
- Welche Bedeutung hat die Gruppe für den Rattenfänger, der Rattenfänger für die Gruppe?
- Gibt es Übertragungsmöglichkeiten, z. B. auf Cliquenbildung in der Schule.

Ein Theaterstück erarbeiten

Friedrich Dürrenmatt: Die Physiker

Der Autor

Der Schweizer Schriftsteller Friedrich Dürrenmatt (1921–1990) war einer der wichtigsten deutschsprachigen Theaterautoren nach dem Krieg. Seine Komödie „Der Besuch der alten Dame“ (1956) machte ihn weltbekannt. Seine ersten großen Erfolge hatte er allerdings als Verfasser spannender Kriminalromane: „Der Richter und sein Henker“ (1952), „Der Verdacht“ (1953), „Das Versprechen“ (1958).
Dürrenmatt hat eine besondere Einstellung gegenüber der Komödie. Er nennt seine Stücke Tragikomödien, weil sich in ihnen Komisches und Ernstes verbinden: Sie stellen eine verzerrte, aus den Fugen geratene, absurde Welt dar. Das Witzige, Komödienhafte ist eine Verkleidung, die das Publikum dazu bringt, sich mit einem ernsten Thema auseinanderzusetzen. Ein Beispiel dafür liefert die Tragikomödie „Die Physiker“.

Das Stück

Uraufführung am 20. Februar 1962 im Schauspielhaus Zürich.
Das ernste Thema dieses Stücks ist die Verantwortung von Wissenschaftlern, deren Erkenntnisse (z. B. die Kernspaltung) furchtbare Folgen haben können (z. B. die Atombombe). Das Stück spielt in einem Irrenhaus, hat eine „verrückte“, von Zufällen bestimmte Handlung und lebt von irren Witzen und Gags. So stehen komische Vordergrundgeschehnisse und -personen und tragischer Hintergrund in einer wechselseitigen Spannung, die die Gesamtatmosphäre des Tragikomischen hervorruft, die Gestalten tragikomisch werden lässt.

Zum Inhalt: Der Atomphysiker Johann Wilhelm Möbius hat sich in ein privates Irrenhaus zurückgezogen, um seine Forschungsergebnisse, die die Vernichtung der Menschheit ermöglichen, zu verheimlichen. Sowohl vom östlichen als auch vom westlichen Geheimdienst ist ein Physiker als Agent in dieses Irrenhaus gesandt worden, um Möbius und seine Forschungsergebnisse für machtpolitische Zwecke zu gewinnen. Als die drei Pflegerinnen merken, dass ihre Patienten nur vorgeben, verrückt zu sein, werden sie von diesen getötet.
Möbius hat den Irren gespielt, weil seine Entdeckungen so ungeheuerlich sind, dass sie das Ende der Menschheit bedeuten, wenn sie in die falschen Hände fallen. Seine wissenschaftlichen Arbeiten hat er deshalb verbrannt. Alle drei Physiker werden schließlich zu dem Entschluss geführt, lieber freiwillig im Irrenhaus zu bleiben, als die Welt in ein Irrenhaus zu verwandeln. Zum Wendepunkt der Handlung kommt es durch die Irrenärztin, die ohne Wissen von Möbius Fotokopien seiner gesamten Aufzeichnungen angefertigt hat. So ist die Welt in die Hände einer verrückten Irrenärztin gefallen. Darüber werden die Physiker schließlich so verrückt, wie sie es am Anfang nur simuliert haben.

Ein Theaterstück erarbeiten

Die Physiker *Friedrich Dürrenmatt*

Zweiter Akt

Aus Zimmer Nummer 2 hört man Einstein geigen.

MÖBIUS Da geigt Einstein wieder.

NEWTON Die Gavotte von Bach.

MÖBIUS Sein Essen wird kalt.

NEWTON Lassen Sie den Verrückten ruhig weitergeigen.

MÖBIUS Eine Drohung?

NEWTON Ich verehre Sie unermeßlich. Es würde mir leid tun, energisch vorgehen zu müssen.

MÖBIUS Sie haben den Auftrag, mich zu entführen?

NEWTON Falls sich der Verdacht unseres Geheimdienstes bestätigt.

MÖBIUS Der wäre?

NEWTON Er hält Sie zufällig für den genialsten Physiker der Gegenwart.

MÖBIUS Ich bin ein schwer nervenkranker Mensch, Kilton, nichts weiter.

NEWTON Unser Geheimdienst ist darüber anderer Ansicht.

MÖBIUS Und was glauben Sie von mir?

NEWTON Ich halte Sie schlicht für den größten Physiker aller Zeiten.

MÖBIUS Und wie kam Ihr Geheimdienst auf meine Spur?

NEWTON Durch mich. Ich las zufällig Ihre Dissertation* über die Grundlagen einer neuen Physik. Zuerst hielt ich die Abhandlung für eine Spielerei. Dann fiel es mir wie Schuppen von den Augen. Ich hatte es mit dem genialsten Dokument der neueren Physik zu tun. Ich begann über den Verfasser nachzuforschen und kam nicht weiter. Darauf informierte ich den Geheimdienst, und der kam dann weiter.

EINSTEIN Sie waren nicht der einzige Leser der Dissertation, Kilton. *Er ist unbemerkt mit seiner Geige unter dem Arm und mit seinem Geigenbogen aus Zimmer Nummer 2 gekommen.* Ich bin nämlich auch nicht verrückt. Darf ich mich vorstellen? Ich bin ebenfalls Physiker. Mitglied eines Geheimdienstes. Aber eines ziemlich anderen. Mein Name ist Joseph Eisler.

MÖBIUS Der Entdecker des Eisler-Effekts?

EINSTEIN Der.

NEWTON Neunzehnhundertfünfzig verschollen.

EINSTEIN Freiwillig.

NEWTON *hält plötzlich einen Revolver in der Hand.* Darf ich bitten, Eisler, sich mit dem Gesicht gegen die Wand zu stellen?

EINSTEIN Aber natürlich. *Er schlendert gemächlich zum Kamin, legt seine Geige auf das Kaminsims, kehrt sich dann plötzlich um, einen Revolver in der Hand.* Mein bester Kilton. Da wir beide, wie ich vermute, mit Waffen tüchtig umzugehen wissen, wollen wir doch ein Duell möglichst vermeiden, finden Sie nicht? Ich lege meinen Browning gern zur Seite, falls Sie auch Ihren Colt –

NEWTON Einverstanden.

Ein Theaterstück erarbeiten

Einstein Hinter das Kamingitter zum Kognak. Im Falle, es kämen plötzlich die Pfleger.

Newton Schön.

Beide legen ihre Revolver hinter das Kamingitter.

Einstein Sie brachten meine Pläne durcheinander, Kilton, Sie hielt ich wirklich für verrückt.

Newton Trösten sie sich: ich Sie auch.

Einstein Überhaupt ging manches schief. Die Sache mit der Schwester Irene zum Beispiel heute nachmittag. Sie hatte Verdacht geschöpft, und damit war ihr Todesurteil gefällt. Der Vorfall tut mir außerordentlich leid.

Möbius Verstehe.

Einstein Befehl ist Befehl.

Möbius Selbstverständlich.

Einstein Ich konnte nicht anders handeln.

Möbius Natürlich nicht.

Einstein Auch meine Mission stand in Frage, das geheimste Unternehmen auch meines Geheimdienstes. Setzen wir uns?

Newton Setzen wir uns.

Er setzt sich links an den Tisch, Einstein rechts.

Möbius Ich nehme an, Eisler, auch Sie wollen mich nun zwingen –

Einstein Aber Möbius.

Möbius – bewegen, Ihr Land aufzusuchen.

Einstein Auch wir halten Sie schließlich für den größten aller Physiker. Aber nun bin ich auf das Abendessen gespannt. Die reinste Henkersmahlzeit. *Er schöpft sich Suppe.* Immer noch keinen Appetit, Möbius?

Möbius Doch. Plötzlich. Jetzt, wo ihr dahintergekommen seid. *Er setzt sich zwischen die beiden an den Tisch,* schöpft sich ebenfalls Suppe.

Newton Burgunder, Möbius?

Möbius Schenken Sie ein.

Newton *schenkt ein* Ich nehme das Cordon bleu in Angriff.

Möbius Tun Sie sich keinen Zwang an.

Newton Mahlzeit.

Einstein Mahlzeit.

Möbius Mahlzeit.

Sie essen. Von rechts kommen die drei Pfleger, der Oberpfleger mit einem Notizbuch.

Oberpfleger Patient Beutler!

Newton Hier.

Oberpfleger Patient Ernesti!

Einstein Hier.

Oberpfleger Patient Möbius!

Möbius Hier.

Oberpfleger Oberpfleger Sievers, Pfleger Murillo, Pfleger McArthur. *Er steckt das Notizbuch wieder ein.* Auf Anraten der Behörde sind gewisse Sicherheitsmaßnahmen zu treffen. Murillo, die Gitter zu.

Murillo läßt beim Fenster ein Gitter herunter. Der Raum hat nun auf einmal etwas von einem Gefängnis.

Oberpfleger McArthur, schließ ab.

McArthur schließt das Gitter ab.

Oberpfleger Haben die Herren für die Nacht noch einen Wunsch? Patient Beutler?

Newton Nein.

Oberpfleger Patient Ernesti?

Einstein Nein.

Oberpfleger Patient Möbius?

Möbius Nein.

Oberpfleger Meine Herren. Wir empfehlen uns. Gute Nacht.

Die drei Pfleger ab. Stille.

Ein Theaterstück erarbeiten

EINSTEIN Biester.

NEWTON Im Park lauern noch weitere Kolosse. Ich habe sie längst von meinem Fenster aus beobachtet.

EINSTEIN *erhebt sich und untersucht das Gitter Solid.* Mit einem Spezialschloß.

NEWTON *geht zu seiner Zimmertüre, öffnet sie, schaut hinein.* Auch vor meinem Fenster mit einem Mal ein Gitter. Wie hingezaubert.

Er öffnet die beiden andern Türen im Hintergrund.

NEWTON Auch bei Eisler. Und bei Möbius. Er geht zur Türe rechts. Abgeschlossen.

Er setzt sich wieder. Auch Einstein.

EINSTEIN Gefangen.

NEWTON Logisch. Wir mit unseren Krankenschwestern.

EINSTEIN Jetzt kommen wir nur noch aus dem Irrenhaus, wenn wir gemeinsam vorgehen.

MÖBIUS Ich will ja gar nicht fliehen.

EINSTEIN Möbius –

MÖBIUS Ich finde nicht den geringsten Grund dazu. Im Gegenteil. Ich bin mit meinem Schicksal zufrieden.

Schweigen.

NEWTON Doch ich bin nicht damit zufrieden, ein ziemlich entscheidender Umstand, finden Sie nicht? Ihre persönlichen Gefühle in Ehren, aber Sie sind ein Genie und als solches Allgemeingut. Sie drangen in neue Gebiete der Physik vor. Aber Sie haben die Wissenschaft nicht gepachtet. Sie haben die Pflicht, die Türe auch uns aufzuschließen, den Nicht-Genialen. Kommen Sie mit mir, in einem Jahr stecken wir Sie in einen Frack, transportieren Sie nach Stockholm, und Sie erhalten den Nobelpreis.

MÖBIUS Ihr Geheimdienst ist uneigennützig.

NEWTON Ich gebe zu, Möbius, daß ihn vor allem die Vermutung beeindruckt, Sie hätten das Problem der Gravitation* gelöst.

MÖBIUS Stimmt.

Stille.

EINSTEIN Das sagen Sie so seelenruhig?

MÖBIUS Wie soll ich es denn sonst sagen?

EINSTEIN Mein Geheimdienst glaubte, Sie würden die einheitliche Theorie der Elementarteilchen –

MÖBIUS Auch Ihren Geheimdienst kann ich beruhigen. Die einheitliche Feldtheorie* ist gefunden.

NEWTON *wischt sich mit der Serviette den Schweiß von der Stirne* Die Weltformel.

EINSTEIN Zum Lachen. Da versuchen Horden gut besoldeter Physiker in riesigen staatlichen Laboratorien seit Jahren vergeblich in der Physik weiterzukommen, und Sie erledigen das en passant im Irrenhaus am Schreibtisch. *Er wischt sich ebenfalls mit der Serviette den Schweiß von der Stirne.*

NEWTON Und das System aller möglichen Erfindungen, Möbius?

MÖBIUS Gibt es auch. Ich stellte es aus Neugierde auf, als praktisches Kompendium* zu meinen theoretischen Arbeiten. Soll ich den Unschuldigen spielen? Was wir denken, hat seine Folgen. Es war meine Pflicht, die Auswirkungen zu studieren, die meine Feldtheorie und meine Gravitationslehre haben würden. Das Resultat ist verheerend. Neue, unvorstellbare Energien würden freigesetzt und eine Technik ermöglicht, die jeder Phantasie spottet, falls meine Untersuchung in die Hände der Menschen fiele.

EINSTEIN Das wird sich kaum vermeiden lassen.

NEWTON Die Frage ist nur, wer zuerst an sie herankommt.

Ein Theaterstück erarbeiten

MÖBIUS *lacht* Sie wünschen dieses Glück wohl Ihrem Geheimdienst, Kilton, und dem Generalstab, der dahintersteht?

NEWTON Warum nicht. Um den größten Physiker aller Zeiten in die Gemeinschaft der Physiker zurückzuführen, ist mir jeder Generalstab gleich heilig.

EINSTEIN Mir ist bloß mein Generalstab heilig. Wir liefern der Menschheit gewaltige Machtmittel. Das gibt uns das Recht, Bedingungen zu stellen. Wir müssen entscheiden, zu wessen Gunsten wir unsere Wissenschaft anwenden, und ich habe mich entschieden.

NEWTON Unsinn, Eisler. Es geht um die Freiheit unserer Wissenschaft und um nichts weiter. Wir haben Pionierarbeit zu leisten und nichts außerdem. Ob die Menschheit den Weg zu gehen versteht, den wir ihr bahnen, ist ihre Sache, nicht die unsrige.

EINSTEIN Sie sind ein jämmerlicher Ästhet, Kilton. Warum kommen Sie nicht zu uns, wenn Ihnen nur an der Freiheit der Wissenschaft gelegen ist? Auch wir können es uns schon längst nicht mehr leisten, die Physiker zu bevormunden. Auch wir brauchen Resultate. Auch unser politisches System muß der Wissenschaft aus der Hand fressen.

NEWTON Unsere beiden politischen Systeme, Eisler, müssen jetzt vor allem Möbius aus der Hand fressen.

EINSTEIN Im Gegenteil. Er wird uns gehorchen müssen. Wir beiden halten ihn schließlich in Schach.

NEWTON Wirklich? Wir beide halten wohl mehr uns in Schach. Unsere Geheimdienste sind leider auf die gleiche Idee gekommen. Geht Möbius mit Ihnen, kann ich nichts dagegen tun, weil Sie es verhindern würden. Und Sie wären hilflos, wenn sich Möbius zu meinen Gunsten entschlösse. Er kann hier wählen, nicht wir.

EINSTEIN *erhebt sich feierlich* Holen wir die Revolver.

NEWTON *erhebt sich ebenfalls* Kämpfen wir.

Newton holt die beiden Revolver hinter dem Kamingitter, gibt Einstein dessen Waffe.

EINSTEIN Es tut mir leid, daß die Angelegenheit ein blutiges Ende findet. Aber wir müssen schießen. Aufeinander und auf die Wärter ohnehin. Im Notfall auch auf Möbius. Er mag der wichtigste Mann der Welt sein, seine Manuskripte sind wichtiger.

MÖBIUS Meine Manuskripte? Ich habe sie verbrannt.

Totenstille.

EINSTEIN Verbrannt?

MÖBIUS *verlegen* Vorhin. Bevor die Polizei zurückkam. Um sicherzugehen.

EINSTEIN *bricht in verzweifeltes Gelächter aus* Verbrannt.

NEWTON *schreit wütend auf* Die Arbeit von fünfzehn Jahren.

EINSTEIN Es ist zum Wahnsinnigwerden.

NEWTON Offiziell sind wir es ja schon.

Sie stecken ihre Revolver ein und setzen sich vernichtet aufs Sofa.

Ein Theaterstück erarbeiten

Mit diesem Textauszug lernt ihr ein Beispiel für einen dramatischen Text kennen. Im Drama wird eine in sich geschlossene Handlung auf der Bühne dargestellt. Die Handlung entsteht dadurch, dass Menschen miteinander sprechen und etwas tun. Die sprachliche Form ist also der Dialog, Rede und Gegenrede. Die dramatische Handlung ist oft in mehrere Akte unterteilt, in diesem Stück sind es zwei. Dadurch entsteht ein Spannungsbogen.

Fragen an den Text stellen

Um die Theaterszene zu verstehen, solltet ihr zunächst einige Fragen an den Text stellen:

- Welche Personen treten in welcher Reihenfolge auf? In welcher Beziehung stehen sie zueinander?
- Der I. Akt beinhaltet die Morde an den drei Krankenschwestern. Der II. Akt ist auf die Entlarvung ausgerichtet. Das Gespräch der drei Physiker, in dem sie sich einander zu erkennen geben, spielt sich vor dem Hintergrund eines Mordes ab. Wie wird diese Tat von den verschiedenen Personen gewichtet: vom Täter, von den andern Wissenschaftlern, von den Pflegern?
- Wie werden die „Patienten" von den Pflegern behandelt? Wie reagieren diese darauf?
- Dürrenmatt ist nicht nur Dramatiker, sondern auch Krimiautor. Wie kommt das in diesem Theaterstück zum Ausdruck?

- Zur Interpretation des Textausschnitts lässt sich die These aufstellen:

  Die Physiker sind in ihr eigenes Gefängnis geflüchtet. Sie sind der Irrenärztin durch ihre Morde ausgeliefert. Sie hat sie in doppelter Weise in ihrer Gewalt.

  Nehmt Stellung zu dieser These! Seht euch dazu auch die Inhaltsangabe an.

Ein Theaterstück erarbeiten

Ideen zur szenischen Umsetzung

Der Textauszug soll euch dazu anregen, ihn (oder vielleicht sogar das ganze Theaterstück) szenisch darzustellen. Dazu müsst ihr die Rollen verteilen und euch durch Sprechversuche in sie hineinversetzen.

- Schaut euch die Dialoge sehr genau an. Sie enthalten indirekte Hinweise, wie sie gesprochen werden können. Das wird aus dem Zusammenhang deutlich.
  - Den Anfang des Dialogs z. B. kann man in unterschiedlichem Tonfall sprechen. Probiert das mit mehreren Sprechversuchen aus.
  - Sucht Stellen heraus, in denen die Sprechhaltung plötzlich wechselt (z. B.: „Ich habe mit Ihnen zu reden ...", „Darf ich bitten, Eisler, sich mit dem Gesicht gegen die Wand zu stellen ...")
  - Probiert aus, in welchem Ton die Pfleger mit den Patienten sprechen.

- Dürrenmatt nennt sein Stück eine „Tragikomödie". Das Spiel soll eine tragikomische Wirkung haben: Wie könnt ihr das erreichen?
  - Probiert vor allem aus, wo und wie ihr Übertreibungen herausarbeiten könnt!
  - Achtet darauf, welche Wirkung der plötzliche Wechsel von Sprechhaltungen und die überraschende Wende der Handlung haben.

- Stellt euch Fragen für das eigene Spiel. Verseht den Textauszug mit Randbemerkungen für die Inszenierung (Folie/Regieanweisungen).

- Der Ort der Handlung ist der Salon einer privaten Irrenanstalt. Deutlich werden müsste die Situation des Eingesperrtseins. Überlegt, wie das in einem Bühnenbild ohne großen Aufwand deutlich werden kann.

- Zwischen den Spielversuchen solltet ihr Raum für Diskussionen zum Stück lassen, denkt z. B. über Folgendes nach:
  Mit diesem Stück hat Dürrenmatt sich zu wissenschaftlichen Entwicklungen geäußert, die jederzeit eintreten können. Er kommt zu der Konsequenz, dass das, was einmal ausgedacht worden ist, nie mehr zurückgenommen werden kann, und sieht hier die Gefahren wissenschaftlichen Fortschritts.
  - Sucht entsprechende Textstellen heraus und diskutiert sie. Beispiel: „Ob die Menschheit den Weg zu gehen versteht, den wir ihr bahnen, ist ihre Sache, nicht die unsrige."
  - Denkt über die Aktualität des Stückes nach. Auf welche aktuellen Probleme lässt sich die Idee für dieses Stück, die Auseinandersetzung mit der Beziehung zwischen fortschreitender wissenschaftlicher Erkenntnis und der Verantwortung für die Erkenntnis, übertragen? Diskutiert z. B. über das „Klonen" von Lebewesen.

Ein Theaterstück erarbeiten

Fragen an ein Theaterstück stellen

Am Beispiel einer Theaterszene habt ihr gelernt, mit einem dramatischen Text zu arbeiten, indem ihr Fragen an den Text stellt, ihn szenisch interpretiert und eure szenische Darstellung überarbeitet. Bei der Bearbeitung anderer Theaterszenen oder -stücke könnt ihr ähnlich vorgehen:

Zu den Personen:
- Welche Personen treten in welcher Reihenfolge auf?
- Wie unterscheiden sie sich voneinander?
- Was sagen die Redebeiträge über die Charaktere aus?
- Welche Hinweise kann ein Schauspieler dem dramatischen Text zu seiner Rolle entnehmen: Aussehen, Alter, Auftreten, Gedanken, Beziehungen, Sprechhaltung …?

Zur Handlung:
- Wie entwickelt sich die Handlung vom Einstieg im I. Akt (Exposition) bis zum Schluss des Dramas? Gibt es eine Steigerung der Handlung, einen Höhepunkt, eine Katastrophe? Welche Lösung des Konflikts bringt die Schlusshandlung?

Zum Dialog:
- Der dramatische Dialog hat im Vergleich mit dem Alltagsdialog bestimmte Besonderheiten. Findet das anhand von Textstellen heraus.
- Welches Verhältnis der Gesprächspartner wird im Verlauf des Dialogs deutlich?
- Verfolgt ein Dialogpartner eine Absicht? Wie ist die Art der Gesprächsführung: Unterhaltung, Ausfragen, Verhör …?
- Wie sind die Redeanteile der Dialogpartner?
- Wie ist ihr Gesprächsverhalten: offen, taktisch, gleichberechtigt …?
- Wie ist das Ergebnis des Dialogs: Durchsetzung einer Position, Kompromiss, offen …?

Anregungen zur Inszenierung

Bei der Inszenierung eines Stücks solltet ihr auf Folgendes achten:

Bühnenbild/Requisiten:
- Die Art des Bühnenbildes wird vom Theaterstück vorgegeben. Es kommt darauf an, die Stimmung des Stücks zu vermitteln. Manchmal reicht dazu sehr wenig aus.

Personen, Stimmen und Gebärden:
- Welche Requisiten spielen in der Szene eine Rolle?
- Gibt es Hinweise auf Aussehen, Kleidung, Auftreten … der Personen?
- Welche Hinweise gibt es im Text zur Art des Sprechens?
- Wie reagieren die anderen Personen darauf?

Szenische Umsetzung:
- Bildet zur Vorbereitung der Darstellung Kleingruppen. Der Umfang der Aufgabe (eine Szene, Teil einer Szene) wird vorher festgesetzt.
- Rollenverteilung, Details zum Auftreten der Personen, Sprechweise … werden innerhalb der Kleingruppe abgesprochen.
- Die Arbeit der Gruppe wechselt zwischen Vorüberlegungen zur szenischen Darstellung, Proben, kritisch-konstruktivem Kommentar und neuen Spielversuchen.
- Sinnvoll ist es, jeweils einen Spielleiter zu wählen, der Regie führt.

Schreiben

Schreibanregungen zu diesem Bild findest du auf S. 208.

Die Abbildung zeigt ein Gemälde des katalanischen Malers **Joan Miró** (1893–1983). Er erfand eine ganz eigene, unverwechselbare Bildsprache voller Licht, Farbigkeit und Fantasie. Es scheint so, als hätte Miro hier aus einer einzigen Mal- und Schreibbewegung heraus alle Elemente des Bildes in einem unwirklichen Raum schwebend miteinander verbunden. Manches ist erkennbar, anderes nicht. Die Schriftzüge gehören genauso zum Bild wie die Fantasiegestalten. Sie bilden einfache Schlagworte – übersetzt: *Schwalbe, Liebe.* Damit verbinden sich auch beim Betrachter Vorstellungen einer heiteren, leichten, tanzenden Welt.
Ein Künstlerfreund sagte später zu Mirós Arbeiten: „Für mich war Mirós Werk gleichbedeutend mit Freiheit – etwas Luftigeres, Befreiteres, Leichteres als alles, was ich vorher gesehen hatte."

Einen literarischen Text interpretieren

Beim Schreiben einer Interpretation machst du dir Gedanken darüber, was du an einem Text für wichtig hältst. Du gibst Auskunft, wie du einen Text verstehst, wie er auf dich wirkt; vielleicht bewertest du ihn sogar – für dich und für andere. Du gibst also nicht nur den Inhalt wieder.

Bevor man zu einem literarischen Text eine Interpretation schreiben kann, muss man ihn verstanden haben. Welche Arbeitsschritte vom Verstehen bis zur Deutung eines Textes sinnvollerweise aufeinanderfolgen und wie man sie auf einen Text anwenden kann, soll hier am Beispiel der Geschichte „Nicht alles gefallen lassen …" von Gerhard Zwerenz gezeigt werden.

1 Lies die Geschichte durch, wenn nötig mehrere Male. Kläre Textstellen, die du nicht verstehst, im Gespräch mit deinen Mitschülerinnen und Mitschülern.

Nicht alles gefallen lassen … *Gerhard Zwerenz*

Wir wohnten im dritten Stock mitten in der Stadt und haben uns nie etwas zu Schulden kommen lassen, auch mit Dörfelts von gegenüber verband uns eine jahrelange Freundschaft, bis die Frau sich kurz vor dem Fest unsre Bratpfanne auslieh und nicht zurückbrachte.

Als meine Mutter dreimal vergeblich gemahnt hatte, riss ihr eines Tages die Geduld, und sie sagte auf der Treppe zu Frau Muschg, die im vierten Stock wohnt, Frau Dörfelt sei eine Schlampe.

Irgendwer muss das den Dörfelts hinterbracht haben, denn am nächsten Tag überfielen Klaus und Achim unsern Jüngsten, den Hans, und prügelten ihn windelweich.

Ich stand grad im Hausflur, als Hans ankam und heulte. In diesem Moment trat Frau Dörfelt drüben aus der Haustür, ich lief über die Straße, packte ihre Einkaufstasche und stülpte sie ihr über den Kopf. Sie schrie aufgeregt um Hilfe, als sei sonst was los, dabei drückten sie nur die Glasscherben etwas auf den Kopf, weil sie ein paar Milchflaschen in der Tasche gehabt hatte.

Vielleicht wäre die Sache noch gut ausgegangen, aber es war just um die Mittagszeit, und da kam Herr Dörfelt mit dem Wagen angefahren.

Ich zog mich sofort zurück, doch Elli, meine Schwester, die mittags zum Essen heimkommt, fiel Herrn Dörfelt in die Hände. Er schlug ihr ins Gesicht und zerriss dabei ihren Rock. Das Geschrei lockte unsre Mutter ans Fenster, und als sie sah, wie Herr Dörfelt mit Elli umging, warf unsre Mutter mit Blumentöpfen nach ihm. Von Stund an herrschte erbitterte Feindschaft zwischen den Familien.

Weil wir nun Dörfelts nicht über den Weg trauten, installierte Herbert, mein ältester Bruder, der bei einem Optiker in die Lehre geht, ein Scherenfernrohr am Küchenfenster.

Da konnte unsre Mutter, waren wir andern alle unterwegs, die Dörfelts beobachten.

Augenscheinlich verfügten diese über ein ähnliches Instrument, denn eines Tages schossen sie von drüben mit einem Luftgewehr herüber. Ich erledigte das feindliche Fernrohr dafür mit einer Kleinkaliberbüchse, an diesem Abend ging unser Volkswagen unten im Hof in die Luft.

Unser Vater, der als Oberkellner im hochrenommierten* Café Imperial arbeitete, nicht schlecht verdiente und immer für den Ausgleich eintrat, meinte, wir sollten uns jetzt an die Polizei wenden.

Einen literarischen Text interpretieren

Aber unserer Mutter passte das nicht, denn Frau Dörfelt verbreitete in der ganzen Straße, wir, das heißt, unsre gesamte Familie, seien derart schmutzig, dass wir mindestens zweimal jede Woche badeten und für das hohe Wassergeld, das die Mieter zu gleichen Teilen zahlen müssen, verantwortlich wären.

Wir beschlossen also, den Kampf aus eigner Kraft in aller Härte aufzunehmen, auch konnten wir nicht mehr zurück, verfolgte doch die gesamte Nachbarschaft gebannt den Fortgang des Streites.

Am nächsten Morgen schon wurde die Straße durch ein mörderisches Geschrei geweckt.

Wir lachten uns halbtot, Herr Dörfelt, der früh als Erster das Haus verließ, war in eine tiefe Grube gefallen, die sich vor der Haustür erstreckte.

Er zappelte ganz schön in dem Stacheldraht, den wir gezogen hatten, nur mit dem linken Bein zappelte er nicht, das hielt er fein still, das hatte er sich gebrochen.

Bei alledem konnte der Mann noch von Glück sagen – denn für den Fall, dass er die Grube bemerkt und umgangen hätte, war der Zünder einer Plastikbombe mit dem Anlasser seines Wagens verbunden. Damit ging kurze Zeit später Klunker-Paul, ein Untermieter von Dörfelts, hoch, der den Arzt holen wollte.

Es ist bekannt, dass die Dörfelts leicht übelnehmen. So gegen zehn Uhr begannen sie unsre Hausfront mit einem Flakgeschütz* zu bestreichen. Sie mussten sich erst einschießen, und die Einschläge befanden sich nicht alle in der Nähe unserer Fenster.

Das konnte uns nur recht sein, denn jetzt fühlten sich auch die anderen Hausbewohner geärgert, und Herr Lehmann, der Hausbesitzer, begann, um den Putz zu fürchten. Eine Weile sah er sich die Sache noch an, als aber zwei Granaten in seiner guten Stube krepierten, wurde er nervös und übergab uns den Schlüssel zum Boden.

Wir robbten sofort hinauf und rissen die Tarnung von der Atomkanone.

Es lief alles wie am Schnürchen, wir hatten den Einsatz oft genug geübt, die werden sich jetzt ganz schön wundern, triumphierte unsre Mutter und kniff als Richtkanonier das rechte Auge fachmännisch zusammen.

Als wir das Rohr genau auf Dörfelts Küche eingestellt hatten, sah ich drüben gegenüber im Bodenfenster ein gleiches Rohr blinzeln, das hatte freilich keine Chance mehr, Elli, unsre Schwester, die den Verlust ihres Rockes nicht verschmerzen konnte, hatte zornroten Gesichts das Kommando „Feuer!“ erteilt.

Mit einem unvergesslichen Fauchen verließ die Atomgranate das Rohr, zugleich fauchte es auch auf der Gegenseite. Die beiden Geschosse trafen sich genau in der Straßenmitte.

Natürlich sind wir nun alle tot, die Straße ist hin, und wo unsre Stadt früher stand, breitet sich jetzt ein graubrauner Fleck aus.

Aber eins muss man sagen, wir haben das Unsre getan, schließlich kann man sich nicht alles gefallen lassen.

Die Nachbarn tanzen einem sonst auf der Nase herum.

Einen literarischen Text interpretieren

Den Text durch Leitfragen erschließen

Um einen literarischen Text zu verstehen, muss man ihn sich erschließen. Das geschieht am besten mit Hilfe von Leitfragen. Die Antworten auf diese Leitfragen kannst du später nutzen und zu einer Interpretation zusammenführen.

Worum geht es im Text?
- Wer hat den Text geschrieben? Wann wurde er geschrieben? Wo und wann spielt die Geschichte?
- Welche Textart liegt vor: Kurzgeschichte, Novelle, Satire …?
- Was ist die Ausgangssituation? Welche Handlungsschritte führen zum Ende?
- Hat das Geschehen eine bestimmte Verlaufslinie? Gibt es Höhepunkte, Wendepunkte, Brüche?
- Wird mit einem deutlichen Anfang und mit einem deutlichen Schluss erzählt oder bleiben Anfang und/oder Schluss offen?

Welche Personen kommen im Text vor und wie werden sie dargestellt?
- Welche Personen kommen vor, welche Rolle spielen sie, in welchen Beziehungen stehen sie zueinander?
- Welche Motive bestimmen das Handeln der Personen?

Gibt es im Text auffällige Erzählweisen?
- Was stellt die Überschrift besonders heraus?
- Welche Einzelheiten hebt der Autor besonders hervor?
- Wird das Geschehen aus einer bestimmten Perspektive erzählt? (Vgl. dazu auch die Seiten 145–147.)
- Sind sprachliche Eigenheiten von Bedeutung, z. B. Wortwiederholungen, Gebrauch besonderer Wörter, Vergleiche, Übertreibungen, Untertreibungen, Ironie, Vorausdeutungen, Rückblenden, Satzbau, direkte Reden, Gedankenreden …

Welche Eindrücke hast du von dem Text gewonnen?
- Wie wirkt die Geschichte beim ersten Lesen, wie verändert sich der erste Eindruck beim genauen Hinsehen?
- Welche Rückschlüsse lassen sich von der Erzählweise auf die Textaussage ziehen? Stimmst du der Textaussage zu?
- Welche Fragen bleiben offen? Gibt es Leerstellen im Text, die durch die Fantasie des Lesers gefüllt werden sollen?
- Warum ist die Geschichte lesenswert? Warum hat der Erzähler sie wohl für erzählenswert gehalten?

Wichtig: Nicht bei jedem Text lassen sich die Leitfragen insgesamt und Schritt für Schritt abarbeiten. Bei manchem Text kann man die eine oder andere Frage übergehen.

2 Welche Fragen helfen bei der Erschließung dieses Textes? Schreibe sie auf und mache dir dazu Notizen.

3 Führt in der Klasse ein Interpretationsgespräch zu diesem Text. Nehmt eure Notizen hinzu. Sprecht auch darüber, welche Fragen für das Textverständnis hilfreich waren.

Einen literarischen Text interpretieren

Mit Hilfe der Arbeitsergebnisse die Interpretation schreiben

Zu dem Text von Gerhard Zwerenz hat Stefanie die folgende Interpretation geschrieben. An ihr kannst du einige Merkmale einer Interpretation erkennen:

In der Satire „Nicht alles gefallen lassen ..." von Gerhard Zwerenz geht es darum, dass Nachbarn, die jahrelang friedlich und freundschaftlich miteinander ausgekommen sind, wegen einer Kleinigkeit in Streit geraten. Dieser Streit wird so schlimm, dass sich die Beteiligten im wahrsten Sinne des Wortes am Schluss bekriegen und sich durch Atomwaffen gegenseitig auslöschen.

Die Geschichte beginnt mit einem ganz alltäglichen Anlass: Man kommt gut miteinander aus, bis eine eigentlich unbedeutende Begebenheit eintritt und man sich derart in die Haare gerät, dass sogar eine Freundschaft endet. In dem Text geht es um eine Bratpfanne, die nicht zurückgegeben wird. Sind die Geschehnisse zu Beginn noch vorstellbar, so nehmen sie im Verlauf der Geschichte doch unrealistische Züge an. Gerade noch vorstellbar ist, dass die Kinder der Nachbarn verprügelt werden. Dass aber mit Blumentöpfen geworfen wird, mit dem Luftgewehr aufeinander geschossen wird, Fallgruben gebaut werden, der Wagen der Gegenseite in die Luft gesprengt wird, mit Granaten geschossen und am Schluss sogar die ganze Stadt mit einem Atomschlag vernichtet wird, ist maßlos übertrieben und nicht mehr nachvollziehbar. Wegen dieser vielen Übertreibungen handelt es sich bei diesem Text um eine Satire.

Ein weiteres Mittel des Satirikers ist die Untertreibung, das Verharmlosen. Der Ich-Erzähler schildert Situationen völlig unbeteiligt und oberflächlich, die man so nun wirklich nicht kommentieren kann. So sagt er z. B. fast beiläufig, nachdem er der Nachbarin die Einkaufstasche über den Kopf gestülpt hat: „Sie (die Nachbarin) schrie aufgeregt um Hilfe, als sei sonst was los, dabei drückten sie nur die Glasscherben etwas auf den Kopf, weil sie ein paar Milchflaschen in der Tasche gehabt hatte." Und als Dörfelts anfangen, mit einer Flak zu schießen, kommentiert der Erzähler ganz gelassen: „Jetzt fühlten sich auch die anderen Hausbewohner geärgert."

Auch Ironie ist in dieser Satire im Spiel. So kann der Titel „Nicht alles gefallen lassen ..." doch nur ironisch gemeint sein, zumal am Schluss alle Beteiligten sich gegenseitig auslöschen. Ausgesprochen sarkastisch wird der Erzähler mit dem Satz: „Natürlich sind wir nun alle tot (...), und wo unsre Stadt früher stand, breitet sich jetzt ein graubrauner Fleck aus." Ironisch ist natürlich auch der Schluss zu verstehen.

Diese Satire will alltägliche Auseinandersetzungen im Straßenverkehr, im Betrieb und anderswo kritisieren, die völlig aus den Gleisen geraten. Sie macht sich dabei über Menschen lustig, die sich in Kleinigkeiten hineinsteigern und ihre Wut und ihren Zorn nicht mehr beherrschen können.

Einen literarischen Text interpretieren

4 Untersuche Stefanies Interpretation:
- Gibt es Gesichtspunkte, die dir nicht aufgefallen sind?
- Gibt es Gesichtspunkte, die du zusätzlich aufgenommen hättest?
- Findest du Aussagen, mit denen du nicht einverstanden bist?

Vergleicht in der Klasse eure Ergebnisse miteinander.

Für Inhalt und Aufbau einer **Interpretation** gibt es keine verbindliche Vorschrift. Der Kern jeder Interpretation ist die inhaltliche Deutung eines Textes. Darin schreibst du für dich und andere auf, wie du einen Text verstehst. Deine Deutung muss durch Hinweise auf bestimmte Merkmale und Besonderheiten des Textes begründet und nachvollziehbar sein.

Möglicher Aufbau einer Interpretation:
- Einleitung mit Titel, Autor, Textart und Thema,
- kurze Inhaltswiedergabe,
- Deutung des Textes mit Begründung,
- Schluss mit eigener Stellungnahme.

5 Kennzeichne die einzelnen Teile von Stefanies Interpretation (Folie!) Besprecht, ob auch eine andere Reihenfolge sinnvoll wäre. Vergleicht dazu auch die Interpretation in der Werkstatt Geschichten, S. 152.

6 Stefanie hat Einleitung und Inhaltswiedergabe in einem Abschnitt zusammengefasst. Unterstreicht Einleitung und Inhaltswiedergabe mit verschiedenen Farben (Folie!). Diskutiert darüber, ob die Inhaltswiedergabe ausreicht.

7 Im zweiten und dritten Abschnitt deutet und analysiert Stefanie den Text. Was würdest du zusätzlich aufnehmen, was weglassen?

8 Den Schluss einer Interpretation sollte eine kurze Stellungnahme bilden. Schreibe einen solchen Schluss, indem du in wenigen Sätzen sagst,
- ob du der Kritik von Gerhard Zwerenz zustimmst oder nicht,
- ob die Satire gelungen ist oder nicht.

9 Untersuche nun die Kurzgeschichte „Die Tochter" von Peter Bichsel (S. 189) und schreibe dazu eine Interpretation:
- Lies den Text sorgfältig, wenn nötig mehrmals.
- Bereite den Text mit Hilfe der Leitfragen (S. 186) für die Interpretation vor.
- Formuliere deine eigene Interpretation.
- Vergleiche deinen Textentwurf mit anderen und überarbeite ihn, wenn nötig.

Einen literarischen Text interpretieren

Die Tochter *Peter Bichsel*

Abends warteten sie auf Monika. Sie arbeitete in der Stadt, die Bahnverbindungen sind schlecht. Sie, er und seine Frau, saßen am Tisch und warteten auf Monika. Seit sie in der Stadt arbeitete, aßen sie erst um halb acht. Früher hatten sie eine Stunde eher gegessen. Jetzt warteten sie täglich eine Stunde am gedeckten Tisch, an ihren Plätzen, der Vater oben, die Mutter auf dem Stuhl nahe der Küchentür, sie warteten vor dem leeren Platz Monikas. Einige Zeit später dann auch vor dem dampfenden Kaffee, vor der Butter, dem Brot, der Marmelade.

Sie war größer gewachsen als sie, sie war auch blonder und hatte die Haut, die feine Haut der Tante Maria. „Sie war immer ein liebes Kind", sagte die Mutter, während sie warteten.

In ihrem Zimmer hatte sie einen Plattenspieler, und sie brachte oft Platten mit aus der Stadt, und sie wusste, wer darauf sang. Sie hatte auch einen Spiegel und verschiedene Fläschchen und Döschen, einen Hocker aus marokkanischem Leder, eine Schachtel Zigaretten.

Der Vater holte sich seine Lohntüte* auch bei einem Bürofräulein. Er sah dann die vielen Stempel auf einem Gestell, bestaunte das sanfte Geräusch der Rechenmaschine, die blondierten Haare des Fräuleins, sie sagte freundlich „Bitte schön", wenn er sich bedankte.

Über Mittag blieb Monika in der Stadt, sie aß eine Kleinigkeit, wie sie sagte, in einem Tearoom. Sie war dann ein Fräulein, das in Tearooms lächelnd Zigaretten raucht.

Oft fragten sie sie, was sie alles getan habe in der Stadt, im Büro. Sie wusste aber nichts zu sagen.

Dann versuchten sie wenigstens, sich genau vorzustellen, wie sie beiläufig in der Bahn ihr rotes Etui mit dem Abonnement* aufschlägt und vorweist, wie sie den Bahnsteig entlanggeht, wie sie sich auf dem Weg ins Büro angeregt mit Freundinnen unterhält, wie sie den Gruß eines Herrn lächelnd erwidert.

Und dann stellten sie sich mehrmals vor in dieser Stunde, wie sie heimkommt, die Tasche und ein Modejournal unter dem Arm, ihr Parfüm; stellten sich vor, wie sie sich an ihren Platz setzt, wie sie dann zusammen essen würden.

Bald wird sie in der Stadt ein Zimmer nehmen, das wussten sie, und dass sie dann wieder um halb sieben essen würden, dass der Vater nach der Arbeit wieder seine Zeitung lesen würde, dass es dann kein Zimmer mehr mit Plattenspieler gäbe, keine Stunde des Wartens mehr. Auf dem Schrank stand eine Vase aus blauem schwedischem Glas, eine Vase aus der Stadt, ein Geschenkvorschlag aus dem Modejournal.

„Sie ist wie deine Schwester", sagte die Frau, „sie hat das alles von deiner Schwester. Erinnerst du dich, wie schön deine Schwester singen konnte."

„Andere Mädchen rauchen auch", sagte die Mutter.

„Ja", sagte er, „das habe ich auch gesagt."

„Ihre Freundin hat kürzlich geheiratet", sagte die Mutter.

Sie wird auch heiraten, dachte er, sie wird in der Stadt wohnen.

Kürzlich hatte er Monika gebeten: „Sag mal etwas auf französisch." – „Ja", hatte die Mutter wiederholt, „sag mal etwas auf französisch." Sie wusste aber nichts zu sagen.

Stenografieren kann sie auch, dachte er jetzt. „Für uns wäre das zu schwer", sagten sie oft zueinander.

Dann stellte die Mutter den Kaffee auf den Tisch. „Ich habe den Zug gehört", sagte sie.

Argumentierende und appellative Texte untersuchen

Häufig musst du als Vorbereitung auf eigene Stellungnahmen, Erörterungen und Referate Sachtexte aus dem Internet und anderen Quellen hinzuziehen. Oft handelt es sich dabei um Texte, in denen schon Meinungen vertreten werden. Auf den folgenden Seiten lernst du, solche Text zu analysieren und dazu zu schreiben.

Einen offenen Brief untersuchen

Der Publizist und Windkraft-Befürworter Franz Alt griff in einem offenen Brief in einer Zeitung den baden-württembergischen Ministerpräsidenten Erwin Teufel scharf an. Teufel kämpfe wie Don Quichotte gegen die Windkraft, so Alt. Der offene Brief, in dem Erwin Teufel auf die Vorwürfe Alts antwortete, ist hier gekürzt wiedergegeben.

1 Lies den Brief und markiere Stellen, die dir wichtig erscheinen (Folie).

Ministerpräsident Erwin Teufel antwortet Franz Alt

Lieber Herr Franz Alt,

gestatten Sie mir einige Bemerkungen zu Ihrem offenen Brief vom 24. August (…). Ihr Vorwurf der „Verteufelung“ der Windenergie ist schlicht abwegig. Mir geht es in dieser Frage nicht um irgendwelche Ideologien, sondern um eine vernünftige Abwägung des Für und Wider. (…) Wofür ich plädiere, ist, die Windenergie dort einzusetzen, wo dies tatsächlich und unbestreitbar Sinn macht – nämlich beispielsweise an der Küste oder auf See, aber nicht auf der Schwäbischen Alb oder im Schwarzwald.
Wir müssen einfach sehen: Bei der Standortplanung von Windenergieanlagen hier zu Lande kommt es fast immer zum Konflikt zwischen verschiedenen Umweltaspekten. Auf der einen Seite steht die an sich vorteilhafte Nutzung der regenerativen Energiequelle, auf der anderen Seite aber die erhebliche Belastung von Landschaft und Natur. (…)
Bei der Diskussion (…) kommt mir im Übrigen die Betrachtung des tatsächlich zur Verfügung stehenden Windpotenzials viel zu kurz. Während die Windkraft-Nutzungsgrade an der Küste bei 25 Prozent liegen, betragen sie in Baden-Württemberg zehn Prozent. Die Windkraft hat derzeit einen Anteil von lediglich ca. 0,3 Prozent an der Stromversorgung des Landes. Selbst wenn man diesen Anteil (…) verzehnfachen würde, (…) müssten die einzigartigen Kultur- und Erholungslandschaften (…) aber rund 2 000 Windenergieanlagen verkraften.
Genauso wichtig wie der Landschaftsschutz ist das Problem der Versorgungssicherheit. Eine Versorgung mit Windenergiestrom rund um die Uhr ist unmöglich, weil der Wind bekanntermaßen nicht immer weht. (…) Daher wird zur Aufrechterhaltung der Versorgungssicherheit eine so genannte Regelreserve benötigt. Dies bedeutet in der Praxis aber nichts anderes als herkömmliche Kraftwerke, die bei Windmangel den benötigten Strom produzieren. (…)

Argumentierende und appellative Texte untersuchen

Diese Kraftwerke müssen häufig (...) mit reduzierter Leistung laufen. Das bedeutet wiederum, dass sie nicht den optimalen Wirkungsgrad erreichen. Sie verbrauchen mehr Brennstoff und produzieren mehr Kohlendioxid pro erzeugter Kilowattstunde (kWh) Strom als unter Volllast. Rund um die Uhr wird damit mehr Kohle und Öl verfeuert, als ohne Windenergieanlagen notwendig wäre. Von jeder Tonne Kohlendioxid, die durch die Windkraft vermieden wird, müssen deshalb ca. 200 Kilogramm abgezogen werden, die von den notwendigen Reservekraftwerken ausgestoßen werden. – Die Ökobilanz des Windstroms ist damit gar nicht so hervorragend, wie dies häufig dargestellt wird.
Windstrom ist darüber hinaus unverhältnismäßig teuer. Zu der laut Gesetz gezahlten Einspeisungsvergütung von 8,9 Cent je kWh kommen Kosten für die Bereitstellung der beschriebenen Regelreserve, für einen verkomplizierten Betrieb der Stromnetze durch einen gestiegenen Regelungsaufwand und für den Transport des Windstroms zu den bestehenden Netzen. (...)
Sie wissen darüber hinaus so gut wie ich, dass von den meisten der von Ihnen erwähnten 220.000 Bürgerinnen und Bürger nur deshalb in Windenergieanlagen investiert wurde, weil es dafür Sonderabschreibungsmöglichkeiten gibt – staatliche Subventionen vorwiegend für Anleger und Großverdiener zu Lasten des normalen Arbeitnehmers und Steuerzahlers. (...)
Wenn man aber den äußerst beschränkten Möglichkeiten der Windenergie das Potenzial der Wasserkraft in Baden-Württemberg (...) gegenüberstellt, dann wird meines Erachtens deutlich, auf welchen erneuerbaren Energieträger das Land in erster Linie setzen muss. (...)
Weitere Potenziale sieht die Landesregierung in der Biomasse und in der Brennstoffzellentechnologie (...). Auch die Solarenergie wird gefördert und ausgebaut. (...)
Wir bleiben auf dem Boden dessen, was heute machbar und in Abwägung aller Aspekte gegenüber den Bürgerinnen und Bürgern, gegenüber dem Land und seinen Zukunftschancen notwendig und verantwortbar ist. Und dabei kommen wir zu der Auffassung, dass die (...) Energieversorgung zumindest auf absehbare Zeit nur durch einen ausgewogenen Energiemix, der (...) auch die Nutzung der Kernenergie umfasst, möglich ist. (...)

Mit freundlichen Grüßen
Erwin Teufel

2 Was ist das eigentliche Thema des offenen Briefes? Mit welcher Absicht wurde der Text verfasst?

3 Markiere Stellen im Text, die du nicht verstehst. Kläre sie im Klassengespräch oder durch Nachschlagen.

4 Untersuche den Text genauer. Wähle dazu passende Fragen auf der Seite 192 aus. Notiere die Antworten.

Argumentierende und appellative Texte untersuchen

Den Text durch Leitfragen erschließen

Für ein Referat, für eine schriftliche Erörterung oder zur Vorbereitung auf eine Diskussion musst du häufig schwierige Sachtexte lesen und verstehen. Solche Sachtexte lassen sich wie literarische Texte am besten mit Hilfe von Leitfragen erschließen. Hilfreich ist es, in dem Text, den man analysieren will, auffällige Stellen zu markieren oder herauszuschreiben.

Thema: Worum geht es im Text?
- Wer hat den Text geschrieben?
  Ist der Verfasser Experte, Politiker, Bürger ...?
- Wann ist der Text geschrieben worden?
- Aus welchem Anlass, aus welchen Motiven ist er (vermutlich) verfasst worden?
- An wen richtet sich der Text?
- Mit welchen Fragen/Problemen beschäftigt er sich?

Intention: Welche Absicht verfolgt der Verfasser?
Will der Text vorwiegend
- informieren,
- urteilen, bewerten,
- Probleme darlegen,
- zu Handlungen auffordern?

Textaussage: Welche Aussage wird gemacht?
- Welche Thesen, Forderungen, Auffassungen werden im Text vertreten?
- Wofür tritt der Verfasser ein? Wogegen wendet er sich?
- Wie begründet er seine Auffassung?

Gedankenführung: Wie ist der Text aufgebaut?
- Wovon geht der Text aus?
- Zu welchem Ergebnis kommt er?
- Welche Überlegungen und Gedanken führen vom Ausgangspunkt zum Ergebnis?

Leitfragen zur kritischen Prüfung
- Stellt der Verfasser seine Aussagen als eigene Meinung oder als verbindliche Tatsachen dar?
- Sind Tatsachenbehauptungen deutlich von Beurteilungen unterschieden?
- Sind verwendete Argumente, mit denen er seine Ansicht (These) stützt, schlüssig und überzeugend?
- Wie stützt er seine Argumente (durch Aussagen von Experten oder anderen Autoritäten, auf Erfahrungen, auf allgemeine Ansichten)?
- Was setzt der Text als selbstverständlich voraus?
- Werden wichtige Gesichtspunkte nicht genannt?
- Finden sich im Text Widersprüche?
- Mit welchen sprachlichen Mitteln wertet der Verfasser die eigene Position auf? Mit welchen sprachlichen Mitteln wertet er gegnerische Positionen ab?

Wichtig: Nicht bei jedem Text lassen sich die Leitfragen insgesamt und Schritt für Schritt abarbeiten. Bei manchem Text kann man die eine oder andere Frage übergehen.

5 Führt in der Klasse ein Analysegespräch zu dem offenen Brief. Nehmt eure Notizen hinzu. Sprecht auch darüber, welche Fragen für die Textanalyse hilfreich waren.

6 Arbeite mit den Ergebnissen der Textanalyse weiter. Anregungen findest du auf Seite 195.

Argumentierende und appellative Texte untersuchen

Eine Rede untersuchen

Zu gesellschaftlichen Problemen und strittigen Themen werden die Meinungen häufig durch Reden ausgetauscht. In der folgenden Rede geht es auch um das Thema: Energiegewinnung durch Windkraft.

1 Lies die Rede und markiere Auffälliges (Folie!).

Liebe Mitbürgerinnen und Mitbürger,

ihr habt mich heute zu dieser Bürgerversammlung eingeladen, damit ich euch von meinen persönlichen Erfahrungen mit dem neuen Windpark Grotlohn bei uns am Ortsrand erzähle. Aber zuerst will ich euch ein paar Fragen stellen: Wohnt ihr noch in einer schönen, unberührten Gegend fern von der Hektik der Großstadt? Seht ihr beim Blick aus dem Fenster nur Wälder und Wiesen? Könnt ihr bei offenem Fenster schlafen, weil es draußen so ruhig ist? Dann wird es aber höchste Zeit, dass sich was ändert: Lasst euch einen Windpark in die Landschaft bauen! Dann ist es mit der Eintönigkeit vorbei und alle Sinne haben was zu erleben!

Aber mal im Ernst: Ist nicht schon die Bezeichnung „Windpark“ eine Augenwischerei mit Worten? Was ein Stadtpark oder ein Tierpark ist, wisst ihr, da könnt ihr spazieren gehen und euch was Schönes angucken. Aber was könnt ihr euch in einem Windpark angucken? Wind? Könnt ihr nicht sehen. Aber eine verspargelte Landschaft könnt ihr sehen! Ihr könnt nicht mehr in Ruhe geradeaus gucken, überall dreht sich was. Sonnenreflexe und Rotorschatten rasen über die Landschaft und durch eure Wohnzimmer! Und nachts? Rote und weiße Diskolichter blitzen euch von den Türmen an. Ihr hört ein Konzert von brrmmm-schttt, brrmmm-schttt von den Rotorflügeln. Und wenn ihr alle Fenster verrammelt, gibt es immer noch diesen andauernden tiefen und nervenaufreibenden Brummton – ständig, nicht auszuschalten, nicht auszuhalten!

Aber man darf vielleicht nicht so egoistisch sein, schließlich wird mit Windrädern etwas für die Umwelt getan. So sagt auch unser Windparkbetreiber Honerkamp, der ja nicht schlecht dabei verdient. Wind erzeugt keine schädlichen Abgase und keine Atomstrahlung. Das ist richtig. Aber wenn er mal nicht weht? Dann gehen einfach mal kurz alle Computer aus? Ampeln, Wasserpumpen, Straßenlaternen schalten sich ab? Das kann doch nicht sein. Also müssen immer noch konventionelle Kraftwerke dafür sorgen, dass ständig Strom zur Verfügung steht. Und die müssen dauernd die Höchststrommenge vorhalten. Und dabei ist es ganz egal, ob fünf, zwanzig oder zweitausend Windräder laufen oder nicht.

Und außerdem möchte ich Honerkamp mal fragen, warum er bis heute keine Zahlen über Vogelschäden durch Windräder vorgelegt hat. Hält er es vielleicht für umweltfreundlich, morgens immer heimlich die toten Vögel einzusammeln, die von den Rotoren zerhackt worden sind? Über all diese Erfahrungen und Gedanken kann ich zu euch sprechen. Ich sage aber auch, worüber ich nicht sprechen will: Ich will nicht darüber sprechen, ob die Eiswurf-Schutzzone

Argumentierende und appellative Texte untersuchen

300 oder 600 Meter betragen soll, ich will überhaupt keinen Eiswurf! Ich will nicht darüber sprechen, ob mir 60 oder 70 Dezibel Lärm zuzumuten sind, ich will überhaupt keinen Lärm! Ich will nicht darüber sprechen, ob die Windräder zwölf oder zwanzig Stunden täglich laufen dürfen, ich will überhaupt keine Windräder! Ich will unsere schöne Landschaft so erhalten, wie sie ist, ich will einen freien Blick und ich will Ruhe, mehr nicht!
Und ich kann euch nur einen Rat geben: Sorgt mit allen Kräften dafür, dass es bei euch auch ruhig bleibt!

2 Wie hast du nach dem ersten Lesen auf den Text reagiert: ablehnend, mit Unverständnis, Betroffenheit oder Nachdenklichkeit?

3 Will der Redner informieren, Stellung nehmen, kritisieren? Stellt er Forderungen auf, will er Fragen aufwerfen, Probleme darstellen, zu Handlungen auffordern?

4 Untersuche die Rede genauer. Nimm dazu passende Leitfragen von Seite 192 hinzu.

5 Um die Wirkung ihrer Aussagen zu erhöhen, verwenden Redner
- bestimmte Redestrategien und
- bestimmte sprachliche Mittel.

Finde dazu in der Rede Beispiele.

Redestrategien:
- Den eigenen Standpunkt als den einzig möglichen hinstellen
- Sich auf Autoritäten berufen
- Auf die öffentliche Meinung hinweisen
- Durch den Einsatz von Reizwörtern positive bzw. negative Gedanken hervorrufen
- Dem Gegner Widersprüche nachweisen
- Dem Gegner das Verschweigen wichtiger Tatsachen vorwerfen
- …

Sprachliche Mittel in Reden:
- Persönliche Anrede der Zuhörer
- Fragen aufwerfen und beantworten
- Rhetorische Fragen stellen
- Wiederholung bestimmter Formulierungen und Satzmuster
- Aneinanderreihung einfacher Sätze
- Ironie
- Übertreibung oder Verharmlosung
- Wortspiele
- …

6 Führt ein Analysegespräch zu dem offenen Brief. Nehmt eure Notizen hinzu. Sprecht auch darüber, welche Fragen für die Textanalyse hilfreich waren.

7 Arbeite mit den Ergebnissen der Textanalyse weiter. Anregungen findest du auf Seite 195.

Zu argumentierenden und appellativen Texten schreiben

Hier findest du Anregungen, wie du mit den Ergebnissen einer Textanalyse von argumentierenden und appellativen Texten weiterarbeiten kannst.

Schreibideen

- Deine Notizen zu den Leitfragen und die Ergebnisse der Analysegespräche kannst du in einem zusammenhängenden Text wiedergeben. Darin schreibst du auf, was Inhalt und Absicht des analysierten Textes sind, wie du ihn verstanden hast. Für eine solche **schriftliche Textanalyse** gibt es wie bei der Interpretation eines literarischen Textes keine verbindlichen Schreibregeln. Oft empfiehlt sich der folgende Aufbau:

  1. Einleitung mit Angaben zum Verfasser, zur Textart und zur Thematik
  2. Kurze inhaltliche Darstellung der Gedanken und Argumente
  3. Auffälligkeiten in der Art der Argumentation
  4. Abschließende Stellungnahme mit eigener Wertung.

- In dem offenen Brief und in der Rede geht es um dieselbe Thematik: das Für und Wider der Stromerzeugung durch Windenergieanlagen. Nimm in einem eigenen Text dazu Stellung:
  - Wie ist deine Meinung zu dem Thema? Formuliere sie.
  - Begründe deine Meinung mit stichhaltigen Argumenten, die du mit Beispielen/Belegen stützt.

- Du kannst deine Überlegungen auch in einer ausführlichen **Erörterung** darlegen. Nutze dazu die Arbeitsergebnisse der Seiten 196–201.

- Du kannst beiden Verfassern in einem **Brief** antworten. Darin kannst du ihnen zustimmen, widersprechen oder auf einzelne Punkte kritisch eingehen.

- Du kannst Dinge, die du an der Windkraft oder an der Kritik an der Windkraft ärgerlich findest, aufs Korn nehmen und eine **Satire** schreiben. Hilfen zum Schreiben von Satiren findest du auf Seite 156.

Zu Sachfragen und Problemen Stellung nehmen

Wenn man zu Sachverhalten und Problemen schriftlich Stellung nimmt und seinen Standpunkt begründet darlegt, spricht man von einer Erörterung. Wie du bei der **Erörterung** von strittigen Themen und Fragen am besten vorgehen kannst, wie du deinen Text aufbauen, welche sprachlichen Mittel du einsetzen kannst, welche Aufgaben Einleitung und Schluss haben, sollst du auf den folgenden Seiten kennen lernen und ausprobieren.

1 Überlege zunächst: Bei welchen Gelegenheiten wird etwas erörtert? In welchen Situationen ist eine schriftliche Erörterung eines Sachverhalts oder eines Problems sinnvoll?
Gedanken klären, zu Entscheidungen kommen, jemanden von etwas überzeugen …

Argumente sammeln

Damit du dir zu einem Thema eine eigene Meinung bilden kannst, musst du zunächst Argumente sammeln. Bei manchen Themen reicht das vorhandene Wissen nicht aus. Dann musst du dich zuerst sachkundig machen und die Argumente aus unterschiedlichen Texten zusammenstellen.

Die Themafrage beachten!

Eine 10. Klasse hat sich im Rahmen der Thematik „Start in die Arbeitswelt" mit der Frage beschäftigt: „Ein Freiwilliges Soziales oder Ökologisches Jahr (FSJ/FÖJ) – eine gute Alternative für Schulabgänger?" Sie hat dazu in einem Brainstorming die folgenden Argumente zusammengetragen:

- Ein Soziales oder Ökologisches Jahr kann der Einstieg in eine Ausbildungsstelle sein.
- Die einfachen Arbeiten sind eintönig.
- Man lernt Verantwortung für andere zu übernehmen.
- Es gibt zu wenig Geld für die harte Arbeit.
- Man macht nur Aushilfsarbeiten.
- Das FSJ vernichtet Arbeitsplätze in sozialen Berufen.
- Man sammelt praktische Erfahrungen.
- Es ist eine gute Überbrückung, wenn man noch keine Ausbildungsstelle hat.
- Man kann anderen helfen.
- Wie es für Männer die Wehrpflicht gibt, soll es für Frauen ein Soziales oder Ökologisches Jahr geben.
- Im FÖJ kann man etwas Sinnvolles für die Umwelt tun.
- Es macht später im Lebenslauf einen guten Eindruck.
- Die Arbeit hat nichts mit dem weiteren Berufsweg zu tun.
- Der Mangel an Ausbildungsplätzen wird verschleiert.
- Man verliert in dem Jahr den Anschluss an die Altersgenossen.
- Man bekommt Bestätigung für das, was man tut.
- Man könnte in der Zeit schon Geld verdienen.
- Man kann sich selbst besser kennen lernen.
- Nicht jeder ist für die Aufgaben geeignet.
- Man lernt den Umgang mit anderen Menschen.

Zu Sachfragen und Problemen Stellung nehmen

Freiwilliges Soziales Jahr in der Altenpflege

2 Untersuche die Sammlung der Argumente:
- Welche scheinen dir einleuchtend, welche unpassend? Begründe!
- Streiche die Argumente, die nicht zur Themafrage passen.
- Kommen doppelte oder ähnliche Argumente vor? Fasse sie zu einem Argument zusammen.
- Warum ist es nötig, dass Pro- und Kontra-Argumente in die Sammlung aufgenommen werden?
- Ergänze die Sammlung durch weitere Argumente.

Argumente auswählen und ordnen

Die Auswahl der Argumente ist immer eine persönliche Entscheidung. Ihre Anordnung sollte jedoch eine Steigerung erkennen lassen, die zum Standpunkt des Schreibers hinführt. Vor der Auswahl und dem Ordnen muss sich deshalb der Schreiber festlegen, welchen Standpunkt er einnehmen wird.

Vorschlag zur Gliederung einer Erörterung:

1. Hinführung mit Themafrage
2. These
2.1 Erstes Argument zur These
2.2 Zweites Argument zur These
2.3 …
3. Gegenthese
3.1 Erstes Argument zur Gegenthese
3.2 …
4. Beantwortung der Themafrage

Behauptung (These):
Das FSJ/FÖJ ist keine gute Alternative für Schulabgänger.
Erstes Argument: …
Zweites Argument: …
…
Gegenbehauptung (Gegenthese):
Das FSJ/FÖJ ist eine gute Alternative für Schulabgänger.
Erstes Argument: …
Zweites Argument: …
…

3 Welche Argumente findest du in deiner Sammlung für die beiden Behauptungen. Ergänze sie.

4 Vergleicht eure Ergebnisse.
- Diskutiert darüber, ob Argumente gestrichen, ausgetauscht oder ergänzt werden müssen.
- Überprüft die steigernde Anordnung der Argumente.

5 In unserem Beispiel werden zunächst die ablehnenden und dann die zustimmenden Argumente aufgeführt, weil der Schreiber sich *für* das Soziale bzw. Ökologische Jahr entschieden hat. Sprecht in der Klasse darüber, warum es sinnvoll ist, Argumente, die die eigene Meinung unterstützen, in den zweiten Teil zu stellen.

Zu Sachfragen und Problemen Stellung nehmen

Argumente überzeugend entfalten

Die Argumente sollen eindeutig und sachlich formuliert sowie für den Leser nachvollziehbar sein. Man muss deshalb gute Argumente auswählen und sie entfalten, d.h. mit Beweisen oder Beispielen belegen. Es reicht nicht aus, wenn die Argumente aus der Gliederung nur noch einmal aufgelistet werden.

Man sollte auch bedenken, dass ein Soziales Jahr Vorteile bietet, wenn man später in einem sozialen Beruf arbeiten will. Dann kann das Soziale Jahr ein guter Einstieg in eine Ausbildungsstelle sein. Denn man kann dabei selbst schon Erfahrungen im zukünftigen Tätigkeitsbereich sammeln. So erfährt man auch, ob einen die Tätigkeiten überhaupt interessieren und ob man den Anforderungen des Berufes gewachsen ist. Außerdem kann sich der Arbeitgeber so ein Bild von seinem zukünftigen Auszubildenden machen. In unserem Krankenhaus ist ein Freiwilliges Soziales Jahr sogar Voraussetzung für eine Ausbildung.

Natürlich ist jemandem, der möglichst früh selbst Geld verdienen möchte, ein Soziales oder Ökologisches Jahr nicht zu empfehlen, weil man für seine Arbeit nicht bezahlt wird. Es ist doch nicht einzusehen, dass man den ganzen Tag hart arbeitet und dann noch seinen Eltern auf der Tasche liegen muss. Nur wenn man auswärts wohnt, gibt es einen Mietzuschuss und ein kleines Taschengeld. Das reicht aber zum Leben meist nicht aus. Schließlich muss man ja auch mal Kleidung kaufen und was essen und ausgehen möchte man ja auch ab und zu.

Besonders betonen möchte ich auch, dass man im Sozialen Jahr lernt, Verantwortung für andere zu übernehmen. In der Schulzeit hatte man zwar auch Rücksicht auf andere zu nehmen, aber letztlich musste jeder für sich selbst lernen. Im Sozialen Jahr hat man es aber mit Menschen zu tun, die Hilfe benötigen. Man muss sich auf ihre Bedürfnisse einstellen und lernen, im Team zu arbeiten. Diese Fähigkeiten sind auch später im Berufsleben wichtig.

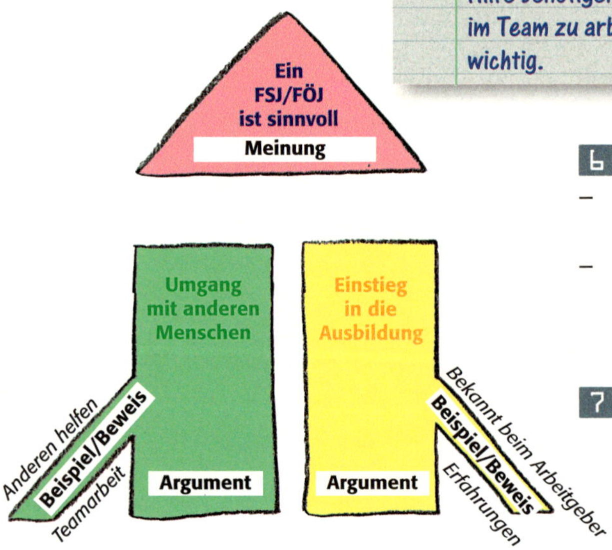

6 Untersuche die Textbeispiele genauer:
- Markiere Argument und Entfaltung jeweils andersfarbig (Folie!).
- Durch welche Ausdrücke werden die Gedankengänge eingeleitet und miteinander verknüpft? Markiere sie ebenfalls.

7 Entfalte in ähnlicher Weise weitere Argumente.

Zu Sachfragen und Problemen Stellung nehmen

Den Schlussteil schreiben

Im Schlussteil der Erörterung musst du deinen Standpunkt offenlegen und die Themafrage eindeutig beantworten. Dabei kannst du dich für die Behauptung oder die Gegenbehauptung entscheiden oder einen vermittelnden Standpunkt einnehmen und formulieren. Du kannst ihn herausstreichen und besonders bekräftigen, indem du das wichtigste Argument aus dem Hauptteil noch einmal aufgreifst und für dich wertest. Vermeide es jedoch, neue Argumente zu nennen oder alle Argumente zu wiederholen.

8 Vergleiche die beiden folgenden Schlussteile. Überprüfe vor allem, wie auf die Themafrage Bezug genommen wird.

Ein Freiwilliges Soziales oder Ökologisches Jahr ist meiner Meinung nach trotz der angeführten Einwände eine gute Alternative für Schulabgänger. Wichtig ist aber, dass man sich wirklich freiwillig und bewusst dafür entscheidet und es nicht als Notlösung auffasst für eine Zeit, mit der man sonst nichts anzufangen weiß. Wenn man sich vorher gut informiert und sich verschiedene Einrichtungen ansieht, kann man nicht so leicht enttäuscht werden. Dann kann ein Freiwilliges Soziales oder Ökologisches Jahr wirklich eine Bereicherung für die persönliche Entwicklung werden.

Die Frage, ob ein Freiwilliges Soziales oder Ökologisches Jahr eine gute Alternative für Schulabgänger ist, kann man so allgemein nicht beantworten. Jeder sollte das am Ende der Schulzeit für sich selbst entscheiden. Vieles hängt doch von der ganz persönlichen Situation ab. Die einen haben vielleicht schon eine sichere Zusage für einen Ausbildungsplatz, andere nicht. Wichtig ist auch, dass man sich vorher gut informiert, alle Argumente abwägt und erst dann seine Entscheidung trifft.

Jugendliche im Freiwilligen Ökologischen Jahr: Teichbau für eine Pflanzenkläranlage

9 Formuliere den Schluss für eine Erörterung, in der sich der Schreiber *gegen* ein FSJ/FÖJ entschieden hat.

Zu Sachfragen und Problemen Stellung nehmen

Die Einleitung verfassen

Das Formulieren der Einleitung ist oft einfacher, nachdem du dich mit dem Thema beschäftigt hast. Die Einleitung soll den Leser in wenigen Sätzen auf das Thema einstimmen, die Fragestellung verständlich machen, zum Thema hinführen. Sie enthält aber keine Argumente und auch keine Meinungsäußerung. Sie soll möglichst kurz sein und endet häufig mit der Themafrage und leitet so über zur Behauptung (These).

Bei der letzten Berufsbörse in unserer Schule gab es auch einen Informationsstand zum Freiwilligen Sozialen bzw. Ökologischen Jahr (FSJ/FÖJ). Viele Schüler und Eltern hatten sich dazu bisher gar keine Gedanken gemacht und ich selbst wusste auch nicht viel darüber. Bei den Gesprächen am Stand wurde deutlich, dass die Meinungen dazu sehr geteilt waren. Einige lehnten es rundweg ab, andere konnten sich ein freiwilliges Jahr als Alternative für Schulabgänger gut vorstellen.

10 Wie ist die Einleitung aufgebaut? Womit beginnt sie, wie endet sie?

11 Schreibe nun anhand der Vorarbeiten eine Erörterung zum Thema: „Das Freiwillige Soziale oder Ökologische Jahr, eine gute Alternative für Schulabgänger?"

12 Überprüfe den inhaltlichen Aufbau deiner Erörterung gemeinsam mit anderen mit Hilfe der folgenden Checkliste (Zusammenfassung):

Aufbau einer Erörterung

Einleitung:
Sie soll zum Thema hinführen, kurz sein und beim Leser Interesse für das Thema wecken. Sie enthält die Themafrage, die erörtert wird. Sie darf keine Argumente enthalten und nicht die Antwort auf die Themafrage vorwegnehmen.

Hauptteil:
Die Argumente müssen in sachlicher Sprache formuliert und mit Beispielen und Beweisen belegt werden. Die Reihenfolge der Argumente darf nicht willkürlich sein. Die Argumente sollten steigernd angeordnet sein und die Behauptung (These) und Gegenbehauptung (Gegenthese) möglichst stichhaltig begründen.

Schluss:
Hier wird die Themafrage eindeutig beantwortet und die Entscheidung überzeugend dargestellt.

Zu Sachfragen und Problemen Stellung nehmen

Schreibhinweise im Überblick

Schritte zur Texterstellung und Ausarbeitung

1. Themafrage genau verstehen
2. Sich sachkundig machen, Sammlung von Argumenten anlegen
3. Argumente auswählen, nach These/Gegenthese ordnen und gliedern
4. Argumente ausformulieren
5. Einleitung und Schluss formulieren
6. Erörterung mit Hilfe der Checkliste zur Textüberarbeitung kritisch durchsehen und überarbeiten

Checkliste für eine kritische Durchsicht und Überarbeitung

- Weckt die Einleitung bei dem Leser Interesse für das Problem?
- Führt die Einleitung zur Themafrage hin?
- Werden in der Einleitung keine Argumente vorweggenommen?
- Sind These und Gegenthese klar formuliert?
- Beziehen sich die Argumente auf These und Gegenthese?
- Werden die Argumente jeweils durch Beispiele gestützt?
- Sind die Argumente in einer sinnvollen Reihenfolge dargestellt?
- Ist am Schluss die Themafrage überzeugend beantwortet?

Gedanken verknüpfen

Wenn du mit Inhalt und Aufbau deiner Erörterung zufrieden bist, solltest du überprüfen, ob die einzelnen Argumente stimmig und überzeugend ausformuliert sind. Auch müssen die Bestandteile der Erörterung geschickt miteinander verbunden sein:

- Sind die Gedankengänge innerhalb eines Arguments miteinander verknüpft? Dies kann durch Adverbien oder Konjunktionen geschehen:
  - *weil, denn, deshalb, aus diesem Grunde, daher …*
  - *sodass, daraus folgt, also, folglich …*
  - *aber, einerseits … andererseits, dagegen, allerdings …*
  - *wenn, falls, unter der Bedingung, dass …*

- Sind die Bestandteile der Erörterung geschickt miteinander verbunden und wird der Leser durch den Text gelenkt durch Formulierungen wie: *zunächst, zuerst, an erster Stelle; dann, darauf, ferner, außerdem; zuletzt, endlich, schließlich; wichtig ist, besonders betonen möchte ich, hinzu kommt, dass …?*

Themenliste für Erörterungen:

Zu diesen Themen könnt ihr Argumente sammeln, Texte oder einzelne Textteile formulieren:

- Haben Klassenfahrten auch in höheren Klassen noch einen Sinn?
- Ist es sinnvoll, dass Jugendliche in ihrer Freizeit Geld verdienen?
- Sollten Kampfsportarten Bestandteil des Sportunterrichts sein?
- Sollten Kinder unter vierzehn Jahren freien Internetzugang haben?
- …

Ein Exzerpt schreiben

Häufig musst du zu einer bestimmten Fragestellung aus Sachbüchern, Lexika oder aus dem Internet Informationen für eine Diskussion oder ein Referat zusammenstellen. Du erhältst so einen Textauszug, ein **Exzerpt.**

Einige Schülerinnen und Schüler haben sich bereit erklärt, die Klasse zu folgender Fragestellung zu informieren: Welche Unterschiede bestehen zwischen Roman und Romanverfilmung? In ihrem Deutschbuch haben sie dazu den folgenden Text gefunden:

Literaturverfilmung in Spielfilmen

Als Literaturverfilmung bezeichnet man allgemein die Umsetzung einer literarischen Vorlage in das Medium Film. Diese literarische Vorlage kann ein Roman sein oder eine Erzählung, seltener ein Drama. Sowohl im Film als auch in der literarischen Vorlage wird eine Geschichte erzählt. Der gesamte zeitliche Ablauf eines Romans zum Beispiel kann aber im Film nicht wiedergegeben werden. Ein Filmdrehbuch ist viel kürzer und ein Film dauert in der Regel zwischen 90 und 110 Minuten. Deshalb müssen Teile einer umfangreichen literarischen Vorlage ausgelassen werden, wenn sie verfilmt wird.

Man muss auch bedenken, dass Roman und Film ihre jeweils ganz eigenen erzählerischen Möglichkeiten haben. Der Roman erzählt im Wesentlichen linear, nacheinander; der Film kann mit einer Einstellung mehrere Eindrücke gleichzeitig vermitteln, z. B. Schauplatz, Person, Tageszeit. Beim Lesen entwickeln sich zudem bei jedem Rezipienten in der Fantasie unterschiedliche Vorstellungen darüber, wie er z. B. Figuren, Orte oder Ereignisse „sieht". Der Film legt die Bilder und ihre Sichtweise fest. Das kann besonders dann zu Überraschungen und Irritationen führen, wenn die Verfilmung unmittelbar nach dem Lesen der literarischen Vorlage angesehen wird.

Bei der Literaturverfilmung wurde und wird oft über die „Werktreue" diskutiert. Früher vor allem erwartete man, dass die literarische Vorlage in Bildern nacherzählt werden sollte. Dabei werden im Film der Ablauf der Handlung, die Dialoge und auch die Gestaltung von Dekor und Kostümen möglichst genau angepasst. Für die Verdeutlichung von Gedanken, Beschreibungen oder Handlungsverläufen wird dann häufig ein Erzähler (aus dem Off*) benötigt.

Eine andere Möglichkeit ist, dass Textvorlage und Verfilmung sich zwar in vielen Teilen entsprechen, dass aber unterschiedliche Akzente gesetzt werden. Dabei können Kürzungen erfolgen, z. B. Nebenpersonen oder unwichtigere Handlungsabläufe wegfallen. Es können Ergänzungen vorgenommen werden, z. B. zusätzliche Personen eingefügt werden.

Die literarische Vorlage kann aber auch mit den filmischen Mitteln vom Drehbuchautor und Regisseur bewusst anders ausgelegt werden. Dabei ergibt sich möglicherweise eine ganz neue Aussage. Beispielsweise können ältere Texte – ähnlich wie bei Theaterinszenierungen – auf die aktuelle Zeit zugeschnitten werden. Mit Blick auf den Zuschauergeschmack und die besseren Vermarktungschancen können zudem actionreiche Szenen und mehr Tempo eingebaut werden.

Dies alles kann die Grundaussage des Textes klarer und plakativer zum Ausdruck bringen; es können allerdings auch atmosphärische Eigenheiten und Feinheiten der Vorlage dabei verloren gehen.

Wenn sich der Film als eigenständiges Kunstwerk versteht, wird die literarische Vorlage als Ganzes überhaupt nicht mehr aufgegriffen. Nur einzelne Teile werden übernommen und weiterentwickelt, Vorrang hat die filmische Umsetzung einzelner Aspekte.

1 Markiere die Textstellen, die für das Thema wichtige Informationen enthalten (Folie).
Welche Textstellen enthalten Informationen, die für das Thema unwichtig sind? Begründe.

Ein Exzerpt schreiben

Drei Schülerinnen und Schüler haben die für ihr Thema wichtigen Textstellen herausgeschrieben. Hier findest du ihre Exzerpte (Auszüge):

Exzerpt 1

Unterschiede zwischen Roman und Verfilmung

„Roman und Film (haben) ihre jeweils ganz eigenen erzählerischen Möglichkeiten. Der Roman erzählt im Wesentlichen linear, nacheinander; der Film kann mit einer Einstellung mehrere Eindrücke gleichzeitig vermitteln." *(August Busse, Ingrid Hintz u. a.: wortstark 10, Braunschweig 2006, S. 202)*

Exzerpt 2

Unterschiede zwischen Roman und Verfilmung

- Roman und Film: unterschiedliche erzählerische Möglichkeiten.
- „Der Roman erzählt im Wesentlichen linear, nacheinander; der Film kann mit einer Einstellung mehrere Eindrücke gleichzeitig vermitteln." *(August Busse, Ingrid Hintz u. a.: wortstark 10, Braunschweig 2006, S. 202)*

Exzerpt 3

Unterschiede zwischen Roman und Verfilmung

- verschiedene Erzählweisen
- Roman: nacheinander (linear)
- Film: gleichzeitig (mehrere Eindrücke in einer Einstellung)

(August Busse, Ingrid Hintz u.a.: wortstark 10, Braunschweig 2006, S. 202)

2 Untersuche die Exzerpte genauer:

- In welcher Form werden die Informationen notiert? Was ist gleich, was unterschiedlich?
- Wieso ist die Fundstelle so genau festgehalten?
- Beurteile, ob die Auszüge übersichtlich genug angelegt sind.
- Welchen Vorteil siehst du in einem wörtlichen Zitat? Welche Gefahr besteht besonders, wenn du die Gedankengänge des Autors mit eigenen Worten wiedergibst?

Checkliste für Exzerpte:

- Enthalten die Exzerpte nur die für das Thema wichtigen Informationen?
- Sind die Textauszüge in gekürzter Form, aber noch gut verständlich formuliert?
- Sind wörtliche Auszüge in Anführungszeichen gesetzt?
- Sind zu den Exzerpten die Fundstellen (Autor/en, Buchtitel, Erscheinungsort und Jahr) mit Seitenangabe angegeben?

3 Der Text enthält noch eine weitere Information zu den Unterschieden zwischen Roman und Verfilmung. Suche sie und ergänze die Exzerpte in der jeweiligen Form.

4 Schreibe jetzt ein Exzerpt zu der Fragestellung: Welche unterschiedlichen Möglichkeiten der Romanverfilmung gibt es? Entscheide dich für eine Form, die dir sinnvoll erscheint.

5 Besprecht in der Klasse die Ergebnisse und nutzt dabei die Checkliste.

Ein Ergebnisprotokoll schreiben

Um die Ergebnisse und Beschlüsse einer wichtigen Besprechung festzuhalten, fertigt man ein Protokoll an. Ein solches **Ergebnisprotokoll** gibt in Kurzform nur das Wichtigste wieder, damit man sich später genauer daran erinnern kann.
Feste Bestandteile jedes Protokolls sind: Protokollkopf mit Angaben zu Thema, Ort, Zeit, Teilnehmern; Tagesordnungspunkte (TOPs), Datum, Unterschrift. Grundlage für das Protokoll sind die Notizen der Protokollführerin oder des Protokollführers vom Verlauf der Besprechung.

Protokoll zum Treffen Eltern/Schüler am 07.12.2005

Thema: **Abschlussfeier 2005 Kästnerschule & Nünningschule**
Ort: Lehrerzimmer der Kästnerschule
Beginn: 19:30 Uhr, Ende: 20:30 Uhr
Teilnehmer: siehe beigefügte Liste

Nach kurzer Diskussion stehen als Tagesordnung die folgenden zu klärenden Fragen fest:

TOP 1: Ort der Feier:
Stadthalle Vennehof oder Schützenfestzelt Marbecker Straße

TOP 2: Termin der Feier:
Zur Auswahl stehen:
- Freitag, 1. Juli 2006 > gilt für Ort Schützenfestzelt,
- Samstag, 2. Juli 2005 > gilt für Ort Stadthalle (ist bereits vorgemerkt).

Eine Entscheidung fällt in der nächsten Versammlung.

TOP 3: Werbung
Es wird kurz diskutiert, in welchem Umfang auf die Veranstaltung werblich hingewiesen werden soll (Flyer, Plakate, Radio WMW).

TOP 4: Musik
Die Schüler beider Schulen haben noch kein klares Meinungsbild, ob sie eine Live-Band oder einen DJ verpflichten wollen. Dazu gibt es eine längere Diskussion. Schüler der Kästnerschule sprechen sich für einen DJ (DJ Anton?) aus, weil das billiger ist. Außerdem können dann Musikwünsche besser berücksichtigt werden. Die Nünningschüler haben bisher immer mit einer Band gefeiert und finden, dass diese besser für Stimmung sorgen kann. Die Eltern wollen sich bei dieser Frage nicht einmischen. Sie kommen überein, dass diese Frage die Schüler selber klären sollen. Die Schülervertreter beider Schulen erklären sich bereit, bis zur nächsten Sitzung zu diesem Thema einen gemeinsamen Vorschlag zu machen.

Die Versammlung einigt sich auf ein nächstes Treffen am:
Dienstag, 14.Dezember 2005, 19:30 Uhr in der Kästnerschule.

Borken, 7.12.05

Ralf Bothe

Ein Ergebnisprotokoll schreiben

1 Überprüfe das Protokoll mit Hilfe der Checkliste: Was ist gelungen?

2 TOP 4 ist noch sehr ausführlich formuliert. Kürze den Text so, wie es für ein Ergebnisprotokoll angemessen ist.

3 Vervollständige den TOP 5 mit Hilfe der Protokollführernotizen auf dem folgenden Zettel und schreibe die Ergänzungen möglichst kurz und in übersichtlicher Form auf.

TOP 5: Beschlüsse für das weitere Vorgehen:

Frau Gill (Kästnerschule) klärt mit Firma Niebaum folgende Fragen:
- Welche Kosten würden bei der Veranstaltung im Schützenfestzelt entstehen, zum Beispiel für die Zeltmiete?
- Stellt Niebaum Personal für Bedienung und Theke oder müssen wir selbst dafür sorgen?
- Reicht die Zeltgröße aus für maximal 1000 Personen?
- Welche Verpflegungsmöglichkeiten kommen in Frage?
- Soll ein Büfett vorbereitet werden oder wäre dazu ein Imbisswagen vor dem Zelt zu empfehlen?

Herr Langheims (Nünningschule) übernimmt folgende Aufgaben:
- Er erkundigt sich nach den Kosten für eine Haftpflichtversicherung und nach den GEMA*-Kosten für die gespielte Musik.
- Er spricht mit dem Pächter des Vennehofs über die Organisation des Festes, fragt nach den Kosten und den Erfahrungen mit der Security.

4 Schreibe das Protokoll in der überarbeiteten Form neu auf.

5 Sammelt Protokollformulare, die im Schulleben eine Rolle spielen (Sekretariat). Vergleicht die geforderte Form und den Inhalt mit dem erarbeiteten Beispiel: Was ist gleich? Wo gibt es Unterschiede?

Checkliste: Ergebnisprotokoll
- Übersichtlicher Protokollkopf mit vollständigen Angaben zu Thema, Ort, Zeit, Teilnehmern
- Tagesordnungspunkte (TOPs)
- Korrekte Wiedergabe der Abmachungen, Beschlüsse, Vorhaben
- Verständliche Ausdrücke und Formulierungen
- Präsens als Zeitform
- Übersichtliche Gestaltung (linksbündig, Absätze)
- Datum, Unterschrift der Protokollführerin/des Protokollführers

Sachliche Briefe schreiben

Ein Brief an eine Firma oder eine Behörde sollte in einer bestimmten äußeren Form geschrieben werden. Der folgende Brief ist typisch für Briefe dieser Art:

Der Absender beginnt 1,7 cm von der Blattkante

Telefonangabe erleichtert Rückruf (z. B. um Unklarheiten zu beseitigen)

linksbündig schreiben, Rand 2,5 cm breit

Die Punkte geben an, wie viele Zeilen man frei lassen sollte.

Nach der Anrede steht ein Komma. Das erste Wort des Brieftextes wird kleingeschrieben, wenn es kein Nomen oder Anredepronomen in der Höflichkeitsform ist.

Anredepronomen großschreiben

Hinter Grußformeln in Briefen steht kein Satzzeichen

eigenhändige Unterschrift

```
Name (Absender)                          (Datum: Tag-Monat-Jahr)
Straße, Haus-Nr.
Postleitzahl, Ort
Telefon-Nr.
.
.
.
.
.
.
.
Einschreiben
.
Firma
Name
Straße, Haus-Nr.
Postleitzahl, Ort
.
.
.
.
Reklamation
.
.
Sehr geehrte Damen und Herren,
.
am 30. September dieses Jahres habe ich bei Ihnen das
Fernsehgerät FR 50, Bestellnummer 1234567, zum Preis von
429 EUR gekauft. Nach drei Wochen Gebrauch trat folgende
Funktionsstörung auf:
Das Fernsehbild fällt, kurz nachdem das Gerät eingeschal-
tet wird, mit knisterndem Geräusch in sich zusammen. Der
Ton ist weiter hörbar, während der Fernsehschirm dunkel
bleibt.
Ich bitte Sie, die Störung in den nächsten vierzehn Tagen
zu beseitigen.
.
Teilen Sie mir bitte rechtzeitig (schriftlich) mit, wann
Sie die Reparatur vornehmen wollen. Telefonisch bin ich
unter der Rufnummer 456789 zu erreichen.
.
Ich mache Sie schon jetzt darauf aufmerksam, dass ich vom
Recht auf Rücktritt vom Vertrag Gebrauch mache und vom
Kauf zurücktrete, wenn Sie den garantiepflichtigen Mangel
nicht innerhalb der von mir angegebenen Frist beheben.
.
Mit freundlichen Grüßen
.
(Unterschrift)
```

1 Worin unterscheidet sich der abgedruckte Musterbrief von einem persönlichen Brief? Sprecht in der Klasse darüber.

Sachliche Briefe schreiben

Bei der Lieferung fehlerhafter Ware hat der Käufer eindeutige Rechte.
Er kann
- Reparatur oder Ersatz verlangen (Nacherfüllung § 439 BGB),
- die Ware zurückgeben und sich den Kaufpreis erstatten lassen (Rücktritt vom Vertrag § 440 BGB),
- die fehlerhafte Ware behalten, als Ersatz jedoch einen Preisnachlass fordern (Minderung § 441 BGB).

2 Suche im Kernteil des Musterbriefes die folgenden Angaben:
- Was wurde unter welchen Bedingungen verkauft? (Lieferbedingungen, Liefertermin, Kaufpreis)
- Worin liegt das Problem? (fehlerhafte Ware, falsche Lieferung ...)
- Was soll unternommen werden? (Nachfrist bei Verzögerung, Reparatur oder Ersatz, Rücktritt vom Vertrag, Minderung)

3 Wann ist es angebracht, einen Brief als Einschreiben zu schicken? Unterhaltet euch in der Klasse darüber.

Stell dir die folgende Situation vor:

Die Skaterbahn in der Freizeitanlage ist seit einiger Zeit erheblich beschädigt. Eine Benutzung bedeutet für die Kinder und Jugendlichen eine gesundheitliche Gefährdung. Einige Jugendliche sind schon bei der Stadt vorstellig geworden. Man hat ihnen auch zugesagt, dass die Bahn unverzüglich repariert werden soll. Die mündliche Zusage ist aber bisher nicht eingehalten worden. Deshalb entschließen sich die Jugendlichen, einen Brief an den Bürgermeister zu schreiben.

4 Entwirf einen Beschwerdebrief an den Bürgermeister, in dem du um die Reparatur der beschädigten Skaterbahn bittest. Sollte man in dem Brief auch auf die Unfallgefahr hinweisen, die bei Benutzung der Bahn besteht? Warum?

5 Der Bürgermeister sagt seine Hilfe zu und nach einigen Tagen ist die Anlage wieder in Ordnung und alle Schäden sind beseitigt. Wie könnte ein Brief aussehen, mit dem man sich beim Bürgermeister für seine schnelle Hilfe bedankt? Vergleicht eure Entwürfe.

Entwirf weitere Briefe

- Du musst ein Referat zu erneuerbaren Energien anfertigen. Dazu schreibst du an verschiedene Organisationen und bittest um Informationsmaterial. Wie muss ein solcher Brief aussehen?
- Du hast zwei Zusagen für einen Ausbildungsplatz bekommen. Wie kannst du eine Absage formulieren?

Zu den Bildern schreiben

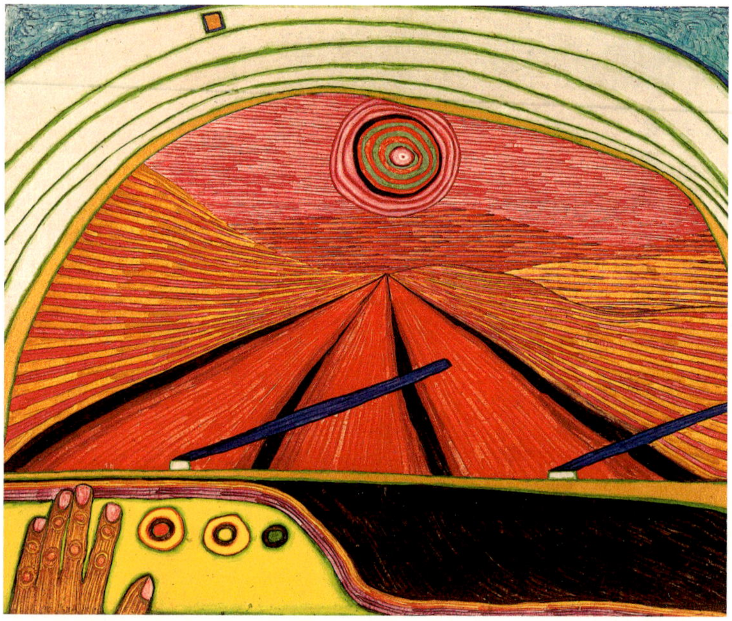

Friedensreich Hundertwasser: (626) Das ist der Weg zu Dir, 1966

- **Schreibe** zu den Abbildungen auf dieser Seite und auf Seite 183 **ein Gedicht** in Form eines Rondells:

– Wandere mit den Augen über das Bild und lasse es zunächst als Ganzes auf dich wirken. Welche Gedanken gehen dir dabei durch den Kopf. Schreibe sie auf.
– Notiere ausgehend von deiner Ideensammlung einen Satz, eine Formulierung, die du für besonders wichtig hältst. Schreibe diese Formulierung in die 2., 4. und 7. Zeile des Rondells.
– Fülle anschließend die 1., 3., 5. und 6. Zeile mit Hilfe der Ideensammlung.
– Verfasse nun die 8. Zeile.
– Lies dein Rondell und überarbeite es an den Stellen, an denen es dir notwendig erscheint.
– Finde einen passenden Titel.

- **Nimm** zu der Fotomontage **Stellung:**

– Lass die Fotomontage auf dich wirken. Welche Einzelheiten fallen dir sofort auf? Welche Gefühle und Gedanken löst die Abbildung bei dir aus? Mach dir Notizen dazu.
– Vergleicht eure Eindrücke untereinander.
– Wie steht ihr zu der Aussage des Bildes? Sammelt unterschiedliche Meinungen. Sie können Grundlage sein für eine Diskussion in der Klasse oder für eine schriftliche Stellungnahme bzw. einen Essay zum Thema „Künstliche Wirklichkeit“.

WERKSTATT Rechtschreiben

Während eines **Rechtschreibgesprächs** könnt ihr über die Rechtschreibung von Wörtern sprechen und nach Begründungen für die Schreibweise suchen. Ihr könnt aber auch über die Bedeutung der Wörter, ihre Herkunft und über die Entwicklung der Sprache sprechen und euch darüber informieren.

Martin Luther (1483–1546), Gemälde von Lucas Cranach d.Ä. (1529)

Koburg, 19. Juni 1530

Meinem hertzlieben son Hensichen Luther
zw Wittemberg

Mein hertzlieber Son,

Ich sehe gern, das du wol lernest und vleissig bettest. Thue also, mein Son, und fhare fort. Wenn ich heim kome, so will ich dir ein schon Jahrmarckt mit bringen.

Ich weis ein hubschen, schonen lustigen Garten. Da gehen vil Kinder jnnen, haben guldene Rocklin an und lesen schone Opffel unter den Beumen und Birnen, Kirsschen vnd pflaumen, singen, springen und sind frolich. Haben auch schone kleine Pferdlin mit gulden zeumen vnd silbernen Setteln.

Da fragt ich den Man, des der Garten ist, Wes die Kinder weren? Da sprach er: Es sind die Kinder, die gern …

Den gesamten Brief Luthers an seinen Sohn Hans mit weiteren Arbeitsanregungen dazu findet ihr auf den nächsten beiden Seiten.

1 Lest den Briefausschnitt am besten laut. Was fällt euch auf?

2 Worum geht es in dem Brief? Könnt ihr alles verstehen? Unterhaltet euch darüber.

3 Sucht im Lexikon und im Internet nach Informationen über Luther. Informiert euch besonders darüber, welche Bedeutung er für die Verbreitung und Entwicklung der deutschen Sprache hat.

Ein Rechtschreibgespräch führen

Der vollständige Brief Luthers an seinen Sohn wurde hier mit dem Computer aufgeschrieben und anschließend mit einem Rechtschreibprogramm überprüft. Der Computer hat einzelne Wörter rot unterschlängelt.

Koburg, 19. Juni 1530

Meinem hertzlieben son Hensichen Luther zw Wittemberg

Mein hertzlieber Son,

Ich sehe gern, das du wol lernest und vleissig bettest. Thue also, mein Son, und fhare fort. Wenn ich heim kome, so will ich dir ein schon Jahrmarckt mit bringen.

Ich weis ein hubschen, schonen lustigen Garten. Da gehen vil Kinder jnnen, haben guldene Rocklin an und lesen schone Opffel unter den Beumen und Birnen, Kirsschen vnd pflaumen, singen, springen und sind frolich. Haben auch schone kleine Pferdlin mit gulden zeumen vnd silbernen Setteln.

Da fragt ich den Man, des der Garten ist, Wes die Kinder weren? Da sprach er: Es sind die Kinder, die gern beten, lernen und from sein. Da sprach ich: Lieber Man, ich hab auch einen Son, der heisst Hensichen Luther, Mocht er nicht auch in den Garten komen, das er auch solche schone Opffel und Birne essen mochte und solche feine Pferdelin reiten und mit diesen Kindern spielen?

Da sprach der Man: Wenn er gerne bettet, lernet und from ist, so sol er auch in den Garten komen. Und er zeigte mir dort eine feine wiesen im Garten, zu tantzen zugericht, da hiengen eitel guldene pfeiffen und Paucken und feine silberne Armbruste. Aber es war noch frue, das die Kinder noch nicht gessen hatten, darum kundte ich des Tantzes nicht erharren, und sprach zu dem Man:

Ah, lieber Her, Ich will flux hingehen und das alles meinem lieben son Hensichen schreiben, das er ia vleissig lerne, wol bete vnd from sey, auf das Er auch in diesen Garten kome. Aber er hat eine Mume Lene, die mus er mit bringen. Das sprach der Man: Er sol ia sein, Gehe hin und schreibs im also.

Drumb, lieber Son Hensichen, lerne und bet ia getrost.
Hie mit sei dem lieben Gott befohlen und grusse Mume Lenen vnd gib ir einen Bus von meinet wegen.

Dein lieber Vater Martinus Luther

Ein Rechtschreibgespräch führen

4 Viele Ausdrücke in Luthers Brief erscheinen uns heute fremd, teilweise sind sie sogar schwer verständlich: *hertzlieb, wol, vleissig bettest …*

Sucht weitere Wörter und Formulierungen, die ungewohnt klingen, und versucht sie aus dem Textzusammenhang heraus zu verstehen.

5 Die Rechtschreibung Luthers unterscheidet sich deutlich von der heutigen. Sucht dafür Beispiele und stellt die Schreibweise Luthers (1530) der heutigen Schreibweise gegenüber. Beispiel: *hertzlieb – herzlieb.*

6 Vergleicht Luthers Schreibweise mit unserer. Welche Unterschiede stellt ihr fest:

a in der Groß- und Kleinschreibung,
b in der Schreibung der Umlaute,
c in der Schreibung der Konsonanten und
d in der Schreibung des Dehnungs-h.

Sucht nach Beispielen.

7 Versucht die folgenden Fragen zu beantworten:
- Wo erscheint euch Luthers Schreibweise komplizierter als heute?
- Wo erscheint sie euch einfacher oder konsequenter als unsere heutige?

8 Einige Wörter hat Luther innerhalb des Briefes auf verschiedene Weise geschrieben. Sucht sie heraus und schreibt sie auf.
Beispiel: *bettest – bete.*

Sprecht darüber, warum er das wohl so gemacht hat.

9 Untersucht die Korrekturleistung des Rechtschreibprogramms und notiert eure Beobachtungen:
- Welche Fehler findet das Programm?
- Welche Fehler kann es nicht erkennen?

Arbeitet hierzu auch auf Seite 230 weiter.

Ihr könnt die Übersetzungsarbeit auch untereinander aufteilen.

10 Übertragt Luthers Brief in die heutige Sprache und Rechtschreibung. Vergleicht anschließend eure Ergebnisse.

Unterhaltet euch auch über die folgenden Fragen:
- Welche Schwierigkeiten traten bei der Übertragung auf?
- Wie habt ihr sie gelöst?

Rechtschreibprobleme entdecken – Rechtschreibwissen anwenden

Für ein Protokoll hat ein Schüler wichtige Diskussionsbeiträge über die Bedeutung der Berufsberatung zusammengefasst. Der Text enthält allerdings noch eine Menge Rechtschreibfehler:

- Das langwierige und komplizierte verfahren, wie es zur zeit praktiziert wird, stösst auf kritik.
- Bei Spezialberufen waren die Auskünfte Seitens des Berufsberaters viel zu Allgemein und unbefriedigent.
- Dem Schulzeugnis wurde vom Berater unseres erachtens eine zu große Bedeutung beigemessen. Vielfach bewären sich doch recht mittelmeßige Schüler im Berufsleben ausgezeichnet, wärend Musterschüler entäuschen.
- Viele zogen ihren nutzen aus der Beratung: Sie benötigten rat in erster Linie, um einen Überblick über die Masse der möglichen Berufe zu bekommen. Der Berufsberater konte ihnen den genauen Ausbildungsweg, der zum gewünschten Beruf führt, beschreiben und mit interesanten Merkblättern weiterhelfen.

1 Korrigiere so:
- Markiere im Text die Rechtschreibfehler (Folie), schreibe die Wörter richtig auf.
- Suche mit Hilfe der Übersicht (S. 213, 1–9) nach dem Rechtschreibproblem und markiere es im Wort. Ordne die passende Kennziffer aus der Übersicht zu. Aufgepasst: In einzelnen Wörtern stecken mehrere Fehlerquellen!
- Für ganz unterschiedliche Rechtschreibschwierigkeiten werden in der Übersicht a–k auch Möglichkeiten angezeigt, wie man Fehler vermeiden kann. Schreibe zur Kennziffer die Buchstaben der Methoden, die dafür in Frage kommen.

2 Überlege mit einem Partner, wie du die Angaben in der Übersicht und auf den Tipp-Zetteln der S. 213 für eine sinnvolle Berichtigung von Rechtschreibfehlern nutzen kannst. Probiere sie aus.

3 Schreibe mit den Notizen des Stichwortzettels das Protokoll. Du kannst dazu das Muster der Randspalte nutzen oder eine Form wählen, wie sie an deiner Schule für ein Protokoll üblich ist. Informationen, die für das vollständige Protokoll fehlen, sollst du dir ausdenken.

Protokoll

Datum: …
Zeit: …
Klasse: …
Fach: …

Protokollführer/-führerin:
…

Ergebnisse:
…
…
…
Unterschrift

Rechtschreibprobleme entdecken – Rechtschreibwissen anwenden

	Welches Rechtschreibproblem erkennst du? / Was kannst du tun, um einen Fehler zu vermeiden?	1 Groß- und Kleinschreibung	2 Zusammen- und Getrenntschreibung	3 Fremdwörter	4 Wörter mit ä oder e, mit äu oder eu	5 Wörter mit b, d oder g am Wortende oder -inneren	6 Wörter mit ß	7 Wörter mit doppelten Buchstaben für Konsonanten	8 Schreibung von *dass* und *das*	9 Wörter mit besonderer Schreibung
a	Ein schwieriges Wort mal so und mal so aufschreiben	X		X						X
b	Langsam und deutlich sprechen, dabei das Wort in Silben zerlegen			X			X	X		
c	An Rechtschreibregeln denken	X	X	X			X	X	X	
d	Wörter mit offenen und geschlossenen Silben gegenüberstellen						X	X		
e	Wörter um eine Silbe verlängern und erweitern. Der nächste Buchstabe soll ein Vokal sein					X	X	X		
f	Hilfreiche verwandte Wortformen suchen				X	X	X	X		X
g	Wortteil mit der Rechtschreibschwierigkeit abtrennen				X	X	X	X		X
h	An die Bedeutung von Wörtern denken		X							X
i	Auf Begleiter und Endungen als Erkennungszeichen achten	X								
j	Betonungsprobe anwenden		X							
k	Im Regelteil und/oder im Wörterverzeichnis eines Wörterbuchs nachschlagen	X	X	X	X	X	X	X		X

Zu Verben, Nomen und Adjektiven Wortbausteine hinzufügen:
losen: verlosen, Verlosung …
speisen: verspeisen, abspeisen …

Verben in verschiedene Personalformen und Zeiten setzen:
essen: sie essen, sie aß, du hast gegessen …
kommen: du kommst, er kommt, er kam, wir kamen, du bist gekommen

Zu einer Rechtschreibhilfe oder -regel weitere Wort- oder Satzbeispiele suchen

Mit dem Wörterbuch Wortfamilien erstellen

dass-Sätze in typischen Satzmustern üben

Suche weitere sinnvolle Rechtschreibhilfen!

Rechtschreibprobleme entdecken – Rechtschreibwissen anwenden

Für das erfolgreiche Üben und Trainieren der Rechtschreibung ist es wichtig, dass du dich vor allem auf die Rechtschreibschwächen konzentrierst, die du von dir kennst.

Wichtig ist auch, dass du regelmäßig übst: Beim Üben solltest du dir immer Gedanken über die Schreibweise eines Wortes machen. Ein rein mechanisches Üben, ohne nachzudenken, bleibt erfolglos.

Denke daran: Mehrere kurze Übungen sind effektiver als zu lange Übungen.

Eine besonders gute Übung ist das **Rechtschreibgespräch,** wie ihr es immer wieder in der Werkstatt Rechtschreiben kennen gelernt und durchgeführt habt. Führt ein solches Rechtschreibgespräch zu zweit, in kleinen Gruppen oder auch mit der ganzen Klasse mit Wörtern aus den Texten von Seite 215 durch. Das Gespräch kann jederzeit unterbrochen und fortgesetzt werden.

1 Bearbeitet die Texte auf S. 215 so:
- Einigt euch auf einen Text. Dieser wird von jedem still gelesen. Unverstandenes wird gemeinsam aus dem Textzusammenhang oder mit einem Nachschlagewerk geklärt.
- Danach beginnt das eigentliche Rechtschreibgespräch: Der erste Satz wird vorgelesen.
- Jeder, der möchte, nennt ein Wort oder eine Wortgruppe, in dem er eine Rechtschreibschwierigkeit entdeckt hat. Er begründet, welche Schwierigkeit beim Schreiben des Wortes bestehen könnte. Sie wird markiert (Folie). Dazu könnt ihr das Wort auch ins Heft oder an die Tafel schreiben.
- Mit Hilfe der Tabelle auf Seite 213 wird nach Methoden gesucht, mit denen sich der Fehler vermeiden lässt.
- Diese Methoden werden gemeinsam besprochen und am Wort oder mit der Wortgruppe erprobt.
- So wird der Text Satz für Satz und Wort für Wort durchgegangen und besprochen.

Ihr könnt euch auch zu Experten für bestimmte Rechtschreibprobleme und Methoden machen. Legt dazu fest, wer für welche Rechtschreibprobleme und Methoden zuständig sein soll. Die Aufgaben sollten nach einer gewissen Zeit neu verteilt werden, damit jeder auf möglichst viele Rechtschreibprobleme und Lösungsmöglichkeiten aufmerksam wird.

Die drei Texte auf S. 215 eignen sich auch für Partnerdiktate. Wie ihr die Texte für ein Partnerdiktat vorbereiten und es dann auch durchführen könnt, dazu erfahrt ihr auf Seite 229 weitere Einzelheiten.

Rechtschreibprobleme entdecken – Rechtschreibwissen anwenden

Wegen SMS-Sucht im Krankenhaus

Auf Spiel- und Internetsucht folgt das Laster SMS. In Dänemark wurde jetzt der erste Fall von mobiler Chat-Sucht bekannt, wie die Zeitung Jyllands-Posten berichtete. In einer Klinik, die sich auf die Therapie von Spielsüchtigen spezialisiert hat, habe sich kürzlich ein 25-jähriger Taxifahrer behandeln lassen, der täglich im Durchschnitt 217 Nachrichten gesendet habe. Mit mehr als 500 Euro im Monat kostete ihn sein Laster bald mehr, als er verdiente. In Dänemark gibt es 2,6 Millionen registrierte Handybesitzer und 1,1 Millionen Internetbenutzer. In der Klinik ließen sich seit 1998 bereits 60 Menschen therapieren.

Tippfehler und Duzen in E-Mails tabu

Auch bei E-Mails geht korrekter Stil vor Schnelligkeit. Besonders übelgenommen werden Tippfehler, ein nicht eindeutiger Betreff und das Fehlen der Anrede oder Grußformel. Auch ein vertrauliches „du" unter Unbekannten werde in der elektronischen Korrespondenz in der Regel nicht gutgeheißen. Vor allem Ältere – im Durchschnitt jeder zweite – stören sich an solchen Nachlässigkeiten in der elektronischen Post, ergab eine Umfrage eines Bonner Dienstes unter 807 Personen. Aber rund ein Drittel (31 Prozent) der 14- bis 29-Jährigen reagiert auf Tippfehler ungehalten, jeder Vierte empfindet das Fehlen einer abschließenden Grußformel als unhöflich. Das häufig gebrauchte unverbindliche „Hallo" als Anrede stört vor allem ältere E-Mail-Schreiber und -Empfänger, aber auch jeder Zehnte der befragten Unter-30-Jährigen mag nicht auf diese Weise angesprochen werden.

Neu im Duden

Neu in den Duden aufgenommen wurden: *Bischöfin, BSE, Cyberspace, Doppelklick, Dumpfbacke, Elektrosmog, Handy, Nichtverfolgerland, Rave* und *Stinkefinger*. Abgelehnt wurden unter anderem Wortschöpfungen wie *aprilfrisch, Datenhighway, Golden Goal* und *unkaputtbar*.

Im Wörterverzeichnis des Wörterbuchs nachschlagen

Unter dem Stichwort „drei" findet man in Wörterbüchern diese Angaben. Die Reihenfolge ist jedoch eine andere:

drei: *um drei (Uhr), die ersten drei, dreiblättrig, die Zahl Drei, dreierlei, dreifach, dreijährig, dreistöckig, dreimal, dreißig, dreizehn, die Drei: eine Drei im Aufsatz schreiben, das Dreieck, der Dreikäsehoch, dreifach (3fach), Dreikönigsfest, der Dreisprung, die Dreiteilung, der Dreivierteltakt, dreiarmig, dreieckig, dreistimmig, dreiviertel: ein dreiviertel Liter, aber: drei Viertel der Torte; aller guten Dinge sind drei, bis drei zählen, eine Drei würfeln, dreikantig, die Dreikönige, Dreifachbindung*

Diese Aufgabe lässt sich besonders gut mit dem Computer lösen!

1 Schreibe die Wortbeispiele in einer Reihenfolge auf, die dir sinnvoll erscheint:
- Überprüfe anschließend das Ergebnis mit Hilfe verschiedener gedruckter und auch elektronischer Wörterbücher. Welche Unterschiede stellst du fest? Vergleicht euere Ergebnisse in der Klasse miteinander.
- Verwende einzelne Wörter und Ausdrücke im Satzzusammenhang.

2 Schreibe die folgenden Fremdwörter in richtiger Schreibweise mit Artikel auf. Mache zu jedem Wort in Kurzform Angaben zu Bedeutung, Trennungsmöglichkeiten und Herkunft und nenne einige verwandte Wörter. Überprüfe deine Angaben mit Hilfe des Wörterbuchs.

1 *Aggression – Agression*
2 *Chipp – Chip*
3 *Ethymologie – Etymologie*
4 *Genitiv - Genitief*
5 *Business - Bussiness*
6 *Dschunngel – Dschungel*
7 *Fotoeffekt - Fotoefekt*
8 *…*

3 Ergänze mit dem Wörterbuch die Liste mit weiteren Fremdwörtern und stelle mit ihnen ähnliche Wortpaare zusammen.
Die Rechtschreibschwierigkeit soll mit einer der Schreibhilfen a–g von S. 213 gelöst werden können. Ein Mitschüler schreibt jedes Wort in richtiger Schreibweise mit Artikel auf.
Überprüft anschließend gemeinsam die Schreibweise mit dem Wörterbuch und den Schreibhilfen.

Werden **Abkürzungen** als Abkürzungen gesprochen, werden sie meistens ohne Punkt abgekürzt.
Bei Abkürzungen, die im vollem Wortlaut gesprochen werden, steht hinter den Abkürzungen ein Punkt.

4 In Zeitungstexten, vor allem aber in Fachsprachen kommen häufig viele Abkürzungen vor. Schlage die folgenden Abkürzungen nach.
Kläre ihre Bedeutung und überprüfe die Regeln der Zeichensetzung mit dem Merkkasten in der Randspalte.

DNS FCKW Hbf. GAU IQ PIN UNICEF u.v.a.m. OPEC SPD EKG i. V. UV ISDN UN ZDF z.b.V.

Im Wörterverzeichnis des Wörterbuchs nachschlagen

5 Markiere die Anfangsbuchstaben der nominalisierten Adjektive und Partizipien (Folie). Schreibe sie anschließend mit ihren Begleitern auf. Manchmal fehlt ein Begleiter; ergänze ihn gedanklich und füge ihn in Klammern hinzu. Beispiel: *viel Bedeutendes und (viel) Aufregendes.*

Nimm im Zweifelsfall das Wörterbuch zu Hilfe.

1. Man sollte vorher alles kleingedruckte sehr genau durchlesen.
2. Ich habe nicht viel bedeutendes und aufregendes erfahren.
3. Sie hatte alles bis ins kleinste geplant.
4. Es wäre das einzig richtige, wenn du das besonders sorgfältig überprüfen würdest.
5. Es wurde gedünstetes und gebratenes angeboten.
6. Es liegt noch einiges im argen.
7. Er hat uns alle aufs herzlichste begrüßt.
8. Wenn sie nicht noch irgendetwas blödes anstellen, wird es gut für sie ausgehen.
9. Das ist doch das mindeste.
10. Wir können aus dem vollen schöpfen.
11. Dir wünsche ich alles gute.
12. Für jung und alt ist gesorgt.
13. Alles weitere erfährst du demnächst.
14. Damit habe ich nicht im entferntesten gerechnet.
15. Mit englisch kommt man überall prima zurecht.
16. Nimm nicht den ersten besten!
17. Fange noch einmal aufs neue an.
18. Es wäre mir das liebste, man ließe alles beim alten.
19. Der nächste bitte!
20. Ich tue mein möglichstes.

6 Es gibt einige feste Verbindungen, die in dieser Verbindung immer kleingeschrieben werden müssen:

für dumm (verkaufen) *für wahr (nehmen)* *gegen bar* *von klein auf*
durch dick und dünn *schwarz auf weiß* *über kurz oder lang*
von nah und fern *zu eigen (machen)*

- Suche auf der Seite 218 nach der entsprechenden Schreibregel und notiere sie in Kurzform.
- Bilde mit einigen Formulierungen mögliche Schlagzeilen oder kurze Sätze. Beispiel: *Eintritt nur gegen bar.*

Beachte die Kleinschreibung!

WERKSTATT Rechtschreiben

Im Regelverzeichnis des Wörterbuchs nachschlagen

Groß- und Kleinschreibung

Hinweis: Das Wörterbuch, aus dem die folgenden Rechtschreibregeln stammen, verwendet statt *Nomen* immer den Ausdruck *Substantiv,* auch in abgeleiteten Formen wie *substantivisch gebraucht* (= *als Nomen gebraucht*)!

1

1. Als Substantive gebrauchte Adjektive und Partizipien werden in der Regel großgeschrieben.
2. Häufig zeigen vorangehende Wörter wie „alles", „etwas", „nichts", „viel", „wenig" den substantivischen Gebrauch an.
3. Die Großschreibung gilt auch in festen Wortgruppen und in (nicht deklinierten) Paarformeln zur Bezeichnung von Personen.
4. Kleinschreibung gilt dagegen in festen adverbialen Wendungen aus Präposition mit artikellosem, nicht deklinierten Adjektiv. Ist das Adjektiv dekliniert, kann es sowohl klein- als auch großgeschrieben werden.

1 Das Gute, die Angesprochene, Altes und Neues; und Ähnliches (Abk. u. Ä.); wir haben Folgendes/das Folgende geplant; … etwas auf Englisch sagen; im Allgemeinen; der Einzelne; in Blau und Gelb; die Russisch-Orthodoxen
2. alles Gewollte, etwas [besonders] Gutes, nichts Wichtiges, viel Unnötiges, wenig Durchdachtes
3. im Dunkeln tappen, im Trüben fischen, auf dem Laufenden sein, zum Besten geben
– ein Programm für Jung und Alt
4. durch dick und dünn, über kurz oder lang
– von nahem (auch: Nahem), bis auf weiteres (auch: Weiteres)

2

Adjektive und Partizipien mit Artikel werden kleingeschrieben, wenn sie Beifügung (Attribut) zu einem vorangehenden oder folgenden Substantiv sind.

– Mir gefallen alle Krawatten sehr gut. Besonders mag ich die gestreiften und die gepunkteten (= die gestreiften und gepunkteten Krawatten).
– Sie war die aufmerksamste und klügste unter allen Zuhörerinnen.
– Das blaue ist mein Auto.

3

Superlative mit „am", nach denen man mit „wie?" fragen kann, schreibt man klein. (In diesen Fällen ist „am" nicht zu „an dem" auflösbar.)

– Diese Regel ist (wie?) am leichtesten zu lernen.
– Etwas zu essen brauchen wir (wie?) am nötigsten.
Aber: Es fehlt uns am (= an dem) Nötigsten.

4

In festen adverbialen Wendungen aus „aufs" oder „auf das" und Superlativ, die sich mit „wie?" erfragen lassen, kann das Adjektiv groß- oder kleingeschrieben werden.

– Er erschrak aufs Äußerste/aufs äußerste.
– Alles hatte sich auf das Schönste/auf das schönste geregelt.
– Wir werden aufs Königlichste/aufs königlichste amüsieren.
Aber: Wir sind (worauf?) aufs Schlimmste gefasst.

5

1. Die Zahladjektive „viel", „wenig", „[der] eine", „[der] andere" können großgeschrieben werden, wenn ihr substantivischer Charakter hervorgehoben werden soll.
2. In der Regel werden sie jedoch mit allen ihren Beugungs- und Steigerungsformen kleingeschrieben …

1. Das Lob der vielen/Vielen (= der breiten Masse) war ihr nicht wichtig.
– Auf der Suche nach dem anderen/Anderen (=nach einer neuen Welt) sein.
– Die einen/Einen sahen zu, die anderen/Anderen halfen mit.
– Die meisten/Meisten blieben zu Hause.
2. Es gab viele, die nicht mitmachen wollten.
– Nur wenigen war das bekannt.

Im Regelverzeichnis des Wörterbuchs nachschlagen

Nominalisierung von Adjektiven

Die abgebildeten Regeln stammen aus einem Rechtschreibwörterbuch. Die folgenden Aufgaben sollen dir helfen, mit dem Regelteil eines solchen Wörterbuches umzugehen; außerdem festigst du dein Rechtschreibwissen.

1 Lies die Regeln und versichere dich mit Hilfe der Beispiele, dass du sie verstanden hast.

2 Ordne die Ausdrücke der richtigen Beispielspalte der Regeln zu:
der Große etwas Schönes im Einzelnen seit längerem/Längerem ohne weiteres/Weiteres aufs herzlichste/Herzlichste den Kürzeren ziehen in Deutsch von klein auf am klügsten in Russisch von fern und nah

3 Schreibe die nominalisierten Adjektive aus den folgenden Sätzen heraus und begründe ihre Schreibweise mit der zutreffenden Regel:
1. Bist du schon über das Neuste informiert?
2. Einen Unglücklichen muss man trösten!
3. Der Abendhimmel verfärbte sich in ein dunkles Rot.
4. Sie mischte das giftigste Grün.
5. Übermorgen fahren wir ins Grüne.
6. Mit Lustigen ist jeder gern zusammen.
7. Es waren Jung und Alt versammelt.
8. Er ist unser Bester.

4 Entscheide mit Hilfe der Regeln, ob die Wörter in Großbuchstaben groß- oder kleingeschrieben werden müssen. Schlage im Zweifelsfall auch im Wörterverzeichnis des Wörterbuchs nach:
1. Er wiederholte jeden Arbeitsschritt im EINZELNEN.
2. Über den Ablauf sind wir im GROßEN und GANZEN einig.
3. Wir tappen völlig im DUNKELN.
4. Die letzte Aufgabe fiel mir am LEICHTESTEN.
5. Für deine Ausbildungsplatzsuche wünsche ich dir alles GUTE.
6. Es geschah viel ÜBERRASCHENDES und UNBEKANNTES.
7. Ich werde mir alles WICHTIGE notieren.
8. Im WESENTLICHEN lag ich genau richtig.
9. Darauf werde ich im FOLGENDEN noch näher eingehen.
10. Ich finde, ROT steht dir am BESTEN.
11. Das Üben wird sich über KURZ oder LANG auszahlen.

5 Suche die passende Regel zu den folgenden Beispielen und wende sie an:
1. Gebt die ALTEN Schulbücher ab, die NEUEN gibt es zu Beginn des NEUEN Schuljahres.
2. Bernd ist das ÄLTESTE von vier Kindern.
3. Oft werden BEKANNTE Berufe gewählt, ganz NEUE eher selten.

Im Regelverzeichnis des Wörterbuchs nachschlagen

Regel	Beispiele
6 **1.** Als Substantive gebrauchte Infinitive (Grundformen) schreibt man groß. **2.** Infinitive ohne Artikel, Präposition oder nähere Bestimmung können in bestimmten Fällen entweder als Substantiv oder als Verb aufgefasst und demnach groß- oder kleingeschrieben werden.	**1.** das Rechnen, das Lesen, das Schreiben, [das] Verlegen von Rohren, im Sitzen und Liegen, für Hobeln und Einsetzen [der Türen], zum Verwechseln ähnlich, lautes Schnarchen – das Zustandekommen, beim Kuchenbacken sein – das In-den-Tag-hinein-Leben **2.** … weil Geben/geben seliger denn Nehmen/nehmen ist. – Wir lernen [das] Segeln/[ein Boot] segeln.
7 **1.** Als Substantive gebrauchte Pronomen (Fürwörter) schreibt man groß. (Meist steht in diesen Fällen ein Artikel.) **2.** Sonst schreibt man sie klein, auch wenn sie als Stellvertreter von Substantiven verwendet werden. **3.** Possessivpronomen (besitzanzeigende Fürwörter) in Verbindung mit dem bestimmten Artikel können auch großgeschrieben werden.	**1.** jemandem das Du anbieten – ein gewisser Jemand – Der Hund ist eine Sie. **2.** Kommst du? – Da ist doch jemand! – Hier hat sich schon mancher verirrt. – Wenn einer eine Reise tut … – Es ist alles bereit. **3.** Jedem das seine/Seine – Wir haben das unsere/Unsere zur Finanzierung des Projekts geleistet.
8 **1.** Als Substantive gebrauchte Grundzahlen schreibt man groß, wenn sie Ziffern bezeichnen. **2.** Sonst werden Grundzahlen unter einer Million kleingeschrieben.	**1.** eine Acht schreiben – vier Einsen im Zeugnis haben – die verhängnisvolle Dreizehn – eine Sechs würfeln – eine Zwölf schießen **2.** Alle vier waren jünger als zwanzig. – Es hatten sich an die fünfzig gemeldet. – Sie kam erst gegen zwölf. – Der Redner ist schon über achtzig. – Er fuhr über hundertsechzig. – die ersten zehn (*aber:* die zehn Ersten; …)
9 Die Wörter „hundert“, „tausend“ oder „Dutzend“ können klein- oder großgeschrieben werden, wenn mit ihnen unbestimmte, nicht in Ziffern schreibbare Mengen angegeben werden.	– Auf dem Platz drängten sich Hunderte/hunderte von Menschen. – Viele Hundert/hundert kamen bei dem Erdbeben ums Leben. – Einige Tausend/tausend kleiner Vögel verdunkelten die Sonne. – Es gab Dutzende/dutzende von Reklamationen. *Aber nur:* – Wir erwarteten hundert Gäste (= 100 Gäste). – Der Schrank kostete tausend Euro (= 1000 Euro). – Ich kaufte zwei Dutzend Eier (= 24 Eier).
10 Als Substantive gebrauchte Bruchzahlen und Ordnungszahlen schreibt man groß.	– ein Zehntel des Kuchens (*aber:* ein zehntel Gramm); – um Viertel vor fünf (*aber:* um viertel fünf) – Wenn zwei sich streiten, freut sich der Dritte.

Im Regelverzeichnis des Wörterbuchs nachschlagen

Nominalisierung von Verben und anderen Wortarten

1 Unterscheide Nomen (nominalisierte Verben) von Verben: Schreibe dazu die folgenden Beispiele richtig auf. Begründe anschließend jede Schreibweise mit Hilfe der Regel 6.

1. Ich fand allein keine Zeit fürs TRAINIEREN.
2. Ich will jetzt im Verein TRAINIEREN.
3. Auf dem Übungsplan steht zuerst KRAULEN, ich möchte am liebsten mit BRUSTSCHWIMMEN beginnen.
4. Ich habe auch Freude am TAUCHEN.
5. Einige FEHLEN heute, sie bitten, ihr FEHLEN zu ENTSCHULDIGEN.
6. Es fällt mir schwer, mich beim VORBEREITEN der Klassenarbeit nur auf das WIEDERHOLEN des Übungsstoffes zu KONZENTRIEREN und mich nicht durchs DENKEN an schönere Dinge wie SCHWIMMEN oder SPIELEN am Computer ABZULENKEN.

2 Welche der folgenden Wörter muss man großschreiben? Lies die Regeln 7 bis 10 und schreibe die Wörter auf. Beachte: Einige Ausdrücke können groß- oder kleingeschrieben werden (Doppelschreibung)!

die acht   über fünfzig sein   die anderen   viele einsen haben   jünger als zwanzig sein   ein drittes noch erwähnen   ein gewisser jemand   die meisten   nur wenige   die einen und die anderen   durch drei teilen   jeder zehnte   die verhängnisvolle dreizehn   viele hunderte   einige tausend   mehrere dutzend   das du anbieten   ein zweiter   am meisten   etwa zwölf kommen   ein viertel   das wenigste   ganz viele   die wenigen   die vielen   etwas anderes

3 Schreibe die folgenden Sätze ab und ersetze die Zahlen durch Worte. Überprüfe deine Lösung mit Hilfe der Regel. Wenn du unsicher bist, schlage auch im Wörterverzeichnis des Wörterbuchs nach.

1. Es sind insgesamt 3.
2. Sie fuhr als 1. durchs Ziel.
3. Es ist schon 3 Uhr und wir wollten uns doch $^1/_4$ vor 3 treffen.
4. Jeder 3. lehnte den Vorschlag ab.
5. Wenn 2 sich streiten, freut sich der 3.
6. Das Fest findet in 3 Tagen statt.
7. Fahre vom Bahnhof mit der Straßenbahn, steige in die 8 oder 3.
8. Wie schreibt man eine römische 5?
9. Der 3. Teil von 9 ist 3.

Bilde mit einigen Wörtern und Ausdrücken der Beispielspalten (S. 218 und 220) kurze Sätze und nutze sie für ein Partnerdiktat.

4 Vergleiche den abgedruckten Regelteil mit dem anderer Wörterbücher. Sprecht in der Klasse über die Vor- und Nachteile der Regelteile.

5 Fasse wichtige Regeln zur Groß- und Kleinschreibung in Kurzform zusammen. Du kannst sie auch als Mindmap darstellen.

Wichtige Regeln der Getrennt- und Zusammenschreibung

1. Grundsätzlich zusammen:

1.1. Adjektiv + Verb

- wenn durch die Verbindung von Adjektiv und Verb eine neue Gesamtbedeutung entsteht: *krankschreiben, heiligsprechen, kürzertreten …*

1.2. Wörter wie *an, ab, auf, auseinander* + Verb

- wenn Wörter wie *an, ab, zu* … (formgleich mit Präpositionen) oder *voran, auseinander, vorwärts* … (formgleich mit Adverbien) mit Verben verbunden sind: *abbeißen, mitlaufen, vorankommen, auseinandersetzen, vorwärtskommen …*

1.3. Adjektiv + Adjektiv

- wenn gleichrangige Adjektive miteinander verbunden sind: *blaugrau, nasskalt, dummdreist, feuchtwarm …*

1.4. zusammengesetztes Adjektiv

- wenn ein Bestandteil nicht mehr selbstständig als Wort vorkommt: *selbstständig, blauäugig, letztmalig …*
- wenn der erste Bestandteil bedeutungsverstärkend oder bedeutungsabschwächend ist: *blendendweiß, lauwarm, stocksteif …*

1.5. Wörter + Partizip oder Adjektiv

- wenn der erste Bestandteil sich mit einer Wortgruppe umschreiben lässt: *angsterfüllt (von/mit Angst erfüllt), butterweich (weich wie Butter) …*

1.6. Wortbausteine wie *abhanden-, zurecht-* + Verb

- Verben in Verbindung mit unselbstständigen Wortbausteinen wie *abhanden-, anheim-, bevor-, dar-, einher-, entzwei-, fürlieb-, hintan-, inne-, überein-, überhand-, umhin-, vorlieb-, zurecht-;* ebenso mit *fehl-, feil-, heim-, irre-, kund-, preis-, wahr-, weis-, wett-:* *abhandenkommen, einhergehen …; fehlbesetzen, feilbieten …*

1.7. (verblasstes) Nomen + Verb

- die folgenden elf Verben als feste Gruppe: *eislaufen, kopfstehen, leidtun, nottun, standhalten, stattfinden, stattgeben, statthaben, teilhaben, teilnehmen, wundernehmen.*
  Die ersten Wortteile haben in diesen Zusammensetzungen die Eigenschaften von Nomen verloren. Sie werden auch dann kleingeschrieben, wenn sie allein am Satzende stehen: *Er will eislaufen. Er läuft eis.*

Wörter aus dem Englischen aus Adjektiv + Nomen werden

- zusammengeschrieben, wenn die Hauptbetonung auf dem ersten Bestandteil liegt: *Bluejeans, Freestyle …*
- getrennt geschrieben, wenn beide Bestandteile betont werden: *Golden Goal, High Society …*
- getrennt oder zusammengeschrieben, wenn beide Betonungsmöglichkeiten gegeben sind: *Hot Dog/Hotdog, Small Talk/Smalltalk …*

Wichtige Regeln der Getrennt- und Zusammenschreibung

2. *Grundsätzlich getrennt:*

2.1. Verbindungen mit *sein*
da sein (da gewesen), pünktlich sein (pünktlich gewesen) ...

2.2. Verb + Verb
lesen üben, laufen lernen, spazieren gehen, (auf dem Stuhl) sitzen bleiben, (Essen) stehen lassen ...
- Wichtige Ergänzung: Bei übertragener Bedeutung mit bleiben und lassen als zweitem Bestandteil ist auch Zusammenschreibung möglich, ebenso bei *kennenlernen/kennen lernen: sitzen bleiben/sitzenbleiben (nicht versetzt werden), (jemanden) stehen lassen/stehenlassen ...*

2.3. Adjektive, deren erster Bestandteil erweitert oder gesteigert ist
leichter verdaulich, sehr schwer krank ...

2.4. *so, wie, zu* + Adjektiv, Adverb oder Pronomen
so groß, so oft, wie oft, wie viel, zu viel, zu lange ...

2.5. die folgenden Wortverbindungen:
gar nicht, gar kein, gar nichts, gar sehr, gar wohl

3. *Sowohl getrennt als auch zusammen:*

3.1. Manche Verbindungen aus Nomen + Verb
Staub saugen/staubsaugen, Brust schwimmen/brustschwimmen; Acht geben/achtgeben, Acht haben/achthaben, Halt machen/haltmachen, Maß halten/maßhalten ...

3.2. Verbindungen aus Adjektiv + Verb
- bei denen das Adjektiv das Ergebnis der Verbtätigkeit ausdrückt:
klein schneiden/kleinschneiden, glatt hobeln/glatthobeln, kaputt machen/kaputtmachen ...

3.3. Verbindungen mit adjektivisch gebrauchten Partizipien
allein erziehende/alleinerziehende Mutter, selbst gebackene/selbstgebackene Kekse ...

3.4. Verbindungen (Fügungen) in adverbialer Verwendung
außerstand/außer Stand setzen; außerstande/außer Stande sein; imstande/im Stande sein; infrage/in Frage stellen; instand/in Stand setzen; zugrunde/zu Grunde gehen, zuleide/zu Leide tun; zumute/zu Mute sein; zurande/zu Rande kommen; zuschanden/zu Schanden machen, werden; zuschulden/zu Schulden kommen lassen; zustande/zu Stande bringen; zutage/zu Tage fördern, treten; zuwege/zu Wege bringen ...

3.5. Verbindungen (Fügungen) in präpositionaler Verwendung
anstelle/an Stelle; aufgrund/auf Grund; aufseiten/auf Seiten; mithilfe/mit Hilfe; vonseiten/von Seiten; zugunsten/zu Gunsten; zulasten/zu Lasten; zuungunsten/zu Ungunsten ...

Getrennt oder zusammen?

Wenn nur der erste Teil der Verbindung die Hauptbetonung trägt, so wird zusammengeschrieben.

Getrennt geschrieben wird, wenn beide Wörter sich mit einer kleinen Pause sprechen lassen und in gleicher Weise betont werden.

1 Warum macht uns die Zusammen- und Getrenntschreibung der fett gedruckten Wörter und Ausdrücke in der folgenden Meldung wenig Schwierigkeiten? Sucht in einem Rechtschreibgespräch nach Gründen dafür. Berücksichtigt dabei auch die Angaben in den Sprechblasen.

Wissenschaftler warnen vor überhöhtem Medienkonsum

Kinder und Jugendliche, die häufig **lange fernsehen** sowie **Videos und Computerspiele konsumieren,** müssen **damit rechnen,** dass ihre **Schulleistungen** sich **rasant verschlechtern.** Zu diesem Ergebnis kommen Wissenschaftler, die den **Zusammenhang** von **Medienkonsum, Lernleistungen** und **Jugendkriminalität** untersuchen.

2 Wählt für ein Rechtschreibgespräch Wortverbindungen aus den Beispielen der Regelübersicht (S. 222/223) aus und begründet die Schreibweise mit Hilfe der Betonungsprobe.

3 Sprecht über eure Erfahrungen und Erkenntnisse im Umgang mit der Betonungsprobe: Wann führt sie zu einem befriedigenden Ergebnis? Wann eher nicht?

Wenn du unsicher bist, ob getrennt oder zusammengeschrieben werden muss, nutze den Regelteil eines Wörterbuchs oder schlage in seinem Wörterverzeichnis nach.

Die folgenden Übungen sollen dir eine größere Sicherheit im Umgang mit einigen wichtigen Regeln zur Getrennt- und Zusammenschreibung geben, wie du sie in der Übersicht auf Seite 222/223 findest.

4 Ordne die folgenden fett gedruckten Ausdrücke den Regeln der Getrennt- und Zusammenschreibung zu: a 1.1, b 1.5 …

a einen Sachverhalt **richtigstellen,** b **selbstsicheres** Auftreten zeigen, c **fertig sein,** d **ganz und gar falsch,** e ein **lernbegieriger** Schüler, f **wie lange,** g **großspuriges** Auftreten, h **gemeingefährliches** Verhalten, i die Zähne **aufeinanderbeißen,** j **los sein,** k dem Druck **standhalten,** l **blaugrüner** Anorak, m an der Freude **teilhaben,** n ein **grundehrlicher** Mensch, o **zweifacher** Torschütze, p zum Spaß **eislaufen,** q sich mit den Berufswünschen **auseinandersetzen,** r etwas **anbringen,** s **brandneues** Fahrrad, t **hellrotes** Feuer, u **sonnenarmes** Wetter, v ein Kraftwerk **stilllegen,** w **feuchtwarmes** Klima, x mit dem Ergebnis **zufrieden sein,** y **vieldeutiger** Blick, z das Vermögen **offenlegen**

5 Verwende die Verbindungen mit Verben (a, c, i, j, k, m, p, q, r, v, x, z) in Sätzen. Nutze als Zeitformen Präsens, Präteritum, Perfekt und Futur I. Unterstreiche anschließend die Verbindungen mit Verben. Was kannst du beobachten und feststellen?

Getrennt oder zusammen?

6 Warum wird in den folgenden Beispielen getrennt oder zusammengeschrieben? Finde eine Antwort auf diese Nachdenkfrage mit den Regeln der Übersicht auf Seite 222/223.

a schön finden, schön werden; sich schön machen/schönmachen; schönfärben (beschönigen), schöntun

b frisch backen; frisch gebackene/frischgebackene Brötchen; frischgebackenes Ehepaar

c Getränke kalt stellen/kaltstellen; kalt gepresst/kaltgepresst; kaltschnäuzig, kaltherzig, kaltblütig; kaltlassen, kaltmachen (umbringen), kaltstellen (politisch ausschalten)

d kaputt drücken/kaputtdrücken, kaputt machen/kaputtmachen; kaputtgehen, (sich) kaputtlachen; kaputt sein

e klein beigeben, klein schreiben (in kleiner Schrift); Verben kleinschreiben; klein schneiden/kleinschneiden; klein geschnitten/kleingeschnitten, klein gemustert/kleingemustert

f zu hoch, zu oft, zu weit; zugeben, zuschließen, zusehen, zulassen; zugunsten/zu Gunsten; zuschulden/zu Schulden kommen lassen, zuwege/zu Wege bringen

g schwer stürzen, schwer verletzen; schwer krank/schwerkrank, schwer verständlich/schwerverständlich; schwerreich, schwerstbehindert; schwerhörig, schwermütig; schwerfallen (Aufgabe), (etwas) schwernehmen, (sich) schwertun

Jeweils eine Wortverbindung passt nicht zu den anderen Beispielen. Begründe die abweichende Schreibung.

7 Schreibe die Ausdrücke der folgenden Wortreihen richtig auf. Gib bei Doppelschreibungen beide Möglichkeiten an.

a marathon?laufen, leid?tun, rücken?schwimmen, maß?halten

b so?groß sein, zu?oft kommen, wie?viel kosten, zu?wege bringen

c mit?machen, zuwider?handeln, durch?machen, zuwider?sein

d spazieren?gehen, schwimmen?lernen, tanzen?üben, fehl?besetzen

e groß?spurig, red?selig, klein?geschnitten, viel?deutig, letzt?malig

f minder?wertig, lau?warm, tod?traurig, taub?stumm

g wahr?nehmen, fürlieb?nehmen, wunder?nehmen, überhand?nehmen

h fernseh?müde, hitze?beständig, leichter?verdaulich, selbst?sicher

i HIGH?LIGHT, HIGH?TECH, HIGH?WAY, HIGH?LIFE

Anregungen zur Weiterarbeit

- Suche mit dem Wörterbuch weitere Wortverbindungen zu den Regeln.
- Bilde mit einigen Ausdrücken kurze Sätze für ein Partnerdiktat.
- Begründet mit den Regeln die Zusammen- und Getrenntschreibung in Zeitungs- oder Zeitschriftentexten.
- Vergleiche die Regelübersicht mit dem Regelteil deines Wörterbuchs. Entscheide, ob du etwas ergänzen oder streichen möchtest.
- Erstellt mit den Regeln eine Mindmap für ein Lernplakat.

Fach- und Fremdwörter

Was Klimaforscher vorhersagen

Eine ähnliche Grafik wie diese löste unter Wissenschaftlern heftige Diskussionen aus. Ist der beobachtbare Anstieg bedenklich?

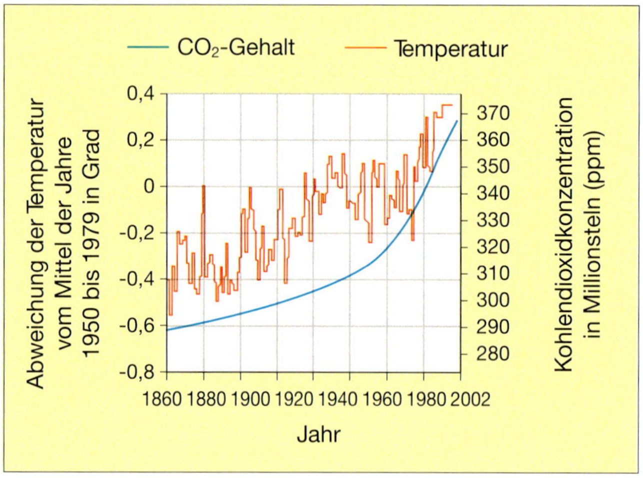

CO_2-Gehalt und Temperaturen seit 1860

Einige Klimaforscher verweisen darauf: Im Verlauf der Erdgeschichte stiegen und sanken schon immer der CO_2-Gehalt und damit die Temperaturen. Sie meinen deshalb, dass der Temperaturanstieg seit 1860 lediglich eine natürliche Klimaschwankung ist.

Die meisten Wissenschaftler sind jedoch inzwischen der Meinung, dass es sich hier um eine vom Menschen verursachte Klimaerwärmung handelt. Als Beweis führen sie an: Seit 1860, also mit Zunahme der Industrie, gelangen erhebliche Mengen an CO_2 und anderen Treibhausgasen in die Atmosphäre. Nahezu zeitgleich steigen die Temperaturen steil an. Diese Entwicklung deutet darauf hin, dass dieser auffällige Temperaturanstieg auch entscheidend vom Menschen ausgelöst wurde. Daher sind sie der Meinung, dass es sich hier um einen zusätzlichen künstlichen Treibhauseffekt und damit um eine künstliche Klimaveränderung handelt.

Immer mehr Wissenschaftler verweisen darauf, dass der künstliche Treibhauseffekt in sehr kurzer Zeit zu einer starken Erwärmung der Erde führt. Deshalb könnte es für Pflanzen, Tiere und Menschen schwierig werden, sich diesem Temperaturanstieg anzupassen. Steigen die Treibhausgase im gegenwärtigen Umfang, so ist bis Mitte des Jahrhunderts mit einer globalen Temperaturerhöhung von 1,5 bis 4,5 Grad Celsius zu rechnen. Die möglichen Folgen versuchen Klimaforscher vorherzusagen.

Demnach könnte die Zahl der Extremwetterlagen steigen. Unwetter, wie Überschwemmungen und Wirbelstürme, könnten nicht nur häufiger, sondern immer verheerender werden. Durch das weitere Abschmelzen des Polareises könnte der Meeresspiegel noch mehr ansteigen. Tiefer gelegene Länder würden dann in den Meeresfluten versinken.

Meteorologen haben auch neue Karten der Klimazonen erstellt. Dabei gehen sie davon aus, dass bei einer Verdopplung der Treibhausgase und der folgenden Erderwärmung sich die Klimazonen in Europa um etwa 300 bis 600 km nach Norden verschieben: In Deutschland gäbe es dann Mittelmeerklima, in Skandinavien ein mildes Klima. Dies würde die Vegetation in diesen Räumen verändern. Flüchtlinge aus diesen Trocken- bzw. Dürregebieten könnten dann unter Umständen versuchen, die verbleibenden Gunsträume zu erreichen.

Fach- und Fremdwörter

1 Unterstreiche die Fach- und Fremdwörter im Text (Folie). Erkläre ihre Bedeutung aus dem Textzusammenhang.

2 Stelle die Fremdwörter in einer Liste zusammen. Manche Fremdwörter sind mit anderen Wörtern zusammengesetzt: Trenne diese Wörter ab und übernimm nur das Fremdwort. Beispiel: *Klimaforscher – das Klima.*

3 Markiere Schreibbesonderheiten in den Fremdwörtern der Aufgabe 2. Überlege, nach welchen Schreibauffälligkeiten man sie ordnen kann.

Auch wenn viele Fremdwörter Lern- und Merkwörter sind, die man sich jeweils einprägen muss, gibt es doch einige Schreibhilfen:

Schreibhilfen für Fremdwörter

1. Bei Fremdwörtern schreibt man selten ck, sondern meistens k.
   Beispiel: ***Technik, Physik.***
2. Bei Fremdwörtern wird der Buchstabe für den Konsonanten oft verdoppelt.
   Beispiel: ***Diskussion, Batterie, Fassade, Grammatik.***
3. Fremdwörter werden häufig mit ph, rh und th geschrieben.
   Beispiel: ***Geographie, Philosophie.***
4. Im Wortinnern schreibt man meistens nur i statt ie. Beispiel: ***Termin.***
5. Viele Nomen enden mit y (Plural immer ys). Beispiel: ***Hobby, die Hobbys.***
6. Verben auf -ieren schreibt man mit ie. Beispiel: ***korrigieren.***
7. Adjektive haben häufig diese Endungen: ***-iell, -ant, -al, -iv.***

4 Ordne die Wörter deiner Wortliste nach den aufgeführten Schreibbesonderheiten. Überprüfe, ob sich einzelne Wörter häufiger zuordnen lassen.

5 Die folgenden Fachbegriffe stammen aus verschiedenen Sachtexten. Sie wurden während der Arbeit an dem Thema „Klima und Klimaveränderungen" gesammelt. Ergänze deine Wortliste mit diesen Wörtern:

Faktoren Treibhauseffekt Klimakatastrophe Klimaprozesse Klimazonen Klimasystem Kohlendioxid absorbieren Sonnenenergie Energieverbrauch Industrialisierung Motorisierung Konzentration Photosynthese Stickoxide Emissionen regulieren Zirkulation

6 Suche in anderen Texten (z.B. in „wortstark", S. 20, 22, 45, 49, 50, 62, 68–70, 72, 79, 80–83, 98/99, 102, 190/191, 202, 228; auch unter den Fachbegriffen zum Nachschlagen, S. 276–283) nach Fach- und Fremdwörtern und erweitere deine Wortliste. Wichtig: Bevor du ein Fremdwort in eine Wortliste übernimmst, überlege, ob dir die Bedeutung vertraut ist. Sonst versuche sie aus dem Kontext zu erschließen oder schlage in einem Wörterbuch nach. Manche Wörter lassen sich mehrere Male zuordnen.

Teste deine Rechtschreibfähigkeit!

Mit dem folgenden Text und den Aufgaben dazu auf Seite 229 kannst du deine Rechtschreibung überprüfen und auch üben.

Soziale Verantwortung

Wir alle sind soziale Wesen. Als Individuen wollen wir ein möglichst selbstbestimmtes Leben führen, sind aber gleichzeitig immer wieder auf andere angewiesen. Es scheint also selbstverständlich zu sein, dass wir uns nicht nur um uns, sondern auch um andere kümmern. Aber mal ehrlich: Am liebsten setzen wir doch immer erst einmal unsere eigenen Interessen durch, oder?

Eine Gesellschaft ohne Sozialpolitik wäre eine, in der alle zuerst an sich selbst denken. Schlecht für diejenigen, die alt, krank, arm oder in Not sind. Und schlecht für uns, wenn wir Pech haben. Gut, dass es Gesetze gibt, die uns gegen solche Lebensrisiken absichern. Die wichtigste Grundlage unseres Sozialstaates ist die Solidarität zwischen den Bevölkerungsgruppen und Generationen. Die Beiträge von allen helfen im Notfall dem Einzelnen; die Jungen finanzieren die Rente der Alten.

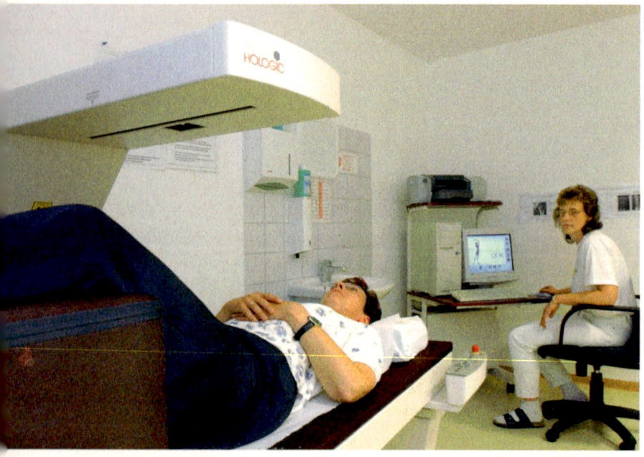

Mit wachsendem Wohlstand ist unser soziales Netz immer enger geknüpft worden. Während die Sozialversicherung Ende des 19. Jahrhunderts lediglich das Überleben sicherte, bietet sie heute weit mehr als das: Es gibt erweiterte Lohnfortzahlung im Krankheitsfall, Übergangsgeld bei Reha-Maßnahmen, Arbeitslosengeld bei Jobverlust und vieles mehr. Das hat seinen Preis.

Der Sozialstaat ist heute neuen Belastungen ausgesetzt. Wir alle leben länger, nicht zuletzt, weil die medizinische Versorgung immer besser wird. Dadurch steigen die Kosten für Altersvorsorge und Gesundheit. Verschärft wird die Situation durch den Geburtenrückgang. Neben anderen Faktoren führt vor allem der Wegfall weiterer Arbeitsplätze zu weniger Sozialversicherungsbeiträgen. Die Folge: Das Geld wird knapp. Der Staat hat Mühe, die sozialen Leistungen, auf die alle Beitragszahler Anspruch haben, zu finanzieren.

Zunehmend wird unser Sozialsystem in Frage gestellt und die Rufe nach Anpassung werden lauter. Das heißt in erster Linie: Neben die staatliche Fürsorge treten private Vorsorge und mehr Eigenverantwortung. Zudem werden viele Menschen künftig mit weniger Geld auskommen müssen. Veränderungen des Sozialstaates führen wiederum zu neuen Konflikten: Wie sorge ich vor? Worauf kann ich verzichten? Auf was muss ich mich einstellen? Vernünftig entscheiden kann nur, wer gut informiert ist und die Entwicklung beobachtet …

Teste deine Rechtschreibfähigkeit!

Ein Partnerdiktat vorbereiten und durchführen

Bearbeitet die folgenden Aufgaben am besten zu zweit:

- Jeder von euch liest den gesamten Text. Verständnisschwierigkeiten klärt ihr gemeinsam.

- Die ersten beiden Abschnitte sind als Partnerdiktat vorbereitet.
  Diktiert euch je einen Abschnitt des Textes: Einer diktiert einen Abschnitt, der andere schreibt. Danach wird gewechselt.

Diktierregel:
Zunächst wird das markierte Wort oder die markierte Wortgruppe vorgelesen, dann das Wort oder die Wortgruppe im Satzzusammenhang, zum Schluss noch einmal das Wort oder die Wortgruppe. Erst jetzt wird das Wort oder die Wortgruppe aufgeschrieben. So geht es Satz für Satz.

Schreibregel:
Nur das einzelne Wort oder die Wortgruppe wird geschrieben. Beim Schreiben mitsprechen!

Korrekturhinweise:
Überprüft nach dem Diktat gemeinsam die Schreibweise der Übungswörter und streicht Falschschreibungen an. Schreibt die Fehlerwörter richtig auf und markiert die Fehlerstellen. Führt anschließend Übungen durch, wie ihr sie auf S. 213 findet oder euch für Berichtigungen überlegt habt.

- Bereitet jetzt auch die anderen Abschnitte des Textes für ein Partnerdiktat vor:
  - Wählt dazu Wörter oder Wortgruppen aus, die besondere Rechtschreibprobleme beinhalten und aus eurer Sicht für einen Test in Frage kommen, und markiert sie (Folie).
  - Diktiert euch die Abschnitte. Beachtet dabei die beschriebenen Diktier- und Schreibhinweise.
  - Überprüft nach dem Diktat die Rechtschreibung und fertigt gegebenenfalls eine sinnvolle Berichtigung an.

- Der Text „Soziale Verantwortung“ (S. 228) eignet sich auch für ein Rechtschreibgespräch. Wie ihr dabei vorgehen könnt, könnt ihr auf Seite 214 nachlesen.

- Natürlich könnt ihr mit dem Text auch euer Wissen über die Zeichensetzung überprüfen. Überlegt, wie ihr dabei am besten vorgehen könnt.

Was leistet ein Rechtschreibprogramm?

Viele schreiben ihre Texte mit einem Textverarbeitungsprogramm mit einer installierten „ABC-Prüfung". Ein solches Programm hat viele Vorteile, aber auch seine Grenzen.

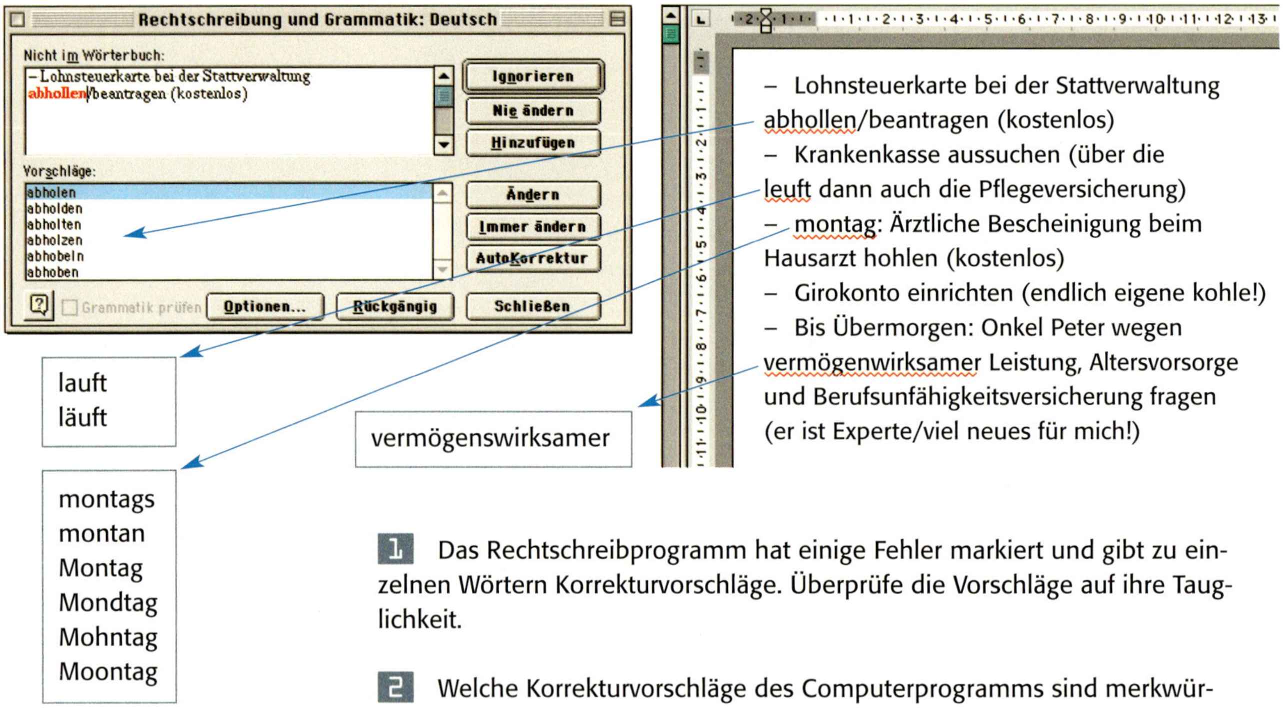

1 Das Rechtschreibprogramm hat einige Fehler markiert und gibt zu einzelnen Wörtern Korrekturvorschläge. Überprüfe die Vorschläge auf ihre Tauglichkeit.

2 Welche Korrekturvorschläge des Computerprogramms sind merkwürdig? Versuche zu erklären, warum es dazu kommt.

3 Nicht alle Rechtschreibfehler hat das Rechtschreibprogramm gefunden und markiert. Markiere diese Fehler (Folie). Finde heraus, um welche Fehler es sich handelt. Nimm die Übersicht auf Seite 213 (1–9) zu Hilfe.

4 Sprecht über die abgebildeten Funktionstasten: Wann und wie sollte man sie einsetzen? Worauf muss man besonders achten?

5 Sprecht über die Erfahrungen, die ihr mit der Rechtschreibprüfung des Computers bisher gemacht habt:
- Wann war sie hilfreich?
- In welchen Fällen ist ein Computerprogramm offensichtlich überfordert?
- Wie kann man die Fehler finden, die das Programm nicht markiert hat?
- Was kann man tun, wenn die Computerhilfen nicht ausreichen, wenn kein Korrektur-Vorschlag gemacht wird oder wenn man nicht sicher ist, welcher richtig ist?

6 Begründet, warum ein Rechtschreibprogramm das Erlernen der Rechtschreibung nicht überflüssig macht.

WERKSTATT Sprache

WERKSTATT Sprache

Wörter mit negativer und positiver Bedeutung

Es gibt Wörter, mit denen wir etwas als negativ bewerten, z. B.: *Das Essen schmeckt miserabel.* Es gibt Wörter, mit denen wir etwas als positiv bewerten, z. B.: *Das Essen schmeckt wunderbar.*
Dann gibt es aber auch Wörter, die zugleich etwas Positives wie auch etwas Negatives bezeichnen können. Um die geht es auf dieser Seite.

verrückt
schrill
abgedreht
irre
wunderbar
übergeschnappt
toll
wahnsinnig
geil
herrlich

1 Setze in die folgenden Sätze die Wörter ein, die auf dem blauen Zettel stehen. In manchen Satz kannst du mehrere Wörter einsetzen:
a Du spinnst doch! Was du da sagst, ist doch …!
b Der guckt doch jedem Mädchen hinterher, dieser … Typ!
c Der Film war wirklich gut, wirklich …!
d Sie wurde ganz … vor Angst.
e Ihr Gesang war furchtbar, weil sie so eine … Stimme hatte.
f Du hast wohl nicht mehr alle! Du bist doch …!
g Super, wie die aussieht, echt …!
h Seid ihr … geworden? Redet doch nicht alle durcheinander!
i Sein Spiel auf der Gitarre war … Alle waren begeistert.
j Sie sieht super aus in ihrem … schönen Outfit!

2 Schreibe jetzt die Wörter noch einmal auf:
a) Wörter, die etwas Positives bedeuten: *wunderbar* …
b) Wörter, die etwas Negatives bedeuten: …
c) Wörter, die positiv und negativ gebraucht werden: …
Sprecht anschließend darüber, ob ihr die Wörter alle gleich eingeordnet habt.

3 Kennt ihr aus eurer Jugendsprache noch andere Wörter, die ihr in einige der Lücken einsetzen würdet? Lest die Sätze mit solchen Wörtern. Ordnet auch diese Wörter unter **a**, **b** und **c** ein.

Wenn Wörter sich in ihrer Bedeutung über die Jahrhunderte verändern, nennt man das **Bedeutungswandel.** So bedeutete das negative Wort ***toll*** ursprünglich so viel wie ***verrückt, rasend, geisteskrank.*** Ein Wort wie ***Tollwut*** weist uns noch heute darauf hin, dass es sich dabei um eine Art Krankheit handelt. Bald hat sich aber ein Merkmal dieser alten Bedeutung verselbstständigt, und so bedeutete ***toll*** dann auch so viel wie ***ausgelassen, übertrieben, sehr, unbändig.*** Und heute verwenden wir es fast nur noch in seiner positiven Bedeutung. So ist eben die Geschichte der Sprache *eine **tolle (überraschende, wunderbare, sehr schöne)*** Sache!

4 Besonders in der Jugend- und Umgangssprache gibt es Wörter, die viele Erwachsene nicht gern hören, obwohl damit gar nichts Negatives gemeint ist. Vielleicht kommt das daher, dass sie einmal eine wirklich negative Bedeutung hatten. Sammelt solche Wörter.

Zusammengesetzte Nomen (Komposita)

Die deutsche Sprache besitzt eine Möglichkeit, die die meisten anderen Sprachen nicht haben: Sie kann aus schon bekannten Einzelwörtern wie ***Wind, Monster, Kraft, Rad*** usw. neue Wörter zusammensetzen, indem sie die einzelnen Wörter miteinander kombiniert: ***Windkraft, Windrad, Windmonster.*** Man nennt diese Wörter **Komposita.**

Windpark Windfarm Windmonster Windmühle Windspargel Windrad Windstrom Windenergie Windgenerator Windmüller Windindustrie Windparkbetreiber Großwindanlage Windkraftgegner Windparkprojekt Windkraftweltmeister Windwirtschaftswunder Windenergienutzung Landschaftsverschandelung Spargelweltmeister Landschaftsverspargelung Windradumweltverschmutzung

1 In den Diskussionen über Windräder haben Journalisten, Energiefachleute und Politiker eine Reihe von neuen Wörtern geschaffen, mit denen sie etwas auf kleinstem Raum ausdrücken können, wozu sie sonst mehrere Wörter oder Sätze benötigen würden. Löse einmal einzelne dieser Wortgebilde auf und umschreibe sie mit mehreren Wörtern:
Windpark → *eine Reihe von Windrädern an einer bestimmten Stelle*
Windspargel → *ein Windrad, das wie ein riesiger Spargel aussieht*
Windfarm → …

2 Schreibe diese Wörter mit Bindestrich auf und ermittle dabei, aus wie vielen Einzelwörtern sie bestehen: *Wind-Energie-Nutzung* …

3 Mit Komposita kann man einen Sachverhalt zusammenfassend darstellen, man kann ihn aber auch positiv bewerten und beschönigen oder negativ beurteilen und kritisieren. Einige dieser Wörter beschreiben den Sachverhalt sachlich, andere bewerten ihn negativ und wieder andere beurteilen ihn positiv. Ordne die Wörter nach diesen Gesichtspunkten:
a sachlich: *Windmühle* …, **b** positiv: *Windfarm* …,
c negativ: *Windspargel* …

4 Bildet in Gruppen einige zusammengesetzte Nomen, die es bisher noch gar nicht gibt. In der einen Gruppe sollen beschönigende Wörter entstehen, in der anderen abwertende.
Beschönigend: *Windmühlenwunder* …; abwertend: *Windvogelscheuchen* …

5 Suche aus Zeitungen zusammengesetzte Nomen heraus, die dir auffallen. Du kannst sie, wenn es möglich ist, ordnen in
a sachlich: *Schäferhund* …, **b** positiv: *Menschenfreund* …,
c negativ: *Kampfbestie* …

Werkstatt Sprache

Wörter haben eine Geschichte

Das kleine Wörtchen *geil* gehört heute zu den verbreitetsten Wörtern in der Sprache der Jugend. Viele Erwachsene mögen es aber gar nicht gern hören. Wenn es von Mädchen und Jungen gar geschrieben wird, bekommen manche Erwachsene regelrecht Bauchschmerzen. Das wiederum können sich Jugendliche kaum erklären. Ist *geil* nicht ein ganz unschuldiges Wörtchen? Sollte man es verteufeln, nur weil es früher einmal etwas bedeutete, womit man Schlimmes in Verbindung brachte? – Aber was heißt eigentlich „früher“? Dieses Wort hat eine jahrtausendealte Geschichte. Und in seiner Bedeutungsentwicklung hat es verschiedene Stationen durchgemacht.

A. Verse aus älteren Schriften (von 1100 bis 1800)	*Übersetzungen:*
Im was ein ander leben gegeben, er was dô geil und frô.	Ihm war ein neues Leben gegeben, da wurde er lustig und froh.
Sô sage mir, vrouwe, durch din heil, wes du von gote sist sô geil, daz du in lobest sô sêre?	So sag mir, Frau, in aller Güte, wieso du durch Gott so glücklich bist, dass du ihn so sehr loben kannst?
So geb dir got gelück und hail und bewar dir dein leben gail!	So geb dir Gott Glück und Segen und bewahre dir Frische deines Lebens!
Und saget in, mir seind frölich und gesund und gail von den genaden gottes!	Und sagt ihnen, wir sind fröhlich und gesund und voller Kraft von Gottes Gnaden!
Ich weiß mich nicht so auszusprechen, wie jetzt die geile Jugend thut.	Ich kann es nicht mehr fassen, was jetzt die übermütige Jugend tut.
Dieser Stahl soll deine geile Brust mitten durchrennen.	Dieses Schwert soll dein lüsternes Herz mittendurch treffen.
Da gibt es etliche gaile Stücke, die leyder! in diesem Büchlein hin und her mitlaufen.	Da gibt es einige unzüchtige Stellen, die leider in diesem Büchlein vorkommen.

B. Ortsnamen, in denen das Wörtchen *geil* noch enthalten ist:

Gailingen, Gaildorf, Gailhof, Geilenkirchen, Geilnau, Gelnhausen.

C. Andere Wendungen, in denen das Wort *geil* heute vorkommt:

Der Weinstock wächst zu geil.
Der Baum hat geile Triebe.
An der Wunde wächst geiles Fleisch …

Wörter haben eine Geschichte

D. Die Bedeutungsentwicklung des Wortes *geil*:

Althochdeutsch (700–1100) gails: fröhlich, froh, glücklich

Mittelhochdeutsch (1200–1500) geil:

ursprünglich: üppig, lustig, begierig, erregt, lebensfroh, übermütig
geile dirnen (lebensfrohe Mädchen), an tugenden geil (voll Kraft und Ehrlichkeit), vrô unde geilichen (fröhlich und ausgelassen)

später auch: unverschämt, fruchtbar, wahnsinnig, wild, frech, gierig
geiles Feuer (gefräßig), geil auf Austern (scharf auf …), geiles Pferd (übermütig), geiles Füllen (ungezähmtes Fohlen)

Neuhochdeutsch (nach 1600) gierig, lüstern, brünstig, unkeusch, toll, scharf
geile Lieder (unzüchtige Lieder), geiler Scherz (schlüpfriger Witz), geile Liebesbrunst (loderndes Feuer der Liebe)

E. Auch in anderen Sprachen kommt das Wort vor:

Angelsächsisch: gâl: lustig, ausgelassen, übermütig

Schwedisch: gail, gäl: lustig, toll, brünstig

Italienisch / Französisch: gala, galliardus: munter, frisch, übermütig

Niederländisch: gijlen: gären

F. Und heute? *Das ist echt geil – Du machst mich geil – Ein geiles Auto Ein super-geiler Film – Das geilt mich auf – Ich bin geil auf Pommes – Eine geile Musik – Geiz ist geil – …*

1 Lest euch die Texte und ihre Übersetzungen unter A durch und notiert euch, was das Wort *geil* früher einmal alles bedeutet hat.

2 Was mag wohl der Wortbestandteil *geil* in den Ortsnamen einmal bedeutet haben?

3 Überlegt, was *geil* in den Wendungen unter C bedeutet.

4 Wie hat sich die Bedeutung des Wortes *geil* entwickelt?
- Versucht das einmal in vier Stationen darzustellen: 1. Althochdeutsch, 2. Mittelhochdeutsch, 3. Neuhochdeutsch, 4. heutige Umgangssprache.
- In welchem Zeitraum hat sich die Bedeutung erweitert, in welchem verengt?

5 Welcher Zeit der Sprachentwicklung entsprechen die fremdsprachlichen Bedeutungen unter E?

6 Sammelt Satzbeispiele aus der Jugendsprache, in denen *geil* vorkommt. Was bedeutet das Wort heute?
Welchen früheren Bedeutungen entspricht es am ehesten?

Die Inhalts- und Beziehungsebene der Sprache

In der U-Bahn

„Unglaublich“, sagte die Frau, „was einem heute alles passieren kann! Man kann ja in keine U-Bahn mehr steigen.“

„Du übertreibst wieder!“, sagte der Mann. „U-Bahn-Fahren ist sicherer, als wenn man im Auto durch die Stadt fährt.“

„Ich übertreibe nicht! Was soll denn schon wieder dieser Vorwurf? Ich habe noch gar nicht richtig angefangen zu erzählen, schon machst du mir einen Vorwurf!“

„Nun beruhige dich doch! Was ist denn passiert?“

Die Frau konnte sich aber nicht beruhigen. „Heute Vormittag, in der Linie 4, ich wollte zu meiner Schwester ins Krankenhaus fahren, um sie zu besuchen. Du weißt ja, sie hat sich den Oberschenkel gebrochen ...“

„Nun komm schon zur Sache!“, sagte der Mann. „Du willst mir doch nicht von deiner kranken Schwester erzählen.“

„Unterbrich mich doch nicht! Also, ich saß da und las die Zeitung. Auf einmal ging es aber rund! Du kannst es dir nicht vorstellen ...“

„Ich höre!“

„Da pöbelten zwei Männer, total besoffen, ein junges Mädchen an. Alle guckten hin. Denkst du, einer hätte eingegriffen?“

„Was haben die Männer denn gemacht?“

„Habe ich das nicht gesagt? Sie pöbelten ein Mädchen an. Als sie aufstand, haben sie sie ins Gesicht geschlagen, sodass sie wieder auf den Sitz gefallen ist.“

„Geschlagen? Hast du das wirklich gesehen? Oder übertreibst du nicht wieder ein bisschen?“

„Du glaubst mir wieder nicht! Nie glaubst du mir!“

„Und dann? Was ist dann passiert?“

„Die beiden haben die Frau übel beschimpft. Wörter, kann ich dir sagen, die man nicht wiederholen mag. Das Mädchen weinte. Und die Kerle lachten nur.“

„Was haben sie denn gesagt? War es denn wirklich so schlimm?“

„Ich nehme solche Wörter nicht in den Mund. Aber das Schrecklichste daran war, dass keiner eingegriffen hat. Alle starrten nur hin.“

„Was hätten sie denn tun sollen? Du hast doch offensichtlich auch nichts getan!“

„Soll das wieder ein Vorwurf sein?“

„Na, wenn du dich über die anderen beschwerst ...“

„Ich lass mir von dir nicht sagen, was ich hätte tun sollen. Aber damit du beruhigt bist: Ich bin zu den beiden hingegangen und habe sie zur Rede gestellt. Aber denkst du, die haben sich von einer alten Frau etwas sagen lassen?“

„Alle Achtung! So mutig warst du? Hätte ich dir gar nicht zugetraut.“

„Du traust mir ja nie was zu! Jedenfalls haben sie mir einen Schubs gegeben, dass ich in den Gang geflogen bin. Eine Frau mit einem Krückstock einfach umgehauen! Menschen können richtige Schweine sein! Aber auch da hat keiner eingegriffen. Ich fass es immer noch nicht!“

„Und dann?“

„Bei der nächsten Haltestelle sind die beiden ausgestiegen, als wenn nichts gewesen wäre. Und erst dann hat einer ...“

„Was hat einer?“

Die Inhalts- und Beziehungsebene der Sprache

„Hör doch einfach mal zu!"

„Ich höre!"

„Also erst dann hat einer zum Handy gegriffen und die Polizei benachrichtigt. Und der kam sich dabei noch wie ein Held vor. Man muss sich das mal vorstellen!"

„Und?"

„Was und? Das Mädchen blutete. Ich lag auf dem Boden. Die beiden üblen Kerle gingen seelenruhig weg und feixten."

„Haben sie sie erwischt?"

„Du fragst, ob sie sie erwischt haben? Wie es mir geht, interessiert dich wohl gar nicht!"

„Und wie geht es dir?"

„Danke für deine Anteilnahme! Ich hab's überlebt. Gebrochen habe ich mir jedenfalls nichts. Beim Aussteigen habe ich gesehen, wie sie die beiden erwischt haben. Oben an der Rolltreppe standen sie schon und nahmen sie fest."

1 Eine ältere Frau erzählt ihrem Mann, was sie erlebt hat. Aber das ganze Gespräch ist nicht nur vom Inhalt bestimmt, sondern außerdem davon, wie die Beziehung der beiden zueinander ist. Sucht einmal solche Sätze heraus, in denen etwas über ihre Beziehung deutlich wird.

Sprache hat im Wesentlichen drei Funktionen:
- Die **Beziehungsfunktion:** Hier geht es um das Verhältnis von Sprache und Kommunikationspartnern. Wir nehmen mit Sprache den Bezug zu dem auf, zu dem wir sprechen: ***Du kannst dir das nicht vorstellen!*** …
- Die **Darstellungsfunktion:** Hier geht es um das Verhältnis von Sprache und Sache. Wir stellen mit Sprache Sachverhalte dar: ***In der U-Bahn wurde ein Mädchen von Jugendlichen verletzt.***
- Die **Bewertungsfunktion:** Hier geht es um das Verhältnis von Sprache und Werturteilen. Wir beurteilen mit Sprache Sachverhalte: ***Das Schrecklichste daran war, dass keiner eingriffen hat.***

2 Sucht Sätze heraus, in denen es um die Sache geht.

Mangelnde Zivilcourage
Hannover. Am gestrigen Mittwoch haben zwei betrunkene Jugendliche in der U-Bahn Linie 4 ein junges Mädchen angepöbelt. Sie beschimpften es …

3 Es kommen auch Ausdrücke vor, in denen die Vorgänge und Menschen bewertet werden. Nennt Beispiele.

4 Fasst zusammen, worum es inhaltlich geht. Vermeidet dabei alle Ausdrücke, in denen es um die Beziehungs- und Bewertungsfunktion der Sprache geht. Formuliert einen kurzen Zeitungsbericht.

5 Bewertungs-, Beziehungs- und Darstellungsfunktion bilden in vielen Sätzen eine Mischung. Manchmal kann man Ausdrücke auf den verschiedenen Ebenen kaum voneinander trennen. Versucht das einmal in der folgenden wörtlichen Rede:
„Ich kann dir nur sagen: Ich bin richtig wütend darüber, dass die Fahrgäste bei solchen Vorfällen einfach zusehen und nicht eingreifen."

Sachlich darstellen – bewerten

Wenn wir andere, uns selbst oder eine Sache bewerten, dann verwenden wir besondere Wörter, in der Regel Adjektive. Je nachdem, ob dies Erwachsene oder Jugendliche tun, werden sie unterschiedliche Wörter gebrauchen:

absolut ausgezeichnet echt einzigartig enorm extrem fantastisch faszinierend fett geil herrlich hervorragend irre klasse optimal perfekt prima spitze spitzenmäßig stark super toll traumhaft unverschämt verdammt gut voll vorzüglich Wahnsinn wunderbar …

1 Ergänzt die Liste dieser Bewertungsausdrücke durch weitere Wörter, die ihr aus eurer Sprache kennt und manchmal benutzt.

2 Besonders in der Werbung findet man solche „Hochwertwörter“:
Verdammt gut: Der neue Compact! – Der kraftvolle 125er: *faszinierend und stark!* – Eine *einzigartige* Kombination! – Hoffentlich sagen auch Sie dazu: Einfach *prima!* – Der neue 1,3 Plus, ein *echter* Verführer. Sieht *unverschämt gut* aus! – Der Zweihunderter: *Eine Klasse für sich!* – Dieser Quattro ist *erste Sahne!* – Der Kombi: *einfach traumhaft!* …
Sucht weitere Hochwertwörter, die in der Werbung vorkommen.

Linas Vater lobt das Kabrio seiner Tochter

Dein neues Kabrio finde ich faszinierend. Dieses knallige Rot: toll! Und diese Dachautomatik: hervorragend! Was für ein satter Klang, wenn die Türen zuklappen! Perfekt! Auch die Ledersitze sind einfach fantastisch. Das Motorgeräusch: klingt herrlich! Und dein Wagen soll tatsächlich zweihundertzehn fahren? Sehr schön! Hauptsache, du kannst das Tempo auf unserer dicht befahrenen Autobahn überhaupt einmal erreichen. Und du hast diesen Wagen tatsächlich zu einem einzigartigen Preis bekommen? Na, wunderbar! Wenn ich noch mal zwanzig wäre, ich würde mir auch so ein traumhaftes Auto kaufen!

3 Die Wörter, mit denen wir etwas beurteilen und bewerten, sehen bei den einzelnen Altersgruppen unterschiedlich aus. Wie würdest du wohl Linas Wagen beurteilen? Benutze etwa die gleichen Sätze, setze aber bewertende Wörter aus deinem eigenen Sprachgebrauch ein.

4 Einige Wörter, mit denen wir etwas als positiv hervorheben, klingen gar nicht so positiv. Sucht die Wörter aus der Wörtersammlung heraus, die aus einem ganz anderen Bereich stammen.

5 Einige Wörter kommen *häufig,* einige sogar *nur* in Verbindung mit anderen vor. Das sind Wörter, die ein Bewertungswort selbst noch einmal verstärken, wie ihr es ja von den Wörtern *sehr* und *besonders* kennt: *sehr gut, besonders perfekt …* – Stellt solche Doppelverstärker einmal zusammen: *Das Kabrio ist … Der Motor klingt … Der Preis ist …*

Sachlich darstellen – bewerten

6 Zwei der bewertenden Wörter kommen in Großschreibung als Nomen und in Kleinschreibung als Adjektive vor. Man weiß nicht so recht, wie man sie schreiben soll: *Der Wagen ist Spitze/spitze. Die Farbe ist Klasse/klasse.*
- Für welche Schreibung würdet ihr euch entscheiden – und warum?
- Seht einmal in verschiedenen Wörterbüchern nach, wie man sich dort entschieden hat.
- Wie würdet ihr aber *Der Wagen ist große Klasse/klasse* schreiben – und warum?

7 In einem Regionalblatt werden jede Woche eine Schülerin und ein Schüler vorgestellt, die auf der Suche nach einem Ausbildungsplatz sind. Dafür müssen die beiden einen Kurztext einreichen.
Lest euch diese beiden Texte durch:

Wir suchen einen Ausbildungsplatz

Ich bin Linda Tankrit und suche einen Ausbildungsplatz als Einzelhandelskauffrau. Ich bin Iranerin, beherrsche aber die deutsche Sprache ausgezeichnet. In meinem tollen Praktikum in einem Supermarkt bin ich darin bestätigt worden, dass dies ein super Traumberuf ist. Ich bin aber auch für Alternativen im Umfeld des Einzelhandels absolut offen. Um meinen Schulabschluss zu verbessern, habe ich die zehnte Klasse wiederholt und kann jetzt mit einem optimalen Realabschluss rechnen. In meiner Freizeit finde ich es spitzenmäßig, am Computer zu sitzen. Seit mehreren Monaten arbeite ich nebenbei in einem Schnellimbiss. Auch das macht mir enorm Spaß.

Ich bin Patrick Kanter und habe mich für den wunderbaren Tischlerberuf entschieden, fände aber auch eine Lehre als Elektriker echt klasse, wenn ich in meinem Traumberuf keinen Ausbildungsplatz bekommen sollte. Mein Praktikum habe ich als Elektriker abgeleistet. In diesem Betrieb fand ich es super. Ich gehe mit einem Realschulabschluss ab und bin mächtig stolz auf meine Zweien in Englisch und Mathe. Werken ist mein absolutes Lieblingsfach. In meiner Freizeit höre ich gern Musik und habe mir bereits als Discjockey einen Namen gemacht. Am Computer bin ich optimal fit.

8 Der Rektor hat den beiden Schülern gesagt: „Die Vorstellungstexte für die Zeitung sind noch etwas zu gefühlvoll und enthalten zu viele Bewertungen. Streicht alles raus, was nicht sachlich genug ist."
Suche dir einen Text aus und schreibe ihn entsprechend um:

Linda Tankret sucht einen Ausbildungsplatz als Einzelhandelskauffrau. Sie ist Iranerin, beherrscht aber die deutsche Sprache sehr gut …

Patrick Kanter hat sich für den Tischlerberuf entschieden, fände aber auch eine Lehre als Elektriker gut, wenn er in seinem Traumberuf …

Sachlich berichten – bewerten

Doping?

Doping ist die Anwendung verbotener Substanzen zur vorübergehenden Steigerung der sportlichen Leistungsfähigkeit. Auf fast jeder größeren Sportveranstaltung wie den Leichtathletik-Weltmeisterschaften oder der Tour de France werden einzelne Sportler des Dopings überführt und deswegen zu Recht disqualifiziert. Auch bei den Olympischen Spielen 2004 in Athen sind die Tests bei einigen Sportlern und Sportlerinnen wieder positiv ausgegangen, weswegen ihnen die Medaillen nachträglich aberkannt werden mussten. Im Dunkeln bleibt jedoch, ob auch der 200-Meter-Läufer Kenteris tatsächlich gedopt war: Er entzog sich jedenfalls dadurch einer Doping-Probe, dass er nicht bei der Kontrolle erschien und als Entschuldigung einen Verkehrsunfall angab. Er wurde von der Teilnahme an den Spielen ausgeschlossen, obwohl er nachträglich beschwor, keine verbotenen Mittel genommen zu haben. Auffällig ist jedenfalls, dass Kenteris fast aus dem Nichts heraus 2000 in Sydney Gold gewann und danach Weltmeister wurde, ansonsten aber kaum in Erscheinung trat und sich ungern dort aufhielt, wo Kontrolleure waren. Ein ungutes Gefühl bleibt. Und es blieb offenbar auch bei den Zuschauern. Vor Beginn des 200-Meter-Endlaufes der Männer, in dem Kenteris Medaillenchancen eingeräumt wurden, gab es im Publikum ein minutenlanges Pfeifkonzert. Das Publikum wollte auf seinen Star nicht verzichten. Geschah es aus dem Bewusstsein heraus, dass hier eine Ungerechtigkeit begangen worden war? War es pures Unverständnis oder Lokalpatriotismus? Wollte man unterstellen, dass Doping zum Normalfall von Vorbereitungen solcher Spiele gehört? Jedenfalls konnte erst nach längerer Zeit des Protestes und erheblichen Störungen der Läufer der 200-Meter-Lauf gestartet werden, den dann der US-Amerikaner Shawn Crawford in 19,79 Sek. gewann.

1 Die Zeitungsnachricht informiert hier kurz und sachlich über einen Dopingverdacht und seine Folgen. Gibt der Verfasser an irgendwelchen Stellen auch seine Meinung wieder? Oder deutet er sie zumindest an? Wo ist das der Fall? Und worüber vertritt er eine Meinung?

Sprinter Kenteris

In einem Kommentar zu diesem Fall standen folgende Sätze:

Man mag ja über diesen Fall durchaus unterschiedlicher Meinung sein. Doch man kann eben den Verdacht schon längst nicht mehr von der Hand weisen, dass Kenteris unerlaubte Mittel nimmt. Schon wiederholt hat sich der Grieche mit den Beinen wie Traktoren-Hinterräder, die jedes menschliche Maß verlassen haben, den Kontrolleuren entzogen. Wenn sie ihn aufsuchen wollen, müssen sie lange fahnden, um ihn zu finden. Ist es denn nicht so, dass, wer nichts zu verbergen hat, sich den Kontrollen ohne Scheu stellen kann? Und das gilt doch erst recht für einen, der ja ein Nationalheld sein will. Und das ist Kenteris mit seinem Verhalten eben nicht! Da nützt halt auch kein Schwur!

2 Welche sprachlichen Mittel verwendet der Kommentator, um seine Meinung zum Ausdruck zu bringen und den Leser zu beeinflussen oder von seiner Meinung zu überzeugen? Nenne einige besonders auffällige Ausdrücke.

Sachlich berichten – bewerten

In den Zeitungen gab es eine Fülle von Nachrichten über diesen Fall. Doch nicht immer unterschieden die Journalisten zwischen Information und Bewertung. Oft bestanden ihre Artikel aus einer Mischung von beidem.

Informative Texte sollten so aussehen:

Am vorigen Donnerstag hat Kenteris das olympische Dorf bezogen. Kontrolleure, die ihn überprüfen wollten, trafen ihn jedoch nicht an, was erneut Unruhe unter den Verantwortlichen auslöste.

Zeitungsnachrichten sind informative Texte, die über wichtige Ereignisse berichten. Sie sind sachlich und enthalten in der Regel keine bewertenden Wörter und Sätze.

Appellative Texte können so formuliert sein:

Am vorigen Donnerstag soll Kenteris das olympische Dorf bezogen haben. Soll! Der Versteckspieler war aber, wie gewöhnlich, nicht anzutreffen. Wir fragen: Warum eigentlich nicht? Hatte er vielleicht doch etwas zu verbergen?

Zeitungskommentare sind appellative Texte, in denen ein Kommentator einen Sachverhalt bewertet und die Leser von seiner Meinung überzeugen möchte. Sie sind oft bestimmt von rhetorischen Fragen an den Leser, von Modalwörtern wie ***doch, eben, ja, vielleicht*** usw. und bewertenden Ausdrücken.

a Für die kommenden Stunden war in den Fernsehanstalten die meistgestellte Frage, wo sich Kenteris aufhalten könnte.
b Das Fernsehen in Athen berichtete ununterbrochen von der Fahndung.
c Es war ein Possenspiel, Olympia nicht würdig. Kann denn eine solche lichtscheue Gestalt eigentlich Superstar werden?
d Tatsächlich hielt sich der Sprinter in der Wohnung seines Trainers auf.
e Von dort startete er am Abend auf dessen Motorrad in Richtung Olympiadorf. Angeblich! Und dann will er in einen Unfall verwickelt gewesen und gestürzt sein!
f Er wurde in eine Spezialklinik gebracht, um dort seine Schürfwunden behandeln zu lassen.
g Welch schwere Verletzung! Und ist das tatsächlich ein glaubwürdiger Hinderungsgrund für sein Fernbleiben von der Doping-Kontrolle? Wer's glaubt ...

- Die Hoffnung auf saubere Olympische Spiele ist dahin!
- Geht es wirklich nicht ohne?
- Gibt es überhaupt noch faire Wettkämpfe?
- Unfair- unsauber- unverantwortlich!

3 Welche der Sätze **a**–**g** sind rein informative Sätze ohne Bewertungsabsicht? Welche sind appellative Sätze mit deutlicher Bewertung? Begründe deine Meinung mit Hilfe der Hinweise in den Merkkästen.

4 Zu dem konkreten Fall, um den es hier geht, wirst du selbst kaum eine Meinung haben können. Aber zum Doping und zu Disqualifikationen wegen Dopings hast du gewiss eine Meinung. Gib sie in einem Kommentar wieder. Dieser Kommentar sollte an die Leser appellieren, sich ebenfalls eine Meinung zu diesem Thema zu bilden – und das Ganze als unfair und gesundheitsgefährdend abzulehnen. Gib dem Kommentar eine passende Überschrift wie auf dem blauen Zettel.

Die Satzglieder: Wiederholung – Erweiterung

Der deutsche Satzbau kennt vier Arten von Satzgliedern:

1. Subjekt im Nominativ *(wer oder was)*: — *Ich erinnere mich.*

2. Prädikat: — *Ich erinnere mich.*
- Prädikat mit Klammer: — *Ich habe mich immer wieder an ihn erinnert.*

3. Objekte:
- im Genitiv *(wessen)*: — *Ich erinnerte mich seiner.*
- im Dativ *(wem)*: — *Die Erinnerung bereitet mir Freude.*
- im Akkusativ *(wen)*: — *Ich erinnerte meinen Freund daran.*
- Präpositionales Objekt *(an wen)*: — *Ich erinnerte mich an ihn.*

4. Adverbiale Bestimmungen:
- des Ortes *(wo)*: — *Ich erinnerte mich zu Hause wieder an ihn.*
- der Zeit *(wann)*: — *Ich erinnerte mich gestern an ihn.*
- der Art und Weise *(wie)*: — *Ich erinnerte mich sehr gern an ihn.*
- des Grundes *(warum)*: — *Ich erinnerte mich wegen gemeinsamer Erlebnisse an ihn.*

1 Bestimme die Satzglieder in den folgenden Sätzen. Sollte dir das hier und da nicht gleich gelingen, schadet es nichts. Du musst dir nur die Satzglieder gut merken, bei denen du unsicher bist. Die weiteren Hinweise werden dir bald größere Sicherheit geben.

a Er / ist / gestern / des Diebstahls / verdächtigt worden.
b Man / hat / ihn / sofort / festgenommen.
c Es / konnte / ihm / nichts / nachgewiesen werden.
d Daher / musste / er / sofort / freigelassen werden.
e Später / hat / man / den wirklichen Dieb / gefasst.
f Der / wunderte sich / über die saftige Geldstrafe.
g Er / war / ein lange gesuchter Einbrecher.

Gleichsetzungsnominativ

Es gibt eine Besonderheit in der Satzgliedlehre, die man sich merken sollte. Sie besteht in Sätzen, wie dem folgenden:
Die beiden Freundinnen wollten Mannequin werden.
In solchen Sätzen gibt es zwei Satzglieder im Nominativ. Dabei ist *die beiden Freundinnen* Subjekt und *Mannequin* ein zweites Satzglied im Nominativ. Man nennt ein solches Satzglied Gleichsetzungsnominativ. Solche Gleichsetzungsnominative kommen bei Verben wie *sein, werden, bleiben, heißen* vor.

2 In welchem der Sätze oben kommt ein Gleichsetzungsnominativ vor?

Die Satzglieder: Wiederholung – Erweiterung

Präpositionales Objekt

Ein präpositionales Objekt von einer adverbialen Bestimmung zu unterscheiden ist manchmal nicht so einfach. Adverbiale Bestimmungen werden immer mit einer W-Frage gesucht: *Sie wohnt (wo?) auf dem Dorf.* Die Präposition gehört zur adverbialen Bestimmung selbst.
Beim präpositionalen Objekt dagegen gehört die Präposition direkt zum Verb: *Sie achtet auf (wen?) ihren kleinen Bruder.*
Man erfragt ein solches Objekt deswegen immer mit Hilfe einer Präposition: *Auf wen achtet sie? – Auf ihren kleinen Bruder.*

3 Welcher der Sätze auf S. 242 enthält ein präpositionales Objekt?

Satzglieder bestimmen

4 Bilde Sätze nach folgendem Muster mit den angegebenen Verben:

A Subjekt – Prädikat (*heißen*) – Gleichsetzungsnominativ.
B Subjekt – Prädikat (*schreiben*) – Akkusativobjekt.
C Subjekt – Prädikat (*drohen*) – Dativobjekt.
D Subjekt – Prädikat (*sich anlegen*) – Präpositionales Objekt.
E Subjekt – Prädikat (*liegen*) – Adverbiale Bestimmung des Ortes.
F Subjekt – Prädikat (*dauern*) – Adverbiale Bestimmung der Zeit.
G Subjekt – Prädikat (*putzen*) – Akkusativobjekt – Adverbiale Bestimmung der Art und Weise.
H Subjekt – Prädikat (*schenken*) – Dativobjekt – Adverbiale Bestimmung der Zeit – Akkusativobjekt.

5 Nach welchem der Muster von Aufgabe 4 sind die folgenden Sätze gebildet? Schreibe so: *a) gehört zu E), ...*

a Der Mantel hängt an der Wand.
b Mein Vater ist Lastkraftwagenfahrer.
c Sie blieb drei Tage.
d Sie hilft ihm.
e Er schickte ihr gestern einen Brief.
f Er schoss den Elfmeter.
g Anton verliebt sich in Sylvia.
h Er reinigte seine Schuhe sorgfältig.

6 Der folgende Satz ist besonders lang. Er besteht aus vielen Satzgliedern. Wie viele sind es ? Versuche, sie alle zu bestimmen.

Gestern schickte der Schiedsrichter in der zweiten Halbzeit meinen Freund wegen Meckerns mit einer roten Karte vorzeitig in die Kabine.

Satzglieder umstellen, Sätze verbinden

	Subjekt	Prädikat, 1. Teil			Prädikat, 2. Teil
1	*Zwei Mädchen*	*beobachteten*	*am gestrigen Montag*	*einen Autoknacker.*	
2	*Er*	*öffnete*	*mit einem Draht*	*die Tür eines Wagens.*	
3	*Er*	*hatte*	*neben sich*	*einen Rucksack*	*stehen.*
4	*Er*	*packte*	*in diesen*	*das gestohlene Kofferradio*	*ein.*
5	*Er*	*nahm sich*	*danach*	*einen zweiten Wagen*	*vor.*
6	*Er*	*brach*		*auch den*	*auf.*
7	*Er*	*schaute sich*	*wiederholt*		*um.*
8	*Er*	*bemerkte*	*aber nicht*	*die beiden Mädchen.*	
9	*Das eine*	*rief*	*auf seinem Handy*	*die Polizei*	*an.*
10	*Der Autoknacker*	*machte sich*	*gleich noch*	*an einen dritten Wagen*	*heran.*
11	*Die Polizei*	*kam*	*nach einigen Minuten.*		
12	*Sie*	*ertappte*	*auf frischer Tat*	*den Täter.*	
13	*Sie*	*nahm*	*an Ort und Stelle*	*ihn*	*fest.*

1 Welche Überschriften müssen über den Spalten drei und vier stehen?

2 Ordne die letzten Sätze des Textes in die Tabelle ein:
14 *Eine solche Festnahme hatten die beiden Mädchen noch nie erlebt.*
15 *Ihnen hat das Ganze allerdings nicht gerade Spaß gemacht.*
16 *Für ihr vorbildliches Verhalten erhielten die beiden ein großes Lob.*

Beachte: In einem der Sätze kommen zwei Objekte vor!

3 In der Tabelle sind die 13 Sätze immer in der gleichen Folge der Satzglieder angeordnet. Welcher Satz musste dabei so gebildet werden, dass man ihn so nicht schreiben würde?

4 Aber auch viele andere Sätze mussten dabei so gebildet werden, dass der Text nicht besonders gut klingt. Schreibe daraus einen Zeitungsartikel, in dem die Sätze einen besseren Zusammenhang bilden. Dabei musst du die Satzglieder einiger Sätze umstellen:
Am gestrigen Montag beobachteten zwei Mädchen …

5 Füge deinem Artikel die Schlusssätze 14–16 hinzu. Erprobe dabei, ob sich nicht auch der Satz 15 durch Umstellung in eine noch bessere Form bringen lässt.

6 Du kannst diesen Text noch auf andere Weise verbessern. Füge manchmal zwei Sätze zu einem Satzgefüge zusammen, indem du Konjunktionen (*wie, obwohl, während …*) oder Relativpronomen einfügst:
1 und 2: *Am gestrigen Montag beobachteten zwei Mädchen einen Autoknacker, wie er mit einem Draht die Tür eines Wagens öffnete.*
3 und 4: *Neben sich hatte er …*

Attribute (Beifügungen)

Attribute sind in der Regel Beifügungen zu Nomen. Die Bedeutung eines Nomens kann man dadurch erweitern, dass man dem Nomen einen weiteren Ausdruck hinzufügt:

Adjektiv als Attribut:	*die neue Tierpflegerin*
Nomen im Genitiv als Attribut:	*die Tierpflegerin des Zoos*
Nomen mit Präposition als Attribut:	*die Tierpflegerin in dem Tierpark*
Relativsatz als Attribut:	*die Tierpflegerin, die im Zoo arbeitet*

Tischtennisplatte mutwillig zerstört

Auf den Schulhöfen Bollenheims dürfen Schüler auch außerhalb der Schulzeit spielen und die Geräte, die dort aufgestellt sind, nutzen. Nach Auskunft der Schulleiterin ist nun am letzten Wochenende eine Tischtennisplatte aus Beton mutwillig zerstört worden. Der Schaden beträgt 1000 €. Die Platte war von den Eltern der Schule erst kürzlich gespendet worden. Der Schulhausmeister geht davon aus, dass die Platte, die aus Beton besteht, mutwillig zerstört wurde.

Die Schulleiterin bedauert, dass das Vertrauen, das in die Kinder gesetzt wird, nicht bestätigt wurde. Sie wies darauf hin, dass es in der letzten Zeit leider Zerstörungen von vielerlei Art auf dem Schulhof gegeben habe, die irreparabel seien. Deshalb denke sie darüber nach, den Schulhof zumindest an den Wochenenden zu schließen, um weiteren Schäden vorzubeugen. Ähnlich sieht das der Stadtdirektor der Stadt. Er stimmte einer Schließung des Schulhofs zu, um Schäden an den Geräten zu verhindern.

1 Von welcher Art sind die sieben Attribute im ersten Absatz des Zeitungsartikels?

2 Im zweiten Absatz findest du acht weitere Attribute, von jeder Art zwei. Unterstreiche sie auf der Folie.

3 Die insgesamt vier Attribute, die aus Relativsätzen bestehen, lassen sich in Adjektiv-Attribute umwandeln. Dadurch wird der Text etwas kürzer. Formuliere um.

Attribut, adverbiale Bestimmung oder Objekt?

Der Brief

Janine war anders als sonst. Robert spürte das. Sie war blass. Sie hielt einen Brief in der Hand. „Hier“, sagte sie, „sieh dir das an!“ – Er sah sich den Umschlag an und sagte kopfschüttelnd: „Da fehlt ja der Absender. Von wem ist er eigentlich?“ Janine wurde wütend: „Ja, das möchtest du wohl gern wissen!“, schnaubte sie. „Ich habe den Brief meiner Freundin Charlotte natürlich vorgelesen.“ Robert schien erleichtert zu sein: „Und was hat sie dazu gesagt?“ – „Wieso sie?“ – „Aber“, sagte Robert, und jetzt war er etwas irritiert, „ich denke, du hast ihn ihr vorgelesen.“ – Janine lachte böse: „Das brauchte ich nicht. Sie hat ihn ja selber geschrieben.“ Robert wurde blass. Er ahnte etwas: Also der Brief stammte von Charlotte! Und darin stand natürlich ... Er konnte sich's denken. Aber wem hat sie ihn vorgelesen? ...

1 Wieso war Robert wohl zuerst erleichtert – und dann so irritiert?

2 Schreibe zu diesem Text einen Schluss aus zwei drei Sätzen. Darin soll stehen, wem Janine den Brief vorgelesen hat und was wohl drin stand.

Manchmal ist ein **Attribut** von einem **Objekt** oder einer **adverbialen Bestimmung** schwer zu unterscheiden: *Ich habe den Brief meiner Freundin vorgelesen.*

Ein Attribut kann jedoch einem Satz einen ganz anderen Sinn geben als ein Objekt oder eine adverbiale Bestimmung. Eindeutigkeit ist dann nur durch Umstellung von Satzgliedern herstellbar:

a *Den Brief meiner Freundin habe ich vorgelesen.*
Hier stammt der Brief von der Freundin (wessen Brief? → Attribut)
a *Ich habe meiner Freundin den Brief vorgelesen.*
Hier wird der Freundin der Brief vorgelesen (wem vorgelesen? → Objekt)

3 Auch die folgenden Sätze sind zweideutig: Attribut oder adverbiale Bestimmung?

a Jonas ist mit der Frau aus der Berghütte ins Tal hinuntergewandert.
b Spät am Abend kam die Mannschaft aus Hamburg in Dortmund an.
c Die Frau beobachtete lange den Mann mit dem Fernglas.

Stelle die Teile so um, dass sie eindeutig werden:

a 1: Jonas ist aus der Berghütte ins Tal gewandert: ...
a 2: Jonas hat zufällig die Frau aus der Berghütte getroffen: ...
b 1: Es handelt sich um den HSV aus Hamburg: ...
b 2: Es handelt sich um Borussia Dortmund: ...
c 1: Der Mann besitzt das Fernglas: ...
c 2: Die Frau besitzt das Fernglas: ...

Satzglieder, Attribute und Nebensätze umformen

Staus auf Autobahnen

Bericht – Fassung 1

Weil es stark gehagelt hatte, kam es zu Unfällen auf der Autobahn.

Autofahrer gerieten in Staus, die über 10 km lang waren.

Da es eine Reihe von Unfällen gab, musste die Autobahn gesperrt werden.

Erst nachdem die Unfallstellen geräumt waren, lösten sich die Staus auf.

Bericht – Fassung 2

Wegen des starken Hagels kam es zu Unfällen auf der Autobahn.

Autofahrer gerieten in Staus von über 10 km Länge.

Wegen einer Reihe von Unfällen musste die Autobahn gesperrt werden.

Erst nach Räumung der Unfallstellen lösten sich die Staus auf.

1 Stellt einen genauen Vergleich der beiden Fassungen dieses Berichts an. Nehmt dabei besonders die unterstrichenen Teile der Sätze unter die Lupe:
- Zählt die Wörter: *In den Sätzen der Fassung 1 stehen ? Wörter, in denen der Fassung 2 ? Wörter.*
- Zählt die Verben in den Zeilen: *In Fassung 1 kommen ? Verben vor …*
- Zählt auch die Nomen: *In Fassung 1 kommen ? Nomen vor …*

2 Welche Fassung entspricht wohl eher einer Zeitungsmeldung: Fassung 1 oder Fassung 2?

Viele **Satzglieder** kann man als **verkürzte Nebensätze** bezeichnen und viele **Attribute** als **verkürzte Relativsätze.**
Deswegen können manche Satzglieder in Nebensätze umgeformt werden und viele Attribute in Relativsätze - und umgekehrt:

Durch das Lesen von Zeitungen (Satzglied) *bin ich gut informiert.* ⟷ *Wenn ich Zeitungen lese,* (Nebensatz) *bin ich gut informiert.*

Täglich erscheinende (Attribut) *Zeitungen nennt man Tageszeitungen.* ⟷ *Zeitungen, die täglich erscheinen,* (Relativsatz) *nennt man Tageszeitungen.*

↑ Der Stil solcher Sätze ist von Nomen bestimmt.

↑ Der Stil solcher Sätze ist von Verben bestimmt.

Welchen Stil man für einen Text wählt, ist im Wesentlichen von der **Textsorte** bestimmt.

Satzglieder, Attribute und Nebensätze umformen

3 Der folgende Zeitungstext ist in einem Stil geschrieben, der einer Zeitungsnachricht nicht recht entspricht. Was fällt dir daran auf?

> **Hündin angefahren**
>
> Am Freitag ist die Colliehündin Laika in der Kastanienallee angefahren worden, während sie eine Katze verfolgte. Das Tier, das angeleint war, hatte seine 69-jährige Besitzerin in ein Restaurant begleitet. Die Frau trat, während sie aß, mit einem Fuß auf das Ende der Hundeleine. Am Abend verließen die ersten Gäste das Restaurant. Während sie fortgingen, gab es für Laika kein Halten mehr. Die Hündin rannte hinter einer Katze her, die auf der Straße umherstreunte. Dabei wurde sie von einem Auto, das vorbeifuhr, angefahren. Zwar stoppte der Fahrer noch, nachdem er mit dem Tier zusammengeprallt war, fuhr dann aber einfach weiter. Weil er sich so verhalten hatte, machte er sich der Unfallflucht schuldig. Die Hündin, die leicht verletzt wurde, wurde in die Tierklinik gebracht, um sie untersuchen zu lassen.

4 Zeitungsberichte werden zumeist in einem Stil geschrieben, der von Nomen bestimmt ist (Nominalstil). Das ist hier aber nicht der Fall.
Forme also die unterstrichenen Nebensätze in kürzere Satzglieder um:
während sie eine Katze verfolgte → während der Verfolgung einer Katze.

Ein merkwürdiger Erzähltext

Gestern Abend war ich zufällig zum Zwecke des Joggens noch einmal auf der Straße. Da habe ich das Angefahrenwerden eines Hundes vor einem Restaurant beobachtet. Während des Herauskommens einiger Gäste aus der Tür rannte ein Collie auf die Straße. Er preschte aus Gründen der Verfolgung einer Katze schnurstracks auf die andere Seite hinüber. Plötzlich bemerkte ich das Herannahen eines Autos. Trotz Bremsung des Wagens wurde der Hund vom vorderen Kotflügel erfasst. Nach Heraussehen des Fahrers aus dem Fenster fuhr das Auto aber einfach weiter. Das Begehen von Fahrerflucht steht für mich fest. Zwecks Zeugenaussage wartete ich bis zur Ankunft der Polizei. Der arme Hund musste wegen leichter Verletzungen in die Tierklinik gebracht werden. Ich kann nur auf seine baldige Heilung hoffen. Das Frauchen des verletzten Hundes war während des Abtransports ihres Lieblings kaum zu trösten.

> Zeitungsberichte, Nachrichten, Beschreibungen und Sachtexte aller Art bedienen sich in der Regel eher des **Nominalstils,** dessen Sätze **kürzer** und **abstrakter** sind.
>
> Erzählungen, spannende Geschichten und literarische Texte bedienen sich in der Regel eher des **Verbalstils,** dessen Sätze **länger** und **anschaulicher** sind.

5 So würde wirklich niemand von einem Erlebnis erzählen! In welcher Sorte von Texten kommen wohl solche merkwürdigen Sätze vor?

6 Schreibe den Text in eine Erlebniserzählung um. Dabei sollten aus den unterstrichenen Satzgliedern Nebensätze werden.
Solche Nebensätze werden stets durch Konjunktionen eingeleitet:
um zu, wie, weil, als, obwohl, nachdem, bis, dass …
Und aus den Nomen der Satzglieder werden Verben: *zum Zwecke des Joggens → weil ich joggen wollte.*

Nominalstil – Verbalstil

Verfügbarkeit von Windenergie

Wind gewährt uns die Möglichkeit einer sauberen Energieerzeugung.

Windenergie führt nicht zu Belastungen der Umwelt und hat keine Produktion von Schadstoffen zur Folge.

Im Gegenteil: Sie stellt eine Hilfe zur Vermeidung von Umweltbelastungen dar.

Außerdem ist das Verfügen über Wind bis in alle Zukunft gewährleistet.

Deshalb ist ein Ausgehen dieser Energiequelle auch nicht zu erwarten, während die Erschöpfung der Öl-, Kohle- und Gas-Energie absehbar ist.

Wir verfügen über genug Windenergie

Wind ermöglicht es, dass wir saubere Energie erzeugen.

Mit Windenergie belasten wir nicht unsere Umwelt und sie führt nicht dazu, dass wir weiterhin Schadstoffe erzeugen.

Im Gegenteil: Sie hilft, die Umwelt von ihren Belastungen zu befreien.

Außerdem ist gewährleistet, dass wir über Wind bis in alle Zukunft verfügen.

Diese Energiequelle wird uns nie ausgehen, während sich Öl-, Kohle- und Gas-Energie in absehbarer Zeit erschöpfen werden.

1 Einen Zeitungskommentar kann man so oder so verfassen. Vergleicht die beiden Artikel, in denen inhaltlich ja dasselbe steht. Wie wirken beide? Wie ist es um die Verständlichkeit bestellt?

2 Vergleicht beide Texte auch in Bezug auf ihren unterschiedlichen Stil. Achtet besonders darauf, wie in ihnen mit Nomen und Verben umgegangen wird.

3 Im Text links kommen 24 Nomen vor. Wie viele sind es im Text rechts?

4 Welche Wortart wird im rechten Text statt der Nomen im linken Text verwendet? Stellt diese wie in der Tabelle (links) gegenüber.

Nomen	???
Verfügbarkeit	…
Möglichkeit	*ermöglichen*
Erzeugung	*erzeugen*
…	…
	…

Lärmbelästigung

Die Anwohner in der Nähe von Windkraftanlagen haben jedoch beträchtliche Einwendungen gegen die ausschließlich positive Beurteilung der Mühlenmonster. Ihre Argumente sind, dass ein Verlust an Wohnqualität durch das Rotieren der Flügel eintritt. Eine Beeinträchtigung durch Lärmbelästigung sei unvermeidbar. Je nach Windrichtung seien die Geräusche bis über einen Kilometer hörbar. Bei Sonnenschein sei auch der wechselnde Schattenwurf der Windblätter eine Nervosität erzeugende Beeinträchtigung.

5 Forme diesen Text, der von Nomen beherrscht ist, in einen etwas besser lesbaren Verbalstil um. Zwei Wörter, die umgeformt werden sollten, sind bereits unterstrichen.

Werkstatt Sprache

Strategien zur Verbesserung von Texten

Nehmen wir an, ein Text steht fertig auf dem Papier, er ist sinnvoll und sachlich in Ordnung, er ist grammatisch richtig und er enthält keine Rechtschreibfehler mehr.
Auch dann gibt es manchmal noch allerlei an ihm zu verbessern und zu verschönern im Hinblick darauf,

- dass er übersichtlicher wird;
- dass man ihn besser versteht;
- dass er größere Aufmerksamkeit erzielt;
- dass man ihn lieber liest;
- dass er sachlicher, anschaulicher, spannender oder einfach schöner wird.

1. Wörter verschieben

Wörter, die am Satzanfang stehen, erhalten in der Regel ein besonderes Gewicht und stellen den Zusammenhalt der Sätze her. Deswegen kann man einen Text durch Verschiebung von wichtigen Wörtern an den Satzanfang oftmals verbessern:
Das Fernsehen ist ein wichtiges Informationsmedium.
a … *Es kann aber die Zeitungen nicht ersetzen.*
b … *Aber es kann die Zeitungen nicht ersetzen.*
c … *Die Zeitungen aber kann es nicht ersetzen.*
d … *Ersetzen kann es aber die Zeitungen nicht.*
Die Fortsetzung mit Satz **a** ist gewiss die schwächste. Die mit Satz **d** gewiss die spannungsreichste.

2. Wörter tilgen

In einem sachlichen Bericht sind oft anschauliche oder Stimmung erzeugende Adjektive überflüssig. Man sollte darum sehr genau überlegen, ob man sie nicht weglassen könnte:
Das Lesen der täglichen Zeitung gehört für viele Menschen zu den wichtigsten (und angenehmsten) Tätigkeiten am (morgendlichen) Frühstückstisch.

3. Wörter einfügen

In Erzähltexten oder in Sachtexten, die über Dinge genau Auskunft geben, sind dagegen Adjektive oftmals unverzichtbar oder machen einen Text anschaulicher:
Das verfallene Haus machte schon aus großer Ferne betrachtet einen unheimlichen Eindruck.
Den Fliegenpilz kann man an seiner roten Hutfarbe mit den gesprenkelten weißen Flecken darauf erkennen.

4. Wörter durch andere ersetzen

Manchmal sollte ein Wort im Text durch ein anderes ersetzt werden, das treffender oder unmissverständlicher ist. In vielen Texten bewirkt die Wiederholung ein und desselben Wortes auch Langeweile beim Lesen. Man tut also gut daran, Wortwiederholungen zu vermeiden, wenn das nicht zu Missverständnissen führt wie hier:
Paula füttert ihre Katze. <u>Sie</u> hatte lange nichts gegessen. (Wer? Paula oder die Katze?)

Strategien zur Verbesserung von Texten

5. Satzglieder und Attribute in Nebensätze umformen – und umgekehrt

Besonders kurze, sachliche Texte sind vom Nominalstil bestimmt, in dem nur wenige Nebensätze vorkommen. Deswegen empfiehlt es sich, Nebensätze in Satzglieder umzuformen:
Auf dem Schulhof, der zur Burg-Schule gehört, dürfen Schüler auch außerhalb der Schulzeit spielen und die Geräte, die dort aufgestellt sind, benutzen.
→ *Auf dem Schulhof der Burgschule dürfen Schüler auch außerhalb der Schulzeit spielen und die dort aufgestellten Geräte benutzen.*

Umgekehrt leben Erzähltexte von anschaulichen Verben. Hier empfiehlt es sich, den Nominalstil zu vermeiden und Satzglieder und Attribute in Nebensätze umzuformen:
Während unserer Wanderung durch die Berge mussten wir uns einmal wegen eines Unwetters in einer Hütte unterstellen.
→ *Als wir durch die Berge wanderten, mussten wir uns einmal in einer Berghütte unterstellen, weil es ein Unwetter gab.*

6. Sätze miteinander verbinden

Ein Text, der nur aus kurzen Hauptsätzen besteht, kann manchmal kurzatmig und abgehackt wirken. Man sollte sich überlegen, ob manche Hauptsätze nicht durch Konjunktionen besser in Satzgefüge umgeformt werden sollten:

Paula hatte sich erkältet. Sie nahm aber am Wettkampf teil. Und sie gewann ihn sogar.
→ *Obwohl sich Paula erkältet hatte, nahm sie am Wettkampf teil, den sie dann sogar gewann.*

7. Lange Sätze in kurze umformen

In manchen Texten kommen Satzgefüge vor, die sehr kompliziert sind. Hier empfiehlt es sich, solche unüberschaubaren Sätze in kürzere umzuformen:

Als Paula endlich doch noch eingewechselt wurde, das war kurz vor Spielende, warf sie tatsächlich noch sechs Körbe und sorgte damit dafür, dass sich das Spiel noch wendete, was keiner für möglich gehalten hatte.
→ *Es war kurz vor Spielschluss. Endlich wurde Paula eingewechselt. Sie warf tatsächlich noch sechs Körbe. Damit sorgte sie dafür, dass sich das Spiel doch noch wendete. Keiner hatte das für möglich gehalten.*

8. Andere Zeitformen verwenden

Auf die Verwendung der Zeitformen sollte man besonders achten. Grundsätzlich gilt: Die einmal gewählte Zeitform sollte eingehalten werden. Aber manchmal verleiht der sinnvolle Wechsel von Zeitformen einem Text besondere Kraft und Anschaulichkeit:

Nur weil Paula an dem Spiel teilnahm (Präteritum), *gewann* (Präteritum) *ihre Mannschaft dann doch noch. Ihr Einsatz lohnte* (Präteritum) *sich also.*
→ *Nur weil Paula an dem Spiel teilnahm* (Präteritum), *hat ihre Mannschaft dann doch noch gewonnen* (Perfekt). *Ihr Einsatz hatte sich also gelohnt* (Plusquamperfekt).

Einen Text überarbeiten

	Textinterpretation
	An dem Text beeindruckt vor allem
umformen: Nebensatz	**sein Humor und zugleich seine Spannung.**
umstellen	**Er will den Leser aber auch zum Nachdenken anregen.**
umformen: Nebensatz	**Vielleicht ist die Erzeugung von Nachdenklichkeit**
	überhaupt die wichtigste Absicht des Erzählers.
ersetzen: Er	**Der Erzähler macht seinen Text sehr spannend und anschaulich**
umformen: Nebensatz	**durch eine Reihe von Adjektiven und Spannungsmachern.**
umstellen	**Er baut von Anfang an eine unheimliche Atmosphäre auf.**
Aktiv: Ich-Erzähler	**In diesem Kurztext wird zunächst geschildert, wie er**
Adjektive einfügen:	**als Autofahrer durch die ... Berliner Straßen fährt.**
leer, halbdunkel …	**Es ist kurz vor Mitternacht, die Stadt ist ruhig**
umstellen	**und es befindet sich kaum noch jemand auf den Straßen.**
ersetzen, umstellen	**Er muss an einer roten Ampel anhalten.**
umstellen	**Er sieht dort plötzlich eine**
umformen: Nebensatz	**aus dem Kanaldeckel herauskriechende Ratte.**
Sätze verbinden:	**Er fährt bei Grün weiter, die Ratte läuft unbeirrt**
als, während, indem …	**vor seinem Wagen her.**
umstellen	**Er sieht dann, wie sie in einem Vorgarten verschwindet.**
umstellen	**Er denkt dabei an einen wissenschaftlichen Bericht,**
andere Zeitform: Perfekt	**in dem er las, dass es diesen „übel beleumundeten Nager“**
andere Zeitform: Futur I	**noch gibt, wenn wir Menschen schon längst nicht mehr leben.**
ersetzen: Der Erzähler	**Er scheint am Ende der Geschichte verwandelt zu sein.**
umstellen	**Er setzt „mit einem nagenden Unterlegenheitsgefühl“**
	die Fahrt fort.

1 Und so könnt ihr diesen Text überarbeiten:
- Bildet Gruppen.
- Nehmt euch in jeder Gruppe drei, vier Sätze vor.
- Überarbeitet sie mit den Hinweisen, die am Rand angemerkt sind:

Der Text beeindruckt mich vor allem dadurch, dass er zugleich humorvoll und sehr spannend ist.

- Lest danach eure überarbeiteten Sätze vor.

2 Als Hausaufgabe sollte dann jeder noch einmal den gesamten Text überarbeiten.

Satzzeichen als stilistische Möglichkeiten

Für die Setzung der Satzzeichen gibt es bestimmte Regeln. Sie stehen auf den nächsten beiden Seiten. Hier sollt ihr aber erst einmal ausprobieren, wie ihr mit Satzzeichen einen Text gestalten könnt.
Dieser Text enthält noch keinerlei Satzzeichen:

Ein super Motorrad

Vor dem Haus steht ein neues Motorrad eine Harley mit silberglänzendem Rahmen die muss sich Jonathan näher ansehen unbedingt deswegen rennt er auf die Straße hinunter und zwar auf der Stelle er streichelt zärtlich über den Lenker über den Tank dann über den Motorblock das fühlt sich schön an der Motor ist noch warm kein Zweifel die muss jemand eben hier abgestellt haben vor ganz kurzer Zeit vielleicht lässt ihn ja der Besitzer mal mitfahren man müsste halt auf ihn warten einmal auf einer Harley fahren das wäre toll sein lang ersehnter Traum Jonathan wartet eine halbe Ewigkeit bis der Besitzer kommt es ist Tobi der Sohn des Nachbarn ein sympathischer Typ in schwarzen Lederklamotten und was tut der es verschlägt Jonathan fast den Atem er schwingt sich auf die Maschine dreht sich um und ruft ihm etwas zu ob er nicht Bock habe ein Stück mitzufahren auf seiner neuen Harley nicht zu fassen

1 Nehmt euch diesen Text vor und schreibt ihn mit einer Zeichensetzung auf, die euch zu diesem Text zu passen scheint. Er könnte so beginnen:
Vor dem Haus steht ein neues Motorrad, eine Harley mit silberglänzendem Rahmen. Die muss sich Jonathan näher ansehen – unbedingt! …
Oder so: *Vor dem Haus steht ein neues Motorrad. Eine Harley. Mit silberglänzendem Rahmen. Die muss sich Jonathan näher ansehen. Unbedingt.* …
Oder so: *Vor dem Haus steht ein neues Motorrad, eine Harley, mit silberglänzendem Rahmen; die muss sich Jonathan näher ansehen, unbedingt.* …

2 Lest euch eure Texte so vor, dass man hören kann, welche Satzzeichen ihr eingefügt habt.

Die Kommasetzung ist nach grammatischen Gesichtspunkten klar geregelt. Für die anderen Satzzeichen gibt es zwar ebenfalls Regeln, aber auch Alternativen dazu. Diese Alternativen machen es möglich, dass man die **Satzzeichen nach stilistischen Gesichtspunkten** so **setzen** kann, wie man einen Text zur Wirkung bringen möchte:
Man kann Klammern oder Gedankenstriche – wenn man es will – unterbringen. Man kann statt eines Punktes auch schon einmal ein Komma setzen; oder ein Semikolon. Sogar manchmal ein Ausrufezeichen! Oder einen Doppelpunkt: wenn man auf etwas Wichtiges hinweisen möchte.

3 Sammelt Werbeanzeigen, in denen die Zeichensetzung besonders auffällig ist.

Überblick über die Regeln der Zeichensetzung

1. Die Satzschlusszeichen

1.1. Der Punkt: Der Punkt steht nach einem abgeschlossenen Aussagesatz. Auch nach syntaktisch nicht vollständigen Sätzen kann in bestimmten Zusammenhängen ein Punkt stehen:
Die folgenden Regeln sind mit Beispielen versehen. Mit vergnüglichen Sätzen.

1.2. Der Doppelpunkt: Der Doppelpunkt steht vor Ankündigungen aller Art: wörtliche Rede, Aufzählungen, Zusammenfassungen. Steht nach dem Doppelpunkt ein vollständiger Satz, so wird das Wort nach dem Doppelpunkt großgeschrieben. Steht eine bloße Wortfolge, so schreibt man klein:
Die Sätze erzählen eine kleine Geschichte: eine Geschichte aus dem Alltag.

1.3. Das Semikolon: Möchte man zwei Gedanken stärker miteinander verbinden, so kann man statt des Punktes auch ein Semikolon setzen:
Lotte hat einen neuen Freund; der alte hatte sich leider davongemacht.

1.4. Das Fragezeichen: Ein Fragezeichen signalisiert dem Leser, dass ein Satz vom Sprecher als Frage gemeint ist und vom Hörer eine Antwort erwartet. Es steht in der Regel nach Sätzen in Frageform:
War sie darüber traurig?
Es kann aber auch nach Sätzen in Aussageform stehen, wenn sie als Fragen gemeint sind:
Sie hat doch nicht etwa Liebeskummer bekommen?

1.5. Das Ausrufezeichen: Ein Ausrufezeichen steht in der Regel nach Sätzen, die eine nachdrückliche Aufforderung an den Hörer richten. Das ist vor allem bei Imperativen der Fall. Mit einem Ausrufezeichen kann man außerdem signalisieren, dass man besonders erstaunt über etwas ist:
Nein! Sie war sogar froh darüber! Stell dir das einmal vor!
Das Ausrufezeichen kann sogar nach einem Fragesatz stehen, wenn der Satz als Ausruf gemeint ist:
Warum sollte sie auch nicht froh sein!

2. Das Komma bei Nebenordnungen

2.1. Aufzählungen: Aufgezählte sprachliche Einheiten werden durch Komma getrennt, wenn sie nicht durch nebenordnende Konjunktionen wie und/oder miteinander verbunden sind. Aufgezählt werden können Wörter, Wortgruppen und Sätze.
Das mit Janosch, Hotter, Carlo und Jens hatte sie schließlich auch überwunden.
Lotte selbst, ihre beiden Freundinnen, die meisten Mädchen in der Klasse hatten schon mehrere Freunde gehabt.
Das ist halt heute so, Freunde kommen und gehen.

2.2. Herausstellungen: Auch Herausstellungen sind eine Form von Nebenordnung. Herausgestellt werden können Einheiten nach links, nach rechts und mitten im Satz:
Lotte jedenfalls, sie suchte sich einen neuen Freund.
Und der war ein richtiger Glücksfall, dieser Torsten.
Und Torsten, der neue Freund, schien auch wirklich ein verlässlicher Typ zu sein.

Überblick über die Regeln der Zeichensetzung

3. Das Komma bei Unterordnungen

Nebensätze werden durch Kommas vom übrigen Satz abgegrenzt.

3.1. Nebensätze mit Konjunktionen: vorausgestellt, nachgestellt oder eingeschoben:
Als er sie das erste Mal treffen wollte, lud er sie in die Eisdiele ein.
Sie sagte aber nicht gleich zu, weil sie ihn etwas zappeln lassen wollte.
Eine Woche später nahm sie, weil sie es nicht mehr aushalten konnte, seine Einladung an.

3.2. Nebensätze mit Relativpronomen:
Dann setzten sie sich in die Eisdiele, in der (wo) sie Eis aßen und Händchen hielten.

3.3. Indirekte Redesätze:
Dabei dachten sie beide, der andere müsse doch nun endlich mal etwas sagen.

3.4. Infinitivgruppen werden immer mit Kommas abgegrenzt, wenn sie erweitert sind oder mit *um zu, ohne zu, anstatt zu, als zu* ... stehen:
Doch es traute sich keiner, <u>etwas</u> zu sagen. Sie schleckten ihr Eis, <u>anstatt</u> zu reden.
Sind die Infinitive nicht erweitert, kann ein Komma gesetzt werden:
Es fiel ihnen gar nicht ein (,) zu reden.

4. Zeichen der wörtlichen Rede

Der vorausgestellte Begleitsatz eröffnet die Rede mit einem Doppelpunkt. Die Rede selbst wird durch Anführungs- und Abführungszeichen gekennzeichnet. Die kommunikativen Schlusszeichen (Ausrufe- und Fragezeichen) sind Teil der Rede selbst und stehen daher innerhalb der Anführungszeichen. Der nachgestellte Begleitsatz wird durch Komma von der wörtlichen Rede abgegrenzt. Der Punkt entfällt dabei.

4.1. vorausgestellter Begleitsatz:
Torsten fragte sie dann noch: „Hat es dir gefallen?"

4.2. nachgestellter Begleitsatz:
„Das Eis fand ich spitze!", sagte sie.
„Und sonst?", fragte er etwas enttäuscht.

4.3. eingeschobener Begleitsatz:
„Etwas weniger schüchtern", sagte sie, „hättest du schon sein können."

5. Sonstige Zeichen

5.1. Die Klammern: Mit Klammern kann man (wie auch mit Gedankenstrichen) Zusätze deutlich vom übrigen Text abgrenzen:
Etwas Schüchternheit ist (im Gegensatz zum Draufgängertum) eigentlich kein schlechtes Zeichen.

5.2. Die Gedankenstriche:
Ein einzelner Gedankenstrich kündigt etwas Neues, oft Unerwartetes an:
Das glaubte Lotte jedenfalls – ein verhängnisvoller Irrtum!
Warum dann alles doch wieder schiefging? – Wir wissen es nicht.
Mit zwei Gedankenstrichen kann man – wie mit Klammern – etwas vom Text abgrenzen:
Denn schon nach wenigen Wochen war es – wie es kommen musste – auch wieder vorbei.

Die Regeln der Zeichensetzung erkennen und anwenden

Ein super Motorrad

Regeln zuordnen

a Vor dem Haus steht ein neues Motorrad: eine Harley. **b** Die muss sich Jonathan unbedingt ansehen, auf der Stelle. **c** Er streichelt über den Lenker, über den Tank, über den Motorblock. **d** Da der Motor noch warm ist, muss jemand die Maschine eben hier abgestellt haben. **e** Vielleicht lässt ihn ja der Besitzer mal mitfahren, wenn er ihn fragt. **f** Es war schon immer sein größter Wunsch, einmal auf einer Harley zu fahren. **g** Jonathan wartet – eine halbe Ewigkeit. **h** Plötzlich kommt der Besitzer, der der Sohn des Nachbarn ist, zurück. **i** Es ist ein sympathischer Typ in seinen schwarzen, glänzenden, ledernen Klamotten. **j** Und was tut der? **k** Er sieht Jonathan an; er lacht ihm zu. **l** „Willst du mal mitfahren?“, fragt er. **m** Natürlich will er das! **n** „Gern“, sagt er, „das war schon immer mein Traum.“ **o** Und dann steigt Jonathan, der Glückliche, auf die Maschine auf. **p** Sie fahren auf der Maschine los, die ein sattes Brummen ertönen lässt.

1 Ordne die Sätze den Regeln der Zeichensetzung zu: **a** 1.3., **b** …, **c** …

Ein super Motorrad

Satzzeichen einsetzen

Jonathan sieht vor dem Haus eine Harley stehen die er sich unbedingt ansehen muss. Er rennt auf die Straße hinunter wo er zärtlich über den Lenker über den Tank und den Motorblock streichelt. Der Motor ist noch warm also muss sie einer eben erst abgestellt haben. Jonathan nimmt an dass der Besitzer gleich zurückkommen wird. Als er eine Zeit lang gewartet hat kommt der Typ der Sohn des Nachbarn zurück. Die gefällt dir wohl fragt er. Jonathan traut sich aber nicht zu fragen ob er mal mitfahren dürfte. Doch der Typ fordert ihn auf einfach aufzusteigen. Probier doch mal sagt er. Und da steigt Jonathan auf und sie fahren los. Für Jonathan ist ein Wunsch den er sich immer schon erträumt hatte in Erfüllung gegangen.

2 Setze beim Abschreiben des Textes die Kommas und die Zeichen der wörtlichen Rede ein. Orientiere dich an den Regeln!
13 Kommas müssen gesetzt werden; 3 Kommas können außerdem gesetzt werden, müssen aber nicht. Außerdem müssen 1 Fragezeichen und 1 Ausrufezeichen gesetzt werden.

3 Und hier noch eine Aufgabe für Profis. Setze die Satzzeichen ein:
Nachdem Tobi die Maschine angelassen hat lässt sie ihren satten Brummton ertönen wobei sich das Zittern des Motors auf Jonathan überträgt was in seinem Körper ein unheimlich gutes Gefühl verursacht das wie Musik in seinem Bauch wirkt da Jonathan keinen Helm aufhat können die beiden damit sie nicht erwischt werden nur eine kleine Kurve um den Block drehen die aber genügt um Jonathan einen Wunschtraum zu erfüllen so ein Ding denkt er will ich auch einmal haben später wenn ich genug Geld verdiene

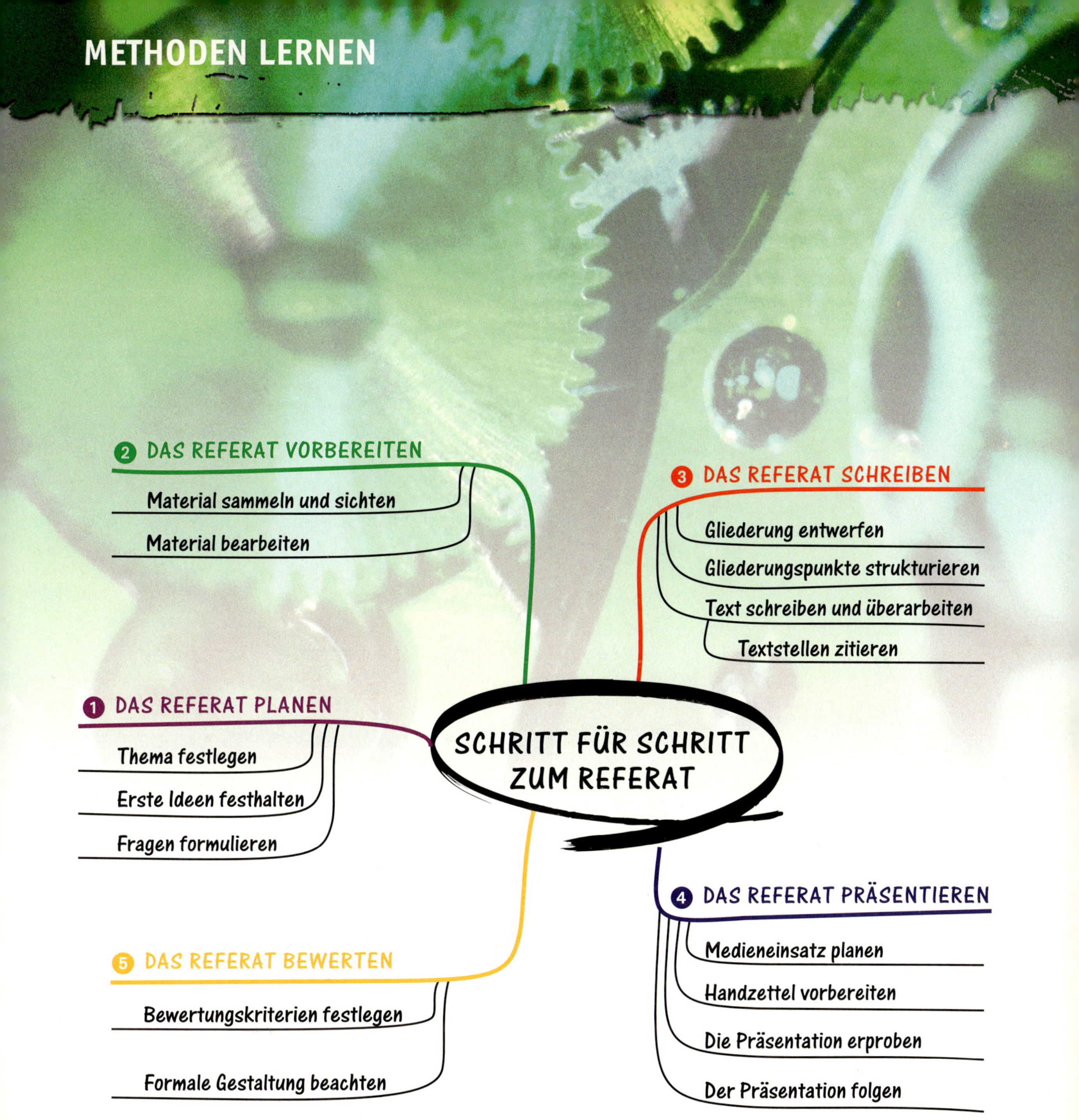

Viele Schülerinnen und Schüler bearbeiten im 10. Schuljahr über einen längeren Zeitraum selbstständig ein frei gewähltes Thema. Das geschieht während des Unterrichts und auch außerhalb der Schule.

In diesem Kapitel lernst du, ein Referat zu schreiben und vorzutragen. Du erhältst Hinweise für die Planung, die Vorbereitung, den mündlichen Vortrag und die formale Gestaltung des Referats in schriftlicher Form. Alle Arbeitsschritte werden erklärt und an Beispielen erläutert. Am Ende des Kapitels findest du ein Beurteilungsraster, das einige Kriterien für die Bewertung von Referaten nennt.

Das Referat planen

Das Thema festlegen

- Bevor du mit der Ausarbeitung deines Referates beginnst, solltest du dir über das Thema klar werden. Überlege, wie viel Zeit dir zur Verfügung steht und ob du das Thema eingrenzen musst.
- Schreibe das Thema groß und deutlich auf ein Blatt Papier, das du während der Ausarbeitung immer vor Augen haben solltest.
- In einem Cluster kannst du erste Ideen, Gedanken und Vorstellungen zu deinem Thema festhalten.
- Es ist wichtig, einige Fragen zu beantworten, bevor du dich endgültig für ein Thema entscheidest:
  - Was interessiert mich besonders an diesem Thema?
  - Womit will ich mich genau beschäftigen?
  - Was weiß ich schon?
  - Was möchte ich zusätzlich erfahren?
  - …

Eine 10. Klasse hat sich mit ihrem Deutschlehrer darauf geeinigt, Referate zu schreiben, die sich mit dem Dritten Reich beschäftigen. Zu diesem umfangreichen Gebiet gibt es eine Menge wichtiger Themen, sodass sich jeder mit dem Bereich befassen kann, der ihn besonders interessiert.
An der Wandtafel haben die Schülerinnen und Schüler ihre Themen ausgehängt:

Johanna:	Das Attentat vom 20. Juli 1944
Marco:	Die weiße Rose – Das Leben von Hans und Sophie Scholl
Julius:	Der Widerstand der Kirchen im Nationalsozialismus
Lara:	Kindheit und Jugend im Dritten Reich

Lara hat sich nach der Themenwahl einige Fragen notiert, die sie interessieren und auf die sie in ihrem Referat Antworten geben will:

Was wussten Kinder und Jugendliche über Hitler?
Änderte sich für sie das Leben nach der Machtergreifung des Diktators?
Was passierte in der Schule?
Wie sah die Freizeit aus?
Wie erging es jüdischen Mädchen und Jungen?

Das Referat vorbereiten

Material sammeln, sichten und bearbeiten

- Jetzt beginnt die Materialsuche. Ausgehend von deinem Cluster oder den Fragen nutzt du verschiedene Informationsquellen:
  - eigene Bücher und Zeitschriften mit Texten, Bildern und Grafiken,
  - deine Schulbücher,
  - die Klassen- und Schulbibliothek,
  - Nachschlagewerke und Fachbücher einer öffentlichen Bibliothek,
  - das Internet,
  - Fachleute, die du befragen kannst,
  - ein nicht zu teures Buch, das du dir in einer Buchhandlung zu deinem Thema kaufst.

- Bevor du eine Gliederung entwirfst, musst du dir erst einmal einen Überblick über die gesammelten Materialien verschaffen. Beim überfliegenden Lesen erkennst du recht schnell, welche Texte für dein Thema ergiebig sind und welche du nicht benötigst und aussortieren kannst.

- Wie kommst du von deiner Materialsammlung zu einer Gliederung?

  Wenn du die Texte nacheinander durcharbeitest, fällt dir auf, dass manche Aspekte sich in den Texten wiederholen. Eleganter ist es, das Material unter bestimmten Gesichtspunkten auszuwerten. Aus deinem Cluster, deinen Fragen oder beim intensiven Lesen ergeben sich thematische Schwerpunkte, die du notieren kannst.

- Arbeite dein Material nach diesen Kategorien sorgfältig durch. Wende dabei die Arbeitstechniken an, die du für das Bearbeiten von Sachtexten schon kennst: genaues Lesen mit dem Bleistift, sparsame farbige Markierungen, Randzeichen, Randnotizen.

Lies dazu auch noch einmal auf S. 25 nach!

Auf den folgenden Seiten findest du **Laras Materialsammlung.** Sie hat sich das Buch „Wie war das eigentlich? Kindheit und Jugend im Dritten Reich“ von Max von der Grün gekauft und einige Textauszüge und Bilder aus weiteren Büchern kopiert.

In den Texten auf S. 262/263 sind bereits einige Textstellen unterstrichen.

1 Markiere auf den folgenden Seiten die Textstellen (Folientechnik), in denen du Informationen über *Begeisterung und Skepsis* und *Jugendorganisationen für Mädchen* erhältst.
Verwende für die zu untersuchenden Gesichtspunkte verschiedene Farben:
- Jugendorganisationen für Mädchen: grün,
- Begeisterung: blau,
- Skepsis: rot.

Das Referat vorbereiten

168

3. Alltagsleben in der Diktatur

3.1 Kinder und Jugendliche

Bildung oder Verführung?

Auch die Schule veränderte sich nach 1933. Diejenigen Lehrer, die vor 1933 Gegner des Nationalsozialismus waren, wurden entlassen. Der *Hitlergruß* wurde eingeführt und die Klassenzimmer mit *nationalsozialistischen Symbolen* ausgestaltet. Neue Fächer und Unterrichtsinhalte erschienen auf dem Stundenplan. Schon die Erstklässler lasen in ihrer Fibel über den „Führer". Über ihn wurden auch Gedichte verfasst und auswendig gelernt. Im Geschichtsunterricht lernten die Schüler, dass die Vorfahren der Deutschen, die Germanen, überall als Kulturträger gewirkt hätten. Im „Rassenkundeunterricht" sollten sie erfahren, dass es „Herrenrassen" und „Untermenschen" gebe.

Nach der Schule hatten die Kinder und Jugendlichen keineswegs Freizeit, sondern „Dienst". Die Jungen wurden „Pimpfe" und „Hitlerjungen", die Mädchen „Jungmädel". Sie alle „gehörten" dem Führer. Die „Hitlerjugend" (HJ) und der „Bund deutscher Mädel" (BDM) waren ab 1936 *Staatsjugendvereinigungen*. Alle anderen freien und kirchlichen Jugendorganisationen wurden verboten.

Der Dienst in der HJ und im BDM gefiel zuerst vielen Jugendlichen. Die nationalsozialistischen Jugendvereinigungen hatten von den Pfadfindern und der Jugendbewegung der Weimarer Zeit Kluft, Lieder, Geländespiele, paramilitärische Übungen und Wanderfahrten mit Rucksack und Zelt übernommen. Vielen wurde der strenge „Drill" der HJ jedoch lästig und langweilig. Einige Jugendliche fanden sich daher außerhalb der HJ zusammen. Es entstanden Gruppen, die sich nach dem Edelweiß, ihrem Erkennungszeichen, „Edelweißpiraten" nannten. Sie glaubten nicht mehr an die NS-Propaganda und entzogen sich dem Dienst in der HJ. Die nationalsozialistische Partei reagierte auf die *nonkonformistischen* Jugendlichen mit Verfolgung, Verhaftung und sogar mit Einweisungen in KZs. 1939 wurde in Moringen ein eigenes Konzentrationslager für Jugendliche errichtet.

Gegen Ende des Krieges wurde aus den militärischen Spielen der Hitlerjugend Ernst. Die Jungen wurden zum Ausheben von Panzergräben und als Flakhelfer eingesetzt, die Mädchen als Funkhelferinnen („Blitzmädel"). In den letzten Kriegsmonaten wurden Jugendliche sogar als Soldaten an die Front geschickt.

168.1 Eine Schulklasse im Jahre 1934.

Beschreibt das Klassenzimmer, achtet auf die Ausstattung. Wie sind die Kinder gekleidet? Stellt euch vor, in diese Klasse ginge Ilse Oppenheim (Q 3).

168

169.1 In Uniformen marschieren: der „Bund deutscher Mädel" und „Deutsches Jungvolk" (Vorstufe der Hitlerjugend). Fotos um 1934.

Q 1 Die Hitlerjugend aus der Sicht eines Abiturienten:
Als ich mit zehn Jahren in die Reihen des Jungvolks eintrat, war ich begeistert. Denn welcher Junge ist nicht entflammt von ... hohen Idealen wie Kameradschaft, Treue und Ehre. Ich weiß noch, wie tief ergriffen ich dasaß, als wir die Schwertworte des Pimpfen lernten: „Jungvolkjungen sind hart, schweigsam und treu: Jungvolkjungen sind Kameraden: des Jungvolkjungen Höchstes ist die Ehre!" Sie schienen mir etwas Heiliges zu sein. – Und dann die Fahrten! ... abends in der freien Natur im Kreise um ein Feuer zu sitzen, und Lieder zu singen oder Erlebnisse zu erzählen! Diese Stunden waren wohl die schönsten, die uns die Hitlerjugend geboten hat.
In: Haß, K. (Hg.), Jugend unterm Schicksal. Hamburg 1950, 61 f.

Q 2 Karl-Heinz Janßen erinnert sich anders:
Wenn andere von der Pimpfenzeit schwärmen (als sei das Ganze nur ein Pfadfinderklub mit anderen Vorzeichen gewesen), so kann ich diese Begeisterung nicht teilen. Ich habe beklemmende Erinnerungen. In unserem Fähnlein bestanden die Jungvolk-Stunden fast nur aus „Ordnungsdienst", das heißt aus sturem militärischem Drill. Auch wenn Sport oder Schießen oder Singen auf dem Plan stand, gab es erst immer „Ordnungsdienst": endloses Exerzieren mit „Stillgestanden", „Rührt euch", „Links um", „Rechts um", „Ganze Abteilung – kehrt" – Kommandos, die ich noch heute im Schlaf beherrsche. ... Zwölfjährige Hordenführer brüllten zehnjährige Pimpfe zusammen und jagten sie kreuz und quer über Schulhöfe, Wiesen und Sturzäcker. Die kleinsten Aufsässigkeiten, die harmlosesten Mängel an der Uniform, die geringste Verspätung wurden sogleich mit Strafexerzieren geahndet – ohnmächtige Unterführer ließen ihre Wut an uns aus.
Janßen, K.-H., Eine Welt brach zusammen, in: H. Glaser/Silenius, A. (Hrsg.), Jugend im Dritten Reich. Frankfurt/Main 1975, 89 ff.

Q 3 Die jüdische Schülerin Ilse Oppenheim erzählt aus ihrer Schulzeit (1931 – 1935):
Ich hatte vorher viele Freundinnen. Wir besuchten uns gegenseitig, spielten und lernten. Plötzlich war alles aus. Wenn ich morgens in die Klasse kam, rümpften sie die Nase: „Ja, was stinkt denn da so? – Ah, das jüdische Schwein, das immer Knoblauch frisst!" Auch die Lehrer beachteten uns nicht mehr, und die Noten wurden immer schlechter.
In: Benz, W. (Hg.), Die Juden in Deutschland. München 1988, 335 f.

1. Erzählt den Tagesablauf eines Jungen und eines Mädchens, die in der HJ und im BDM sind.
2. Vergleicht Q 1 und Q 2 nach Gemeinsamkeiten und Unterschieden. Wie lassen sich die beiden Perspektiven benennen?

Wie war das eigentlich?

Kindheit und Jugend im Dritten Reich

Max von der Grün

1933

In diesem Jahr kam ich Ostern in die Schule.

Es gibt noch ein Bild, das mich mit einer großen Schultüte zeigt, die bei uns Zuckertüte hieß. Meine Zuckertüte war zu zwei Dritteln mit Papier vollgestopft. Nur oben lagen ein wenig Obst, Schokolade und Bonbons.

In der Klasse wollte natürlich jeder jedem in die Zuckertüte sehen. Ich lehnte ab, ein paar andere Jungen auch. Wir schämten uns, weil man tiefer als eine Handbreit nicht hineinsehen durfte, ohne das Papier zu bemerken.

Meine Großmutter hatte mich in die Schule begleitet. Weder mein Vater noch meine Mutter hatten dafür Zeit. Meine Mutter bekam von ihrem Dienstherrn nicht frei und mein Vater lief irgendwo auf der Suche nach Arbeit herum.

Das war schon bitter für mich. Die anderen Kinder waren mit ihren Eltern gekommen oder doch wenigstens mit einem Elternteil. Einige

Das Referat vorbereiten

Väter, die ihre Sprösslinge in die Schule begleiteten, kamen in der braunen Uniform der SA, denn wenige Wochen vorher war Adolf Hitler Reichskanzler geworden. (…) (S. 34)

1934

Hitler tat alles, um die heranwachsende Jugend unwissend und dumm zu halten. Am 24. Januar wurde ein Gesetz erlassen und gleich ein Amt dafür geschaffen: das „Amt für Überwachung der gesamten geistigen und weltanschaulichen Schulung und Erziehung der NSDAP“. Hatten die Schüler vorher Aufsätze über Humanität und Nächstenliebe geschrieben, so beherrschten jetzt Nibelungentreue oder der kriegerische germanische Recke die Themenwahl.

Zu Beginn des zweiten Schuljahres kamen in unsere Klasse schon einige Jungen in der Uniform des Jungvolks – braunes Hemd und kurze schwarze Cordhosen – obwohl es nicht verlangt wurde. Wir Kinder wussten aber sehr wohl, dass die Väter dieser Jungen der SA, der SS oder einer anderen NS-Organisation angehörten. Natürlich gefielen sich die Jungen in ihrer Uniform. Sie glaubten, etwas Besseres zu sein, und nicht selten waren es diejenigen, die mit ihrer Uniform die schlechten Noten in der Schule ausgleichen wollten.

Die Väter der Jungen waren, wie man sie damals nannte, so genannte „Hundertprozentige“, von denen meine Mutter immer sagte, dass sie noch im Bett mit erhobenem Arm schliefen und so langsam zu Linkshändern wurden, weil der rechte Arm immer ausgestreckt war. Der „deutsche“ Gruß war „Heil Hitler“ geworden. Dazu hob man den rechten Arm etwa in Stirnhöhe.

Auch der Schulunterricht war streng auf das nationalsozialistische Herrschaftssystem ausgerichtet. Lesen lernten wir nach der Buchstabenmethode, und natürlich waren die gewählten Beispiele eindeutig: für den Buchstaben „R“ stand z. B. nicht „Rose“, sondern „Reichswehr“.

Die Reichswehr kommt.

Rumdibum! Rumdibum! Täterätätä!
Rasch, Rudi, die Reichswehr! Robert und Reinhold kommen auch schon. Und wie die Mädel rennen! Voran Renate und Rosemarie. Alle wollen die Reichswehr sehen. Da kommt sie schon über die Brücke. Vorweg reitet der Hauptmann. Dann folgen die vielen andern. Bei der Musik ist es am schönsten. Da laufen alle Buben und Mädel mit. Aha, und ein ganz Dicker ist auch dabei! Der muß das große Horn blasen. Wie dick seine Backen sind, wenn er ins Horn pustet! Renate und Rosemarie bleiben stehen und lachen und winken, aber Robert, Reinhold und Rudi laufen mit. Robert sagt: Am liebsten ginge ich schon heute zur Reichswehr. Rudi und Reinhold möchten das auch. Rudi möchte aber gleich Hauptmann sein. (…)

(S. 68/69)

Das Referat vorbereiten

1938

Nach der Verhaftung meines Vaters wurde es für mich schwerer in der Schule. Auch die Nachbarn waren nicht mehr so freundlich wie früher und ich spürte es jeden Tag mehr, wie sie mir aus dem Weg gingen. Meine Schulkameraden wollten mich auf dem Heimweg nicht bei sich haben. Meine Leistungen in der Schule konnten noch so weit über denen der anderen stehen, doch für die Lehrer waren sie immer unzureichend. Sie schnitten mich und ich wurde, obwohl ich mich immer meldete, nicht mehr aufgerufen. Im Zeugnis stand dann, ich beteilige mich nicht am Unterricht. Die Lehrer hatten immer etwas an mir auszusetzen, denn es war nicht ratsam, einen Schüler zu loben, dessen Vater als Volksschädling hinter Gittern saß. Sie ließen es mich spüren und stellten mir, wenn überhaupt, verfängliche Fragen.
(…) (S. 130)

Sie versprachen uns die Zukunft

Renate Finckh

Ich war nun endlich Führerin!

Als ich zum ersten Mal die fünfzehn zehnjährigen Mädel um mich versammelt hatte, fühlte ich mich mit meiner ganzen Person zur Verantwortung gerufen. Über diesem Glück vergaß ich alles um mich herum.

Jede Jungmädelgruppe bestand aus etwa hundert bis hundertzwanzig zehn- bis vierzehnjährigen Mädeln, jeweils aus einem besonderen Stadtbezirk. Der hieß jetzt „Ortsgruppe“ und hatte einen Ortsgruppenleiter, der für Ordnung und Linientreue in der Bevölkerung verantwortlich war.

Die einzelnen Jahrgänge einer Jungmädelgruppe waren zu je einer Schar zusammengefasst. Eine Schar teilte sich wiederum in zwei bis drei Schaften, je nach Jahrgangsstärke.

Die fünfzehn zehnjährigen Kinder, die ich in meiner Schaft führen durfte, waren gerade drei Jahre jünger als ich. Aber in diesem Alter ist das ein ausreichender Abstand, um als Respektsperson angesehen zu werden.

Dienst hatte man donnerstag- und samstagnachmittags, und er war für alle Pflicht. Wir hatten die Befugnis, ein Mädel, das dreimal unentschuldigt fernblieb, von der Polizei holen zu lassen. Doch diese Macht wurde in meinem Umkreis nie ausgeübt, denn wir hätten es als Schande empfunden, wenn jemand so hätte zum Dienst gezwungen werden müssen. Die Kinder, die uns anvertraut waren, sollten doch selbst wollen! Dass dies in meiner Schaft so wurde, dafür setzte ich mich von Anfang an ein, mit Herz und Fantasie, bei Tag und immer öfter auch bei Nacht.

Das Referat vorbereiten

Ich wollte führen, das hieß: Sie sollten antreten und marschieren, Lieder lernen, basteln, politisch geschult, sportlich trainiert, im Stegreifspiel geübt und für kriegswichtige Arbeiten engagiert werden. Dies war meine Aufgabe.

Die Kriegsgeneration

Helmut Schmidt

Bei manchen jungen Menschen fängt das politische Denken, das Fragen und die Kritik mit 14 oder 15 Jahren an, bei einigen wohl auch später – bei vielen leider aber selbst dann nicht, wenn sie längst voll erwachsen sind. Früher war das ganz ähnlich, und auch in Zukunft wird es ähnlich sein: Das kritische politische Engagement ist eine Sache der Minderheiten. Dieser letzte Satz galt ganz besonders für die zwölf Jahre der Hitler-Diktatur in Deutschland.

„Ich habe aber in der Schule gesagt, dass ihr immer über den Führer schimpft."

Als Hitler zur Macht kam, war ich wenige Wochen vorher vierzehn Jahre alt geworden; ich war in einem Alter, in dem man noch kaum seine allerersten Anfänge eigenen politischen Denkens erlebte. Den Vierzehnjährigen [illegible] 1933 niemand gesagt, was in der beginnenden neuen [illegible]che gefährlich und bedrohlich erscheinen müsste – m[illegible] Generation ging ungewarnt und zum Teil sehr gutgläubi[illegible] das so genannte Dritte Reich. Wir hatten von dem vorhergehenden Elend, von der Arbeitslosigkeit der Weltwirtschaftskrise, von den Straßenkämpfen in den großen Städten, von der Bitterkeit der Armut vieler Familien gerade nur ein wenig ins Bewusstsein genommen – und es erschreckte uns durchaus! –, da kamen Hitler und Goebbels und Göring, und sie versprachen, mit allem Elend und mit dem „System" aufzuräumen, das angeblich dafür verantwortlich war. Es war verständlich, dass viele Erwachsene auf diese Rattenfängerei hereinfielen, es war noch natürlicher bei Kindern und Jugendlichen; denn gerade die Seele der Jugend und ihr natürlicher Idealismus wurden von den neuen Machthabern in geschicktester Weise ausgebeutet.

Es setzte sehr glückliche persönliche Umstände voraus, dass damals ein Vierzehnjähriger oder auch ein Sechzehnjähriger nicht zunächst auf den Nationalsozialismus ansprach: z. B. die Atmosphäre eines politisch bewusst demokratischen oder sozialdemokratischen, katholischen oder evangelischen Elternhauses oder z. B. den Einfluss aufrechter Lehrer in der Schule oder couragierter Lehrgesellen oder Meister oder älterer Kollegen im Büro. Solche Einflüsse waren nicht sehr zahlreich, denn

Das Referat vorbereiten

nur allzu viele Erwachsene gerieten sehr bald in den Sog der scheinbaren Erfolge Hitlers und seiner Politik. Für die Jugendlichen jener Zeit kam hinzu, dass sie von den politischen Kräften, welche die Weimarer Demokratie geschaffen und getragen hatten, fast gar nichts wussten. Ich hatte zum Beispiel Klassenkameraden, deren Eltern als Exponenten der SPD galten; aber was die SPD politisch bedeutete, blieb uns sehr dunkel, obgleich wir als Kinder manchmal in solchen Elternhäusern zu Gast waren. Jedenfalls wurden die so entstandenen positiven Eindrücke durch die Herabsetzung der Weimarer Parteien aus dem Munde der NS-Staatsführung und ihrer Organe zunächst völlig beiseitegedrückt.

Meine Eltern hatten die NSDAP nicht gewählt, sie haben es auch später nicht getan. Sie waren aber auch nicht anderweitig politisch gebunden – erst sehr viel später fand ich heraus, dass mein Vater wohl in Friedrich Naumann oder Gustav Stresemann oder dem Hamburger Bürgermeister Carl Petersen Führungspersonen erblickte, die seinem politischen Denken gemäß waren. Er hat jedoch 1933 und in den folgenden Jahren auf seinen vierzehnjährigen Sohn keinen politischen Einfluss ausüben wollen; er hatte mich einerseits 1929 in eine überaus moderne, fortschrittliche Schule gegeben und andererseits verhindert, dass ich – mein sehnlichster Wunsch damals – einer der Gruppen der bündischen Jugend beitrat; er hatte mich mehr aus Konvention denn aus innerer Überzeugung konfirmieren lassen. Es lag in der Konsequenz seiner pädagogischen Vorstellungen, dass ich 1933 auch in die Hitlerjugend nicht eintreten durfte, als die Verbände der bündischen Jugend ihr eingegliedert waren. Meine Eltern bemühten sich, den Einfluss der NS-Propaganda auf ihre beiden Söhne möglichst klein zu halten, ohne ihr jedoch direkt entgegenzutreten. Heute weiß ich, dass dies sehr häufig die Haltung von Eltern in diktatorischen Staaten ist, die ihre Kinder in der Schule oder im staatlichen Jugendverband der totalitären Erziehung ausgesetzt sehen, sie aber nicht in Konflikte bringen wollen, die einem Kind unlösbar sein können.

Etwa gleichzeitig mit meinem fünfzehnten Geburtstag wurde Anfang 1934 der kleine Schülerruderverein, dessen Vorsitzender ich war, mit vielen ähnlichen Sportvereinigungen in die Hitlerjugend eingegliedert; wir wurden eine „Kameradschaft" in der Marine-HJ, zwölf Jungen. Ich wurde zu ihrem „Kameradschaftsführer" ernannt und war stolz darauf. Es spricht gewiss sehr viel weniger für uns damalige Jungen als vielmehr gegen die HJ-Führung, dass viele von uns innerhalb von nur drei oder vier Jahren eine starke Skepsis gegenüber dem nationalsozialistischen Herrschaftssystem entwickelten und froh waren, gerade 18 Jahre alt, durch Arbeitsdienst- und Wehrpflicht der ständigen ideologischen Beeinflussung entzogen zu werden.

Das Referat schreiben

Eine Gliederung entwerfen

- Formuliere jetzt eine Gliederung für dein Referat, das aus Einleitung, Hauptteil und Schluss bestehen soll.
- Überprüfe, ob alle Gliederungspunkte zu deinem Thema passen, ob es inhaltliche Überschneidungen gibt, die du zusammenfassen kannst, und ob der Aufbau deiner Gedanken sinnvoll ist.

Lara hat die gesammelten Texte gesichtet und gründlich durchgearbeitet. So sieht die vorläufige Gliederung für ihre Ausarbeitung aus:

Gliederung

1 Einleitung
Das Dritte Reich – eine Epoche totalitärer Herrschaft

2 Hauptteil
Kindheit und Jugend im Dritten Reich

2.1 Schule und Unterricht
2.2 Jugendorganisationen
2.2.1 Mädchengruppen
2.2.2 Organisationen für Jungen
2.2.3 Begeisterung und Skepsis
2.3 Leben in der Familie

3 Schluss:
Lesetipps und Leseprobe

3.1 Fragen und Diskussion

Lara hat eine Tabelle angelegt, in der sie auf einen Blick erkennen kann, wo sie Informationen zu ihren Gliederungspunkten findet. In den Texten hat sie die entsprechenden Passagen markiert.

	Gliederungspunkte	Abbildungen	Geschichtsbuch	Max von der Grün	Renate Finckh	Helmut Schmidt
2.1	Schule und Unterricht	✗	✗	✗		
2.2	Jugendorganisationen		✗		✗	
2.2.1	Mädchengruppen		✗		✗	
2.2.2	Organisationen für Jungen		✗	✗		✗
2.2.3	Begeisterung und Skepsis		✗			✗
2.3	Leben in der Familie	✗		✗		✗

Das Referat schreiben

Die Gliederungspunkte strukturieren

- Lege zu jedem Gliederungspunkt ein eigenes Blatt an.
- Auf kleinen Zetteln oder Karteikarten notierst du wichtige Informationen in eigenen Worten und legst sie zu dem passenden Gliederungspunkt. Es ist vorteilhaft, auf einem Zettel nur einen einzigen Gesichtspunkt zu notieren. So kannst du deine Informationen leicht neu ordnen oder zusammenfassen.
- Wichtige Textstellen, die du später eventuell wörtlich in deinem Referattext zitieren willst, solltest du ebenfalls auf Zetteln notieren. Die kurzen Quellenhinweise helfen dir, wenn du die Zitate später in deinen Referattext einbauen willst. (Hinweise zum genauen Zitieren findest du auf S. 268/269.)

So hat **Lara** einen Gliederungspunkt vorbereitet:

2.1 Schule und Unterricht

„Akademische Bildung war unter Hitler nicht gefragt: Der Führer brauchte Soldaten und keine Akademiker." (Max von der Grün, S. 73.)

Lehrer: Gegner des NS-Regimes wurden 1933 entlassen

Lehrer duldeten keine kritischen Fragen

Das Schuljahr begann zu Ostern

Gedichte über den „Führer"

Der Einsatz in der Hitlerjugend war wichtiger als das Lernen: „Wenn eins meiner Mädchen gar zu schlechte Noten bekam, gab ich ihr Nachhilfestunden. Aber die Schule kochte sowieso auf Sparflamme." (Renate Finckh, S. 198.)

Klassenräume: Hakenkreuz und Hitlerbild

Einige Jungen trugen Uniform

Schulbücher: Politische Begriffe schon im 1. Schuljahr

Das Referat schreiben

Den Referattext schreiben und überarbeiten

- Nachdem du alle Informationen, die für die Bearbeitung deines Themas wichtig sind, zusammengetragen und geordnet hast, kannst du mit der Ausarbeitung deines Textes beginnen.

- Führe jeden Gliederungspunkt aus. Fasse dabei die gesammelten Informationen schriftlich mit deinen eigenen Worten zusammen.

- Bei deinem Textentwurf solltest du folgendes beachten:
  - In der **Einleitung** soll es dir gelingen, die Mitschüler für das Thema zu interessieren, damit sie dir aufmerksam zuhören. Das Zuhören fällt leichter, wenn du ihnen einen Überblick über den Aufbau deines Referates gibst.
  - Im **Hauptteil** stellst du Fakten und Informationen dar. Finde heraus, über welches Vorwissen deine Mitschüler zu deinem Thema verfügen, und berücksichtige beim Schreiben die Vorkenntnisse, Interessen und Einstellungen deiner Zuhörer.
    Halte dich beim Vortrag an die Gliederung. Hin und wieder kannst du eine kurze Zusammenfassung geben.
  - Im **Schlussteil** deines Referates kannst du die wichtigsten Informationen knapp zusammenfassen oder deine eigene Position zum Thema kurz und präzise nennen.

- Prüfe, ob du alles Wichtige erfasst und in einer sinnvollen Reihenfolge dargestellt hast. Deinen Textentwurf solltest du allein oder in einer Schreibkonferenz überarbeiten. Vielleicht fällt einem Mitschüler etwas auf, das du inhaltlich oder sprachlich verbessern kannst.

So hat **Lara** ihren ersten Textentwurf überarbeitet:

2.2.3 Begeisterung und Skepsis

Viele Erwachsene und auch die Jugendlichen ~~waren von~~ glaubten an Hitler ~~begeistert~~ und fielen auf seine ~~billige Propaganda~~ raffinierten Parolen herein. ~~Während seiner Reden jubelten sie ihm zu und warfen andauernd die Arme in die Luft.~~ Natürlich ~~fiel~~ war es für Hitler besonders leicht, die Jugend zu begeistern. Helmut Schmidt, der fünfte Bundeskanler von 1974–1982 erklärt, dass diese Generation die Hitler-Diktatur „ungewarnt und zum Teil sehr gutgläubig" (1) erlebte.

Was den 10- bis 14-Jährigen beim „Deutschen Jungvolk" und in den „Jungmädelbünden" angeboten wurde, machte zu Anfang fast allen Spaß: Sport war immer besonders wichtig. Die Jungen ~~gingen~~ marschierten in ihren Uniformen in die Wälder, zelteten, machten Lagerfeuer. ~~und~~ Und sie spielten Krieg. Erst nach und nach ~~bemerkten~~ spürten die Mädchen und Jungen die ständige politische Beeinflussung

Das Referat schreiben

Textstellen zitieren

1 Sieh dir die folgenden Textstellen aus Laras Referat einmal genau an:
- Was hat sie hier selbst formuliert?
- Was hat sie wohl aus anderen Texten übernommen? Woran erkennst du das?
- Wie kannst du erkennen, aus welchen Texten sie etwas übernommen hat?
- Aus den Texten, die sie gelesen hat, hat sie natürlich auch manchmal etwas weggelassen. Woran kannst du das erkennen?

Vergleiche zur Beantwortung dieser Fragen die beiden Ausschnitte aus dem Referat mit den Originaltexten:

Ausschnitt aus einem Referat

In einer Darstellung über das Leben im Nationalsozialismus mit dem Titel „Alltagsleben in der Diktatur" wird über die Veränderungen Auskunft gegeben, die sich nach 1933 ergeben haben: „Der *Hitlergruß* wurde eingeführt und die Klassenzimmer mit *nationalsozialistischen Symbolen* ausgestaltet ... Im Geschichtsunterricht lernten die Schüler, dass die Vorfahren der Deutschen ... überall als Kulturträger gewirkt hätten." *(Geschichte konkret. Bd. 3. Hannover 1998. S. 168)*

In einem Bericht über Ilse Oppenheim wird auf eindrucksvolle Weise geschildert, welchen Anfeindungen jüdische Schüler von Seiten ihrer Klassenkameraden ausgesetzt waren. Dort heißt es: „Wenn ich morgens in die Klasse kam, rümpften sie die Nase: ‚Ja, was stinkt denn da so? – Ah, das jüdische Schwein, das immer Knoblauch frisst!' Auch die Lehrer beachteten uns nicht mehr, und die Noten wurden immer schlechter." (1)

---

(1) W. Benz (Hg.): Die Juden in Deutschland. München 1988. S. 335 f.

Ausschnitt aus den Originaltexten

Auch die Schule veränderte sich nach 1933. Diejenigen Lehrer, die vor 1933 Gegner des Nationalsozialismus waren, wurden entlassen. Der *Hitlergruß* wurde eingeführt und die Klassenzimmer mit *nationalsozialistischen Symbolen* ausgestaltet. Neue Fächer und Unterrichtsinhalte erschienen auf dem Stundenplan. Schon die Erstklässler lasen in ihrer Fibel über den „Führer". Über ihn wurden auch Gedichte verfasst und auswendig gelernt. Im Geschichtsunterricht lernten die Schüler, dass die Vorfahren der Deutschen, die Germanen, überall als Kulturträger gewirkt hätten. Im „Rassenkundeunterricht" sollten sie erfahren, dass es „Herrenrassen" und „Untermenschen" gebe.

In: Geschichte konkret. Bd. 3. Hannover 1998. S. 168

Die jüdische Schülerin Ilse Oppenheim erzählt aus ihrer Schulzeit (1931–1935):
Ich hatte vorher viele Freundinnen. Wir besuchten uns gegenseitig, spielten und lernten. Plötzlich war alles aus. Wenn ich morgens in die Klasse kam, rümpften sie die Nase: „Ja, was stinkt denn da so? – Ah, das jüdische Schwein, das immer Knoblauch frisst!" Auch die Lehrer beachteten uns nicht mehr, und die Noten wurden immer schlechter.

In: W. Benz (Hg.), Die Juden in Deutschland. München 1988, S. 335 f.

Das Referat schreiben

Textstellen zitieren

- Wenn du einen Text für ein Referat verwendest, dann wirst du immer wieder einmal Stellen daraus wörtlich wiedergeben wollen. Solche Zitate sind eine exakte wörtliche Übernahme von Abschnitten aus den benutzten Quellen. Sie dürfen nicht verändert werden.
  Der Text, den du schreibst, ist von dir. Deshalb solltest du Zitate sparsam verwenden. Die Aneinanderreihung mehrerer Zitate ohne kommentierende Zwischentexte ist wenig sinnvoll. Zitiere nur dann, wenn du die Formulierung eines Autors für so gelungen und aussagekräftig hältst, dass jede Veränderung zu einer Verschlechterung führen würde.

- Formulierungen, die du aus dem Text wörtlich übernimmst (zitierst), werden in **Anführungszeichen** gesetzt. Wenn du etwas auslässt, kennzeichnest du dies durch **Auslassungspünktchen.**
  Kommt im Zitat selbst eine in Anführungszeichen stehende wörtliche Rede vor, so wird diese in einfache Anführungszeichen gesetzt (vgl. den 2. Referatausschnitt von S. 268).

- Zu jedem Zitat gehört es, dass man die **Quelle** angibt, also die Stelle, aus der man zitiert hat. Dafür gibt es zwei Möglichkeiten:
  - Man setzt die Angabe direkt hinter den zitierten und in Anführungszeichen stehenden Satz oder
  - man schreibt sie unten auf die Seite, nachdem man hinter dem zitierten Satz eine Ziffer angegeben hat (vgl. die Referatausschnitte von S. 268).

  Das gilt auch für **Internetquellen.** Hierbei musst du nennen:
  Autor, Titel, URL, Abrufdatum (in Klammern). Beispiel:
  Arno Klönne: Jugendliche Opposition im „Dritten Reich".
  www.thueringen.de/imperia/md/content/text/lzt/17.pdf (09.04.2005)

Ausschnitt aus einem Referat

Das Leben eines Schülers, dessen Vater als Volksschädling hinter Gittern saß, konnte sehr schwer sein. Ein solcher Schüler wurde von Mitschülern und Nachbarn geschnitten, und die Lehrer hatten stets etwas an ihm auszusetzen und gaben ihm schlechte Zeugnisse, mochten seine Leistungen in der Schule noch so weit über denen der anderen stehen.

2 Gib den Abschnitt aus S. 261 (Z. 21–41) in wenigen referierenden Sätzen wieder.
- Überlege dir, welche Stelle daraus du wörtlich zitieren möchtest.
- Was möchtest du dagegen in eigenen Worten zusammenfassen?

3 Vergleiche diesen Absatz aus Laras Referat mit dem Originaltext auf S. 262 (Z. 47–58). Füge beim Abschreiben des Absatzes ein, was im Referat nicht beachtet worden ist:
- wörtlich zitierte Stellen mit Anführungszeichen,
- Auslassungspünktchen, wo im Zitat etwas fehlt,
- die Quellenangabe.

Das Referat präsentieren

Handzettel für den mündlichen Vortrag vorbereiten

- Zunächst musst du entscheiden, ob du dich beim Vortrag deines Referates auf einen ausformulierten Text stützen möchtest oder mit Hilfe eines Stichwortzettels referieren willst. Dabei gibt es auch die Möglichkeit, mit Hilfe von Computerprogrammen eine Mindmap oder eine Power-Point-Präsentation zu erstellen.
- Schreibe deinen Text in gut lesbarer Schrift handschriftlich oder mit PC (mindestens Schriftgröße 14 oder 16) auf DIN-A4-Papier oder auf Karteikarten in DIN-A5-Größe und markiere das Wichtigste farbig.
- Karteikarten haben einen Vorteil: Sie sind stabiler als Schreibpapier und knicken in der Hand nicht ab. Wenn du deine Unterlagen nummerierst, kannst du die Gliederung deines Referates problemlos einhalten.
- Lege für jeden Gliederungspunkt eine eigene Seite oder Karte an.

Lara möchte ihr Referat mit Hilfe eines Stichwortzettels halten. Für jeden Gliederungspunkt hat sie eine eigene Karteikarte angelegt und wichtige Gedanken groß und übersichtlich aufgeschrieben. Sie hat auch notiert, an welcher Stelle sie eine Abbildung an der Tafel oder mit dem Tageslichtprojektor zeigen will.

7 2.2 Jugendorganisationen

- 1926 Gründung der Hitlerjugend (HJ) als „Bund deutscher Arbeiterjugend"
- 1933 HJ wurde Jugendabteilung der nationalsozialistischen Kampfverbände
- Die Jugendlichen:
  - leicht zu begeistern, abenteuerlustig
  - wollten und konnten sich den NS-Organisationen kaum entziehen
  - niemand wollte „undeutsch" sein

  Zitat von Max v. d. Grün vorlesen (S. 113)

8

- Organisationen der HJ wurden wichtiger als Erziehung im Elternhaus und in der Schule
- 1. 12. 1936 Gesetz über die Hitlerjugend
  - totale Erfassung aller Jugendlichen in Organisationen
  - schon die Kinder (6-10 Jahre) wurden von der NS-Frauenschaft betreut

  → Folie 3
- Hitlers Vorstellung von Jugenderziehung: Zitat: „Eine gewalttätige, herrische, unerschrockene, grausame Jugend will ich"

Das Referat präsentieren

Die Präsentation erproben

Bevor ihr eure Referate vor der gesamten Klasse präsentiert, solltet ihr den mündlichen Vortrag einüben.

- Bildet in der Klasse Beratergruppen von 4–6 Schülern.
- Jede Gruppe verständigt sich auf Kriterien für einen guten mündlichen Vortrag. Vorschläge findet ihr auf S. 273.
- In jeder Gruppe hält eine Schülerin oder ein Schüler einen Kurzvortrag und erprobt zunächst nur die Ausführungen zu einem Gliederungspunkt. Die anderen sind aufmerksame Zuhörer und Beobachter. Dabei achten sie weniger auf den Inhalt der Referates, sondern vor allem auf den mündlichen Vortrag, denn der soll ja geübt werden.
- Am Ende des Vortrags beraten sie den Referenten. Jeder formuliert einen Verbesserungsvorschlag für den mündlichen Vortrag. Die Berater überlegen genau, was ein wirklich guter Vorschlag ist. Dabei bezieht ihr euch auf zuvor vereinbarte Bewertungskriterien.
- Wiederholt in eurer Gruppe die Kurzreferate und versucht die Ratschläge zur Verbesserung eures Vortrags umzusetzen.

1 Vervollständige die folgenden Satzanfänge in eigenen Worten, sodass sie zu deinem Referatthema passen:

Zur Einleitung des Referates:

Das Thema meines Referates heißt …
Interessant ist das Thema für euch, weil … und weil …
Hier an der Tafel seht ihr die Mindmap/die Gliederung, die zeigt, wie ich mein Referat aufgebaut habe. Zuerst einmal werde ich …
Im Hauptteil geht es zunächst um …
Unter Punkt 2 erfahrt ihr etwas über …
Danach stelle ich euch … vor. …
Abschließend möchte ich …

Zum Schlussteil des Referates:

Zusammenfassend möchte ich zu meinem Referat festhalten:
Erstens … Zweitens …
Kurz zu meiner eigenen Position: Ich …
Bestimmt habt ihr noch einige Fragen, die …

Das Referat präsentieren

Der Präsentation folgen

- Das Verstehen und Mitschreiben fällt den Zuhörern leichter, wenn du ihnen eine Strukturierungshilfe an die Hand gibst. Das kann ein DIN-A4-Blatt sein, auf dem du die Gliederung großzügig notiert und Raum für Notizen gelassen hast. Dort können deine Mitschüler sich stichwortartig Wichtiges zu den jeweiligen Gliederungspunkten notieren.

- Du kannst die Gliederung linear anlegen oder in Form einer Mindmap gestalten. Wichtig ist immer, dass du genügend Platz zum Mitschreiben einplanst.

Lara hat die Gliederung großzügig auf ein Blatt Papier geschrieben, sodass ihre Zuhörer sich zu jedem Gliederungspunkt Notizen machen können:

2.2 Jugendorganisationen

Veranstaltungen der Hitlerjugend
- Pflicht für alle 10- bis 14-Jährigen seit 1939
- Uniformzwang für alle
- Eltern mussten die Uniform selbst bezahlen
-
-

Heimabende
- Unterricht in Geschichte
-
-

2.2.1 Mädchengruppen
-
-

2.2.2 Organisationen für Jungen
- Pimpfe: 10 – 14 Jahre
-
-

Das Referat bewerten

1 Seht euch die folgenden Bewertungskriterien für Referate an und überlegt, welche Punkte von deinen Mitschülern eingeschätzt werden können und welche Kriterien eher von den Lehrern beurteilt werden müssen:

Bewertungskriterien für Referate

Der Inhalt	+	○	–
Das Thema wird verstanden und beachtet.			
Die Inhalte sind richtig und vollständig dargestellt.			
Der Aufbau ist klar und gut nachzuvollziehen.			
Der Text ist verständlich und plausibel.			
Fragen zum Thema können beantwortet werden.			
Es wurden vielfältige Informationsquellen zur Recherche genutzt (z. B. Bücherei, Internet …).			
Der mündliche Vortrag	+	○	–
Der Referent führt zum Thema hin (besonders in der Einleitung) und kann das Interesse der Zuhörer wecken.			
Der Referent trägt frei vor und liest nicht ab.			
Der Vortrag ist laut und deutlich, langsam und durch Pausen gegliedert.			
Der Referent nimmt Blickkontakt zu den Zuhörern auf.			
Der Standort des Referenten und die Körpersprache (Körperhaltung, Gestik, Mimik) sind angemessen.			
Der Einsatz der Medien	+	○	–
Zuhörer erhalten einen Wegweiser durch das Referat (Tafelbild, Folie, Stichwortzettel).			
Die Informationen werden veranschaulicht durch Bilder, Grafiken, Filmausschnitte, Gegenstände u.s.w.			
Medien wie Tafel, Projektor, Power-Point-Präsentation u.s.w. werden sinnvoll eingesetzt.			
Der Referent ist mit der technischen Handhabung der Medien vertraut.			

2 Gibt es weitere Bewertungskriterien, die ihr wichtig findet?

Das Referat bewerten

Die formale Gestaltung eines Referats beachten

- Ein Referat, das du schriftlich abgibst, soll schon auf den ersten Blick interessant aussehen, übersichtlich gestaltet und gut lesbar sein. Das erreichst du, wenn du die folgenden Tipps umsetzt:

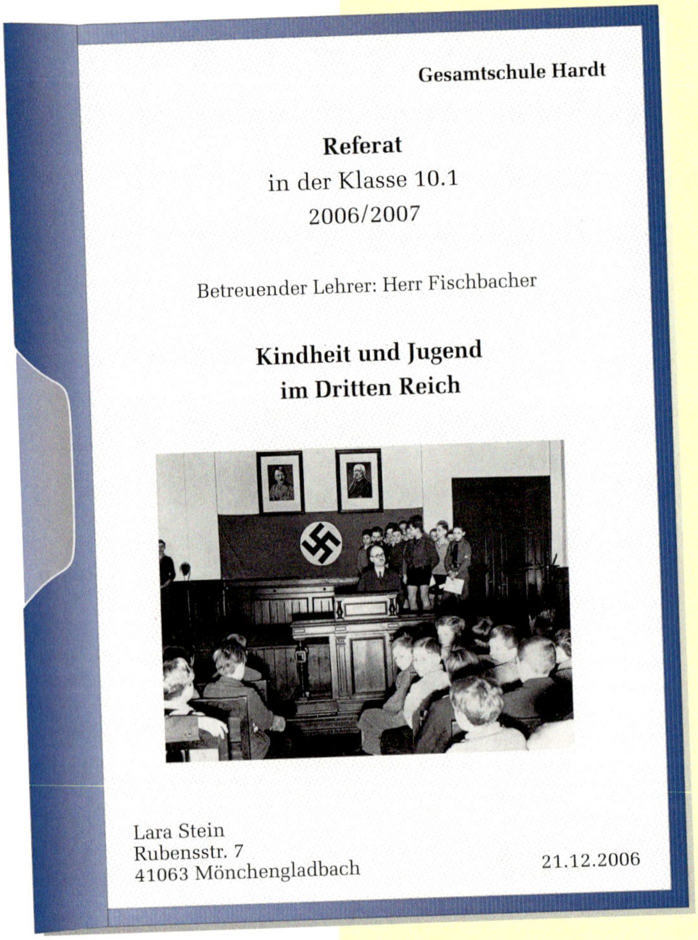

Gesamtschule Hardt

Referat
in der Klasse 10.1
2006/2007

Betreuender Lehrer: Herr Fischbacher

Kindheit und Jugend im Dritten Reich

Lara Stein
Rubensstr. 7
41063 Mönchengladbach

21.12.2006

- Verwende eine ordentliche und ansprechende Mappe.
- Gestalte dein Deckblatt übersichtlich (z. B. wie auf der Abbildung links).
- Verwende weiße unlinierte Blätter im Format DIN A4.
- Zum Heften solltest du links einen vier Zentimeter breiten Rand lassen.
- Schreibe das Inhaltsverzeichnis auf ein eigenes Blatt.
- Wiederhole die Gliederungspunkte als Überschriften im Text, hebe sie durch Fettdruck oder Unterstreichungen hervor und füge dann eine Leerzeile ein.
- Schreibe mit PC oder in gut leserlicher Handschrift.
- Fotos, Bilder und Grafiken sind für Leser interessant und lockern die Seiten auf.
- Die letzte Seite ist ein Literaturverzeichnis, in dem du alle Bücher und Zeitschriften aufführst, die du für deine Referat verwendet hast.

- Auch wenn du dein Referat mündlich gehalten hast, kannst du die Unterlagen deines Vortrags zur Bewertung in einer Präsentationsmappe abgeben. Die Präsentationsmappe soll enthalten:
- das Deckblatt,
- die Gliederung,
- Kopien deiner Stichwortzettel für den Vortrag,
- eine Skizze des Tafelbildes und Kopien der eingesetzten Folien und Abbildungen,
- das Literaturverzeichnis.

Worterklärungen

In den Lese- und Informationstexten in diesem Buch stehen manchmal Wörter, die selten gebraucht werden oder aus anderen Sprachen stammen (Fremdwörter). Diese Wörter sind in den Texten durch ein Sternchen (*) gekennzeichnet. Wenn du ihre Bedeutung nicht kennst, kannst du sie hier nachlesen.

Abonnement: in der Kurzgeschichte von Peter Bichsel ist damit eine Monatsfahrkarte bei der Bahn gemeint

Arroganz: Anmaßung; Überheblichkeit

Beichais: Sitze außen an der Kutsche, vgl. Abbildung S. 110 oben

Callas, Maria: berühmte Sängerin

Chaise: Kutsche

Diligence: Postkutsche

Dissertation: wissenschaftliche Arbeit, Doktorarbeit

Epoche: großer Zeitabschnitt, Zeitraum

Feldtheorie, einheitliche: grundlegendes Ziel der Elementarteilchenphysik

Flak: Flugzeugabwehrkanone

Geißel: Peitsche

GEMA: Gesellschaft für musikalische Aufführungs- und mechanische Vervielfältigungsrechte. Die GEMA verwaltet die Nutzungsrechte der Musikschaffenden.

Gravitation: Schwerkraft, Anziehungskraft

Häresie: abweichende Auffassung, die gegen die Meinung der Mehrheit verstößt

hochrenommiert: berühmt, angesehen

Ideologe: jemand, der seine Meinung als die einzig wahre vertritt und andere Ansichten bekämpft/verurteilt

Inzest: sexuelle Beziehungen zwischen Blutsverwandten

just: gerade, im Moment

Kompendium: Handbuch, kurz gefasste Übersicht

Kooperation: Zusammenarbeit

liberal: freiheitsliebend, vorurteilsfrei, großzügig, weltoffen

Liberalität: freiheitliche Gesinnung, Großzügigkeit

Lohntüte: früher wurde der Arbeitslohn wöchentlich oder monatlich bar ausbezahlt (in einem Umschlag oder einer Lohntüte überreicht)

manipulieren: das Verhalten, die Einstellungen in eine bestimmte Richtung lenken

off: Ton außerhalb des Bildes

Ökosystem: Beziehung zwischen Lebensraum und Lebewesen

Phalanx: lange, geschlossene Schlachtreihe

Ressourcen: Rohstoffquellen

Rohrpost: Briefe innerhalb eines Gebäudes durch Rohrsysteme zu den Adressaten befördern

Sporen: die hinteren spitzen Zehen des Hahns

Stiluntersuchungen: in dem Gedicht von Erich Kästner sind Untersuchungen der Schriften des römischen Kaisers Cäsar gemeint

Traufe: die Unterkante eines Daches, an der die Dachrinne angebracht ist

Zeitenwende: wenn eine Epoche endet und eine neue Zeit beginnt

Ziegelgrat: obere Kante der Dachziegel

Sprache

Adjektiv (Eigenschaftswort): Wortart. Alle Wörter, die zwischen Artikel und Nomen stehen können, sind Adjektive: *der bissige Hund, das lila Kleid, die drei Männer, der zweite Sieger ...*
Viele Adjektive können auch an anderen Stellen im Satz stehen:
Der Hund ist bissig. Das Auto fährt sich gut ...
→ Seite 238/239

Adverb (Umstandswort): Wortart. Adverbien sind Wörter, die man nicht flektieren (verändern) kann und die, im Gegensatz zu Adjektiven, nicht zwischen Artikel und Nomen stehen können.
Viele Adverbien sind Ausdrücke für Zeit (*gestern*), Ort (*hier*), Art und Weise (*so*) und den Grund (*leider*).
Die meisten Adverbien sind im Satz adverbiale Satzglieder und umstellbar:
Ich bin gestern angekommen. Gestern bin ich angekommen.

Adverbiale Bestimmung (Adverbial, Umstandsbestimmung): Satzglied. Beispiele:
- Adverbiale Bestimmung der Zeit (temporal):
  Ich komme (wann?) *am nächsten Sonntag.*
- Adverbiale Bestimmung des Ortes (lokal):
  Wir treffen uns (wo?) *im Schwimmbad.*
- Adverbiale Bestimmung der Art und Weise (modal):
  Hoffentlich ist es (wie?) *schön warm.*
- Adverbiale Bestimmung des Grundes (kausal):
  Andernfalls raufe ich mir die Haare (warum?) *vor Wut.*

Adverbiale Bestimmungen dürfen nicht mit der Wortart Adverb verwechselt werden! Eine adverbiale Bestimmung kann aus Wörtern ganz verschiedener Wortarten bestehen; nur wenige adverbiale Bestimmungen bestehen aus einem einzigen Adverb: *Ich mag dich gern.*
→ Seite 242–244, 246

Akkusativ (4. Fall): Form des Nomens. Nomen im Akkusativ kommen in Objekten vor:
Ich sehe einen Berg,
aber auch in Ausdrücken mit Präpositionen:
Sie klettert auf den Berg.
→ Seite 242

Aktiv: Form des Verbs. Das wesentliche Kennzeichen von Aktivsätzen ist, dass derjenige, von dem die Handlung ausgeht, im Subjekt des Satzes genannt wird, und derjenige, mit dem etwas geschieht, im Akkusativobjekt: *Das Mädchen lacht den Jungen aus.*
Die meisten Sätze unserer Sprache stehen in dieser Form.

Anapher: Wiederholung eines Wortes am Anfang aufeinanderfolgender Sätze: *Wenn man das will, wenn man das wirklich will, wenn man das dann auch tut, ...*

Apostroph: Der Apostroph ist ein Zeichen, mit dem der Schreiber darauf hinweist, dass Buchstaben beim Schreiben ausgelassen wurden:
Das ist's! Geht's dir gut?

Artikel: Wortart. Beispiele: *der, die, das* (bestimmte Artikel); *ein, eine* (unbestimmte Artikel). Artikel geben das Geschlecht eines Nomens an: *der Löffel, die Gabel, das Messer.*

Attribut: Attribute sind Beifügungen, die in der Regel zu Nomen gehören. Sie erklären das, was ein Nomen bedeutet, näher. Attribute bestehen vor allem
- aus Adjektiven: *der bissige Hund,*
- aus Nomen im Genitiv: *der Hund des Nachbarn,*
- aus Nomen mit einer Präposition: *der Hund in der Hütte,*
- aus Relativsätzen: *der Hund, der an der Kette liegt.*

→ Seite 245–248

Bedeutungswandel: Veränderung der Bedeutung eines Wortes im Laufe der Geschichte. Z. B. bedeutete das Wort *frouwe (Frau)* früher *Herrin, angesehene weibliche Person;* heute ist es die Bezeichnung für jede erwachsene Frau.
→ Seite 234, 236/237

Begleiter: Artikel und Possessivpronomen werden als Begleiter bezeichnet, weil sie das Nomen begleiten: *die Katze, meine Katze.*

Dativ (3. Fall): Form des Nomens. Nomen im Dativ kommen in Objekten vor:
Ich helfe ihm,
aber auch in Ausdrücken mit Präpositionen:
Sie fährt auf dem Schulhof herum.
→ Seite 242

Demonstrativpronomen (hinweisendes Fürwort): *dieses, jener, solche*, aber auch die Artikel können zu Demonstrativpronomen werden:
Das, was du eben gesagt hast, glaube ich nicht.

Dialekt: Sprache einer bestimmten Sprachregion: hessischer, sächsischer Dialekt, Plattdeutsch, Münsterländisch usw. Sprache mit z. T. eigener Grammatik, Lautbildung und eigenen Wörtern, die oft nur von Dialektgemeinschaften verstanden werden kann.

direkte/indirekte Rede: In einem Text wird die direkte Rede einer sprechenden Person mit Anführungszeichen gekennzeichnet:
Er sagte: „Ich bin krank gewesen."
In der indirekten Rede wird die Aussage eines anderen in der Regel mit dem Konjunktiv I gekennzeichnet:
Er sagte, er sei krank gewesen.
Es kommen aber auch andere Formen vor:
Er sagte, dass er krank gewesen sei/ist.
Die indirekte Rede ist ein Mittel, das, was ein anderer gesagt hat, in kürzerer Form in den eigenen Text einzufügen.

Fachsprache: Sprache, die sich vor allem durch Fachwörter, die man kennen muss, von der normalen Sprache unterscheidet. Sprache der Biologie, der Chemie, der Grammatik usw. → Seite 226/227

flektieren: Flexion ist die Veränderung (Beugung) eines Wortstammes im Plural (*die Kinder*), in den Fällen (*den Kindern*), bei der Steigerung (*lieber*), bei der Bildung der Personalformen (*du holst*) und der Zeitformen (*sie holte*).
Die Flexion bei den Fällen nennt man „Deklination", die Flexion bei den Zeitformen nennt man „Konjugation".

Funktionen der Sprache: Die wesentlichen Funktionen der Sprache sind die *Darstellungsfunktion* (Sprechen über Gegenstände und Sachverhalte – vorwiegend in Sachtexten), die *Appellfunktion* (Sprechen als Bitte, als Befehl, als Anweisung – vorwiegend in Geboten, Rezepten, Spielanleitungen), die *Bewertungsfunktion* (Sprechen zum Zwecke des Beurteilens und Bewertens – vorwiegend in Kommentaren und Kritiken), *die kommunikative Funktion* (Sprechen zum Zwecke der Kontaktaufnahme – z. B. in Liebesbriefen, im Klatsch usw.). → Seite 232/233, 238–241

Futur: Zeitform des Verbs. Mit dem Futur I kann man einen Vorgang als zukünftig darstellen. Das Futur I wird mit dem Hilfsverb *werden* und dem Infinitiv gebildet:
Morgen werde ich das erledigen.
Mit dem Futur II kann ein Vorgang dargestellt werden, der in der Zukunft bereits abgeschlossen ist. Das Futur II wird mit dem Hilfsverb *werden* und dem Partizip II gebildet:
Morgen Abend werde ich das erledigt haben.
Beide Zeitformen werden selten verwendet. Das Futur I wird häufig durch das Präsens ersetzt:
Morgen erledige ich das.
Das Futur II kann durch das Perfekt ersetzt werden:
Morgen Abend habe ich das erledigt.

Genitiv (2. Fall): Form des Nomens. Nomen im Genitiv kommen sehr selten in Objekten vor (*Sie rühmte sich ihrer Tat*). Am häufigsten stehen sie in Attributen (*der Hund des Nachbarn*) und oft auch in Ausdrücken mit Präpositionen (*wegen des schlechten Wetters*). → Seite 242

Gleichsetzungsnominativ : Der Gleichsetzungsnominativ ist eine Art „Objekt" im Nominativ. Er steht vorwiegend bei den Hilfsverben *sein* und *werden: Alle Wale sind Säugetiere. Jonas wird einmal Mechaniker.* In der Regel steht das Subjekt vor dem Verb und der Gleichsetzungsnominativ nach dem Verb. → Seite 242

Hauptsatz: In einem Hauptsatz steht, im Gegensatz zu einem Nebensatz, das Prädikat oder ein Teil des Prädikats an zweiter Stelle im Satz:
Ich / fahre / heute / mit dem Bus.
Ich / bin / heute / mit dem Bus / gefahren.
Ausnahmen davon bilden nur manche Fragesätze, in denen das Prädikat oder ein Teil des Prädikats am Anfang steht:
Fährst / du / heute / mit dem Bus?
Bist / du / heute / mit dem Bus / gefahren?
Geht dem Hauptsatz ein Nebensatz voraus, so bildet dieser Nebensatz die erste Stelle und das Prädikat oder ein Teil des Prädikats die zweite:
Weil ich es eilig habe, / fahre / ich / heute / mit dem Bus.
Weil ich es eilig hatte, / bin / ich / heute/mit dem Bus / gefahren.

Hilfsverb: Wortart. Die Hilfsverben sind:
- *sein: ich bin, ich war, ich bin gewesen ...,*
- *haben: ich habe, ich hatte, ich habe gehabt...,*
- *werden: ich werde, ich wurde, ich bin geworden ...*

Die Hilfsverben „helfen" den Verben beim Bilden der Zeitformen des Perfekts, Plusquamperfekts, Futur I und Futur II: *ich bin gekommen, ich hatte geschlafen, ich werde kommen, ich werde das erledigt haben.*

Homonym: Homonyme sind Wörter, die gleich geschrieben werden, aber etwas Verschiedenes bedeuten: die *Bank* (Sitzbank) – die *Bank* (Sparkasse); *der Kiefer* (Knochen) – *die Kiefer* (Baum).

Imperativ: Ausrufe- oder Befehlsform des Verbs: *gib, lies, komm, sei lieb* ... (im Gegensatz zum Indikativ und Konjunktiv).

Indikativ: Die Normalform des Verbs. Der Indikativ ist die am häufigsten gebrauchte Aussageform eines Verbs: *er kommt, sie fährt* ... (im Gegensatz zum Konjunktiv: *er käme, sie fahre* ...).

Infinitiv: Grundform des Verbs: *geben, lesen, kommen, sein.*

Jugendsprache: Vor allem bestimmte Wörter der Jugendlichen wie *cool, easy, geil* usw., mit denen sie sich von der Sprache der Erwachsenen unterscheiden möchten. Sobald Erwachsene Ausdrücke dieser Sprache übernehmen, werden sie von Jugendlichen wieder vermieden. So ändert sich die Sprache der Jugendlichen von Generation zu Generation. → Seite 231, 234, 238

Komparativ: Steigerungsform der Adjektive: *größer, höher, schöner …*

Konjunktion (Verbindungswort): Wortart. Es gibt nebenordnende Konjunktionen, die die Hauptsätze einleiten (*und, oder, aber, denn …*) und unterordnende Konjunktionen, die Nebensätze einleiten (*als, weil, wenn, nachdem …*)

Konjunktiv I: Eine Form des Verbs, die vom Präsens, vom Perfekt oder vom Futur I gebildet wird:
Sie sagte, sie gehe jetzt weg. Sie sagte, sie habe geschlagen. Sie sagte, sie werde kommen.
Der Konjunktiv I wird in der indirekten Rede verwendet.

Konjunktiv II: Eine Form des Verbs, die vom Präteritum, vom Plusquamperfekt oder die mit *würde* gebildet wird:
Ich sähe dich gern einmal wieder. Ich hätte dich so gern gesehen! Ich würde dich so gern sehen!
Der Konjunktiv II dient vor allem dem Ausdruck von Wünschen und Vorstellungen.

Metapher: Bildliche, übertragene Redeweise, in der das eigentlich gemeinte Wort (oft auch der Satz) durch ein anderes Wort oder einen anderen Satz (zumeist ein abstrakter durch einen bildlichen) ersetzt ist: *das ist lange vorbei → das ist Schnee von gestern.* Metaphern bedürfen der Interpretation durch den Leser, da ihre eigentliche Bedeutung selten direkt zum Ausdruck kommt. Oftmals haben ganze Texte eine metaphorische Bedeutung, z. B. Rilkes Gedicht *Der Panther* als Metapher für Gefangenschaft.
→ Seite 132/133

Modalverben: Die Modalverben stehen in der Regel in der Kombination mit Verben und verändern deren Bedeutung ein wenig: *ich will das nicht essen, ich darf das nicht essen*
Es gibt sechs Modalverben: *können, sollen, wollen, müssen, dürfen, mögen.*

Nebensatz: Das wichtigste Kennzeichen eines Nebensatzes ist, dass das gesamte Prädikat (mit allen Zusätzen) am Ende des Satzes steht. Weitere Kennzeichen von Nebensätzen sind die Einleitungswörter (z. B. Konjunktionen oder Relativpronomen), die am Anfang eines Nebensatzes stehen. Diese Einleitungswörter bilden gemeinsam mit dem Prädikat den „Rahmen" von Nebensätzen:
Weil/Lotte/von ihrer Freundin/abgeschrieben hat/, …
Nebensätze bilden gemeinsam mit Hauptsätzen ein Satzgefüge. Ohne einen Hauptsatz kommen Nebensätze nicht vor. Sie können dem Hauptsatz vorangehen, ihm nachfolgen oder in ihn eingefügt werden:
Wenn es heute regnet, bleibe ich zu Hause.
Ich bleibe zu Hause, wenn es heute regnet.
Ich bleibe, wenn es heute regnet, zu Hause.
→ Seite 247/248

Nomen (Substantiv, Hauptwort): Wortart. Beispiel: *Kind, Katze, Computer, Glück.* Mit Nomen kann man Lebewesen, Dinge, Gefühle und Gedanken bezeichnen. Nomen haben einen Artikel: *das Kind, die Katze, der Computer …*

Nominalisierung: Wenn Wörter anderer Wortarten zu Nomen werden, nennt man das Nominalisierung. Am häufigsten sind nominalisierte Verben (*das Lesen*) und nominalisierte Adjektive (*der Große*). → Seite 217–221

Nominalstil: Von Attributen bestimmte Art des Schreibens, in der besonders die Nomen hervortreten und die Verben eine geringe Rolle spielen. Vor allem Sachtexte stehen im Nominalstil: *Ein in eine Hauptstraße einbiegender Radfahrer muss mit der gebührenden Vorsicht auf den Verkehr achten …* statt: *Ein Radfahrer, der in eine Hauptstraße einbiegt, muss vorsichtig sein und auf den Verkehr achten …*
→ Seite 248/249

Objekt (Ergänzung): Satzglied. Am häufigsten in unserer Sprache sind das Dativ- und das Akkusativ-Objekt. Beispiele:
- Dativ-Objekt: *Ich helfe meinem Bruder.*
- Akkusativ-Objekt: *Ich unterstütze meinen Bruder.*

→ Seite 242

Partizip (Mittelwort): Die Partizipien stehen zwischen den Wortarten Verb und Adjektiv. Ihr Wortstamm besteht aus einem Verb (*lauf*), das auch in einem Adjektiv vorkommen kann (*das laufende Spiel, die gelaufene Zeit*).
Man unterscheidet:
- das Partizip I, das mit -end gebildet wird: *laufend …*
- das Partizip II, das mit ge- und -en oder -t gebildet wird: *gelaufen, geholt …*

Passiv: Eine Form des Verbs. Das Passiv wird mit dem Hilfsverb *werden* und dem Partizip II gebildet (*ich werde ausgelacht*).
Mit dem Passiv kann man einen Vorgang so darstellen, dass nur von demjenigen die Rede ist, dem etwas passiert, nicht aber von dem, der etwas tut (es wird also z. B. nicht gesagt, wer auslacht, sondern nur, wer ausgelacht wird). In Passivsätzen kann man allerdings auch den „Täter" einer Handlung nennen; dann geschieht das mit einem Satzglied mit *von* (*ich werde von meiner Freundin ausgelacht*).
Das Passiv wird auch als eine Art „Gegenform" zum Aktiv angesehen (siehe dort):
Aktiv: *Meine Freundin lacht mich aus.*
Passiv: *Ich werde von meiner Freundin ausgelacht.*

Perfekt: Zeitform des Verbs. Es wird mit den Hilfsverben *haben* und *sein* und dem Partizip II gebildet:
Sie ist gekommen. Sie hat gefeiert.
Das Perfekt wird meistens in der mündlichen Sprache verwendet und ist dort oft austauschbar gegen das Präteritum. In der Schriftsprache kommt es vor allem in wörtlichen Reden vor. Seine wichtigste Aufgabe ist dort, einen Vorgang als abgeschlossen darzustellen (*Sie haben es endlich geschafft*).

Personalpronomen: Die Personalpronomen sind *ich, du, er, sie, es, wir, ihr, sie* mit ihren verschiedenen Formen: *mir, dir, ihr, ihren* …

Plusquamperfekt: Zeitform des Verbs. Zusammengesetzt wird diese Zeitform mit den Hilfsverben *haben* (*hatte*) und *sein* (*war*) und dem Partizip II. Man verwendet diese Zeitform, wenn man etwas darstellt, das der Vergangenheit vorausgeht und bereits abgeschlossen ist:
Wir kamen an, als der Zug schon abgefahren war.
Ich fuhr los, nachdem ich alles eingepackt hatte.

Positiv: Grundform der Adjektive (im Gegensatz zum Komparativ und Superlativ): *groß, hoch, schön* …

Possessivpronomen: Sie stehen vor einem Nomen und zeigen oft an, wem etwas gehört: *mein Stift, deine Mütze, unser Haus.* Es gibt nur wenige Possessivpronomen: *mein, dein, sein, ihr, unser, euer, meine, deine, seine, ihre, unsere, eure.*

Prädikat: Satzglied. Das Prädikat ist dasjenige Satzglied, das aus einem Verb besteht: *Lotte schreibt.*
Zum Prädikat gehören auch alle Wörter, die zum Verb gehören: *Lotte schreibt ab. Lotte schreibt sich etwas auf.*
Man nennt solche Wörter „Verbzusätze". Wenn diese Wörter am Ende eines Satzes stehen, dann wird der Satz durch das Verb und seine Verbzusätze „eingerahmt"; man spricht dann von einer „Prädikatsklammer": *Lotte schreibt mit großem Geschick von ihrer Freundin ab. Lotte hat mit großem Geschick von ihrer Freundin abgeschrieben.* → Seite 242

Präfix (Vorsilbe): Teil eines Wortes, der nicht allein vorkommt, sondern vor einem Wortstamm steht: *ent-laufen, ver-laufen, un-echt* …
Doch auch die kleinen Wörter, die allein stehen können, bezeichnet man oft als Präfixe:
ab-hauen, durch-laufen …

Präposition (Verhältniswort): Wortart. Beispiele: *auf, zu, wegen*. Präpositionen erkennt man daran, dass nach ihnen das Nomen im Genitiv (*wegen des Sturms*), im Dativ (*zu dem Fest*) oder im Akkusativ (*durch den Tunnel*) steht.

Präpositionales Objekt: Satzglied. Ein präpositionales Objekt ist ein Objekt, das nur mit Hilfe einer Präposition erfragt werden kann:
Ich warte (auf wen oder was?) *auf den Zug.*
Es hat die gleiche Funktion wie der entsprechende Satz mit einem Objekt ohne Präposition:
Ich erwarte (wen oder was?) *den Zug.*
Eine adverbiale Bestimmung kann dagegen mit einfachen Fragewörtern (ohne Präposition) erfragt werden:
Ich warte (wo?) *auf dem Bahnsteig.*
Die Präposition des Objektes ist vom Verb bestimmt:
sich kümmern um, sich begnügen mit, suchen nach …
Präpositionale Objekte und adverbiale Bestimmungen sind nicht in jedem Fall klar zu unterscheiden! → Seite 243

Präsens: Zeitform. Wir verwenden das Präsens in der Regel, wenn wir über etwas sprechen, was in der Gegenwart des Sprechers abläuft: *Jetzt regnet es gerade.*
Das Präsens ist aber vielfältig verwendbar. Es wird auch zur Darstellung von etwas verwendet, was in der Zukunft abläuft: *Morgen komme ich zu dir.*
Und es kann sogar etwas Vergangenes vergegenwärtigen: *Gestern läuft mir doch plötzlich eine Katze ins Rad!* Diese Form nennt man „szenisches Präsens".
Darüber hinaus kann das Präsens etwas darstellen, was mit Zeit überhaupt nichts zu tun hat: *Wale sind Säugetiere. Aller Anfang ist schwer.*

Präteritum: Zeitform, mit der wir einen Abstand zur Sprechzeit herstellen und oft etwas als vergangen darstellen: *Gestern holte ich ihn vom Zug ab.*

Relativpronomen/Relativsatz: Pronomen, die einen Relativsatz einleiten und sich auf ein vorausgehendes Nomen beziehen:
Ein Frosch, der/welcher ständig quakt, nervt mich.
Relativpronomen stammen von den Artikeln und Fragepronomen ab; es sind: *der, die, das, welcher* in ihren verschiedenen Formen.
Relativsätze beziehen sich in der Regel auf das ihnen unmittelbar vorausgehende Nomen. Also nicht:
Im Teich, der ständig quakt, sitzt ein Frosch, sondern:
Im Teich sitzt ein Frosch, der ständig quakt.

Satzgefüge: Ein Satzgefüge ist eine Kombination aus einem Hauptsatz mit mindestens einem Nebensatz:
(Nebensatz:) *Was du nicht willst,* (Nebensatz:) *das man dir tu,* (Hauptsatz) *das füg auch keinem andern zu.*
Zwischen Haupt- und Nebensatz steht immer ein Komma.

Satzreihe: Reihe aus mehreren Hauptsätzen. Die Hauptsätze sind entweder durch nebenordnende Konjunktionen miteinander verbunden:
Erst sagte sie ja, dann sagte sie nein und zum Schluss sagte sie vielleicht.
Oder die Hauptsätze stehen unverbunden nebeneinander:
Sie kam herein, sie begrüßte alle, sie war der Mittelpunkt der Gesellschaft.

Standardsprache: Allgemein verbindliche gesprochene und geschriebene Sprache, die über den Formen der Umgangssprache und der Gruppensprachen steht. Die Standardsprache ist keine herausgehobene, vornehme Sprache, sondern eine, die jedem verständlich sein und bei niemandem auf Ablehnung stoßen soll.
→ Seite 231, 238

Subjekt: Satzglied. Neben dem Prädikat ist das Subjekt das wichtigste Satzglied. Meistens bezeichnet das Subjekt jemanden, der etwas tut, und steht an erster Stelle im Satz. Das Subjekt steht immer im Nominativ:
Der Hund bellt den Briefträger an. → Seite 242/243

Suffix (Nachsilbe): Als Suffixe oder Nachsilben werden meistens Teile von Wörtern bezeichnet, die an den Wortstamm angehängt sind (auch wenn sie eigentlich keine echten Silben sind!): *kind-lich witz-ig* (nach Silben getrennt: *wit-zig*), *Freund-schaft, Kleid-ung* (nach Silben getrennt: *Klei-dung*) ...

Superlativ: Höchststufe der Steigerung des Adjektivs: *schön, schöner, am schönsten.*

Synonym: Wörter, die in ihrer Bedeutung gleich oder ähnlich sind: *Samstag – Sonnabend, Metzger – Fleischer – Schlachter* (bedeutungsgleich), *Angst – Furcht, Mut – Tapferkeit* (bedeutungsähnlich).

Szenesprache: Teil der Sprache der Jugend bestimmter Szenen wie Mode, Musik, Sex, Sport usw. Sie ist vor allem von Wörtern bestimmt, die eine bestimmte Bedeutung übernommen haben (wie *Assel = Asozialer*) oder bedient sich einiger Fremdwörter oder Wortbildungen, die Außenstehende schwer verstehen (wie *kinky = schrullig, komisch).*

Umgangssprache: Sprache, die im täglichen mündlichen Umgang mit anderen Menschen verwendet wird und bestimmte nachlässige Ausdrücke und Verkürzungen (wie: *is doch echt beknackt der Typ*!) enthält, die in der Standardsprache nicht verwendet werden. In Wörterbüchern sind solche Ausdrücke oft mit dem Vermerk *ugs. = umgangssprachlich* gekennzeichnet.

Verb (Tätigkeitswort, Zeitwort): Wortart. Beispiele: *schlafen, wachen.* Mit Verben bezeichnet man Vorgänge und Zustände wie *schlafen, blühen, sitzen, liegen* und Tätigkeiten wie *laufen, packen, essen.*
Verben können in den Zeitformen verändert werden. Dabei verändern die einen ihren Wortstamm, die anderen aber nicht. Verben, die ihren Wortstamm verändern, nennt man „starke" Verben *(schlafen, schläft, schlief, geschlafen),* solche, die ihren Wortstamm nicht verändern, heißen „schwache" Verben *(wachen, wacht, wachte, gewacht).*

Verbalstil: Gegensatz zum Nominalstil (siehe dort). Besonders erzählende Texte bedienen sich des Verbalstils.
→ Seite 248/249

Wortbildung: Von Wortbildung spricht man, wenn an einen Wortstamm mehrere weitere Wortbildungselemente angefügt werden. Dabei dienen *Suffixe (Nachsilben)* der Veränderung der Wortart; aus *Wort* wird *wört-lich.* Andererseits dienen *Präfixe (Vorsilben)* der Veränderung der Bedeutung; aus *Sinn* wird *Un-sinn.* Verbindet man mehrere Wortstämme und Präfixe sowie Suffixe, so spricht man von *Komposition.* Dabei können in der deutschen Sprache sehr lange Wörter entstehen wie *Un-ab-häng-ig-keits-er-klär-ung.*→ Seite 235

Wortstellung: Die normale Wort- und Satzgliedstellung im Satz ist: Subjekt, Prädikat (1. Teil), adverbiale Bestimmung, Objekt, Prädikat (2. Teil):
Er hat gestern den Zug nicht erreicht.
In emotionaler oder poetischer Sprache gibt es ganz besondere Wortstellungen wie:
Erreicht hat er den Zug gestern nicht.
→ Seite 244

Zahlwort: Wörter über Zahlen, die aber zu ganz verschiedenen Wortarten gehören:
- Nomen: *die Sieben* ...
- Adjektive: die *sieben Schwaben* ...
- Adverbien: *sieb(en)tens* ...

Zitat: Wiedergabe von Sätzen, die ein anderer geschrieben hat. Zitate sind stets in eigene Texte eines Schreibers eingebettet. Damit sie sich vom eigenen Text unterscheiden, werden sie durch Anführungszeichen hervorgehoben; auch wird der Verfasser, der sie geschrieben hat, genannt, in der Regel auch die Stelle, an der er sie geschrieben hat.
→ Seite 268/269

Erzählende Texte

Anekdote: Kurze Geschichte mit einer Pointe, die zumeist etwas Witziges über eine berühmte Person erzählt.
→ Seite 150/151

Autor: Schriftsteller, Dichter; Verfasser eines literarischen oder wissenschaftlichen Werkes.

Erlebte Rede: Form der Gedankenrede, die ein Erzähler innerlich führt. Die erlebte Rede steht in der Er-Form und zumeist in einer Vergangenheitsform: *Das konnte ihm doch gleichgültig sein. Wer war er denn? Sollten sie doch machen, was sie wollten!* ... (siehe auch: Innerer Monolog)
→ Seite 148/149

Erzähler: Der Erzähler ist eine Figur, die innerhalb einer Erzählung selbst anwesend ist und zur Geschichte dazugehört. Sie unterscheidet sich also von dem Autor, der einen Text geschrieben hat. Man unterscheidet den Ich-Erzähler, den Er-Erzähler und den allwissenden Erzähler.
→ Seite 145–147

Erzählperspektive: Die Erzählperspektive ist vom Erzähler abhängig. Der Ich-Erzähler und der Er-Erzähler kann nur wissen, was er bei seinen Figuren von seinem Standpunkt aus sieht. Der allwissende Erzähler kann sich in alle Figuren, von denen er erzählt, hineinversetzen und über ihre Gefühle und Gedanken etwas aussagen.
→ Seite 145–149

Erzählung: Im Vergleich zum Roman eine kürzere mündliche oder schriftliche Darstellung von wirklichen oder erfundenen Ereignissen. Erzählungen stehen meistens in Prosa und in einer Vergangenheitsform, sie können aber auch in lyrischer Form (z.B. in Erzählgedichten und Balladen) gestaltet sein.

Innerer Monolog: Form der Gedankenrede, die ein Erzähler innerlich führt. Der innere Monolog steht in der Ich-Form und im Präsens: *Das ist mir doch so was von egal! Wer bin ich denn? Lass sie doch machen, was sie wollen!* ... (siehe auch: Erlebte Rede)
→ Seite 148/149

Ironie: Sprechweise, bei der das Gegenteil dessen ausgesagt wird, was gemeint ist: *Jonas, du bist ein großer Held!* - wenn man eigentlich sagen will, dass Jonas feige ist. Der Witz der Ironie wird erst dann deutlich, wenn ein anderer versteht, was in Wirklichkeit gemeint ist. → Seite 156/157

Kurzgeschichte: Kurze Erzählung über ein einziges Ereignis, in der Regel in der Er-Form, selten mit einem allwissenden Erzähler. Oft in einfacher Sprache. Der Anfang führt zumeist mitten in die Handlung hinein; der Schluss ist oftmals offen und regt zum weiteren Nachdenken über das Ende hinaus an.

Novelle: Längerer literarischer Text (zwischen Erzählung und Roman), in dem ein einziges besonderes Ereignis im Mittelpunkt der Handlung steht.

Parabel: Ein literarischer Text, der als Beispiel für ein bestimmtes Verhalten dient. Parabeln enthalten zumeist eine Lehre. → Seite 62/63

Parodie: Literarischer Text, der einen anderen Text, den es schon gibt und der den Lesern bekannt ist, verspottet und kritisiert. Parodien übernehmen eine bestehende Form und fügen einen anderen, oft gegenteiligen Inhalt in sie ein. Zum Beispiel Goethes *Erlkönig: Wer reitet so spät durch Nacht und Wind? ... ? Wer donnert so spät mit dem Benz durch die Nacht? ...*
→ Seite 156–158

Rhetorische Frage: Frage, auf die eine Antwort so selbstverständlich ist, dass man sie nicht eigens geben muss. Rhetorische Fragen werden oftmals von einem Erzähler an den Leser gestellt, um zum Weiterdenken anzuregen oder den Erzählfluss aufzuhalten.
→ Seite 151, 194

Sarkasmus: Böse herabsetzende Form der Ironie oder Kritik.
→ Seite 156/157

Satire: Kunstform (in Literatur, bildender Kunst, Film, Kabarett), die auf witzige Weise Kritik übt. Die Satire übt zumeist Kritik an verwerflichen menschlichen Verhaltensweisen wie Geiz, Angeberei, Stolz, Hochmut usw. Sie dient aber auch der Kritik an politischen Verhältnissen, an der Werbung usw. Die Satire stellt etwas in der Regel positiv dar, was negativ gemeint ist; sie lobt, wo es zu kritisieren gilt, sie färbt schön, wo eigentlich abgewertet werden müsste.
→ Seite 155–163

Spannung: Aufbau einer Erwartung über den Ausgang eines Textes vor allem mit den Mitteln der Verzögerung und der Vorausdeutung. Auf den Höhepunkt der Spannung folgt das Ende der Geschichte zumeist mit einer Überraschung (Pointe). Musterbeispiele spannender Texte sind Krimis.
→ Seite 150/151

Gedichte

Lyrisches Ich: Derjenige, der in einem Gedicht in der Ich-Form spricht und manchmal den Leser anspricht: *Von heut an stell ich meine alten Schuhe / nicht mehr ordentlich neben die Fußnoten,* ... Das lyrische Ich darf nicht mit dem Autor des Gedichtes verwechselt werden, da es zumeist aus einer Rolle spricht, die dem Ich-Erzähler vergleichbar ist.
→ Seite 131

Metrum: Silbenmaß eines Gedichtverses, bestehend aus mehreren gleichmäßig angeordneten betonten und unbetonten Silben: Jambus (unbetont – betont: *Ver-rat*), Trochäus (betont – unbetont: *Lie-be), Daktylus* (betont – unbetont – unbetont: *Ei-fer-sucht*), Anapäst (unbetont – unbetont – betont: *Lie-be-lei).* → Seite 128

Reim: Reime bestehen aus Wörtern, die in den betonten Silben und den Wortenden gleich sind. Anders am Aufbau des Wortes sind die Silbenanfänge: *Bl itz – W itz, R un-de – St un-de.* Reime bestimmen das Versende der meisten Gedichte. → Seite 129

Strophe: Eine Strophe im Gedicht besteht aus mehreren zusammengehörenden Versen. Sie ist vergleichbar mit dem Absatz in einem Prosatext. → Seite 127

Vers: Abgegrenzte Zeile eines Gedichtes, oft in rhythmischer Form, bestehend aus einem bestimmten Versmaß.
→ Seite 127

Versmaß: Folge von Wörtern eines bestimmten Metrums in einem Vers. Versmaße können zwei-, drei-, vier- oder fünfhebig sein, also aus zwei, drei, vier oder fünf betonten Silben bestehen. Zweihebig: *Häns-chen klein...;* dreihebig: *Ein Jüng-ling liebt ein Mäd-chen ...;* vierhebig: *Wenn ein Mann ein Mäd-chen liebt ...* → Seite 129

Zeilensprung: Geht eine Sinneinheit über das Versende hinaus, so spricht man von einem Zeilensprung (Enjambement): So z.B. in Rilkes Gedicht *Der Panther*:
Sein Blick ist vom Vorübergehn der Stäbe
so müd geworden, dass er nichts mehr hält.
Bei einem Zeilensprung sollte beim Vorlesen stets eine kleine Pause gemacht werden, ohne die Stimme absinken zu lassen, denn das erste Wort der folgenden Zeile wird meistens besonders betont.

Filme

Drehbuch: Manuskript für einen Film mit Text und genauen Anweisungen für alle Einzelheiten der Darstellung: Bild- und Szeneninhalt, die filmische Umsetzung (Einstellungsgrößen und -perspektiven, Kamerabewegungen und Montage). → Seite 104–106

Drehplan: Enthält die nummerierten Kameraeinstellungen und die an den einzelnen Drehtagen vorgesehenen Szenen.

Einstellung: Zeitraum zwischen zwei Schnitten, kleinste Einheit einer Filmszene (shot), in der die Kamera ohne Unterbrechung aufnimmt.

Einstellungsgrößen/Kameraeinstellungen: Abstand des abgebildeten Objekts (Personen, Tiere, Dinge) zur Kamera; geläufige Kameraeinstellungen sind:
- Totale: ermöglicht dem Zuschauer einen Überblick über die Umgebung;
- Halbtotale: zeigt die Situation der Person(en) in ihrer Umgebung;
- Halbnah: betont die Handlung der Person(en);
- Nah: zeigt Gefühle, Gesichtsausdruck;
- Detail: konzentriert den Blick auf eine wichtige Einzelheit.

Kamerabewegungen: Still (Kamera unbewegt), Schwenk (nach links oder rechts), Zoom (näher ran – weiter weg), Fahrt (Kamera auf einem Kamerawagen); Kamerabewegungen können Ruhe oder Tempo in den Film bringen.

Kamerafahrt: Bewegte Kamera, meist auf einem Dolly (Kamerawagen, oft auf Schienen) befestigt.

Kameraperspektive: Die Kamera gibt die Perspektive vor, unter der die Zuschauer ein Geschehen wahrnehmen. Die Wahl der Perspektive bestimmt die Wirkung. Unterschieden werden:
- Vogelperspektive: Ermöglicht einen Blick „von oben herab"; die dargestellte Person wirkt klein, machtlos.
- Froschperspektive: Zeigt die Person aus einer niedrigen Kameraposition; sie wirkt groß, überlegen.
- Normalsicht: Entspricht unseren üblichen Sehgewohnheiten; zeigt die Person in Augenhöhe.

Kulisse: Für den Film hergestellte und aufgebaute Straßen, Gebäude, Innenraumteile, die zum Teil nur bemalte Fassade sind.

Montage: Kurze Einstellungen oder Filmszenen werden am „Schneidetisch" (hart) aneinandergeschnitten, um zusammen als eine Aussage zu wirken.

Off-Ton: Ton, der nicht direkt aus dem Szenenbild entsteht, zum Beispiel Filmmusik oder ein gesprochener Kommentar (Voice over).

On-Ton: Ton, der direkt aus dem Szenenbild hervorgeht, z.B. ein Dialog.

Requisite: Szenenausstattung: Gegenstände, Möbel, Fahrzeuge, die teilweise speziell für den Film hergestellt wurden.

Rückblende: Von der Haupthandlung wegführender Zwischenschnitt in die Vergangenheit.

Sequenz: Teil einer Filmhandlung, die wiederum in Szenen und Einstellungen unterteilt ist.

Soundtrack: Filmmusik des gesamten Films.

Subjektive Kamera: Die Kamera als „Auge" eines Darstellers; alles wird aus seiner Sicht gesehen, der Zuschauer wird so direkt in die Situation des Darstellers hineinversetzt.

Szene: Handlungseinheit, meist mit mehreren Einstellungen.

Zeitlupe: Verlangsamung der real ablaufenden Zeit im Film; extrem langsame Bewegung.

Zeitraffer: Verkürzung der real ablaufenden Zeit im Film, extrem schnelle Bewegungen.

Textsortenverzeichnis

Autoren- und Quellenverzeichnis

Abelein, Anne
Eines Tages … S. 44
Aus: Du gegen Mich. Hrsg. von Anne Teuter und Abraham Teuter. Frankfurt a. M.: Alibaba 1997. S. 11.

Addison, Joseph
Lesen ist für den Geist … S. 9
Aus: Angelika Koller/Antje Herrmann (Hrsg.): Liebe zu Büchern. München: arsEdition 1995. S. 67.

Andersch, Alfred
(geb. 1914 in München, gest. 1980 in Berzona)
Der Lesende S. 17
Aus: A. Andersch. Sansibar oder der letzte Grund. In: Gesammelte Werke in 10 Bänden. Diogenes Verlag AG Zürich 2004.

Ausländer, Rose
(geb. 1907 in Czernowitz/Bukowina, gest. 1988 in Düsseldorf)
Hoffnung II S. 35
Aus: R. Ausländer. Im Atemhaus leben. Frankfurt a. M.: Fischer 1981. S. 43. (c) Literarischer Verlag Helmut Braun, Köln.

Bernhard, Thomas
(geb. 1931 in Heerlen/Niederlande, gest. 1989 in Gmunden/Österreich)
Der Geldbriefträger S. 143
Aus: Neue deutsche Kurzprosa. Hrsg. von Fritz Pratz. Frankfurt a. M.: Diesterweg 1976. S. 15.

Bichsel, Peter
(geb. 1935 in Luzern)
Die Tochter S. 189
Aus: P. Bichsel. Eigentlich möchte Frau Blum den Milchmann kennen lernen. Olten: Walter 1980.

Böll, Heinrich
(geb. 1917 in Köln, gest. 1985 in Langenbroich)
Es wird etwas geschehen S. 159
Aus: H. Böll. Gesammelte Erzählungen. Bd. 2. Köln: Kiepenheuer & Witsch 1981. S. 106ff.

Brasch, Thomas
(geb. 1945 in Westow/England, gest. 2001 in Berlin)
Der schöne 27. September S. 131, 136
Aus: T. Brasch. Der schöne 27. September. Frankfurt a. M.: Suhrkamp 1980. S. 21.

Brecht, Bertolt
(geb. 1898 in Augsburg, gest. 1956 in Berlin)
Ich will mit dem gehen, den ich liebe S. 41
Vergnügungen S. 134
Aus: B. Brecht. Gesammelte Werke in 20 Bd. Frankfurt a. M.: Suhrkamp 1967. Bd. 4: Stücke 4. S. 1552, Bd. 10: Gedichte 3. S. 1022.

Busch, Wilhelm
(geb. 1832 in Wiedensahl, gest. 1908 in Mechtshausen)
Eine Nachtgeschichte S. 153
Aus: W. Busch. Sämtliche Werke in 2 Bd. Hrsg. von Rolf Hochhuth. Gütersloh: Bertelsmann 1982.

Demme, Kathrin
Mein Schatten und ich S. 29
Aus: Glück. Hrsg. von Klaus Urban. Stuttgart/Bonn: Burg 1985. S. 135.

Döblin, Alfred
(geb. 1878 in Stettin, gest. 1957 in Emmendingen)
Mit der 41 in die Stadt S. 120
Aus: A. Döblin. Berlin Alexanderplatz. München: Deutscher Taschenbuch Verlag 1965. S. 8f. (c) 1961 Walter Verlag, Olten.

Dönhoff, Marion Gräfin
(geb. 1909 bei Löwenhagen/Ostpreußen, gest. 2002 in Hamburg)
Toleranz statt Arroganz S. 50
Aus: Die Zeit vom 13.4.2000.

Dürrenmatt, Friedrich
(geb. 1921 in Konolfingen, gest. 1990 in Neuenburg, s. a. S. 175)
Die Physiker S. 176
Aus: F. Dürrenmatt. Die Physiker. Diogenes Verlag AG Zürich 1998. S. 63ff.

Ebner-Eschenbach, Marie von
(geb. 1830 in Zdislavic/Mähren, gest. 1916 in Wien)
Ein kleines Lied S. 133
Aus: M. v. Ebner-Eschenbach. Sämtliche Werke. Berlin: Paetel o. J.

Eich, Günter
(geb. 1907 in Lebus, gest. 1972 bei Salzburg)
Wetterhahn S. 138
Aus: G. Eich. Gesammelte Werke. Bd. 1: Die Gedichte. Frankfurt a. M.: Suhrkamp 1973. S. 39f.

Engelke, Gerrit
(geb. 1890 in Hannover, gest. 1918 bei Cambrai)
Stadt S. 117
Aus: G. Engelke. Rhythmus des neuen Europa. Das Gesamtwerk. Hannover: Postscriptum 1979. S. 47.

Fietz, Ulla
Selbsterfahrung S.29
Originalbeitrag.

Finckh, Renate
(geb. 1926 in Ulm)
Sie versprachen uns die Zukunft S. 262
Aus: R. Finckh. Sie versprachen uns die Zukunft. Eine Jugend im Nationalsozialismus. Tübingen: Silberburg 2002. S. 167f.

Fried, Erich
(geb. 1921 in Wien, gest. 1988 in Baden-Baden)
Warum S. 35
Aus: E. Fried. Liebesgedichte. Berlin: Wagenbach 1979. S. 35.

Gelberg, Hans-Joachim
Natürlich gibt es noch immer … S. 9
Aus: H.-J. Gelberg: Wir verändern uns mit unseren Büchern. Vortrag im Rahmen des Kinder- und Jugendbuchfestivals (14.-20.4.2005) in Wien. www.jugendliteratur.net

Gitschmann, Jennifer
Hals über Kopf und Kragen S. 133
Aus: Hungrig nach starken Gefühlen. Braunschweig: Westermann 1994.

Große-Oetringhaus, Hans-Martin
(geb. 1948 in Klagebach)
Sarahs Stein S. 56
Aus: Einfach stark! Hrsg. von Anne Bender. München: Deutscher Taschenbuch Verlag 1996. S. 168ff.

Grün, Max von der
(geb. 1926 in Bayreuth, gest. 2005 in Dortmund)
Wie war das eigentlich? S. 260
Aus: M. von der Grün. Wie war das eigentlich? Kindheit und Jugend im Dritten Reich. München: deutscher Taschenbuch Verlag 1995. S. 68f., 131.

Heidenreich, Elke
Lesen ist das Glück meines Lebens S. 9
Aus: Stern 31/2003, S. 128, 132 (Auszüge aus einem Interview).

Heine, Heinrich
(geb. 1797 in Düsseldorf, gest. 1856 in Paris)
Aus: Deutschland – ein Wintermärchen S. 113
Ein Jüngling liebt ein Mädchen S. 137
Aus: H. Heine. Werke. Bd. 1. Frankfurt a. M.: Insel 1968.

Hoddis, Jakob van
(geb. 1887 in Berlin, gest. 1942)
Weltende S. 122
Aus: J. v. Hoddis. Weltende. Gesammelte Dichtungen. Zürich: Arche 1958.

Hohler, Franz
(geb. 1943 in Biel)
Was ich alles bin S. 28
Aus: Bundesdeutsch – Lyrik zur Sache Grammatik. Hrsg. von Rudolf Otto Wiemer. Wuppertal: Peter Hammer 1974.

Jodeit, André
Mein wildester Traum S. 127, 142
Aus: Hungrig nach starken Gefühlen. Hrsg. von der Gerhard-Hauptmann-Schule Springe u.a. Braunschweig: Westermann 1994.

Jonas, Anna
(geb. 1944 in Essen)
ich für mich S. 35
Aus: Literarischer März. Lyrik unserer Zeit. Hrsg. von F. Deppert, K. Krolow und W. Weyrauch. München: List 1979.

Kästner, Erich
(geb. 1899 in Dresden, gest. 1974 in München)
Die Entwicklung der Menschheit S. 18
Aus: Das Erich-Kästner-Lesebuch. Hrsg. von Christian Strich. Zürich: Diogenes 1978. S. 22.
Berlin in Zahlen S. 118
Aus: E. Kästner. Gesammelte Schriften 1: Gedichte. Frankfurt a. M.: Büchergilde Gutenberg

Krechel, Ursula
(geb. 1947 in Trier)
Umsturz S. 132
Aus: U. Krechel. „Nach Mainz". Gedichte. Darmstadt: Luchterhand 1977.

Lasker-Schüler, Else
(geb. 1869 in Wuppertal, gest. 1945 in Jerusalem, s. a. S. 123)
Ich bin traurig S. 124
Heimlich zur nacht S. 124
Sinnenrausch S. 124
Aus: E. Lasker-Schüler. Gesammelte Werke in drei Bänden. Hrsg. von Friedhelm Kemp. Bd. 1: Gedichte 1902-1943. München: Kösel 1961.

Lenau, Nikolaus von
(geb. 1802 in Csatád, gest. 1850 in Oberdöbling)
Der Postillion S. 112
Aus: N. Lenau-Chronik. Werke und Briefe. Wien: Deuticke 1992ff.

Loriot
(= Vicco von Bülow, geb. 1923 in Brandenburg/Havel)
Bundestagsrede S. 158
Aus: Loriots dramatische Werke. Zürich: Diogenes 1983. S. 257.

Luther, Martin
(geb. 1483 in Eisleben, gest. 1546 ebd.)
Meinem hertzlieben son
Hensichen Luther zw Wittemberg S. 209, 210
Martin Luther an seinen Sohn Hans. Text nach: Walter Heynen (Hrsg.). Das Buch deutscher Briefe. Wiesbaden: Insel 1957.

Meißner-Johannknecht, Doris
(geb. 1947 in Dortmund)
Tuchfühlung S. 32
Aus: D. Meißner-Johannknecht. Tuchfühlung. Wuppertal: Peter Hammer 1996. S. 77f., S. 99ff.

Meyer-Dietrich, Inge
(geb 1944)
Ich will ihn – ich will ihn nicht S. 38
Aus: I. Meyer-Dietrich. Ich will ihn – Ich will ihn nicht. Ravensburg: Ravensburger 1995. S. 106ff., S. 117f.

Mon, Franz
(geb. 1926 in Frankfurt a. M.)
man muss was tun S. 170
Aus: F. Mon. Poetische Werke 1951-1970. Gesammelte Texte 2. Berlin: Janus Press 1995. S. 206.

Newth, Eirik
(geb. 1964)
An alle, die zur Zeit leben S. 64
Es gibt zahlreiche Energiequellen S. 68
Aus: E. Newth. Abenteuer Zukunft. Aus dem Norwegischen von Ina Kronenberger. München/Wien: Hanser 2000. S. 7ff., S. 53.

Pausewang, Gudrun
(geb. 1928 in Wichstadtl)
Trau dich, Paps! S. 52
Aus: Stand up! Zivilcourage ist angesagt. Hrsg. von Reiner Engelmann. Würzburg: Arena 1996. S. 10ff.

Pennac, Daniel
(geb. 1944 in Casablanca)
10 Rechte für Leser S. 16
Aus: D. Pennac. Wie ein Roman. Aus dem Französischen von Uli Aumüller. Köln: Kiepenheuer & Witsch 1994. S. 163.

Pinthus, Kurt
(geb. 1886 in Erfurt, gest. 1975 in Marbach)
Über Modernisierungsprozesse in der Großstadt S. 119
Aus: K. Pinthus. Die Überfülle des Erlebens. In: Berliner Illustrirte Zeitung Nr. 9 vom 28.2.1925. Ullstein Verlag, Berlin.

Rabisch, Birgit
(geb. 1953 in Hamburg)
Duplik Jonas 7 S. 73
Aus: B. Rabisch. Duplik Jonas 7. München: Deutscher Taschenbuch Verlag 1997. S. 48ff.

Reese, Christine
Ohne Fleiß kein Preis S. 80
Aus: Spuren suchen 18/2004. Hrsg. von der Körber-Stiftung, Hamburg. S. 24f.

Reinecke, Melanie
Zeit S. 127, 142
Aus: Hungrig nach starken Gefühlen. Hrsg. von der Gerhard-Hauptmann-Schule Springe u.a. Braunschweig: Westermann 1994.

Rhenius, Barbara
Ich muss immer erst warm werden S. 150
Nacherzählt nach einer Anekdote von Berthold Auerbach. Originalbeitrag.

Rilke, Rainer Maria
(geb. 1875 in Prag, gest. 1926 in Valmont bei Montreux/Schweiz)
Der Panther S. 140
Aus R. M. Rilke. Sämtliche Werke. Hrsg. von E. Zinn. Frankfurt a. M.: Insel 1975.

Rühm, Gerhard
(geb. 1930 in Wien)
der rattenfänger S. 172
Aus: Bilderbogengeschichten. Hrsg. von J ochen Jung. München: Heinz Moos 1974. (c) Gerhard Rühm, Köln.

Schmidt, Helmut
(geb. 1918 in Hamburg)
Die Kriegsgeneration S. 263
Aus: H. Schmidt. Pflicht zur Menschlichkeit. Düsseldorf: Econ 1981. S. 251ff.

Schnurre, Wolfdietrich
(geb. 1920 in Frankfurt a. M., gest. 1989 in Kiel)
Beste Geschichte meines Lebens S. 146
Aus: W. Schnurre. Der Schattenfotograf. München: List 1978. S. 158.

Schulz, Peter-T.
(geb. 1944 in Friedeck/Mähren)
Mein Leben, das ist ein Bild S. 34
Aus: P.-T. Schulz. Liebe ist Energie. Köln: DuMont 1994.

Schüren, Hermann-Josef
(geb. 1954 in Kerken)
Auf dem Kriegspfad S. 148
Aus: H.-J. Schüren. Rührmichnichtan. Reinbek bei Hamburg: Rowohlt 1988.

Storm, Theodor
(geb. 1817 in Husum, gest. 1888 in Hademarschen)
Die Stadt S. 116
Aus. T. Storm. Gesammelte Werke. Bd. 1: Gedichte, Märchen, Spukgeschichten. München: Nymphenburger 1981. S. 22.

Stramm, August
(geb. 1874 in Münster, gest. 1915 bei Horodec/Russland)
Patrouille S. 114
Aus: A. Stramm. Dramen und Gedichte. Stuttgart: Reclam 1979. (c) Limes Verlag, München.

Tenzer, Eva
Eingreifen oder wegschauen? S. 49
Aus: Psychologie heute 6/2004. S. 13.

Teufel, Erwin
(geb. 1939 in Rottweil)
Offener Brief an Franz Alt S. 190
Aus: Sonntag aktuell, Stuttgart.

Treiber, Jutta
(geb. 1949 in Oberpullendorf)
Solange die Zikaden schlafen S. 30
Aus: J. Treiber. Solange die Zikaden schlafen. Wien: Ueberreuter 1998. S. 112ff., S. 117f.

Tucholsky, Kurt
(geb. 1890 in Berlin, gest. 1935 bei Göteborg)
Ratschläge für einen guten Redner S. 51
Aus: K. Tucholsky. Gesammelte Werke in 10 Bd. Bd. 8: Hrsg. von Mary Gerold-Tucholsky und Fritz Raddatz. Reinbek bei Hamburg: Rowohlt 1960. S. 292.

Uhland, Ludwig
(geb. 1787 in Tübingen, gest. 1862 ebd.)
Frühlingsglaube S. 142
Aus: L. Uhland. Gedichte. Hrsg. von E. Schmidt und H. Hartmann. Stuttgart: Cotta 1898.

Vollhardt, Brigitte
die angst S. 34
Aus: Courage 4. Heft 8/1978.

Wolf, Ror
(geb. 1932 in Saalfeld/Saale)
Rammer & Brecher Sonett S. 130
Aus: R. Wolf. Das nächste Spiel ist immer das schwerste. Zürich: Haffmanns 1990. S. 224.
Vor einiger Zeit S. 153
Aus: R. Wolf. Mehrere Männer. Zweiundachtzig ziemlich kurze Geschichten, zwölf Collagen und eine längere Reise. Darmstadt/Neuwied: Luchterhand 1987. S. 25.

Zwerenz, Gerhard
(geb. 1925 in Gablenz)
Nicht alles gefallen lassen ... S. 184
Aus: G. Zwerenz. Gesänge auf dem Markt. Köln: Kiepenheuer & Witsch 1962.

Texte ohne Verfasserangabe und Texte unbekannter Verfasser

Alles hat seine Zeit S. 34
Formulierung von Dieter Hintz nach der Bibel, Altes Testament, Buch Kohelet 3, 1–8.

Alltagsleben in der Diktatur S. 259
Aus: Geschichte konkret 3. Hrsg. von Hans-Jürgen Pandel. Hannover: Schroedel 1998. S. 168f. Quellentexte auf S. 159:
- *Q1: Jugend unterm Schicksal. Lebensberichte junger Deutscher 1946-1949. Hrsg. von Kurt Haß. Hamburg: Wegner 1950. S. 61f.*
- *Q2: Karl-Heinz Janßen. Eine Welt brach zusammen. In: Jugend im Dritten Reich. Hrsg. von Hermann Glaser und Axel Silesius. Frankfurt a. M.: Tribuene Verlag 1975. S. 89ff.*
- *Q3: Die Juden in Deutschland 1933-1945. Leben unter nationalsozialistischer Herrschaft. Hrsg. von Wolfgang Benz. München: C. H. Beck 1988. S. 335f.*

Arbeit (Lexikontexte) S. 79
- *Linker Text aus: Universallexikon von A-Z. Gütersloh: Bertelsmann 2004. S. 55f.*
- *Rechter Text aus: dtv-Lexikon. Bd. 1: A-Ban. München: Deutscher Taschenbuch Verlag 1966. S. 187.*

Die Bohnenmaus und ihre Freunde S. 63
Aus: Karin von Welck. Die Mäusefreunde. Ein Indianerbuch aus dem Rautenstrauch-Joest-Museum. Köln 1982.

Film S. 102
Aus: Duden Schülerlexikon. Mannheim: Bibliographisches Institut 2000. S. 209f. (gekürzt)

Im Regelverzeichnis des Wörterbuchs nachschlagen S. 218, 220, 222, 224
Wörterbuchauszüge aus: Duden. Bd. 1: Die deutsche Rechtschreibung. 23. Auflage. Mannheim/Leipzig/Wien/Zürich: Dudenverlag 2004. S. 42ff. (c) Bibliographisches Institut & F. A. Brockhaus AG, Mannheim 2004.

Liebeslügen per E-Mail S. 103
Aus: Borkener Zeitung vom 4.11.2004.

Maria an Callas S. 104
Ausschnitte aus dem Originaldrehbuch von Petra K. Wagner zu dem Spielfilm „Maria an Callas". Produziert von Moonfilm, Berlin, in Koproduktion mit dem NDR, BB Film und CH MEDIA.

Neu im Duden S. 215
Aus: A. und I. Reichardt. Hund beißt Flugzeug. Tausend kuriose Meldungen aus aller Welt. Essen: Stamm 2001.

Psychologe: Bei Windanlagen Rücksicht auf Bürgerbelastung nehmen S. 70
Aus: Greenpeace-Magazin vom 10.11.2004.

Soziale Verantwortung – wofür? S. 228
Aus: Sozialpolitik. Ein Heft für die Schule. Ausgabe 2004/2005. S. 3. (leicht gekürzt)

Studie prognostiziert „Windwirtschaftswunder" S. 69
Aus: www.vistaverde.de.

Tippfehler und Duzen in E-Mails tabu S. 215
Aus: A. und I. Reichardt. Hund beißt Flugzeug. Tausend kuriose Meldungen aus aller Welt. Essen: Stamm 2001.

Trotz Windenergie mehr Artenvielfalt S. 70
Aus: www.vistaverde.de.

Was Klimaforscher vorhersagen S. 226
Aus: Trio 7. Braunschweig: Schroedel 2005. S. 58.

Wegen SMS-Sucht im Krankenhaus S. 215
Aus: A. und I. Reichardt. Hund beißt Flugzeug. Tausend kuriose Meldungen aus aller Welt. Essen: Stamm 2001.

Wenn Sie mit Bus oder Bahn ... S. 48
Aus einer Broschüre der Aktion „Düsseldorfer Courage". Hrsg. von der Landeshauptstadt Düsseldorf – Amt für Kommunikation.

Windenergie löst Wasser als regenerative Energiequelle Nummer 1 ab S. 69
Aus: www.vistaverde.de.

Windkraft – Energie mit Zukunft S. 70
Aus: www.vistaverde.de

Bildquellenverzeichnis

S. 9 o., 13, 16: Greser&Lenz, Frankfurt/M.; **S. 9 u., 61, 71, 86, 88, 98, 99, 100, 167, 173, 174, 202, 206, 229, 270:** Michael Fabian, Hannover; **S. 10:** Cover zu Doris Meißner-Johannknecht: Engel von Berlin. Umschlaggestaltung: knaus. büro für konzeptionelle und visuelle identitäten, Würzburg. © 2005 by Arena Verlag GmbH, Würzburg; Lois Lowry: Hüter der Erinnerung. © für die Umschlagillustration von Hanno Rink: 1998 Deutscher Taschenbuch Verlag, München; Thomas Brussig: Am kürzeren Ende der Sonnenallee. © 2001, 2005 Fischer Taschenbuch Verlag, Frankfurt am Main; **S. 11:** Aus: Alfred Andersch: Sansibar oder der letzte Grund. Copyright © 1972 Diogenes Verlag AG Zürich; **S. 15:** Rennich, Hildesheim; **S. 17:** ZB/picture-alliance; **S. 18, 23, 24, 130, 132, 143, 144, 150, 163, 195, 215, 217, 245:** Jaroslaw Schwarzstein, Hannover; **S. 21:** Hannoversche Allgemeine Zeitung; **S. 26, 50, 240, 247:** dpa/picture-alliance; **S. 27:** Berlinische Galerie, Berlin; **S. 28, 36, 41, 168, 171:** Ulrike Köcher, Hannover; **S. 33:** Doris Meißner-Johannknecht: Tuchfühlung. Peter Hammer Verlag, Wuppertal 1996; **S. 39, 47, 53, 56, 57, 58, 59, 63, 145, 146, 149, 159, 161, 162, 185, 231, 234, 236, 238, 246, 253:** Sabine Lochmann, Frankfurt/M.; **S. 40:** Aus: Inge Meyer-Dietrich: Ich will ihn, ich will ihn nicht. Umschlagillustration: init GmbH, Bielefeld. © 2002 by Ravensburger Buchverlag Otto Maier GmbH, Ravensburg; **S. 42:** Cover zu Dagmar Chidolue: Lady Punk. Beltz & Gelberg in der Verlagsgruppe Beltz, Weinheim & Basel; Cover zu Christine Nöstlinger: Bonsai. Beltz & Gelberg in der Verlagsgruppe Beltz, Weinheim & Basel; Doris Meißner-Johannknecht: Nordseedschungel. Peter Hammer Verlag Wuppertal, 1998; **S. 43:** Luis Murschetz/CCC, München; **S. 44:** Werbeagentur Springer & Jacoby, Hamburg; **S. 45, 46, 48:** Mit freundlicher Genehmigung des Kriminalpräventiven Rates der Landeshauptstadt Düsseldorf und BUTTER. Agentur für Werbung GmbH; **S. 64:** Cover zu Eirik Newth: Abenteuer Zukunft. Umschlagillustration: Ludwik Glazer-Naudé, Berlin. © 2002 dtv, München, Reihe „Hanser"; **S. 68:** Volker Sarbach/photopool; **S. 69, 82:** Globus, Hamburg; **S. 72:** Cover zu Aldous Huxley: Schöne neue Welt. © 1953, 1981, 2003 Fischer Taschenbuch Verlag GmbH, Frankfurt am Main; Cover zu George Orwell: 1984. Umschlaggestaltung: Hauptmann und Kampa Werbeagentur, CH-Zug. © 2002, 2003 Wilhelm Heyne Verlag GmbH & Co. KG, München; **S. 73:** Birgit Rabisch: Dublik Jonas 7. © für die Umschlaggestaltung von Jorge Schmidt und Tabea Dietrich unter Verwendung eines Fotos von Jan Roeder: 1996 Deutscher Taschenbuch Verlag, München; **S. 76:** Andreas Eschbach: Perfect Copy. Covergestaltung: Constanze Spengler. © 2004 Arena Verlag GmbH, Würzburg; Margaret Peterson Haddix: Experiment Ewige Jugend. © für die Umschlaggestaltung von Jorge Schmidt und Tabea Dietrich unter Verwendung eines Fotos von Jan Roeder. 2003 Deutscher Taschenbuch Verlag, München; Cover zu Charlotte Kerner: blueprint. Beltz & Gelberg in der Verlagsgruppe Beltz, Weinheim & Basel; **S. 77, 91, 197:** Irmgard Ehls, Hofgeismar; **S. 80 u., 81, 209:** akg-images, Berlin; **S. 92:** Wolf, Steinheim; **S. 93, 95:** Michael Kooren/Hollandse Hoogte/Laif, Köln; **S. 96 o.:** Bundesarchiv, Koblenz; **u.:** © Stiftung Haus der Geschichte, Bonn; **S. 97 o. l.:** AP, Frankfurt/M.; **o. r.:** © Stiftung Haus der Geschichte, Bonn. Foto: Michael Jensch/Axel Thünker; **u.:** AP Photo/Itsuo Inouye. Montage: Ursula Dahmen/Der Tagesspiegel; **S. 103, 104, 105:** moonfilm, Berlin; **S. 107:** Cinetext, Frankfurt/M.; **S. 109, 110 o., 111, 122, 124:** BPK, Berlin; **S. 110 M.:** Museum für Post und Kommunikation, Frankfurt/M.; **u.:** Avenue Images GmbH, Hamburg; **S. 114:** akg-images © VG Bild-Kunst, Bonn 2005; **S. 115:** BPK, Berlin. © The Munch Museum/The Munch Ellingsen Group/VG Bild-Kunst, Bonn 2005; **S. 116:** Nordfriesisches Museum Ludwig-Nissen-Haus, Husum; **S. 117:** © Ludwig Meidner-Archiv, Jüdisches Museum der Stadt Frankfurt am Main; **S. 119:** Sprengel Museum Hannover, Foto: Michael Herling; **S. 121:** Stiftung Deutsche Kinemathek, Berlin; **S. 123:** Friedrich Pfäfflin, Marbach; **S. 126:** Güttler, Berlin; **S. 134:** Suhrkamp Verlag, Frankfurt/M.; **S. 155:** Manfred Bofinger, Berlin; **S. 158:** Studio Loriot, Ammerland; **S. 164:** Hans Traxler, Frankfurt/M.; **S. 165 o. r.:** Hogli, Berlin; **o. l.:** Schwalme/CCC, www.c5.net; **u.:** Murschetz/CCC, www.c5.net; **S. 166:** aus: Sempé. Alles wird komplizierter. Copyright © 1974 Diogenes Verlag AG Zürich; **S. 175 o.:** Isolde Ohlbaum, München; **u.:** Aus: Friedrich Dürrenmatt, Die Physiker. Copyright © 1998 Diogenes Verlag AG Zürich; **S. 176, 179, 180:** Mittwochstheater, Hannover; **S. 183:** Joan Miró: Schwalbe/Liebe I Hirondelle, 1933/34 © Successió Miró/VG Bild-Kunst, Bonn 2005; **S. 191:** Carsten Koall/ddp; **S. 199:** Carlo Engstfeld; **S. 208 o.:** © 2005 Joram Harel, Wien; **u.:** medien praktisch, Frankfurt/M.; **S. 226:** Heidolph, Kottgeisering; **S. 228:** Roland Hottas/photopool; **S. 233:** Oswald Eckstein/Okapia/picture-alliance; **S. 260 l., M.:** Süddeutscher Verlag, München; **r.:** Keystone, Hamburg; **S. 261:** Cover zu Max von der Grün: Wie war das eigentlich? Umschlagkonzept: Balk & Brumshagen. Umschlagfoto: ullstein bild (l.), BPK (r.). © 1995, 2003 dtv, München; **S. 263:** Kurt Halbritter/CCC, www.c5.net; **S. 274:** Süddeutscher Verlag, München.